财政部规划教材

全国高等院校财经类教材

税法教程（第3版）

马克和　周书灵　主　编

左宗姣　张　凌　齐观彬　副主编

中国财经出版传媒集团

中国财政经济出版社

图书在版编目（CIP）数据

税法教程 / 马克和，周书灵主编. --北京：中国财政经济出版社，2021.12（2023.8重印）
财政部规划教材　全国高等院校财经类教材
ISBN 978-7-5223-0853-1

Ⅰ.①税…　Ⅱ.①马…②周…　Ⅲ.①税法-中国-高等学校-教材　Ⅳ.①D922.22

中国版本图书馆CIP数据核字（2021）第212353号

责任编辑：康　苗　　　　责任校对：胡永立
封面设计：陈宇琰　　　　责任印制：史大鹏

中国财政经济出版社 出版
URL：http：//www.cfeph.cn
E-mail：cfeph@cfeph.cn

社址：北京市海淀区阜成路甲28号　邮政编码：100142
营销中心电话：010-88191522　编辑部门电话：010-88190679
天猫网店：中国财政经济出版社旗舰店
网址：https：//zgczjjcbs.tmall.com
北京密兴印刷有限公司印刷　各地新华书店经销
成品尺寸：185mm×260mm　16开　20.25印张　489 000字
2022年1月第3版　2023年8月北京第2次印刷
定价：52.00元
ISBN 978-7-5223-0853-1
（图书出现印装问题，本社负责调换，电话：010-88190548）
本社质量投诉电话：010-88190744
打击盗版举报热线：010-88191661　QQ：2242791300

第 3 版前言

Preface

税法是我国法律体系的重要组成部分。如何普及税法知识、倡导依法治税理念、树立依法纳税意识，意义重大。自党的十八届三中全会明确提出“落实税收法定原则”以来，我国税收立法进程明显加快，目前已有 12 个税种先后立法，主体税种增值税和消费税的立法征求意见业已完成。为了尽快将新税法进入高校课堂并入心入脑，我们适时对《税法教程（第 2 版）》进行了全面修订。主要修订内容包括：

1. 对党的十九大以来先后立法的《船舶吨税法》《烟叶税法》《耕地占用税法》《车辆购置税法》《资源税法》《城市维护建设税法》《契税法》和《印花税法》8 个税种的内容进行全面更新。

2. 为减税降费，助力供给侧结构性改革，我国自 2018 年起对增值税进行了大幅度的调整和调低税率，小规模纳税人政策也更加优惠。因此，对第二章流转税法中的增值税法内容进行了彻底修订。

3. 根据所得税的最新法律制度，对第三章企业所得税法和个人所得税法的有关税收优惠、申报缴纳等内容进行了修改。特别是 2018 年《个人所得税法》对征税模式、征税项目、费用减除标准和适用税率进行了修订，增加了专项附加扣除项目等，因此，对此进行了全面调整。

4. 按照课税对象分类安排，将烟叶税法调整至第二章流转税法；将第六章行为目的税法中的非税收入进行了删减，只保留了教育费附加。

5. 对教材中的“税法视野”“前沿阅读”、案例和习题全部做了更新，并在各章最后增加了“本章参考税收法律法规制度”栏目，还增加了一些小问答，以进一步增强其实用性和操作性。

6. 为打造数字化精品教材，建设优质教学资源，教材中的各章 PPT 和教案、各税种纳税申报表、“税法视野”“前沿阅读”栏目内容、“课堂训练”和“小问答”的答案、“思考训练”中实战演练的答案、“本章参考税收法律法规制度”以及增值税法和消费税法征求意见稿及说明均通过扫描二维码获取。**学生需刮开封底二维码图标，手机扫描激活增值服务，即可查看书内二维码资源。**

本教材所涉及的税收法律制度截至2021年11月。

本教材内容全面，系统规范，以最新税收法律制度为主线，全书共设八章，即税法总论、流转税、所得税、资源税、财产税、行为目的税、税收征管和税务行政等法律制度，主要介绍企业实际工作所必需的各税种的纳税义务人、征税范围、计税依据、税率、应纳税额的计算及征收管理。

本教材编排新颖，创新实用，彰显实用性、操作性和创新性的特色，每章开篇均有“本章导读”，引导读者总体了解所学内容。为方便教学，在“本章导读”下面附有教案和PPT。在内容设计上，安排了“税法视野”“议一议”“查一查”“小问答”等栏目，几乎每一个知识点都有“课堂训练”；章末均设有“前沿阅读”“思考训练”“本章参考税收法律法规制度”等栏目，以开阔视野和强化训练，易教易学，真正做到“一书在手，应有尽有”。

本教材由马克和教授和周书灵教授任主编，左宗姣老师、张凌教授和齐观彬老师任副主编，由马克和策划、创意、拟定全书结构和框架。主要修订任务分别是：马克和修订第一章；左宗姣修订第二章；高丽霞修订第三章；周书灵修订第四、五章；翟洪宇修订第六章；张凌、黄桂兰及车菲修订第七章；齐观彬修订第八章；马克和进行最终修订。

本教材系财政部“十四五”规划教材，是应用型高校财经类专业核心教材，由财政部教材编审委员会组织编写并审定。本教材还是国家社科基金项目（17BJY172、18BGL069）、广东省普通高校省级重点学科科研项目（2019-GDXK-0050）、安徽省高校领军人才培养计划——省学术技术带头人项目（gxbjZD2016081）、安徽省一流本科专业建设点（宿州学院会计学专业）的研究成果之一；安徽省质量工程——名师工作室项目（2016msgzs072）、高校教学建设专项——精品课程“税法学”（B2008jxxm06）和税法学省级精品课程推广项目（2013cgtg030）的后续研究成果之一。

本教材可作为各类院校教学以及职业技术教育、上岗培训等教科书，也可作为广大财税工作者、企业财务人员、经济工作者以及各类经济管理人员自学、培训、进修和提高业务水平的读物。

本教材的不足与遗憾之处，望有关专家与读者提出宝贵意见，以便修正。

编　者

2021年11月

目　录
Contents

第一章 税法总论

【本章导读】

税法是我国法律体系的重要组成部分，是征纳双方共同遵守的行为规范。税法与税收密不可分，有税必有法，无法不成税。税法要素包括税法构成要素和税收法律关系。税收立法要求立法机关要遵循一定的原则并且按照一定的立法程序。我国现行的税法体系建设大体上经历了五个历史时期、七次重大的改革。依法治国，建设社会主义法治国家是治理国家的一条基本方略。依法治税是依法治国的有机组成部分。展望未来，建立适应社会主义市场经济税收法律体系的总体目标应当是：以宪法为依据，以税收基本法为骨干，以涵盖各个税种的法律为主体，以相关的行政法规和地方性法规为辅助，由内容齐全、结构严谨、内部协调、体例科学的税收法律及其配套法规构成有机的统一整体。

通过本章学习希望读者能够熟悉并把握税法的基础知识，了解并掌握税法要素；熟悉并把握我国的税收立法和税法体系，增强依法纳税意识。

第一节 税法基础

第一章教案

第一章 PPT

一、税法的概念

（一）税法的定义

税法是我国法律体系的重要组成部分，其地位是由税收在国家经济活动中的重要性决定的。其原因一方面是因为税收收入是政府取得财政收入的主要来源，而财政收入是维持国家机器正常运转的经济基础；另一方面，税收是国家宏观调控的经济杠杆和重要手段，体现国家政策目的。因此，税法是调整国家与企业和公民个人收入分配关系的最基本、最直接的方式，特别是在市场经济条件下，税收的上述两项功效表现得非常明显和直接。

税与法密不可分，有税必有法，无法不成税。现代国家大多奉行立宪征税、依法治税的原则，即政府的征税权由宪法授予，税收法律须经立法机关批准，税务机关履行职责必须依法办事，税务复议与诉讼要按法定程序解决。因此，税法属于国家法律体系中一个重要的部门法，它是调整国家与各个经济单位及公民个人分配关系的基本法律规范。

关于税法的概念，税法理论界尚无定论。在国外，较有代表性的是日本税法学家金子宏提出的“税法，是关于税收的所有法律规范的总称”。该定义言简意赅、界限清楚，但没有表述出税法的基本性质。《牛津法律大辞典》将税法界定为“有关确定哪些收入、支付或交易应当纳税以及按什么税率纳税的法律规范的总称”。① 这一定义虽然说明了征税应该包括的基本要素，但没有触及税法的本质内容。

国内税法理论界关于税法涵盖范围的表述也不一致。本书认为，税法有广义与狭义之分。广义的税法是指国家立法机关、政府及其有关部门制定的关于税收方面的法律、规章、制度等，是国家制定的用以调整国家与纳税人之间在征纳税方面的权利与义务关系的法律规范的总称，是国家依法征税、纳税人依法纳税的行为准则，其目的是保障国家利益和纳税人的合法权益，维护正常的税收秩序，保证国家的财政收入。狭义的税法仅指国家立法机关或其授权制定的税收法律，这是严格意义上的税法。本书中所言的税法是指广义的税法。随着我国社会主义市场经济的不断发展，税收愈来愈深刻地影响着人们的社会经济活动，而税法必须对税收活动进行严格的约束与规范，尤其在实践中更要求征税主体的依法行政和纳税主体的依法纳税。因此，税法的正确贯彻实施，对于实现国家职能、保障税收权益、调控经济运行等方面具有积极的现实意义。

课堂训练 1－1

下列关于税法的说法中，正确的是（　　）。

A. 税法是国家取得财政收入的一种重要工具，其本质是一种生产关系

B. 税法就是基于生产要素进行的分配

C. 税法是国家制定的用以调整国家与纳税人之间在征纳税方面的权利与义务关系的法律规范的总称

D. 国家要行使职能不需要财政收入作为保障

（二）税法与税收的关系

《史记·夏本纪》记载：“自虞夏时，贡赋备矣。”这说明中国历史上第一个奴隶制国家——夏，已有了征收贡赋的制度。西周时税法已比较完备。《周礼·大宰》记载了九种赋税：“以九赋敛财贿。一曰邦中之赋，二曰四郊之赋，三曰邦甸之赋，四曰家削之赋，五曰邦县之赋，六曰邦都之赋，七曰关市之赋，八曰山泽之赋，九曰币余之赋。”自夏朝以后，中国历代王朝都有征收赋税的法律、法令和条例。由此来看，税收是以实现国家职

① （英）戴维·M．沃克．牛津法律大辞典［M］．邓正来，等，译．北京：光明日报出版社，1988：790.

能为目的，基于政治权力和法律规定，由政府专门机构向居民和非居民就其财产或特定行为实施的强制地、非罚与不直接偿还的金钱课征，是一种财政收入的形式。[①] 马克思指出："赋税是政府机器的经济基础，而不是其他任何东西。""国家存在的经济体现就是捐税。"恩格斯指出："为了维持这种公共权力，就需要公民缴纳费用——捐税。"19 世纪美国大法官霍尔姆斯说："税收是我们为文明社会付出的代价。"这些都说明了税收对于国家经济生活和社会文明的重要作用。

税法与税收密不可分，税法是税收的法律表现形式，税收则是税法所确定的具体内容。税收是一国政府为满足社会公共需要，凭借其社会公共权力，依照法律，强制、无偿地参与国民收入分配的一种形式，其基本职能是满足国家的基本财政需要和对经济运行实施有效的调控。它具有强制性、无偿性、固定性三个特征。而税法就是国家凭借其权力，利用税收工具的"三性"特征参与社会产品和国民收入分配的法律规范的总称。有税必有法，无法不成税。

从二者的联系上看，它们是辩证统一、互为因果的关系。具体地说，税收与税法都是以国家为前提，与财政收入密切相关，国家对税收的需要决定了税法的存在，而税法的存在决定了税收的分配关系；税收获得必须严格依税法的有关规定进行，税法是税收的法律依据和法律保障；税法是税收内容的具体规范和权力保证（即法律强制性征收）；税收是税法的执行结果，同时税收又是衡量税法科学性、合理性的重要标准。

从二者的区别上看：税收是一种经济活动，属经济基础范畴；而税法则是一种法律制度，属上层建筑范畴。国家和社会对税收收入与税收活动的客观需要，决定了与税收相对应的税法的存在；而税法则对税收活动的有序进行和税收目的的有效实现发挥着极为重要的保障作用。

二、税法的分类

税法分类是指按一定标准，把性质、内容、特点相同或相似的税法归为一类的方法。在税法体系中，税法按不同的标准可分为不同的类型。

（一）以税法内容和功效为标准的分类

按照税法的基本内容和功能效用的不同，税法可分为税收基本法、税收实体法、税收程序法。其中，税收基本法是国家制定的有关税收性质、税种、体制和税务机构以及征纳双方权利与义务等内容的法律规范。它是税法体系的主体和核心，起着税收母法的作用。1949 年我国中央人民政府（政务院）制定的《全国税政实施要则》就具有税收基本法的性质。目前，我国的税收基本法（征求意见稿）进行了多次的讨论和修改，出台为期不远。

税收实体法是国家制定的有关税种及其征税对象、纳税人、税目税率、计税依据、纳税地点等要素内容的法律规范。如《中华人民共和国企业所得税法》和《中华人民共和国个人所得税法》，就属于税收实体法。

税收程序法是国家制定的有关税收管理工作的步骤和方法等方面的法律规范，主要

① 徐孟洲：税法学［M］．北京：中国人民大学出版社，2005：3.

包括税务管理法、纳税程序法、发票管理法、税务处罚法和税务争议处理法等。如《中华人民共和国税收征收管理法》和《税务行政复议规则》，就属于税收程序法的范畴。

（二）以征税对象为标准的分类

按照税法所规定的征税对象的不同，税法可分为流转税法、所得税法、资源税法、财产税法、行为目的税法。

流转税法是国家制定的对有关货物流转额和劳务收入额征税的法律规范，如增值税法、销售税法、消费税法和关税法等。其特点是与商品生产、流通、消费有着密切的联系，在保证税收收入方面不受成本费用的影响而具有“刚性”，有利于国家发挥对经济的宏观调控作用。流转税法为世界各国，尤为发展中国家所重视和运用。

所得税法是国家制定的有关对纳税单位和个人获取各种所得或利润额（或收入额）征税的法律规范，如企业所得税法、个人所得税法等。其特点是可以直接调节纳税人的收入水平，发挥税收公平税负和调整分配关系的作用。所得税法为世界各国所普遍运用，尤其是市场经济发展和经济管理水平较高的国家更为重视。

资源税法是国家制定的有关纳税人利用各种资源所获得收入征税的法律规范，如资源税法、农业税法、土地税法等。其特点是调节因自然资源或客观原因所形成的级差收入，将非客观努力的级差收入征归国有，节制资源浪费，保护自然资源合理使用。资源税法一般适用于对利用自然资源（如土地、矿藏、森林等）、设备、资金、人才等资源所获收益的征税需要而制定，旨在推进生态文明建设。

财产税法是国家制定的有关对纳税人财产的价值或数量征税的法律规范，如房产税法、车船税法、车辆购置税法、遗产税法、不动产税法和契税等。其特点是节制利用财产投机取巧和闲置浪费，促进财产的节约和合理利用。财产税法一般以课征财产富所有者以平均社会财富，课征财产闲置者以促进合理使用为根本目的，同时为增加国家财政收入的需要而制定。

行为目的税法是国家制定的有关对某些特定行为及为实现国家特定政策目的征税的法律规范，如印花税法、环境保护税法和城市维护建设税法等。其特点是可选择面较大，设置和废止相对灵活，可因时、因地制宜，灵活制定具体征管办法。行为目的税法一般适用于国家为实现某些经济政策、限制特定行为并为达一定目的的需要而制定。

税法视野　　数字税到底是一种什么税？

（三）以税法其他标准的分类

按照税收收入归属和征管权限的不同，税法可分为中央（收入）税法和地方（收入）税法。其中，中央税是指税收收入和管理权限归属中央一级政府的税收，一般由中央统一征收管理；地方税是指税收收入和管理权限归属于各级地方政府的税收，一般由各级地方政府负责征收管理。1994年我国实行新的财税管理体制，将税收划分为中央税、地方税、中央与地方共享税三类，如消费税为中央税，房产税为地方税，增值税为中央地方共享税。

按照主权国家行使税收管辖权的不同，税法可分为国内税法、外国税法和国际税法等。国内税法一般是按照属人或属地原则，规定一个国家的内部税收法律制度；外国税法是指国外各个国家制定的税收法律制度；国际税法是指国家间形成的税收法律制度，主要包括双边或多边国家间的税收协定、条约和国际惯例等。

三、税法的作用

税法调整的对象涉及社会经济活动的各个方面，与国家的整体利益及企业、单位和个人的直接利益有着密切的关系，并且在建立和发展我国社会主义市场经济体制中，国家将通过制定实施税法加强对国民经济的宏观调控，其地位和作用越来越重要。

议一议：税法在建立和发展我国社会主义市场经济体制中的重要作用。

（一）税法是国家组织财政收入的法律形式

我国为了加速国民经济的健康发展，必须筹集大量的资金，用于工农业基础建设和能源、交通等重点建设，而税收是筹集国家建设资金的最主要渠道。为了保证税收组织财政收入职能的发挥，必须通过制定税法，以法律的形式确定单位和个人履行纳税义务的具体项目、数额和纳税程序，惩治偷逃税款的行为，防止税款流失，保证国家依法征税，及时足额地取得税收收入。

（二）税法是国家宏观调控经济运行的法律手段

社会主义市场经济体制改革的目标之一，就是从过去国家习惯于用行政手段直接管理经济，向主要运用法律、经济的手段宏观调控经济转变。税收作为国家宏观调控的重要手段，通过制定税法，以法律的形式确定国家与纳税人之间的利益分配关系，调节生产与消费及社会成员的收入水平，调整产业结构和社会资源的优化配置，使之符合国家的宏观经济政策；同时，以法律的平等原则，公平税负、鼓励平等竞争，为市场经济的发展创造良好的条件。

（三）税法是国家维护经济秩序的法律工具

由于税法的贯彻执行涉及从事生产经营活动的每个单位和个人，这些经营单位和个人通过办理税务登记、建账建制、纳税申报等，其各项经营活动都将纳入税法的规范制约和管理范围。这样，税法就确定了一个规范有效的纳税秩序和经济秩序，以监督经营单位和个人依法经营、加强经济核算、提高经营管理水平；同时，税务机关按照税法规定对纳税人进行税务检查，严肃查处偷逃税款及其他违反税法规定的行为，也将有效地打击各种违法经营活动，为国民经济的健康发展和良性循环创造条件。

（四）税法是国家保护纳税人合法权益的法律依据

由于国家征税直接涉及纳税人的切身利益，如果税务机关出现随意征税的现象，就会侵犯纳税人的合法权益，影响纳税人的正常经营，这是法律所不允许的。因此，税法在确定税务机关征税权利和纳税人履行纳税义务的同时，相应规定了税务机关承担的义务和纳税人享有的权利，如纳税人享有发票购买权、延期纳税权、申请减税免税权、多缴税款退还权、依法申请复议或提起诉讼权等；税法还严格规定了对税务机关执法行为的监督制约制度，如进行税收征管必须按照法定的权限和程序进行，造成纳税人合法权益损失的要负赔偿责任等。所以，税法不仅是税务机关征税的法律依据，同时是纳税人保护自身合法权益的重要法律依据。

（五）税法是国家维护其经济权益的法律保障

在国际经济交往中，任何国家对进出口贸易、技术交流与合作以及在本国境内从事生产经营的外国企业和个人都拥有税收管辖权，这是国家权益的具体体现。我国自实行对外开放政策以来，在平等互利的基础上，不断扩大和发展同各国、各地区的经济贸易往来及交流与合作，利用外资引进技术的规模、渠道和形式都有很大发展。我国在建立和完善涉外税法的同时，还同70多个国家签订了避免双重征税的协定。这些税法规定既维护了国家的经济权益，又为鼓励外商投资、保护国外企业和个人在华合法经营以及发展国家间平等互利的经济技术合作关系，提供了可靠的法律保障。

税法视野　　税法的规范作用

第二节 税法要素

税法要素是指税法中应具备的基本内容和因素，是保障税法科学性、合理性和规范性的必要条件，包括税法构成要素和税收法律关系。

一、税法构成要素

税法构成要素一般是指税收实体法的组成要素。任何一部税收实体法都要规定对什么征税、向谁征、征多少、如何征，这些构成了税收实体法的基本内容。税法要素一般包括总则、纳税人、征税对象、税率、税收优惠、纳税环节、纳税期限、征收方法、纳税地点、罚则、附则等要素。其中，纳税人、征税对象和税率是税法的基本要素。

（一）纳税人

纳税人，是“纳税义务人”的简称，又称纳税主体，是指税法中规定的直接负有纳税义务的单位和个人，是构成税法的基本要素之一。无论什么税，都要有相关的纳税人来承担，即由谁来纳税。如增值税的纳税人是在中国境内销售货物或者提供加工、修理修配劳务和应税行为以及进口货物的单位和个人。纳税人包括自然人和法人。在实际纳税过程中，与纳税人相关的概念有：代扣代缴义务人、负税人、纳税单位。

1. 扣缴义务人

扣缴义务人，是“代扣代缴义务人”的简称，是指税法规定的有义务从持有的纳税人收入中扣除其应纳税款并代为缴纳的企业、单位或个人。当纳税人发生应税行为直接缴税有困难时，国家为了防止纳税人偷逃税款，保证税款及时足额入库，税法中须明确扣缴人扣缴税款的具体规定。如《个人所得税法》中规定，纳税人取得的各项应税所得有支付单位的，以支付单位为扣缴人。

2. 负税人

负税人，即最终负担税款的单位和个人。负税人与纳税人是两个不同的概念，纳税人是直接向税务机关缴纳税款的单位和个人，负税人是税款的最终承担者或实际负担者。纳税人与负税人可能是一致的，也可能是不一致的。关键在于纳税人缴纳税款后是否将税款转嫁或转移给第三者，如果纳税人通过一定的途径把税款转嫁给别的单位和个人负担，纳税人就不再是负税人，如对烟、酒、化妆品等消费品采取高价高税政策，纳税人虽是企业，但税款已包括在商品的价格之中，负税人是消费者。如果纳税人未能把税款转嫁出去，则纳税人同时也就是负税人，如个人所得税，税收直接由纳税人自己负担，纳税人本身就是负税人。税法中并没有负税人的规定，并不规定税款最终由谁负担，只规定由谁交纳税款。

3. 纳税单位

纳税单位，是指申报缴纳税款的单位，是纳税人的有效集合。所谓有效集合，就是为了征管和缴纳税款的方便，可以允许在法律上负有纳税义务的同类型纳税人作为纳税单位，填写一份纳税申报表。比如，个人所得税，可以单个人为纳税单位，也可以夫妇俩为纳税单位，还可以一个家庭为纳税单位，目前我国采取的是以单个人为纳税单位。企业所得税可以每个分公司为一个纳税单位，也可以总公司为一个纳税单位。

（二）征税对象

征税对象，又称“课税对象”“纳税客体”。征税对象是指税法中规定征税的目的物，也就是对什么征税，是征税的客体。

征税对象是税法构成要素中的最基础性要素。因为征税对象是区分不同税种的最主要标志，各种税的名称通常都是根据征税对象来确定的，如增值税、所得税、房产税等。征税对象体现着各种税的征税范围，如我国增值税的征税对象是对销售或进口货物，提供加工、修理修配劳务以及应税行为的销售额征税；企业所得税的征税对象是对生产经营所得和其他所得征税。税法其他要素的内容一般都是以征税对象为基础来确定的，如纳税人这一要素，国家开征一种税，之所以要选择这些单位和个人作为纳税人，而不选择其他单位和个人作为纳税人，是因为这些单位和个人拥有税法中规定的征税对象。

与征税对象相关的概念，主要有征税范围和税目、计税依据。

1. 征税范围

征税范围，是指税法规定的征税对象的具体内容范围，是国家征税的界限。它可按货物、品种、所得、地区等方面进行划分。征税范围与征税对象密切相关，一般来说，它是征税对象的进一步补充和划分。如我国现行的城镇土地使用税的征税对象为土地，其征税范围为城市、县城、建制镇和工矿区。

2. 税目

税目，是各个税种所规定的具体征税项目，是征税对象在质上的具体化。例如，现行消费税具体规定了烟、酒等 15 个税目。通过划分税目，可以进一步明确征税范围，凡列入税目的都征税，未列入的不征税。同时，解决征税对象的归类问题，可以归类确定税率，并可以形成“税目税率表”的形式，从而使征税对象更加简明、清晰，如消费税税目税率表。税目一般可分为列举税目和概括税目，列举税目是指将每一种商品或经营项目采用一一列举的方法；概括税目就是按商品大类或行业采用概括方法设计税目。不是所有的税种都规定税目，有些税种的征税对象简单、明确，没有必要另行规定税目，如房产税、企业所得税。

3. 计税依据

计税依据，又称“征税基础”，是指税法中规定的据以计算各种应征税款的依据或标准，是征税对象在量上的具体化，是计算每种税应纳税额的根据。计税依据在表现形式上有两种：一是从价计征，即征税对象以价值作为依据。在这种情况下，征税对象与计税依据是一致的，如所得税的征税对象是所得额，计税依据也是所得额。二是从量计征，即按征税对象的数量、重量、容积、面积等作为计税依据。在这种情况下，征税对象与计税依据一般是不一致的，如车船税的征税对象是各种车辆、船舶，而计税依据则是车船的吨位。

议一议：征税对象与征税范围、税目、计税依据的区别与联系。

计税依据与征税对象的关系表现为：征税对象是指征税的目的物，计税依据则是在目的物已经确定的前提下，对目的物据以计算税款的依据或标准；征税对象是从质的方面对征税所做的规定，而计税依据则是从量的方面对征税对象所做的规定。

课堂训练 1－2

对税收实体法要素中有关征税对象的表述，下列说法正确的有（　　）。

A. 征税对象是国家据以征税的依据

B. 税目是一种税区别于另一种税的最主要标志

C. 从实物形态分析，征税税对象与计税依据是一致的

D. 从个人所得税来看，其征税税对象与税源是一致的

E. 计税依据是从质的方面对课税作出的规定，征税对象是从量的方面对课税作出的规定

（三）税率

税率是应纳税额与征税对象（或计税依据）之间的关系或比例，是计算税额的尺度，也是衡量税负轻重与否的重要标志。税率是税收制度的核心和灵魂。税率的高低关系着国家的收入多少和纳税人的负担程度，是体现税收政策的中心环节。

我国现行税率的基本形式有三种：比例税率、累进税率、定额税率。

1. 比例税率

比例税率，是对同一征税对象，不分数额大小，规定相同的征收比例的税率。如我国现行增值税、企业所得税等采用的都是比例税率。税额与征税对象成正比关系。在具体运用中又可以分为：

（1）统一比例税率。统一比例税率又称单一比例税率，是指一个税种只规定一个统一的比例税率，所有的纳税人都按同一税率纳税，如我国现行车辆购置税的税率。

（2）差别比例税率。差别比例税率是指一个税种设两个或两个以上的比例税率。税率是根据具体征税项目设计的，不同纳税人要根据特定征税项目分别适用不同的税率。实行差别比例税率有利于更好地贯彻区别对待、公平税负的原则。现行的税制中，差别比例税率又分为三种：产品差别比例税率，即按产品大类或品种分别设计不同的税率，如现行的消费税税率；行业差别比例税率，即按照应税产品或经营项目所归属的行业设计税率，不同的行业采取不同的比例税率，如原来的营业税税率；地区差别比例税率，即对同一征税对象按照其所在地区分别设计不同的税率，如城市维护建设税税率。

（3）幅度比例税率。幅度比例税率是指由税法规定统一比例幅度，由各地区根据本地具体情况确定具体的适用税率。现行税法中归地方的一些税就是由各地在一定幅度内自主确定，如契税。

2. 累进税率

累进税率，是指同一征税对象，随数量的增大，征收比例也随之提高的税率。它是将征税对象按数额大小分为若干等级，不同等级适用由低到高的不同税率，征税对象数额越大、税率越高，数额越小、税率越低。累进税率可以合理调节收入分配，正确体现税收负担的纵向公平问题，在所得税中使用较多。

累进税率可按不同的标准分类：

一是按累进依据的性质，分为“额累”和“率累”两种。“额累”是按征税对象数量的绝对额分级累进，如所得税一般按所得额的大小分级累进。“率累”是按与征税对象有关的某一比率分级累进，如我国现行税法中的土地增值税。

二是按其累进方式又分为全额累进和超额累进两种。

依据这两种方式和划分级次的标准，可将累进税率分为全额累进税率和超额累进税率、全率累进税率和超率累进税率。我国现行税法运用的有超额累进税率和超率累进税率两种。

（1）全额累进税率，是指按征税对象的绝对额划分等级，以纳税人征税对象的全部数额为基础，确定与之相适应的级距税率，计算应纳税额的一种累进税率。即征税对象的全部数额都按其相应等级的累进税率计算。全额累进税率实际上是按征税对象数额的大小，分等级规定的一种差别比例税率。

（2）超额累进税率，是指按征税对象的绝对额划分征税级距，以纳税人的征税对象的所属等级同时适用几个税率分别计算，将计算结果相加后得出应纳税额的一种累进税率。即采用超额累进税率时征税对象数额超过某一等级时，仅就超过部分，按高一级税率计算征税。我国现行税法中采用这种税率的有个人所得税。

为解决超额累进税率按原理计税在技术上的复杂性，实际工作中通常采用经过简化的计税方法，即“速算扣除数法”。速算扣除数是按全额累进税率计算的税额和按超额累进税率计算的税额相减后的一个差数。速算扣除数的计算公式是：

本级速算扣除额 = 上一级最高所得额 ×（本级税率 - 上一级税率）+ 上一级速算扣除数超额累进税率全额累进税率

采用速算扣除数法计算超额累进税率的所得税时的计税公式是：

应纳税额 = 应纳税所得额 × 适用税率 - 速算扣除数

（3）全率累进税率是累进税率的一种，指按征税对象相对比例划分征税级距，就纳税人的征税对象全部数额按与之相适应的级距税率计征的一种累进税率。即将征税对象的相对比例（如产值利润率、资金利润率、销售利润率、成本利润率、工资利润率、工资增长率等）从小到大划分为若干不同的征税级距，分别制定从低到高不同的等级税率。

（4）超率累进税率，是指征税对象数额各按所属比率级次适用的征税比例计税的一种累进税率。即把征税对象数额的相对率（如销售利润率、增值额占扣除项目金额的比率等）划分若干级距，分别规定相应的差别税率，相对率每超过一个级距的，对超过的部分就按高一级的税率计算征税。目前，我国采用这种税率的是土地增值税。

3. 定额税率

定额税率，又称“固定税额”“单位税额”，是对征税对象计量单位直接规定固定的征税数额的税率。征税对象的计量单位可以是重量、数量、面积、体积等自然单位，也可以是专门规定的复合单位。例如，土地使用税以“平方米”自然单位为计量单位，消费税中的汽油、柴油分别以“升”为计量单位。单位征税对象应征税额是固定不变的，税额的多少只与征税对象的数量有关。实际运用中又分为以下三种。

（1）地区差别定额税率。地区差别定额税率即对同一征税对象按照不同地区规定高低不同的固定税额。现行税制中的耕地占用税属于这种税率。

（2）幅度定额税率。幅度定额税率即统一规定税额征收幅度，由各地在规定的幅度内具体确定本地区的执行税额。现行的车船税，税法规定排气量在1.0升（含）以下的乘用车每辆60—360元，各省、市、自治区人民政府可在这个幅度内确定本地区的适用税额。

（3）分类定额税率。分类定额税率按某种标志将征税对象划分为类别，类别下再划分为若干项，分别规定不同的征税数额。如我国现行车船税对车船共分五类，并规定全国统一的固定税额。

4. 特殊税率

除上述税率外，还有一些特殊形式。如零税率、加成征收和加倍征收等，它们实际上是税率的收缩或延伸。

（1）零税率。零税率，即“税率为零”，是比例税率的一种特殊形式。零税率既不是不征税，也不是免税，而是征税后负担的税额为零，表明征税对象的持有人负有纳税义务，但不需缴纳税款。我国现行增值税对出口货物规定零税率。

（2）加成征收和加倍征收。加成征收是按应纳税额的一定成数加征税款。一成为10%，加征一成，即为在原税率或税额上加征10%。加征二成，即为在原税率或税额上加征20%，依此类推。加倍征收是依据纳税人的应纳税额加征一定倍数的税额。加成征收和加倍征收是税率的补充形式，是税率的大幅度延伸提高。

课堂训练1－3

税率是税收制度的核心要素，下列关于税率的表述正确的有（　　）。

A. 定额税率与课税对象价值量大小成正比

B. 在累进税率条件下，边际税率往往高于平均税率

C. 速算扣除数是为解决全额累进税率计算税款复杂而引入的

D. 超倍累进税率的计税基数是绝对数时，超倍累进税率实际上是超额累进税率

E. 相对于全额累进税率而言，超额累进税率的计算方法复杂，但累进程度比较缓和

（四）税收优惠

税收优惠是税法规定的对某些纳税人或征税对象给予鼓励和照顾的特殊性规定，主要有减免税、起征点与免征额等。

1. 减免税

减税是从纳税人的应纳税额中减征部分税额的措施。免税是免除纳税人全部应纳税额的措施。减免税是对某些纳税人和征税对象给予鼓励和支持的一种特殊规定。减免税按其性质划分，可分为法定减免、特定减免和临时减免；按其方式划分，可分为税基式减免、税率式减免和税额式减免。

课堂训练 1－4

通过直接缩小计税依据的方式实现的减免税是（　　）。

A. 法定式减免　　B. 税率式减免

C. 税额式减免　　D. 税基式减免

2. 起征点与免征额

起征点是征税对象达到征税数额开始计税的界限。如现行增值税规定销售货物和提供应税服务的起征点：按期纳税的，为月应税销售额 150 000 元；按次纳税的，为每次（日）销售额 500 元。免征额亦称“免税点”，是税法规定课税对象中免予征税的数额。如个人所得税规定工资薪金所得每月扣除 5 000 元，即为免征额。两者的区别是，前者是达到或超过的就其全部数额征税、未达到不征税，而后者是达不到的不征税，达到或超过的均按扣除该数额后的余额计税。

（五）纳税环节

纳税环节是指税法规定的征税对象确定的应该缴纳税款的环节。征税对象在整个社会经济运行中是不断流转运动的，如货物有生产、流通、消费的过程。所得有创造、分配和收受的过程等。在这些过程中，哪些环节纳税，哪些环节不纳税，税法中必须做出明确的规定。如流转税在生产和流通环节纳税，所得税在分配环节纳税等。按纳税环节的多少，可以将税收课征制度分为两种。

（1）一次课征制，指同一种税在其征税对象运动过程中只选择一个环节征税的制度，如现行资源税。

（2）多次课征制，指同一种税在某征税对象运动过程中选择两个或两个以上环节征税的制度，如现行增值税。

（六）纳税期限

纳税期限是税法规定纳税人发生纳税义务后缴纳税款的期限。它是税收强制性和固定性在时间上的体现。具体规定有三种：

1. 按期纳税

按期纳税指根据纳税义务的发生时间，通过确定纳税间隔期，实行按日纳税。纳税间

隔期分为1天、3天、5天、10天、15天、1个月或1个季度。纳税人的具体纳税期，由主管税务机关根据纳税人生产经营情况和应纳税额的大小分别核定。

2. 按次纳税

按次纳税指以纳税行为的发生次数，确定纳税期限。如我国现行对进口商品征收的关税以及契税等，都规定按次纳税。如车辆购置税、耕地占用税等采取按次纳税的办法。

3. 按年计征，分期预缴

这是指按规定的期限预缴税款，年度结束后，汇算清缴，多退少补，如企业所得税、房产税等。

课堂训练1－5

纳税期限是纳税人向国家缴纳税款的法定期限。下列有关纳税期限的表述正确的有（　　）。

A. 不同性质的税种，其纳税期限不同

B. 我国现行税法中的纳税期限只有按期纳税一种形式

C. 采取何种形式的纳税期限，与课税对象的性质有密切关系

D. 我国个人所得税实行按季征收的纳税期限

E. 房产税实行按年计算分期缴纳的纳税期限

（七）纳税地点

纳税地点，是税法中规定纳税人（包括扣缴义务人）具体缴纳税款的地点。它是根据各税种的征税对象、纳税环节，本着有利于源泉控制税款的原则来确定的。纳税地点既要方便税务机关和纳税人征纳税款，又要有利于各地区、各征收机关的税收利益。

（八）总则、罚则和附则

总则规定设立的目的、制定依据、适用原则、征收主体等内容。

查一查：查询《中华人民共和国个人所得税法》，说说它由哪些要素构成。

罚则是对纳税人和扣缴义务人违反税法行为而采取的处罚措施。

附则一般规定与该法紧密相关的内容，主要有该法的解释权、生效时间、适用范围及其他的相关规定。

二、税收法律关系

税收法律关系是指税法所确认和调整的，国家与纳税人之间在税收分配及其管理活动中，以国家强制力保证实施的，具有经济内容的权利与义务的关系。国家征税与纳税人纳税形式上表现为利益分配的关系，但经过法律明确其双方的权利与义务后，这种关系实质上已上升为一种特定的法律关系。了解税收法律关系，对于正确理解国家税法的本质，严格依法纳税、依法征税都具有重要的意义。

（一）税收法律关系的构成

税收法律关系在总体上与其他法律关系一样，都是由权利主体、客体和法律关系内容三方面构成的，但在三方面的内涵上，税收法律关系则具有特殊性。

1. 税收法律关系的主体

税收法律关系的主体是指税收法律关系中享有权利和承担义务的当事人，包括征税主体和纳税主体两个方面。在我国，征税主体是代表国家行使征税职责的国家税务机关，包括国家各级税务机关、海关和财政机关；纳税主体是指依法履行纳税义务的人，包括法人、自然人和其他组织，在华的外国企业、组织、外籍人、无国籍人以及在华虽然没有机构、场所但有来源于中国境内所得的外国企业或组织。对纳税主体的确定，一般采取属地兼属人的原则。

议一议： 税收法律关系与一般民事法律关系有什么不同？

在税收法律关系中权利主体双方法律地位平等，但因为主体双方是行政管理者与被管理者的关系，双方的权利与义务不对等，因此，与一般民事法律关系中主体双方权利与义务平等是不一样的。这是税收法律关系的一个重要特征。

2. 税收法律关系的客体

税收法律关系的客体是指税收法律关系主体的权利和义务所共同指向的对象，表现为税收的征纳活动，包括物、货币和行为。

法律定义上的“物”是指具有一定经济价值的物品或其他物质财富，但作为税收法律关系客体的“物”仅指与税收有关的应税货物（如增值税法中的应税货物、房产税法中的房屋等）和依法缴纳的货物；“货币”作为税收法律关系的客体具有普遍性，既包括纳税人的货物计价和货币结算等，又包括缴入国库的货币税款；“行为”作为客体在税收法律关系中更具广泛意义，如制定税法、编制计划、税款征收以及纳税人的税务登记、纳税申报、税款缴库等行为均属此类。

3. 税收法律关系的内容

税收法律关系的内容就是权利主体所享有的权利和所应承担的义务，这是税收法律关系中最实质的规定，也是税法的灵魂。它规定权利主体可以有什么行为，不可以有什么行为，若违反了这些规定，须承担什么样的法律责任。

国家税务机关的权利主要表现在依法进行税务管理、征收税款、税务检查及对违法者进行处罚。其义务主要是向纳税人宣传、咨询、辅导税法，对纳税人情况保密，依法办事，依法计征，及时把征收的税款解缴国库，依法受理纳税人对税收争议申诉等。纳税义务人的权利主要有税法了解权、发票购买权、多缴税款退还权、延期纳税权、依法申请减免税权、请求国家赔偿权、对税务决定申辩权、申请复议和提起诉讼权等。其义务主要是按税法规定办理税务登记，进行纳税申报，接受税务检查，依法缴纳税款等。

（二）税收法律关系的产生、变更与终止

税法是引起税收法律关系的前提条件，但税法本身并不能产生具体的税收法律关系。税收法律关系的产生、变更和终止，必须由能够引起税收法律关系产生、变更或终止的税收法律事实来决定。这种税收法律事实，一般指税务机关依法征税的行为和纳税人的经济活动行为，发生这种行为才能产生、变更或消灭税收法律关系。例如，纳税人开业经营即产生税收法律关系，纳税人转业或停业就造成税收法律关系的变更或终止。

（三）税收法律关系的保护

税收法律关系的保护是指保障征纳税权利主体行使权利和监督义务主体履行义务的活动。其实质就是保护国家正常的经济秩序，保障国家财政收入，维护纳税人的合法权益。因此，保护税收法律关系就应对侵犯税收主体的合法权益和不履行法定义务者，严格依法追究法律责任。税收法律关系的保护对权利主体双方是对等的，不能只对一方保护而对另一方不予保护，对权利享有者的保护本身就是对义务承担者的制约。税收法律关系的保护方式较多，税法中关于限期纳税、征收滞纳金和罚款的规定以及税法中对纳税人不服税务机关征税处理决定，可以申请复议或提出诉讼的规定等都是对税收法律关系的直接保护。

课堂训练1－6

关于税收法律关系的特点，下列表述正确的有（　　）。

A. 具有财产所有权单向转移的性质

B. 主体的一方只能是国家

C. 权利义务关系具有不对等性

D. 税收法律关系的变更以主体双方意思表示一致为要件

E. 调整平等主体间的财产关系

税法视野　　**域外税收法律关系性质理论介绍**

第三节 税收立法

一、税收立法的概念

税收立法是国家立法机关或其授权机关根据一定的立法程序，制定税收法律规范的一系列活动。它是国家整个立法工作的重要组成部分，包括制定、修改和废止税收法律等环节。通过税收立法，一方面要确定国家、集体、个人之间的税收分配关系以及我国与外国政府或外资企业、外籍人员的税收权益的分配关系；另一方面要制定正确处理这些关系所必须遵守的程序和准则。

只有对税收立法，才能做到有法可依，避免“以权代法、以言代法”等问题的出现。做好税收立法工作，对于正确处理国家、集体、个人之间及中央与地方政府之间的经济利益关系，促进税务机关依法征税和依法行政，维护纳税人的合法权益，促进经济的良性运行和发展，保证国家财政收入等，都具有积极的现代意义。

税法视野　　税收法定意义重大（节选）

二、税收立法的原则

税收立法原则是指税收立法活动中必须遵循的准则。我国的税收立法原则是根据我国的社会性质和具体国情而建立的，主要有以下几个方面：

（一）公平性与效率性的原则

市场经济体制的特征之一是竞争，参加市场竞争的各主体需要有一个平等的环境，而税收的公平是实现平等竞争的重要条件，因此在税收立法中一定要体现公平性的原则。其主要含义包括：一是征税的范围上，应普遍征税，对条件大体相同的应履行同等的纳税义务，即同一行业、同种产品的税负大体一致；二是税负能力上，负担能力大的应多纳税，负担能力小的应少纳税，没有负担能力的不纳税；三是经营环境上，由于客观环境优越而取得超额收入或级差收益应多纳税，反之少纳税；四是税负平衡上，不同地区、不同行业间及多种经济成分之间的实际税负，应尽可能公平。

与此同时，税收立法中还要体现效率性的原则。其含义包括：一是资源配置上，征税要有利于资源的有效配置，使社会从经济资源的利用中获得最大的利益；二是经济机制上，征税要有利于经济的有效运行，不断提高经济效益；三是税务行政上，税法条款需简便，节省征纳双方费用。

（二）法定性与灵活性的原则

在制定税法时，要求内容规范、明确、具体、严谨、周密。但是，为了保证税法制定后在全国范围内都能贯彻执行，不与现实脱节，又要求在制定税法时不能规定得过细过死，应坚持原则性与灵活性相结合的原则。

具体来说，就是必须遵守法制的统一性与因时因地制宜相结合的原则，表现在税收立法上，就是税收立法权只能由国家最高权力机关来行使，未经法律授权，任何地区和部门都不能擅自变更税法规定，也不能违背税法制定所谓的“土政策”“土规定”；为了照顾不同地区，特别是少数民族地区不同的情况和特点，充分发挥地区的积极性，在某些情况下，允许地方在遵守国家法律、法规的前提下，制定适合当地的实施办法等。只有贯彻这个原则，才能制定出既符合国家统一性要求，又能适应各地区实际情况的税法。

（三）稳定性与连续性的原则

税法的制定是与一定经济基础相适应的。税法一经制定，在一定阶段内就是要保持其稳定性，不能朝令夕改、变化不定。如果税法经常变动，不仅会破坏税法的权威性和严肃性，还会给国家政治、经济生活带来不利的影响。但是，这种稳定性不是绝对的，因为社会政治、经济状况是不断变化的，税法也要进行相应的发展变化。这种发展变化具体表现在：有的税法已经过时需要废除；有的税法部分失去效力需要修改、补充；根据新的情况，需要制定新的税法。

此外，还必须注意保持税法的连续性，即税法不能中断，在新的税法未制定前，原有的税法不应中止；在修改、补充或制定新的税法时，应保持与原有税法的承续关系，应在原有税法的基础上，结合新的实践经验，修改、补充原有的税法和制定新的税法。只有遵循这个原则，才能适宜制定出符合社会政治、经济发展规律的税法。

（四）民主性与可行性的原则

民主性是一切法律制定的基础，也是法律可行性的保障。税收立法的过程中民主性就是要走群众路线，充分听取社会民众的意见，确保税收法律能体现人民的根本利益。遵循这一原则，要严格按法定程序进行税收立法，坚持民主决策，体现立法机关的主体地位和作用；对税收法立案的讨论和审议，应进行充分的辩论，听取不同方面的意见和建议；坚持立法过程的公开化，使社会各个层面及广大公众能够及时、全面地了解立法过程以及争论、达成共识等有关情况。

实践证明，税收立法越民主、越细致、越有群众基础，制定的税收法律就越科学、合理与可行，纳税单位和个人才能真心接受和欢迎，才能保证依法纳税的自觉性和积极性。

税法视野　**财政部部长：加快税收立法 适时推进改革**

三、税收立法机关

（一）行使税收立法权的机关

我国税收法律立法权由全国人民代表大会及其常务委员会行使，其他任何机关都没有制定税收法律的权力。在国家税收中，凡是基本的、全局性的问题，如国家税收的性质，税收法律关系中征纳双方权利与义务的确定、税种的设置、税目税率的确定等，都需要全国人民代表大会及其常务委员会以税收法律形式制定实施，并且在全国范围内普遍适用。

在现行税法中，如《企业所得税法》《个人所得税法》《车船税法》《环境保护税法》和《税收征收管理法》都是税收法律。除《宪法》外，在税收法律制度体系中，税收法律具有最高的法律效力，其他机关制定的税收法规、规章，都不得与宪法和税收法律相抵触。

（二）授权税收立法的机关

我国的授权立法是指全国人民代表大会及其常务委员会根据需要，授权国务院制定某些具有法律效力的暂行条例或规定。授权立法与制定行政法规不同，国务院经授权立法所制定的规定或条例等，具有国家法律的性质和地位，其法律效力高于行政法规，但在立法程序上还需报全国人民代表大会常务委员会备案。

1984年全国人民代表大会常务委员会决定授权国务院改革工商税制和发布有关税收条例，1985年全国人民代表大会授权国务院在经济体制改革和对外开放方面可以制定暂行的规定或条例。按照这两次授权立法，国务院从1994年1月起实施工商税制改革，制定实施了增值税、消费税、营业税、资源税、土地增值税等暂行条例，这在一定程度上解决了我国经济体制改革和对外开放工作急需税收法律保障的问题。税收暂行条例的制定和公布施行，为全国人民代表大会及其常务委员会立法工作提供了有益的经验和条件，也为这些条例上升为法律做好了准备。

（三）制定税收行政法规的机关

国务院作为最高国家权力机关的执行机关，有广泛的行政立法权。我国《宪法》规定：国务院可“根据宪法和法律，规定行政的措施，制定行政法规，发布决定和命令。”行政法规作为一种法律形式，其效力低于宪法、法律，但高于地方法规、部门规章和地方规章。

行政法规的立法目的在于保证宪法和法律的实施，行政法规不得与宪法、法律相抵触，而地方法规、部门规章或地方规章也不得与行政法规相抵触，否则无效。国务院发布的《个人所得税法实施细则》《税收征收管理法实施细则》，都是税收行政法规。

（四）制定地方性税收法规的机关

根据现行法律规定，省、市、自治区的人民代表大会及省、市、自治区的人民政府所在地的市和经国务院批准的较大的市的人民代表大会有制定地方性法规的权力。由于我国在税收立法方面坚持“统一税法”的原则，因此地方权力机关制定税收地方法规不是无限制的，而且要严格按照税收法律的授权行事。

目前，除了海南省、民族自治地区在遵循宪法、法律和行政法规的原则基础上，可以制定有关税收的地方性法规外，其他省、直辖市等一般无权制定税收地方性法规。随着税收制度和分税制财政体制的进一步改革和完善，地方人民代表大会也将会拥有更多的制定税收地方法规的立法权。

（五）制定部门税收规章的机关

根据有关法律规定：国务院各部、委员会根据法律和国务院的行政法规、决定、命令，在本部门的权限内，发布命令、指示和规章；各部、各委员会工作中的方针、政策、计划和重大行政措施，应向国务院请示报告，由国务院决定。有权制定税收规章的机关是财政部和国家税务总局。其范围包括对有关税收法律法规的具体解释和税收征收管理的具体规定、办法等。如财政部颁发的《增值税暂行条例实施细则》、国家税务总局颁发的《税务代理试行办法》和《税务稽查工作规程》等，都属于税收部门规章。税收部门规章在全国范围内具有普遍适用效力，但不得与税收法律、行政法规相抵触。

（六）制定地方税收规章的机关

根据有关法律规定，省、市、自治区以及省、自治区的人民政府所在地的市和国务院批准的较大的市的人民政府，可以根据法律和国务院的行政法规制定规章。如国务院发布实施的城市维护建设税、土地使用税、房产税等地方性税种暂行条例，都规定省、市、自治区人民政府可以根据条例制定实施细则。

按照“统一税法”的原则，省级地方政府制定税收规章，必须在税收法律、行政法规明确授权的前提下进行，并且不得与税收法律、行政法规相抵触。没有税收法律、行政法规的授权，地方政府无权制定税收规章，越权制定的税收规章没有法律效力。

授权地方人民政府制定有关税法的实施细则、颁发等地方规则，主要目的是将一些不影响全国财政收入的小税种，对其开征与否、个别税收减免与否等权力下放给地方，使地方政府结合本地实际因地制宜进行征收管理，以充分调动地方管理经济的积极性。

课堂训练1-7

从广义的立法层次上划分，税法包括（　　）。

A. 全国人大制定的税收法律
B. 国务院制定的税收法规
C. 省级政府制定的地方性税收法规
D. 中央政府部门制定的税收规章
E. 市级政府制定的税收规章

税法视野　　环保税引导企业从被动减排走向主动治污

四、税收立法程序

税收立法程序是指国家权力机关及其授权机关，在制定、修改、补充和废止等税收立法活动中，必须遵循的法定步骤和方法，主要分为税收立法的一般程序和税收行政立法程序两类。

（一）税收立法的一般程序

1. 提出税法草案

提出税法的草案和对原有税法的修改或废止的草案或建议，一般由授权机关或人员起草并向立法机关提出。我国的税法草案通常由财政部或国家税务总局草拟后提交国务院审查，国务院法制局将税法草案发给有关部门征求意见或修改后提交国务院审议，国务院审查通过后，提交全国人民代表大会或其常务委员会审查。

2. 审议税法草案

对于列为议事日程的税法草案进行审查和讨论，对税法草案的审议可以进行多次。我国全国人民代表大会或其常务委员会的法制委员会根据委员和代表的讨论意见，并征求国务院各有关单位和各地意见，对税法草案进行修改，最后提交全国人民代表大会或其常务委员会进行审议表决。

3. 通过税法草案

通过税法草案是立法机关和人员对其表示的正式同意，它是整个税收立法程序中最有决定意义的阶段。全国人民代表大会或其常务委员会在开会期间，要听取国务院关于税法草案的说明，并经委员们的讨论或辩论，以少数服从多数的方式通过税法议案，形成正式的税收法律，送交国家主席发布。

4. 公布实施税法

未经公开发布的税法不具备正式法律效力。我国通过的税法均以国家主席令的形式发布，并在《人民日报》等重要报刊全文刊登。税法的公布期限和生效期限通常是一致的，即从公布之日起执行；有时不一致，或是公布之日前的某个时日就开始生效，或是从公布之日以后的某个时日实行，我国税法生效期限大多为后者。

（二）税收行政立法程序

税收行政立法程序是指国家行政机关依照税收法律制定、修改或废止税收行政法规和规章的活动。它与国家立法机关的立法程序相比具有简便、迅速、灵活等特点，在我国税收立法工作中是较多的。

根据国务院批准发布的《行政法规制定程序暂行规定》，制定税收行政法规和规章一般的程序：一是规划和起草需要进行行政立法的税收法规；二是拟定后的税收法规草案，要报经国务院法制局审查，再经国务院常务委员会议通过，由总理签署后正式通过；三是正式通过的税收法规，凡由国务院发布公告的一律刊登在《国务院公报》上，凡由国家税务总局发布的一律刊登在《中国税务》杂志上；四是地方政府或有关部门通过的税收法规、规章，应向国务院备案，如果某些地方性税收法规或国务院税务主管部门税收法规与国家现行法律、法规相抵触，则必须按照国家法律、法规的规定进行修改或予以废止。

课堂训练 1-8

下列有关税收立法程序的说法，正确的是（　　）。

A. 通过的税收法律由全国人大常委会委员长签署委员长令予以公布

B. 税收法规的通过是采取表决方式进行的

C. 税务部门规章须经省级税务局局长办公会审议通过后予以公布

D. 税收规范性文件签发后，必须以公告形式公布

五、税法的实施

颁布的税收法律从生效或实行之日起就必须贯彻执行，主要包括税收执法和守法两个方面：一是要求税务机关和税务人员正确运用税收法律并对违法者实施制裁；二是要求税务机关、税务人员、公民、法人、社会团队及其他组织严格遵守税收法律。

由于税法具有多层次的特点，因此在税收执法的过程中，对其实用性或法律效力的判断上一般按以下原则掌握：一是层次高的法律优于层次低的法律；二是同一层次的法律中，特别法优于普通法；三是国际法优于国内法；四是实体法从旧，程序法从新。

税法实施的核心是严格遵守税法。所谓遵守税法是指税务机关、税务人员都有必须遵守税法的规定，严格依法办事、依率计征。严格遵守税法是保证税法得以顺利实施的重要条件，任何违反税收法律、行政法规的行为都要受到法律制裁。

第四节 税法体系

一、我国现行的税法体系

税法体系是指由若干个单行税法以及各单行税法中不同位阶的税收法规组成的，既相互区别又相互联系的有机整体。

税法体系是具体而不是抽象的，构成税法体系的因素（税法）是变化而不是静止的。税法体系的完善程度是相对而不是绝对的。税法体系及其内容是由客观条件决定的，是不

以人的意志为转移的。

（一）税收实体法体系

经过1994年税制的全面改革和近年来的合并与取消，截至2021年11月，我国现行的税收法律体系从实体法上看共有18个税种。按其征税对象的性质，大致可分为以下5类。

（1）流转税法类，包括增值税、消费税、关税、船舶吨税和烟叶税5种税，主要在生产、流通和服务业及进出口贸易等方面发挥调节作用。

（2）所得税法类，包括企业所得税和个人所得税2种税，主要是在国民收入形成以后，对生产经营者的利润和个人的纯收入发挥调节作用。

（3）资源税法类，包括资源税、土地增值税、城镇土地使用税和耕地占用税4种税，主要是对因开发和利用自然资源差异而形成的级差收入发挥调节作用，加快生态文明建设。

（4）财产税法类，包括房产税、车辆购置税、车船税和契税4种税，主要是对某些特定财产发挥调节作用。

（5）行为目的税法类，包括印花税、环境保护税和城市维护建设税3种税以及具有税收性质的教育费附加。其主要是为了达到特定目的，对特定对象和特定行为发挥调节作用。

上述税种中，关税和船舶吨税由海关负责征收管理，并按《海关法》和《进出口关税条例》等有关规定执行；其余各税（费）原则上由税务机关负责征收管理（1996年以后，耕地占用税和契税原则上改由税务机关征管），并按《税收征管法》等有关规定执行。

税法视野　**房地产税试点即将开启，为完善立法铺路**

（二）税收程序法体系

（1）核心的税收程序法，主要包括2001年4月九届全国人大常委会第21次会议通过修订的《中华人民共和国税收征收管理法》（以下简称《税收征管法》）以及2002年10月国务院发布的《中华人民共和国税收征收管理法实施细则》和2003年4月国家税务总局制定的《关于贯彻〈中华人民共和国税收征收管理法〉及其实施细则若干具体问题的通知》等。

（2）辅助的税收程序法，主要包括：一是国务院制定的税收程序法。如2010年12月8日国务院第136次常务会议修订通过并自2011年2月1日起施行的《中华人民共和国发票管理办法》；二是财政部、国家税务总局制定的税收程序法。如1993年以后国家税务总局陆续发布的《关于贯彻实施税收征收管理法及其实施细则若干问题的规定》《发票管理办法实施细则》《税务行政复议规则》《税务稽查工作规程》和《税务代理试行办法》等。

（3）参照的税收程序法，主要包括1989年4月通过的《中华人民共和国行政诉讼法》、《中华人民共和国行政处罚法》（2009年8月第十一次全国人民代表大会常务委员会第10次会议修正）和《中华人民共和国国家赔偿法》（2012年10月第十一次全国人民代表大会常务委员会第29次会议修正）等。

二、我国税法体系的建立与发展

我国现行的税收法律体系是在税制的建立和改革完善中逐步形成的，大体上经历了五个历史时期、七次重大改革。

（一）五个历史时期

中华人民共和国成立以来，随着国家政治、经济形势的发展，税收制度的建立与发展经历了一个曲折的过程。从总体上来看，新中国成立以来我国税制改革的发展大致上经历了五个历史时期：第一个时期是从新中国成立到1957年，即国民经济恢复和社会主义改革改造时期，这是新中国税制建立和巩固的时期。第二个时期是从1958年到1978年年底中国共产党第十一届中央委员会第三次全体会议召开之前，这是我国税制曲折发展的时期。第三个时期是1978年党的十一届三中全会召开之后的新时期，是我国税制建设得到全面加强、税制改革不断前进的时期。第四个时期是1992年党的十四大提出建立社会主义市场经济体制的战略目标后，税制改革不断完善的新时期。第五个时期是2012年党的十八大提出全面推进依法治国、建设社会主义法治国家，新一轮税制改革进一步推进时期。

（二）七次重大改革

1. 1953年建立新税制

中华人民共和国成立后，立即着手建立新税制。1950年1月30日，中央人民政府政务院发布《全国税政实施要则》，规定全国共设货物税等14种税收。1952年12月政务院发布了《关于税制若干修正及实行日期通告》和《商品流通税试行办法》，于1953年1月起实施。经过1953年税制修正，工商税收共有11种，企业缴纳的主要税种已被合并简化。总体上看，达到了适应经济发展变化和保证国家财政收入的目的。

课堂训练1-9

1950年颁布的《全国税政实施要则》中设置但没有实际征收的税种有（　　）。

A. 契税　　B. 遗产税

C. 房产税　　D. 薪给报酬所得税

E. 印花税

2. 1958年改革工商税制，统一全国农业税制

为适应社会主义经济的新形势，财政部于1957年9月提出了《关于改革工商税制的报告》，1958年9月全国人大常委会审议原则通过。其改革的原则是“基本保持原税负，合并税种、简化税制”。改革的主要内容包括：将商品流通税、货物税、营业税和印花税合并为工商统一税，同时减少纳税环节，简化征税方法等。

1958年6月全国人大常委会第96次会议通过并由毛泽东主席公布了《中华人民共和国农业税条例》，从而结束了我国农业税制不统一的历史。经过这次税制改革，我国工商税制大为简化，由原来的11个税种简并为8个，使税制在结构上更突出了以流转税为主体的税制格局。

3. 1973年试行工商税

1964年开始研究税制的简并问题，并进行试点。财政部军管会根据试点经验，拟定了《关于扩大改革工商税制试点的报告》和《中华人民共和国工商税条例（草案）》，1972年3月经国务院批准后决定从1973年起试行。其主要内容包括：将企业原来缴纳的工商统一税及其附加、城市房地产税、车船使用牌照税、盐税和屠宰税合并为工商税；同时，简化税目税率、调整行业税率，并简化了征收办法。

工商税制通过这次简并，总体中只剩7个税种，形成了对国营企业只征收一种工商税，对集体企业只征收工商税和工商所得税的税制格局。城市房地产税、车船使用牌照税、屠宰税、牲畜交易税和集市交易税，虽然名义上存在，但只向非企业单位、个人和外侨征收，所征税款不到工商税收总额的1%。税制的过度简化，缩小了税收作用的范围和力度。

4. 1984年全面改革工商税制

主要内容包括：将工商税分为产品税、增值税、营业税和盐税4种税；开征国营企业所得税、国营企业调节税、资源税、城市维护建设税、房产税、土地使用税和车船使用税（其中后4种暂缓征收）。

此后，国务院又陆续发布了关于征收集体企业所得税、私营企业所得税、城乡个体工商业户所得税、个人收入调节税、城市维护建设税、奖金税（包括国营企业奖金税、集体企业奖金税和事业单位奖金税）、国营企业工资调节税、固定资产投资方向调节税（其前身为1983年开征的建筑税）、特别消费税、房产税、车船使用税、城镇土地使用税、印花税、筵席税等税收的法规。

1991年，第七届全国人大第四次会议将中外合资企业所得税法与外国企业所得税法合并为外商投资企业和外国企业所得税法。至此，我国的工商税制共有32种税收。

5. 1994年加快税制改革

党的十四大提出了建立社会主义市场经济体制的战略目标，包括税制改革的任务。1993年6月，中共中央、国务院做出了关于加强宏观调控的一系列重要决策，其中的重要措施之一就是要加快税制改革。其主要内容是：

（1）流转税制的改革。总体上是建立增值税、消费税和营业税三税并立、双层次调节的税制。

（2）所得税制的改革。先统一内资企业所得税，保留外商投资企业和外国企业所得税，条件具备时再合并内外资企业所得税；将个人所得税、个人收入调节税和城乡个体工商业户所得税合并统一为个人所得税。

（3）其他各税如修订资源税的改革等。

改革后的新税制体系共分5类20个税种，基本上实现了建立适应生产力发展水平的、符合社会主义市场经济要求的税制体系的总体目标。这是中国历史上规模最大、内容最多、范围最广的一次税制改革，是税制建设中的历史性突破。

此外，随着新税制的实施，我国还建立了“以纳税申报和优化服务为基础，以计算机网络为依托，集中征收，重点稽查”的新的税收征管模式。

6. 2004年以来的税制完善

（1）全面取消农业税。党和政府历来重视农村、农业和农民问题。为了切实减轻农民负担，中央决定从2000年开始在农村开展农村税费改革。2006年3月14日，十届人大四次会议决定在全国范围内彻底取消农业税。

（2）消费税和个人所得税的调整。我国现行的消费税是1994年国家税制改革中新设置的一个税种，当时设有11个税目。为了引导生产和消费，促进环保和节约，2006年4月1日，新增了木制一次性筷子、实木地板、游艇、高尔夫球及球具、高档手表、成品油6个税目，取消了护肤护发品税目，将汽油和柴油税目合并至成品油税目，对小汽车、酒、摩托车、汽车轮胎、化妆品税目税率进行了调整。自2014年12月1日起取消汽车轮胎消费税。同时，取消酒精消费税。取消酒精消费税后，“酒以及酒精”品目相应改为“酒”，并继续按现行消费税政策执行。自2015年2月1日起，将电池、涂料列入消费税征收范围。至此，消费税共有15个税目。

为了适应居民基本生活消费支出增长的新情况，减轻中低收入者的纳税负担，我国先后决定于2006年1月1日起对纳税人工资、薪金所得费用扣除标准将从每月800元提高到2011年9月1日的3 500元，再到2018年10月1日的5 000元。另外，自2007年8月15日起，将居民储蓄存款利息所得的个人所得税税率下调为5%；自2008年10月9日起对储蓄存款利息所得暂免征收个人所得税。

（3）内外资企业所得税的合并。2007年3月16日，十届全国人大五次会议审议通过了《中华人民共和国企业所得税法》，并于2008年1月1日正式实施。从此，我国结束了企业所得税法律制度对内外资分立的局面，逐步建立起一个规范、统一、公平、透明的企业所得税法律制度。

（4）增值税的转型。1994年税制改革以来，我国一直实行生产型增值税。从2004年7月1日起，我国对东北地区的8个行业实施增值税转型试点。自2007年7月1日起，对中部地区26个城市的8个行业实施试点。自2008年7月1日起，内蒙古自治区东部五个盟市和四川汶川地震受灾严重地区也开始实行试点。自2009年1月1日起，所有地区及行业的增值税一般纳税人购进或者自制固定资产发生的进项税额，均可从销项税额中抵扣。

（5）营业税改征增值税试点。2011年11月16日，财政部和国税总局发布《营业税改征增值税试点方案》，2012年1月上海作为首个试点城市，在交通运输业和部分现代服务业开展营业税改征增值税的工作，10月在北京、天津、重庆、厦门、深圳、江苏、湖南、海南、安徽和福建10省市试点。自2014年1月1日起将铁路运输和邮政服务业以及2014年6月1日起将电信业纳入营改增试点范围。2016年5月1日起，我国全面推开营改增试点，将建筑业、房地产业、金融业、生活服务业全部纳入试点范围，至此，营业税退出历史舞台，增值税制度更加规范。

（6）对车辆购置税、车船税、城镇土地使用税和房产税等其他税制的改革。《中华人民共和国车辆购置税暂行条例》自2001年1月1日起征收。2007年，为改行为目的税性质为财产税性质，修订颁布《中华人民共和国车船税暂行条例》，2011年正式颁布《中华人民共和国车船税法》。此外，修改过的《中华人民共和国城镇土地使用税暂行条例》也于2007年1月1日起开始正式实施。这次修改将外商投资企业和外国企业也纳入了城镇土地使用税的纳税人范围，同时根据社会经济的发展情况，将税额标准也做了提高；2006年4月28日国务院还公布了《中华人民共和国烟叶税暂行条例》，对烟叶的收购实行20%

的比例税率。《城市房地产税暂行条例》自2009年1月1日起废止。自2009年1月1日起，外商投资企业、外国企业和组织以及外籍个人，依照《房产税暂行条例》缴纳房产税。2011年1月28日起，经国务院同意，上海、重庆率先开展个人住房房产税改革试点。

（7）取消固定资产投资方向调节税。2012年11月9日，国务院总理温家宝签发中华人民共和国国务院令第628号，决定废止1991年4月16日由第82号国务院令发布的《中华人民共和国固定资产投资方向调节税暂行条例》。

（8）资源税改革。2011年和2014年，修订颁布《中华人民共和国资源税暂行条例》，将原油、天然气和煤炭由从量定额改为从价定率计征。2016年5月，财政部、国家税务总局制定并颁布的《关于全面推进资源税改革的通知》和《关于资源税改革具体政策问题的通知》，明确实施资源税改革，主要包括扩大资源税征收范围，开展水资源税改革试点工作；实施矿产资源税从价计征改革；全面清理涉及矿产资源的收费基金；合理确定资源税税率水平；加强矿产资源税收优惠政策管理，提高资源综合利用效率等。

7. 党的十八大后的税收法治

党的十八大提出要全面推进依法治国、建设社会主义法治国家。十八届三中全会公报指出，财政是国家治理的基础和重要支柱，科学的财税体制是优化资源配置、维护市场统一、促进社会公平、实现国家长治久安的制度保障。必须完善立法、明确事权、改革税制、稳定税负、透明预算、提高效率，建立现代财政制度，发挥中央和地方两个积极性。要改进预算管理制度，完善税收制度，建立事权和支出责任相适应的制度。2014年6月30日，中共中央通过了《深化财税体制改革总体方案》等方案，重点推进三个方面的改革：一是改进预算管理制度，强化预算约束、规范政府行为、实现有效监督，加快建立全面规范、公开透明的现代预算制度；二是深化税收制度改革，优化税制结构、完善税收功能、稳定宏观税负、推进依法治税，建立有利于科学发展、社会公平、市场统一的税收制度体系，充分发挥税收筹集财政收入、调节分配、促进结构优化的职能作用；三是调整中央和地方政府间财政关系，在保持中央和地方收入格局大体稳定的前提下，进一步理顺中央和地方收入划分，合理划分政府间事权和支出责任，促进权力和责任、办事和花钱相统一，建立事权和支出责任相适应的制度。

深化财税体制改革的目标是建立统一完整、法治规范、公开透明、运行高效，有利于优化资源配置、维护市场统一、促进社会公平、实现国家长治久安的可持续的现代财政制度。

新一轮财税体制改革的号角已经吹响，其目标是建立"有利于科学发展、社会公平、市场统一的税收制度体系"，改革重点基本锁定六大税种，包括增值税、消费税、资源税、环境保护税、房地产税、个人所得税，明确提出在2020年基本建立现代财政制度。

十二届全国人大常委会第二十五次会议于2016年12月25日表决通过了《环境保护税法》，这是党的十八届三中全会提出"落实税收法定原则"要求后，全国人大常委会审议通过的第一部单行税法，也是我国第一部专门体现"绿色税制"的单行税法。

2017年，党的十九大报告进一步提出"要加快建立现代财政制度"，并对税收制度改革提出了"深化税收制度改革，健全地方税体系"这一总要求。

随着我国主体税种的改革完善（如全面"营改增"实施和完成、个人所得税六项专项附加扣除的实施）以及绿色税种的进一步调整（如资源税从价计征、环境保护税开征等），税收制度进一步趋于完善。党的十九大以来，我国在税收政策的使用上也有新亮点，特别是在供给侧结构性改革背景下实施了大规模的减税降费政策，减税政策广泛涉及除绿色税收之外的几乎全部税种，由此增强了企业和市场活力。可以认为，党的十九大以来我国税收制度改革取得了重要的阶段性成果，主要表现在：

一是税收收入占 GDP 比重逐渐下降，而直接税占税收总收入的比重则有所上升，我国税收制度的收入调节功能得到进一步发挥；

二是减税降费和税制改革，推动了经济结构调整和优化，激发了市场主体活力，有利于发挥市场在配置资源中的决定性作用；

三是增值税、消费税、个人所得税、资源税等税种在税制改革上均取得重大突破，尤其是全面“营改增”的实施和完成，彻底打通了增值税链条，消除了重复征税问题；

四是税收立法工作大步推进。党的十九大以来，我国全国人大通过了《船舶吨税法》《烟叶税法》《耕地占用税法》《车辆购置税法》《资源税法》《城市维护建设税法》《契税法》和《印花税法》8 个税种的立法，增值税法、消费税法和土地增值税法的征求意见稿已完成，税收法定程度大大增强。

通过税制改革，我国进一步形成了以流转税和所得税为双主体税种，财产税、资源税、行为和特定目的税为补充的复合税制。这样，截至 2021 年 11 月，我国现行税制一共设置了 18 个税种，其中 12 种税已经立法。税法更加健全和完善，税制更加规范和统一。

2020 年 10 月党的十九届五中全会公报要求“建立现代财税金融体制”，同时十九届五中全会审议通过的《中共中央关于制定国民经济和社会发展第十四个五年规划和二〇三五年远景目标的建议》（以下简称《“十四五”规划建议》）明确提出“完善现代税收制度，健全地方税、直接税体系，优化税制结构，适当提高直接税比重，深化税收征管制度改革”，这为“十四五”期间我国税制改革和税收治理指明了方向。

税法视野　　税收法律十三部

三、我国税法体系的健全与完善

税法是否健全、完善，在一定程度上取决于是否有一个完善的税法体系。一个相对完善、合理的税法体系的标志是：第一，组成税法体系的各个单行税法之间在内容上存在着相互依存、相互联系的关系；第二，在税法种类和外在形式上是不可或缺的；第三，组成税法体系的各个单行税法的功能必须健全。也就是说，单行税法本身不能是“病态”的，而必须是相对完善的、科学的。

查一查：了解我国税收法治建设的进展情况，思考一下完善税法体系的必要性。

对照上述标准来检验我国现行税法，显然，我们的税法体系还不够科学、完善。用“法规的堆砌”一词来描述我国现行税法体系的现状可能有些过分，但是我国的税法体系还有进一步优化的余地，应该是不争的事实。首先，现有税法在数量上是不足的。这并不是说有关具体税种的税收单行法还不够，而是说那些综合性、基础性的税法还尚未完全建立起来。例如，我国还没有“税收基本法”“税务机关组织法”等。其次，某些现行税法在内容上还有欠缺。我们的许多税收单行法没有充分表达其应有之义。各个税法本身应具有的功能没有完整地表现出来。例如，现行《税收征管法》对征管措施的规定还不够全面，有些规定还停留在原则上，难以发挥应有的作用。另外，税法中的一些制度、措施还不够规范，与国际上的通行做法有较大差距。

造成这种状况的原因可能是我们过去在进行税收立法时，从税收的财政功能和经济功能上考虑得多，而从法律建设的角度来通盘设计税法体系的考虑比较少。

从完善税收法律的角度来看，我国的税法体系大致应该包括以下几个部分：

（一）税收基本法

税法作为一个法律部门，也应该有一个统帅性的法律来整合，这个统帅性的法律就是税收基本法或类似性质的法律。所谓“税收基本法”就是税收领域的宪法性法律，税法体系中其他税收单行法的制定都要以税收基本法为依据。因此，税收基本法在原则上要具有指导意义，在内容上要具有广泛的包容性。具体来说，税收基本法应该包括如下几项内容：税收的适应范围和基本原则；税法的效力，包括时间效力和空间效力；税收立法体制，主要是税收立法权的划分和税收立法程度；税收管理体制；税法执行机关的法律地位及其权利、义务；纳税人及其他相对人的权利和义务；税收征管的主要手段、适用条件和适用原则；税收的外部条件如社会有关部门的协助义务，为便利税收征管，需要对经济活动的约束和管理手段（如减少现金支付措施，支付单位源泉控管制度对账簿、票证的管理制度等）作出规定。

（二）税收征管法

税收征管法是集实体和程序于一身，侧重于税收征纳程序的基本法律之一，是税务机关进行税收征收管理的基本依据。税收征管法要具体体现税收基本法中关于税收征管的原则性规定。税收征管法应主要包括以下几方面的内容：纳税义务的确定；税收管理方式；税款征收形式和程序；征税时效；税收强制手段；法律责任。

（三）税务机关组织法

由于我国目前没有税务机关组织法，因此，对于税务机关的设置、职责、权限等问题还没有统一、明确的法律规定。特别是对具有派出性质的机构，一些地方人民法院在审理税务行政诉讼案件过程中对它们能否作为一级执法主体，能否以自己名义实施具体行政行为产生疑问。已经有一些上述机构因以自己的名义执法未果而引起败诉的案例发生。因此，有必要以法律的形式明确税务机关设置和法律地位，制定一个统一的税务机关组织法。税务机关组织法要明确以下几个问题：税务系统由几级税务机关及其派出机构组成；各级税务机关及其派出机构的职责权限；各级税务机关之间的相互关系以及与同级人民政府的关系；各级税务机关的内设机构、人员的升迁、考核和奖惩制度等。

（四）有关各个税种的单行税法

一个国家究竟要设置多少个税种，是由该国一定时期内政治、经济、社会形势以及人们的历史习惯等众多因素决定的。税种的设置要以社会的承受能力为限，社会经济没有发展到一定水平，制定再多的税种也没有什么实际意义。因此，制定税收实体法要避免草率行事，必须事先进行充分论证。制定税收实体还要有以下两个方面的考虑：第一，要从税法体系的角度来衡量制定某一税法是否必要；第二，要从内容上尽量完善每一个税法本身应有的功能，也就是税法本身必须是健全、完善的，对应该做出明确规定的内容，不能有所遗漏。同时，要与其他相关税法相对照，要绝对避免相互矛盾的税法出现。

总之，建立适应社会主义市场经济的税收法律体系的总体目标应当是：以宪法为依据，以税收基本法为骨干，以涵盖各个税种的法律为主体，以相关的行政法规和地方性法规为辅助，由内容齐全、结构严谨、内部协调、体例科学的税收法律及其配套法规构成有机的统一整体。从税法的纵向构成看，在《宪法》的统帅下，应当包括税法法律、税收行政法规和地方性税收法规等层次。从横向构成看，应当包括以下内容：税收基本法、税收征管法、增值税法、消费税法、企业所得税法、个人所得税法、关税法、资源税法、印花税法、房地产税法、遗产与赠予税法、社会保障税法等。

税法视野　　全球税改大刀挥起

第五节 依法治税

一、依法治税的概念及意义

（一）依法治税的概念

依法治税，是依法治国的有机组成部分，是指通过税收法制建设，使征税主体依法征税、纳税主体依法纳税，从而达到税收法治的状态。

（二）依法治税的意义

1. 从“依法治国，建设社会主义法治国家”的战略高度看

党的十八大已将“依法治国，建设社会主义法治国家”确定为党领导人民治理国家的一条基本方略。“一切政府机关都必须依法行政，切实保障公民权利，实行执法责任制和评议考核制。”税收工作作为国家的一项重要经济工作和宏观调控的重要手段，理所当然要依法进行。实际上，依法治税就是依法治国的局部实践和重要组成部分。

2. 从发展社会主义市场经济的客观要求看

实行公有制为主体、多种所有制经济共同发展，这是我国社会主义初级阶段的一项基本经济制度，而要使多种所有制经济共同发展、公有制实现形式多样化，就必须统一税法，公平税负，为各种所有制经济创造一个平等竞争的税收环境，这就从客观上提出了强化依法治税的要求。只有严格执行税法，强化税收征管，规范执法行为，及时有效地查处各种税收违法行为，才能保证各种所有制经济真正在同一起跑线上公平竞争，才能促进社

会主义市场经济健康、有序地发展。

3. 从税收的固有属性看

税收是国家凭借政治权力，按照法定的标准，强制地、无偿地取得财政收入的一种方式。税收固有的这种强制性、无偿性本身就决定了法治的不可或缺，特别是在发展社会主义市场经济条件下，企业将逐步成为自主经营、自负盈亏、自我发展、自我约束的独立的商品生产者和经营者。国家和企业的分配关系主要通过税收的方式来实现，而且税收还是调节过高收入、缓解社会分配不公矛盾的重要手段。

4. 从新时期治税思想的内在要求看

国家税务总局提出“法治、公平、文明、效率”的新时期治税思想时，把“法治”摆在了首要位置，由此可见其重要性。税务机关必须认真执行税法，不得自立章法或滥用职权，有法不依，以权代法、以言代法；纳税人也必须认真履行依法纳税义务。

二、依法治税理论的发展阶段

依法治税理论的历史发展可以划分为三个阶段：

（一）第一阶段：首次提出“以法治税”

国务院于1988年在全国税务工作会议上首次提出“以法治税”的口号；1989年5月，全国首届“以法治税”研讨班在京举行，掀起了学习和贯彻“以法治税”的第一个高潮。这一阶段中，以法治税主要是针对治理整顿税收秩序而提出来的。

（二）第二阶段：从“以法治税”转变为“依法治税”

随着“依法治国”的方略先后被第八届全国人大（1996年3月）和党的十五大（1997年9月）认可和确定，特别是在1998年3月国务院发布的《关于加强依法治税严格税收管理权限的通知》，使依法治税的理论探讨进入了全新阶段。需要指出的是，从“以法治税”和“依法治税”，这一字之差，深刻反映了税收管理从法律工具主义到法律价值理性的根本转变。依法治税，这是税收工作的永恒主题，研究的时间长，而且内容很多，涉及税收立法、执法、执法环境等方面，并且每个内容又包括很多小的方面。研究这个课题就应该从某一个方面着手，范围要尽量小，针对性要强。如果选择“关于依法治税的问题和对策”这样的题目，那就开口太大，研究起来比较困难。

（三）第三阶段：推进依法治税，建设法治国家

党的十八大闭幕后不久，2012年12月4日，习近平总书记出席首都各界纪念现行宪法公布施行30周年大会并发表重要讲话，明确提出“坚持依法治国、依法执政、依法行政共同推进，坚持法治国家、法治政府、法治社会一体建设”的重大论断。2014年6月30日，中央政治局审议通过了《深化财税体制改革总体方案》。这是党的十八届三中全会召开后，中央较早制定的具有重要意义的一个改革方案。新一轮税制改革总的方向是，优化税制结构、完善税收功能、稳定宏观税负、推进依法治税，充分发挥税收筹集财政收入、调节分配、促进结构优化的职能作用。按照国家治理体系和治理能力现代化的要求，2014年8月31日第十二届全国人民代表大会常务委员会第十次会议表决通过了《中华人民共和国预算法》，将审核预算的重点由平衡状态、赤字规模向支出预算和政策拓展，这

有利于避免收“过头税”等现象的发生。10 月 23 日，中共十八届四中全会一致通过了《中共中央关于全面推进依法治国若干重大问题的决定》，明确提出了“建设中国特色社会主义法治体系，建设社会主义法治国家”的命题，在中国共产党领导 13 亿中国人民实现“两个一百年”奋斗目标、实现中华民族伟大复兴中国梦的征程上，写下了浓墨重彩的时代华章。全会明确提出要加强重点领域立法，首提财政是国家治理的基础和重要支出，因此，在最近时期财税立法必然是重中之重。十二届全国人大常委会第二十五次会议于 2016 年 12 月 25 日表决通过了我国第一部专门体现“绿色税制”的单行税法——《环境保护税法》，这是党的十八届三中全会提出“落实税收法定原则”要求后，全国人大常委会审议通过的第一部单行税法。党的十九大以来，我国税收立法进程进一步加快，全国人大先后通过了 8 个税种的立法，增值税法、消费税法和土地增值税法也完成征求意见。截至 2021 年 11 月，我国现行税制一共设置了 18 个税种，其中 12 种税已经立法。

税法视野　　提高直接税比重是“十四五”税制改革重点

三、依法治税的发展模式及推进措施

（一）依法治税的发展模式

目前，学界比较认可的依法治税发展模式包含三个层次：纳税人自行申报纳税是实现依法治税的前提；税务机关依法征税是实现依法治税的基础；计算机网络是实现依法治税的物质保证。

（二）推进依法治税的措施

1. 完善税收立法，保证有法可依

目前，财税法律体系在我国立法体系中是一个短板。对现有的 6 项税种的规范还都是条例的形式，这不符合十八届三中全会落实税收法定原则的要求。因此，财税法律规范体系的建设是当务之急。而这一体系应当包含四个部分：完备的财税法律规范体系、高效的财税法治实施体系、严密的财税法治监督体系以及有力的财税法治保障体系。由于我国所有税种的立法权、解释权及税目税率确定权一律集中在中央，这不利于财权与事权的统一，不利于调动地方的积极性，应尽快出台基本法，明确中央和地方各自立法的范围、权限，调动地方政府的积极性，杜绝超越权限、擅自立法现象的发生，这样才能保证有法可依。

2. 尽快健全税收实体法和程序法

一是单行税收法律的制定要以科学合理设立税种为基础，增强可操作性，对现有税种该调整的调整，该合并的合并，该取消的取消；二是提高多数适用的暂行条例、补充规定的法律级次，由人大以法律形式颁布，提高税法的严肃性、权威性、稳定性。

3. 坚持税务机关独立执法的权力

明确有关单位协税护税义务与责任。新《税收征管法》已明确规定税务机关在税务行政执法领域的唯一合法主体地位，明确了有关部门的协税护税义务及其如果不履行这种义务所应承担的法律责任，保证税务机关进行有效的监督检查，增强执法刚性。

4. 建立税务警察，健全司法保障体系

到目前为止，专业化的税务司法保障体系还未真正建立起来。税务机关对于涉税犯罪活动没有独立的侦查、预审、检察、审判等权力，税务司法活动基本上依靠非专业性的公、检、法机关执行，这样就造成了一方面由于没有有效的司法保障体系，使《税收征管法》中所规定的税务机关所具有的种种检查权、行政处罚权、强制执行权等缺乏必要的保障手段而难以落实。

5. 社保费改税

社保“费改税”尤其是养老保险“费改税”的必要性主要体现在以下方面：一是有利于以税法强制性扩大社保统筹的覆盖面和可持续性，也有利于以税收形式发挥收入再分配的统筹功能。二是真正有利于最终实现养老保险的全国统筹。目前，我国养老保险基金存在由于统筹层次不高、各地缴费和支出不平衡的严重问题。养老保险“费改税”以后，政府就容易做到全国统一调配、统一管理，全国统筹和共享可望实现。三是通过社保“费改税”，我国将增加一个课征于所得的直接税税种，有利于实现《“十四五”规划建议》所要求的“优化税制结构，适当提高直接税比重”目标，也能更好地发挥我国税制在收入再分配和自动稳定器方面的功能。四是从国际经验来看，采取社保税筹资模式是市场经济国家通行的做法，而就我国来看，自2019年开始全国各地社保费已由税务机关统一征收，实现费改税已具备相应的经验积累和实践基础。

【前沿阅读】“十四五”时期税制改革和税收治理的基本方向

思考训练

一、主题思考

利用电子图书馆和网络资源收集整理税法的相关基础知识，比较分析我国与欧美国家税法的异同，探讨如何进一步完善我国税法体系。

二、实战演练

1. 计算表1－1中5级超额累进税率表中的速算扣除数

表1－1　　5级超额累进税率表

级次	应税所得额数额	税率	速算扣除数
1	不超过1 000元部分	5%	
2	超过1 000—5 000元部分	10%	
3	超过5 000—20 000元部分	20%	

续表

级次	应税所得额数额	税率	速算扣除数
4	超过 20 000—100 000 元部分	30%	
5	超过 100 000 元部分	40%	

2. 计算表 1－2 中超额累进税率表中的速算扣除系数

表 1－2　　超额累进税率表

级次	课税对象数额比率	税率	速算扣除系数
1	销售利润率在 5% 以下部分	免	
2	销售利润率 5%—15% 部分	10%	
3	销售利润率 15%—30% 部分	15%	
4	销售利润率 30%—50% 部分	25%	
5	销售利润率超过 50% 部分	30%	

第一章
本章参考税收法律法规制度

第一章
课堂训练解析

第一章
实战演练参考答案

第二章 流转税法律制度

【本章导读】

流转税法是调整以商品流转额和非商品流转额为征税对象的一系列税收关系的法律、法规的总称。流转税法的特征是由流转税在组织财政收入和调整经济中的作用决定的。流转税是间接税，具有税源稳定、征收及时便利、税负隐蔽等优点。流转税法在大多数发展中国家和少数发达国家构成主体税制。我国现行流转税法主要有五个，即《增值税法》《消费税法》《关税法》《船舶吨税法》《烟叶税法》。具体来说，对生产流通、加工修理修配及应税行为等领域征收增值税，有选择地对某些消费品征收消费税，进出口环节的货物和物品则征收关税，对进出中国港口的国际航行船舶征收船舶吨税，对收购烟叶的单位，以收购金额征收烟叶税。多税种的流转税制，保证了流转税源广泛的基础，保证了税收收入的稳定，但也带来税制设计的复杂和困难。我国未来将进一步提高流转税法的立法层次，降低增值税的税率，调整消费税的征税范围和征税环节。

通过本章学习，要求读者全面而深入地掌握流转税法各税种的基本制度和具体应用。

第一节 增值税法

第二章教案　　第二章 PPT

一、增值税的基本法律

（一）增值税的概念

增值税是对纳税人在生产经营过程中实现的增值额征收的一种税。在我国，是指对在中华人民共和国境内销售货物或加工、修理修配劳务，销售服务、无形资产、不动产以及进口货物的单位和个人以及进口货物的单位和个人，以其实现的增值额为征税对象征收的一种税。

增值税法是指国家制定的用以调整增值税征收与缴纳之间权利与义务关系的法律规范。我国增值税的基本法律依据是1993年12月国务院发布的《中华人民共和国增值税暂行条例》和财政部制定的《中华人民共和国增值税暂行条例实施细则》以及2008年11月5日经过国务院第34次常务会议修订通过、自2009年1月1日起施行的《中华人民共和国增值税暂行条例》。2011年11月16日，财政部和国税总局发布《营业税改征增值税试点方案》（以下简称《试点方案》），2012年1月上海作为首个试点城市，在交通运输业和部分现代服务业开展营业税改征增值税的工作，从9月开始在北京市、天津市、福建省（含厦门市）、广东省（含深圳市）、江苏省、湖北省、安徽省、浙江省（含宁波市）等10个省市试点。2013年8月1日，营业税改征增值税试点在全国范围内推开，并将广播影视作品的制作、播映、发行纳入试点行业，即在"部分现代服务业"下新增广播影视服务。2014年1月1日，将铁路运输和邮政业纳入试点范围。2014年6月1日起，再将电信业纳入试点。2016年5月起将建筑业、房地产业、金融业、生活服务业全部纳入营改增试点，至此营业税退出历史舞台，增值税制度将更加规范。增值税已经成为中国最主要的税种之一。国内增值税由国家税务局负责征收，进口环节的增值税由海关负责征收。2017年11月29日，国务院公布了第691号令，决定废止《中华人民共和国营业税暂行条例》，同时对《增值税暂行条例》进行修改。

小问答2-1

增值税的类型有哪些？

（二）增值税的征税范围

1. 一般规定

增值税的征税范围为在中国境内销售货物、进口货物或提供加工、修理修配劳务及应税行为。所称"在中国境内"是指销售货物的起运地或所在地在境内，提供的应税劳务及应税服务发生在境内。

（1）销售货物。销售货物是指有偿转让货物的所有权。货物是指除土地、房屋和其他建筑物等不动产之外的有形动产，包括电力、热力、气体在内。

凡是把货物的所有权交给购买方，并从购买方取得货币、货物或其他经济利益的，都属于销售货物。

（2）进口货物。进口货物是指在海关报关进口的货物。进口货物包括国外产制和我国已出口又转内销的货物、国外捐赠的货物以及进口者自行采购的货物、用于贸易行为的货物、自用或用于其他方面的货物。

国家在规定对进口货物征税的同时，对某些进口货物制定了减免税的特殊规定。对进口货物是否减免税由国务院统一规定，任何地方、部门都无权规定减免税项目。

（3）提供加工、修理修配劳务。提供加工、修理修配劳务是指有偿提供加工和修理修配劳务。其中，加工指受托加工货物，即委托方提供原料及主要材料，受托方按照委托方的要求制造货物并收取加工费，加工后货物的所有权仍归属委托方的业务，但不包括单位或个体工商户聘用的员工为本单位或雇主提供加工、修理修配劳务；修理修配指受托对损伤和丧失功能的货物进行修复，使其恢复原状和功能的业务。

（4）销售服务。销售服务，是指提供交通运输服务、邮政服务、电信服务、建筑服务、金融服务、现代服务、生活服务。

税法视野　　销售服务的主要内容

（5）销售无形资产。销售无形资产，是指转让无形资产所有权或者使用权的业务活动。无形资产，是指不具实物形态，但能带来经济利益的资产，包括技术、商标、著作权、商誉、自然资源使用权和其他权益性无形资产。①技术，包括专利技术和非专利技术。②自然资源使用权，包括土地使用权、海域使用权、探矿权、采矿权、取水权和其他自然资源使用权。③其他权益性无形资产，包括基础设施资产经营权、公共事业特许权、配额、经营权（包括特许经营权、连锁经营权、其他经营权）、经销权、分销权、代理权、会员权、席位权、网络游戏虚拟道具、域名、名称权、肖像权、冠名权、转会费等。

纳税人通过省级土地行政主管部门设立的交易平台转让补充耕地指标，按照销售无形资产缴纳增值税，税率为6%。

（6）销售不动产。销售不动产，是指转让不动产所有权的业务活动。不动产，是指不能移动或者移动后会引起性质、形状改变的财产，包括建筑物、构筑物等。①建筑物，包括住宅、商业营业用房、办公楼等可供居住、工作或者进行其他活动的建造物。②构筑物，包括道路、桥梁、隧道、水坝等建造物。

转让建筑物有限产权或者永久使用权的，转让在建的建筑物或者构筑物所有权的以及在转让建筑物或者构筑物时一并转让其所占土地的使用权的，按照销售不动产缴纳增值税。

2. 营改增项目基本行为及地域的界定

（1）销售服务、无形资产或不动产是指有偿提供应税服务、有偿转让无形资产或不动产，但不包括非经营活动中提供的应税项目。有偿，是指取得货币、货物或者其他经济利益。非经营活动，是指行政单位收取的符合条件的政府性基金或者行政事业性收费；单位或者个体工商户聘用的员工为本单位或者雇主提供取得工资的服务；单位或者个体工商户为聘用的员工提供应税服务；财政部和国家税务总局规定的其他情形。

（2）在境内销售服务或无形资产、不动产，是指服务（租赁不动产除外）或者无形资产（自然资源使用权除外）的销售方或者购买方在境内——以销售方或者购买方位置区分境内与境外；所销售或者租赁的不动产在境内——以不动产位置区分境内与境外；所销售自然资源使用权的自然资源在境内——以自然资源位置区分境内与境外；财政部和国家税务总局规定的其他情形。

(3) 下列情形不属于在境内销售服务或无形资产：境外单位或者个人向境内单位或者个人销售完全在境外发生的服务；境外单位或者个人向境内单位或者个人销售完全在境外使用的无形资产；境外单位或者个人向境内单位或者个人出租完全在境外使用的有形动产；财政部和国家税务总局规定的其他情形。

境外单位或者个人发生下列行为不属于在境内销售服务或者无形资产：为出境的函件、包裹在境外提供的邮政服务、收派服务；向境内单位或者个人提供的工程施工地点在境外的建筑服务、工程监理服务；向境内单位或者个人提供的工程、矿产资源在境外的工程勘察勘探服务；向境内单位或者个人提供的会议展览地点在境外的会议展览服务；境内的单位或者个人作为工程分包方，为施工地点在境外的工程项目提供建筑服务，从境内工程总承包方取得的分包款收入，视同从境外取得收入。

课堂训练 2-1

关于增值税征收范围中，正确的有（　　）。

A. 道路通行服务按不动产租赁

B. 向客户收取退票费按其他现代服务

C. 融资租赁按金融服务

D. 车辆停放按有形动产租赁

E. 融资性售后回租按租赁服务

查一查： 国家税务总局公告 2014 年第 7 号、财税〔2014〕43 号。

3. 特殊规定

(1) 征税范围的特殊行为。主要包括以下 4 个方面：

①视同销售服务、无形资产、不动产。a. 单位或个体户向其他单位或个人无偿提供服务，但用于公益事业或以社会公众为对象的除外。b. 单位或个人向其他单位或个人无偿转让无形资产或不动产，但用于公益事业或以社会公众为对象的除外。c. 财政部和国家税务总局规定的其他情形。

其他个人无偿提供服务不用视同销售，但无偿转让无形资产或不动产一般要视同销售。根据国家指令无偿提供运输服务，不征增值税。出租不动产合同约定免租期的，不属于视同销售服务。

②视同销售货物。a. 将货物交付其他单位或个人代销：代销中的委托方。b. 销售代销货物：代销中的受托方。c. 设有两个以上机构（不同县市）并实行统一核算的纳税人，移送货物用于销售。用于销售，是指受货机构发生以下情形之一的经营行为：向购货方开具发票；向购货方收取货款。受托机构的货物移送行为有上述两项情形之一的，应当向所在地税务机关缴纳增值税，未发生上述两项情形的，由总机构统一缴纳增值税。如受托机构只就部分货物向购买方开具发票或收取货款，应区分情况计算，并分别向总分机构所在地税务机关缴纳税款。d. 将自产、委托加工的货物用于集体福利或个人消费。e. 将自产、委托加工或购买的货物作为投资。f. 将自产、委托加工或购买的货物分配给股东或投资者。g. 将自产、委托加工或购买的货物无偿赠送。

自2019年1月1日至2022年12月31日，对单位或者个体工商户将自产、委托加工或购买的货物通过公益性社会组织、县级及以上人民政府及其组成部门和直属机构，或直接无偿捐赠给目标脱贫地区的单位和个人，免征增值税。

课堂训练2-2

下列行为，不属于增值税视同销售情形的是（　　）。

A. 销售代销货物

B. 将外购的货物用作集体福利

C. 将委托加工收回的货物捐赠给关系户

D. 将自产的货物用于分配给股东

议一议： 上述视同销售行为为何缴纳增值税？

③混合销售行为及其税务处理。具体规定为：a. 混合销售行为的概念。一项销售行为如果既涉及货物又涉及服务，即为混合销售行为。b. 混合销售行为的税务处理。从事货物的生产、批发或零售的单位和个体工商户（包括以生产、批发或零售为主要业务、兼营销售服务的单位和个体工商户）的混合销售行为，按照销售货物缴纳增值税；其他单位和个体工商户的混合销售行为，按照销售服务缴纳增值税。

自2017年5月1日起，纳税人销售活动板房、机器设备、钢结构件等自产货物的同时提供建筑、安装服务，不属于混合销售，应分别核算货物和建筑服务的销售额，分别适用不同的税率或者征收率。

一般纳税人销售自产机器设备的同时提供安装服务，应分别核算机器设备和安装服务的销售额，安装服务可以按照甲供工程选择适用简易计税方法计税。

一般纳税人销售外购机器设备的同时提供安装服务，如果已经按照兼营的有关规定，分别核算机器设备和安装服务的销售额，安装服务可以按照甲供工程选择适用简易计税方法计税。

税法视野　　**甲供工程与清包工**

④兼营行为及其税务处理。具体规定为：a. 兼营行为是指纳税人的经营中包括销售货物、劳务、服务、无形资产和不动产等适用不同税率或征收率的征税对象。b. 按照财税〔2016〕36号文件规定，纳税人兼营销售货物、劳务、服务、无形资产或者不动产，适用不同税率或者征收率的，应当分别核算适用不同税率或者征收率的销售额；未分别核算的，从高适用税率。

议一议： 混合销售行为和兼营行为有什么不同？

（2）征税范围的其他特别规定。

①属于征税范围的特殊项目：a. 纳税人取得的财政补贴收入，与其销售货物、劳务、

服务、无形资产、不动产的收入或者数量直接挂钩的，应按规定计算缴纳增值税。b. 电力公司向发电企业收取的过网费，应当征收增值税。c. 经营罚没物品（未上缴财政的）收入，照章征收增值税。

②不缴纳增值税的特殊项目：a. 纳税人取得的与销售收入或数量不直接挂钩的其他情形的财政补贴收入，不征收增值税。b. 视罚没物品收入归属确定征税与否，凡作为罚没变价或拍卖收入如数上缴财政的，不予征税。c. 根据国家指令无偿提供的铁路运输服务、航空运输服务，属于用于公益事业服务，不缴纳增值税。d. 存款利息不征收增值税。e. 被保险人获得的保险赔付不缴纳增值税。f. 房地产主管部门或者其指定机构、公积金管理中心、开发企业以及物业管理单位代收的住宅专项维修资金，不征收增值税。g. 纳税人在资产重组过程中，通过合并、分立、出售、置换等方式，将全部或部分实物资产以及与其相关联的债权、负债和劳动力一并转让给其他单位和个人，不属于增值税的征税范围，其中涉及的货物转让，不动产、土地使用权转让行为，不征收增值税。

（三）增值税的纳税人和扣缴义务人

1. 增值税纳税人的一般规定

凡在中华人民共和国境内销售货物或者提供加工、修理修配劳务，销售服务、无形资产或者不动产以及进口货物的单位和个人，为增值税的纳税人。所称单位，包括企业、行政单位、事业单位、军事单位、社会团体及其他单位。所称个人，包括个体工商户和其他个人。

单位以承包、承租、挂靠方式经营的，承包人、承租人、挂靠人（以下统称“承包人”）以发包人、出租人、被挂靠人（以下统称“发包人”）名义对外经营并由发包人承担相关法律责任的，以该发包人为纳税人。否则，以承包人为纳税人。

对报关进口的货物，以进口货物的收货人或办理报关手续的单位和个人为进口货物的纳税人。

建筑企业与发包方签订建筑合同后，以内部授权或者三方协议等方式，授权集团内其他纳税人（以下称“第三方”）为发包方提供建筑服务，并由第三方直接与发包方结算工程款的，由第三方缴纳增值税并向发包方开具增值税发票，与发包方签订建筑合同的建筑企业不缴纳增值税。

2. 增值税纳税人的分类及依据

增值税纳税人划分为一般纳税人和小规模纳税人。这两类纳税人在税款计算方法、适用税率（征收率）以及管理办法上都有所不同。对一般纳税人实行凭发票扣税、计算扣税的计税方法；对小规模纳税人规定简易的计税方法和征收管理办法。一般纳税人和小规模纳税人划分的基本标准是纳税人年应税销售额的大小和会计核算水平；年应税销售额不能达到规定标准但符合资格条件的，也可办理增值税一般纳税人资格登记。

（1）销售规模的金额标准。

根据《财政部税务总局关于统一增值税小规模纳税人标准的通知》（财税〔2018〕33号）规定，自2018年5月1日起，统一增值税小规模纳税人标准，即增值税小规模纳税人标准为年应征增值税销售额500万元及以下。

为深入贯彻落实国务院“放管服”改革有关要求，进一步优化纳税服务，规范增值税一般纳税人管理，国家税务总局制定公布《增值税一般纳税人登记管理办法》（国家税务总局令第43号），并于2018年2月1日开始执行。增值税纳税人年应税销售额超过财政部、国家税务总局规定的小规模纳税人标准的，应当向主管税务机关办理一般纳税人登记。

年应税销售额是不含增值税的销售额。

销售服务、无形资产或者不动产有扣除项目的纳税人，其年应税销售额按未扣除之前的销售额计算。

年应税销售额，是指纳税人在连续不超过12个月或4个季度的经营期内累计应征增值税销售额，包括纳税申报销售额、稽查查补销售额、纳税评估调整销售额。

纳税人偶然发生的销售无形资产、转让不动产的销售额，不计入年应税销售额。

（2）资格条件。

资格条件：能够按照国家统一的会计制度规定设置账簿，根据合法、有效凭证核算，能够准确提供税务资料。

年应税销售额不能达到规定标准但符合资格条件的，也可登记成为增值税一般纳税人。

除国家税务总局另有规定外，一经登记为一般纳税人后，不得转为小规模纳税人。

（3）增值税纳税人的特殊规定。

在增值税一般纳税人资格登记规则中，有一般规定之外的例外规定，包括选择登记、不能登记。

《中华人民共和国增值税暂行条例实施细则》第二十九条规定，非企业性单位、不经常发生应税行为的企业可选择按照小规模纳税人纳税。

根据《营业税改征增值税试点实施办法》第三条规定，年应税销售额超过规定标准但不经常发生应税行为的单位和个体工商户可选择按照小规模纳税人纳税。

按照政策规定，选择按照小规模纳税人纳税的（应当向主管税务机关提交书面说明）以及年应税销售额超过规定标准的其他个人不能登记为一般纳税人。

议一议：增值税一般纳税人与小规模纳税有什么不同？

小问答 2-2

2021年转登记政策能否延续？

课堂训练 2-3

下列纳税人，必须办理一般纳税人登记的是（　　）。

A. 其他个人

B. 非企业性单位

C. 不经常发生应税行为的单位

D. 年应税销售额超过500万元且经常发生应税行为的工业企业

课堂训练 2-4

增值税纳税人年应税销售额超过小规模纳税人标准的，除另有规定外，应申请一般纳税人资格登记。下列各项中应计入年应税销售额的有（　　）。

A. 偶然发生的销售无形资产的销售额

B. 免税销售额

C. 稽查查补销售额

D. 税务机关代开发票销售额

E. 偶然发生的转让不动产的销售额

课堂训练 2-5

根据增值税纳税人登记管理的规定，下列说法正确的有（　　）。

A. 个体工商户年应税销售额超过小规模纳税人标准的，不能申请登记为一般纳税人

B. 增值税纳税人应税销售额超过小规模纳税人标准的，除另有规定外，应当向主管税务机关办理一般纳税人登记

C. 非企业性单位、不经常发生应税行为的企业，可以选择按照小规模纳税人纳税

D. 纳税人登记时所依据的年应纳税额，不包括税务机关代开发票的销售额

E. 纳税人偶然发生的销售无形资产、转让不动产的销售额，不计入应税行为年应税销售额

3. 增值税的扣缴义务人

中华人民共和国境外（以下简称境外）的单位或个人在境内提供应税劳务，在境内未设有经营机构的，其应纳税款以境内代理人为扣缴义务人；在境内没有代理人的，以购买者为扣缴义务人。

境外单位或个人在境内销售服务、无形资产或者不动产，在境内未设有经营机构的，以购买方为增值税扣缴义务人。财政部和国家税务总局另有规定的除外。

课堂训练 2-6

依据增值税的有关规定，境外单位或个人在境内发生增值税劳务而在境内未设立经营机构的，增值税的扣缴义务人有（　　）。

A. 代理人　　B. 银行

C. 购买者　　D. 境外单位

（四）增值税税率与征收率

根据确定增值税税率的基本原则，2017 年 7 月 1 日之后，我国增值税设置了一档基本税率和两档低税率，此外还对出口货物和财政部、国家税务总局规定的应税行为实行零税率（国务院另有规定的除外）。小规模纳税人通常不适用税率而适用征收率。除另有规定外，小规模纳税人进口货物缴纳进口环节增值税适用货物的适用税率，非征收率。

1. 税率

增值税税率包括基本税率、较低税率、低税率和零税率，见表 2-1。

表 2－1　　增值税税率表

<table>
<tr><th>增值税税率</th><th colspan="2">具体规定</th></tr>
<tr><td>基本税率
（2019 年 4 月
1 日改为 13%）</td><td colspan="2">（1）纳税人销售或者进口货物（除适用较低税率、征收率的外）
（2）纳税人提供加工、修理修配劳务（以下称“应税劳务”）
（3）有形动产租赁服务</td></tr>
<tr><td rowspan="2">较低税率
（2019 年 4 月
1 日改为 9%）</td><td>货物类</td><td>（1）粮食等农产品（含动物骨粒、干姜、姜黄、人工合成牛胚胎；不含麦芽、复合胶、人发、淀粉）、食用植物油（含棕榈油、棉籽油、茴油、毛椰子油、核桃油、橄榄油、花椒油、杏仁油、葡萄籽油、牡丹籽油；不含环氧大豆油、氢化植物油、肉桂油、核油、香茅油）、鲜奶（含按规定标准生产的巴氏杀菌乳、灭菌乳；不含调制乳）、食用盐
（2）自来水、暖气、冷气、热水、煤气、石油液化气、天然气、沼气、居民用煤炭制品、二甲醚
（3）图书、报纸、杂志；音像制品；电子出版物
①图书包括中小学课本配套产品（包括各种纸制品或图片）
②国内印刷企业承印的经新闻出版主管部门批准印刷且采用国际标准书号编序的境外图书，适用 9% 的增值税税率
（4）饲料、化肥、农药、农机（含密集型烤房设备、频振式杀虫灯、自动虫情测报灯、黏虫板、农用挖掘机、养鸡设备系列产品、养猪设备系列产品、动物尸体降解处理机、蔬菜清洗机）、农膜</td></tr>
<tr><td>服务、无形资产、不动产类</td><td>（1）交通运输服务
（2）邮政服务
（3）基础电信服务
（4）建筑服务
（5）不动产租赁服务
（6）销售不动产</td></tr>
<tr><td>低税率 6%</td><td colspan="2">（1）现代服务（租赁服务除外）
（2）增值电信服务
（3）金融服务
（4）生活服务
（5）销售无形资产（含转让补充耕地指标，不含转让土地使用权）</td></tr>
<tr><td>零税率</td><td colspan="2">（1）纳税人出口货物，税率为零；但是，国务院另有规定的除外
（2）境内单位和个人跨境销售国务院规定范围内的服务、无形资产，税率为零。主要包括：国际运输服务；航天运输服务；向境外单位提供的完全在境外消费的：研发服务、合同能源管理服务、设计服务、广播影视节目（作品）制作和发行服务、软件服务、电路设计及测试服务、信息系统服务、业务流程管理服务、离岸服务外包业务、转让技术
（3）其他零税率政策：按照国家有关规定应取得相关资质的国际运输服务项目，纳税人取得相关资质的适用零税率政策，未取得的，适用增值税免税政策。境内单位和个人以无运输工具承运方式提供的国际运输服务，由境内实际承运人适用增值税零税率；无运输工具承运业务的经营者适用增值税免税政策</td></tr>
</table>

2. 征收率

目前，我国增值税征收率有3%和5%两档，另在一些特殊条件下或针对一些特殊业务实施更低比率的征收率，见表2－2。

表2－2 增值税征收率表

增值税征收率	适用范围
法定征收率3%	（1）除全面“营改增”适用5%征收率、特殊主体特定条件下适用1%和0.5%征收率以外的纳税人按照简易计税方法销售货物、提供应税劳务、发生应税行为，征收率均为3% （2）适用3%征收率计税的一般纳税人和小规模纳税人，其某些特殊销售项目按照3%征收率减按2%征收增值税： ①小规模纳税人（除其他个人外，下同）销售自己使用过的除固定资产以外的物品，应按3%的征收率征收增值税 ②小规模纳税人销售自己使用过的固定资产（有形动产，下同），适用简易办法依照3%征收率减按2%征收增值税政策的，可以放弃减税，按照简易办法依照3%征收率缴纳增值税，并可以开具或由主管税务机关代开增值税专用发票 ③一般纳税人销售自己使用过的不得抵扣且未抵扣进项税的固定资产，适用简易办法依照3%征收率减按2%征收增值税政策的，可以放弃减税，按照简易办法依照3%征收率缴纳增值税，并可以开具增值税专用发票 ④纳税人（含一般纳税人和小规模纳税人）销售旧货（二手车除外），按照简易办法依照3%按2%征收增值税 （3）受新型冠状病毒疫情影响，自2020年3月1日至2021年3月31日，小规模纳税人适用3%征收率的应税销售收入、适用3%预征率预缴的应税项目，分湖北省和湖北省以外其他省、自治区、直辖市，分别享受免征和暂停预缴、减按1%征收率征收和减按1%等优惠政策。自2021年4月1日至2021年12月31日，全国范围的增值税小规模纳税人适用3%征收率的应税销售收入，减按1%征收率征收增值税；适用3%预征率的预缴增值税项目，减按1%预征率预缴增值税 （4）自2020年5月1日至2023年12月31日，从事二手车经销业务的纳税人销售其收购的二手车，减按0.5%征收率征收增值税 （5）资管产品管理人运营资管产品过程中发生的增值税应税行为，暂适用简易计税方法，按照3%的征收率缴纳增值税
法定征收率5%	全面“营改增”过程中的特殊项目： （1）与“房地”相关 ①小规模纳税人销售自建或者取得的不动产 ②一般纳税人选择简易计税方法计税的不动产销售 ③房地产开发企业中的小规模纳税人，销售自行开发的房地产项目 ④其他个人销售其取得（不含自建）的不动产（不含其购买的住房） ⑤一般纳税人选择简易计税方法计税的不动产经营租赁 ⑥小规模纳税人出租（经营租赁）其取得的不动产（不含个人出租住房） ⑦其他个人出租（经营租赁）其取得的不动产（不含住房） ⑧个人出租住房，应按照5%的征收率减按1.5%计算应纳税额 ⑨一般纳税人2016年4月30日前签订的不动产融资租赁合同，或以2016年4月30日前取得的不动产提供的融资租赁服务，选择适用简易计税方法的

续表

增值税征收率	适用范围
法定征收率 5%	⑩一般纳税人收取试点前开工的一级公路、二级公路、桥、闸通行费，选择适用简易计税方法的 ⑪纳税人转让 2016 年 4 月 30 日前取得的土地使用权，选择适用简易计税方法的 ⑫房地产开发企业的一般纳税人销售自行开发的房地产老项目，选择适用简易计税方法的 （2）其他相关 ①一般纳税人和小规模纳税人提供劳务派遣服务选择差额纳税的 ②一般纳税人提供人力资源外包服务，选择适用简易计税方法的

全面“营改增”之前，增值税法定征收率为 3%。2016 年 5 月 1 日全面“营改增”后增加了 5% 的征收率。新型冠状病毒疫情期间，我国分不同地区，将小规模纳税人 3% 征收率的项目分不同时期实施阶段性免征、减按 1% 征收的不同优惠政策。

纳税人受托对垃圾、污泥、污水、废气等废弃物进行专业化处理未产生货物，属于提供“现代服务——专业技术服务”，收取的处理费用适用 6% 的增值税税率；专业化处理后产生货物，货物归属委托方的，属于提供" 加工劳务”，其收取的处理费用适用 13% 的增值税税率；货物归属受托方的，属于提供“现代服务——专业技术服务”，其收取的处理费用适用 6% 的增值税税率。

增值税一般纳税人符合规定的采用征收率计税，属于增值税税收优惠的组成部分。使用征收率计税就要求纳税人采用简易征税办法缴税，不能抵扣该项目相关的进项税额。

采用征收率计算的税额，不能称其为销项税额，对于小规模纳税人直接就是应纳税额；对于一般纳税人，是其应纳税额的组成部分。

课堂训练 2 -7

下列应税服务适用 9% 税率的是（　　）。

A. 有形动产租赁服务　　　　B. 基础电信服务

C. 增值电信服务　　　　D. 金融服务

税法视野　　**1.5%、4%！最新住房租赁税收政策来了**

（五）增值税的优惠政策

增值税有多种税收优惠的形式，主要分为免税、即征即退、规定起征点、规定法定征收率等。

1. 法定免税

（1）农业生产者销售的自产农业产品，具体指直接从事种植业、养殖业、林业、牧业、水产业的单位和个人销售自产的属于税法规定范围的农业产品。免税的农业产品必须符合两个基本条件：一是农业生产者自己生产的初级农业产品；二是农业生产者自己销售的初级农业产品。

（2）避孕药品和用具。

（3）古旧图书。古旧图书是指向社会收购的古书和旧书。

（4）直接用于科学研究、科学试验和教学的进口仪器、设备。

（5）外国政府、国际组织无偿援助的进口物资和设备。

（6）由残疾人组织直接进口的供残疾人专用的物品。

（7）销售自己使用过的物品。自己使用过的物品，是指其他个人自己使用过的物品。

2. 特定减免税和临时减免税

（1）免征增值税的保障民生项目。①托儿所、幼儿园提供的保育和教育服务；养老机构提供的养老服务；残疾人福利机构提供的育养服务。②为社区提供养老、托育、家政等服务的机构，提供社区养老、托育、家政服务取得的收入。③婚姻介绍服务。④殡葬服务。⑤医疗机构提供的医疗服务。⑥符合条件的家政服务企业提供家政服务取得的收入。

（2）免征增值税的符合规定的教育服务项目。①从事学历教育的学校提供的教育服务；②政府举办的从事学历教育的高等、中等和初等学校（不含下属单位），举办进修班、培训班取得的全部归该学校所有的收入；③政府举办的职业学校设立的主要为在校学生提供实习场所并由学校出资自办、由学校负责经营管理、经营收入归学校所有的企业，从事《销售服务、无形资产、不动产注释》中“现代服务”（不含融资租赁服务、广告服务和其他现代服务）、“生活服务”（不含文化体育服务、其他生活服务和桑拿、氧吧）业务活动取得的收入；④境外教育机构与境内从事学历教育的学校开展中外合作办学，提供学历教育服务取得的收入。

（3）免征增值税的特殊群体提供的应税服务。①残疾人员本人为社会提供的服务；②学生勤工俭学提供的服务。

（4）免征增值税的农业类收入。①农业机耕、排灌、病虫害防治、植物保护、农牧保险以及相关技术培训业务，家禽、牲畜、水生动物的配种和疾病防治。自 2020 年 1 月 1 日起，动物诊疗机构提供的动物疾病预防、诊断、治疗和动物绝育手术等动物诊疗服务属于家禽、牲畜、水生动物的配种和疾病防治。②纳税人采取转包、出租、互换、转让、入股等方式将承包地流转给农业生产者用于农业生产取得的收入。③将土地使用权转让给农业生产者用于农业生产。④纳税人将国有农用地出租给农业生产者用于农业生产。

（5）免征增值税的文化类服务。①纪念馆、博物馆、文化馆、文物保护单位管理机构、美术馆、展览馆、书画院、图书馆在自己的场所提供文化体育服务取得的第一道门票收入；②寺院、宫观、清真寺和教堂举办文化、宗教活动的门票收入；③个人转让著作权；④2019 年 1 月 1 日至 2023 年 12 月 31 日，对电影主管部门（包括中央、省、地市及县级）按照各自职能权限批准从事电影制片、发行、放映的电影集团公司（含成员企业）、电影制片厂及其他电影企业取得的销售电影拷贝（含数字拷贝）收入、转让电影版权（包括转让和许可使用）收入、电影发行收入以及在农村取得的电影放映收入；⑤自 2020 年 1 月 1 日至 2021 年 12 月 31 日，对纳税人提供电影放映服务取得的收入免征增值税；⑥2019 年 1 月 1 日至 2023 年 12 月 31 日，对广播电视运营服务企业收取的有线数字电视基本收视维护费和农村有线电视基本收视费。

（6）免征增值税的特殊运输相关的服务。①台湾航运公司、航空公司从事海峡两岸海上直航、空中直航业务在大陆取得的运输收入；②纳税人提供的直接或者间接国际货物运输代理服务。

（7）免征增值税的金融、保险类收入。

①以下利息收入：a. 国家助学贷款。b. 国债、地方政府债。c. 人民银行对金融机构的贷款。d. 住房公积金管理中心用住房公积金在指定的委托银行发放的个人住房贷款。e. 外汇管理部门在从事国家外汇储备经营过程中，委托金融机构发放的外汇贷款。f. 统借统还业务中，企业集团或企业集团中的核心企业以及集团所属财务公司按不高于支付给金融机构的借款利率水平或者支付的债券票面利率水平，向企业集团或者集团内下属单位收取的利息。统借方向资金使用单位收取的利息，高于支付给金融机构借款利率水平或者支付的债券票面利率水平的，应全额缴纳增值税。g. 自2017年12月1日至2023年12月31日，对金融机构向农户、小型企业、微型企业及个体工商户发放小额贷款取得的利息收入。h. 自2019年8月20日起，金融机构向小型企业、微型企业和个体工商户发放1年期以上（不含1年）至5年期以下（不含5年）小额贷款取得的利息收入，可选择中国人民银行授权全国银行间同业拆借中心公布的1年期贷款市场报价利率或5年期以上贷款市场报价利率，适用《财政部 税务总局关于金融机构小微企业贷款利息收入免征增值税政策的通知》（财税〔2018〕91号）规定的免征增值税政策。i. 自2017年1月1日至2023年12月31日，对经省级金融管理部门（金融办、局等）批准成立的小额贷款公司取得的农户小额贷款利息收入。小额贷款，是指单笔且该农户贷款余额总额在10万元（含本数）以下的贷款。

②金融同业往来利息收入。a. 金融机构与人民银行所发生的资金往来业务，包括人民银行对一般金融机构贷款以及人民银行对商业银行的再贴现等；b. 银行联行往来业务，是指同一银行系统内部不同行、处之间所发生的资金账务往来业务。c. 金融机构间的资金往来业务，是指经人民银行批准，进入全国银行间同业拆借市场的金融机构之间通过全国统一的同业拆借网络进行的短期（一年以下含一年）无担保资金融通行为。

③贴现业务。自2018年1月1日起，金融机构开展贴现、转贴现业务，以其实际持有票据期间取得的利息收入作为贷款服务的销售额计算缴纳增值税。此前贴现机构已就贴现利息收入全额缴纳增值税的票据，转贴现机构转贴现利息收入继续免征增值税。

④担保业务。自2018年1月1日至2023年12月31日，纳税人为农户、小型企业、微型企业及个体工商户借款、发行债券提供融资担保取得的担保费收入以及为上述融资担保（以下称“原担保”）提供再担保取得的再担保费收入，免征增值税。再担保合同对应多个原担保合同的，原担保合同应全部适用免征增值税政策。否则，再担保合同应按规定缴纳增值税。

⑤下列金融商品转让收入。a. 自2016年5月1日起，人民币合格境外投资者（RQFII）委托境内公司在我国从事证券买卖业务以及经人民银行认可的境外机构投资银行间本币市场取得的收入属于金融商品转让收入；b. 香港市场投资者（包括单位和个人）通过沪港通买卖上海证券交易所上市A股；c. 对香港市场投资者（包括单位和个人）通过基金互认买卖内地基金份额；d. 证券投资基金（封闭式证券投资基金、开放式证券投资基金）管理人运用基金买卖股票、债券；e. 个人从事金融商品转让业务。

⑥被撤销的金融机构以货物、不动产、无形资产、有价证券、票据等财产清偿债务。

⑦保险收入。a. 保险公司开办的一年期以上人身保险产品取得的保费收入；b. 境内保险公司向境外保险公司提供的完全在境外消费的再保险服务。

(8) 免征增值税的技术转让收入。纳税人提供技术转让、技术开发和与之相关的技术咨询、技术服务享受免征增值税优惠。

(9) 免征增值税的不动产、土地使用权类项目。①个人销售自建自用住房；②2019年1月1日至2023年12月31日，对经营公租房所取得的租金收入，免征增值税；③涉及家庭财产分割的个人无偿转让不动产、土地使用权；④土地所有者出让土地使用权和土地使用者将土地使用权归还给土地所有者；⑤土地所有者依法征收土地，并向土地使用者支付土地及其相关有形动产、不动产补偿费的行为，属于土地使用者将土地使用权归还给土地所有者的情形；⑥县级以上地方人民政府或自然资源行政主管部门出让、转让或收回自然资源使用权（不含土地使用权）；⑦个人将购买不足2年的住房对外销售的，按照5%的征收率全额缴纳增值税；个人将购买2年以上（含2年）的住房对外销售的，免征增值税。上述政策适用于北京市、上海市、广州市和深圳市之外的地区；⑧个人将购买不足2年的住房对外销售的，按照5%的征收率全额缴纳增值税；个人将购买2年以上（含2年）的非普通住房对外销售的，以销售收入减去购买住房价款后的差额按照5%的征收率缴纳增值税；个人将购买2年以上（含2年）的普通住房对外销售的，免征增值税。上述政策仅适用于北京市、上海市、广州市和深圳市。

(10) 免征增值税的就业类项目。①随军家属就业。为安置随军家属就业而新开办的企业，自领取税务登记证之日起，其提供的应税服务3年内免征增值税。从事个体经营的随军家属，自办理税务登记事项之日起，其提供的应税服务3年内免征增值税。②军队转业干部就业。从事个体经营的军队转业干部，自领取税务登记证之日起，其提供的应税服务3年内免征增值税。为安置自主择业的军队转业干部就业而新开办的企业，凡安置自主择业的军队转业干部占企业总人数60%（含）以上的，自领取税务登记证之日起，其提供的应税服务3年内免征增值税。

(11) 社会团体收取的会费免征增值税。

(12) 符合条件的合同能源管理服务免征增值税。

(13) 福利彩票、体育彩票的发行收入免征增值税。

(14) 民生类临时免税政策。①自2019年1月1日起至2023年12月31日，对边销茶生产企业销售自产的边销茶及经销企业销售的边销茶免征增值税；②自2012年1月1日起，对从事蔬菜批发、零售的纳税人销售蔬菜免征增值税；③自2012年10月1日起，对从事农产品批发、零售的纳税人销售的部分鲜活肉蛋产品免征增值税；④自2019年1月1日至2023年12月31日，饮水工程运营管理单位向农村居民提供生活用水取得的自来水销售收入，免征增值税。

(15) 减按征收率计税或免税。①自2019年3月1日起，增值税一般纳税人生产销售和批发、零售罕见病药品，可选择按照简易办法依照3%征收率计算缴纳增值税；进口罕见病药品，减按3%征收进口环节增值税；②自2018年5月1日起，增值税一般纳税人生产销售和批发、零售抗癌药品，可选择按照简易办法依照3%征收率计算缴纳增值税；进口抗癌药品，减按3%征收进口环节增值税；③自2019年1月1日至2023年12月31日，继续对国产抗艾滋病病毒药品免征生产环节和流通环节增值税；自2021年1月1日至2030年12月31日，对卫生健康委委托进口的抗艾滋病病毒药物，免征进口关税和进口环节增值税。

（16）孵化服务。2019年1月1日至2021年12月31日，国家级、省级科技企业孵化器、大学科技园和国家备案众创空间对其向在孵对象提供孵化服务取得的收入，免征增值税。

（17）货物期货交割。自2018年11月30日至2023年11月29日，对经国务院批准对外开放的货物期货品种保税交割业务，暂免征收增值税。

（18）扶贫货物捐赠。①自2019年1月1日至2022年12月31日，对单位或者个体工商户将自产、委托加工或购买的货物通过公益性社会组织、县级及以上人民政府及其组成部门和直属机构，或直接无偿捐赠给目标脱贫地区的单位和个人，免征增值税。在政策执行期限内，目标脱贫地区实现脱贫的，可继续适用免征增值税政策。②在2015年1月1日至2018年12月31日期间已发生的符合上述条件的扶贫货物捐赠，可追溯执行上述增值税政策。③之前已征收入库的按上述规定应予免征的增值税税款，可抵减纳税人以后月份应缴纳的增值税税款或者办理税款退库。已向购买方开具增值税专用发票的，应将专用发票追回后方可办理免税。无法追回专用发票的，不予免税。

（19）销售二手车。自2020年5月1日至2023年12月底，对二手车经销企业销售旧车减按销售额0.5%征收增值税。

（20）供热企业。对供热企业向居民个人供热收取的采暖费收入免征增值税。享受免征增值税的采暖费收入必须与其他应税收入分别核算，否则不得享受免征增值税的优惠政策。

（21）特定区域的特定减免。①中国（上海）自由贸易试验区，自2021年1月1日至2024年12月31日，对注册在洋山特殊综合保税区内的企业，在洋山特殊综合保税区内提供交通运输服务、装卸搬运服务和仓储服务取得的收入，免征增值税。②粤港澳大湾区建设，自2020年10月1日至2023年12月31日，对注册在广州市的保险企业向注册在南沙自贸片区的企业提供国际航运保险业务取得的收入，免征增值税。

3. 个人起征点

对个人销售额未达到规定的增值税起征点的，免征增值税；达到起征点的，依照规定全额计算缴纳增值税。

增值税起征点的适用范围限于个人，不包括登记为一般纳税人的个体工商户。

增值税起征点的幅度规定如下：按期纳税的，月销售额5 000—20 000元（含本数）；按次纳税的，每次（日）销售额300—500元（含本数）。

4. 对小规模纳税人的特殊优惠

自2021年4月1日起，小规模纳税人发生增值税应税销售行为，合计月销售额未超过15万元（以1个季度为1个纳税期的，季度销售额未超过45万元，下同）的，免征增值税。

小规模纳税人发生增值税应税销售行为，合计月销售额超过15万元，但扣除本期发生的销售不动产的销售额后未超过 15 万元的，其销售货物、劳务、服务、无形资产取得的销售额免征增值税。

适用增值税差额征税政策的小规模纳税人，以差额后的销售额确定是否可以享受上述规定的免征增值税政策。

按固定期限纳税的小规模纳税人可以选择以 1 个月或 1 个季度为纳税期限，一经选择，一个会计年度内不得变更。

5. 即征即退政策

（1）动漫产品和软件产品。自 2018 年 5 月 1 日至 2023 年 12 月 31 日，对动漫企业增值税一般纳税人销售其自主开发生产的动漫软件，按照基本税率征收增值税后，对其增值税实际税负超过 3% 的部分，实行即征即退政策。动漫软件出口免征增值税。增值税一般纳税人销售其自行开发生产的软件产品，按基本税率征收增值税后，对其增值税实际税负超过 3% 的部分实行即征即退政策。

（2）提供有形动产融资租赁、提供售后回租服务、提供管道运输服务。提供有形动产融资租赁和售后回租服务、提供管道运输服务，对其增值税实际税负超过 3% 的部分实行却征即退政策。

（3）提供飞机维修劳务。提供飞机维修劳务，对增值税实际税负超过 6% 的部分实行即征即退的政策。

（4）销售自产的利用风力生产的电力产品。销售自产的利用风力生产的电力产品，实行增值税即征即退 50% 政策。

6. 先征后退政策

自 2018 年 1 月 1 日起至 2023 年 12 月 31 日，执行下列增值税先征后退政策。

（1）对下列出版物在出版环节执行增值税 100% 先征后退的政策：①中国共产党和各民主党派的各级组织的机关报纸和机关期刊，各级人大、政协、政府、工会、共青团、妇联、残联、科协的机关报纸和机关期刊，新华社的机关报纸和机关期刊，军事部门的机关报纸和机关期刊；②专为少年儿童出版发行的报纸和期刊，中小学的学生教科书；③专为老年人出版发行的报纸和期刊；④少数民族文字出版物；⑤盲文图书和盲文期刊；⑥经批准在内蒙古、广西、西藏、宁夏、新疆五个自治区内注册的出版单位出版的出版物；⑦列入公告〔2021〕10 号附件 1 的图书、报纸和期刊。

（2）对下列出版物在出版环节执行增值税先征后退 50% 的政策：①各类图书、期刊、音像制品、电子出版物，但上述规定执行增值税 100% 先征后退的出版物除外；②列入公告〔2021〕10 号附件 2 的报纸。

（3）对下列印刷、制作业务执行增值税 100% 先征后退的政策：①对少数民族文字出版物的印刷或制作业务；②列入公告〔2021〕10 号附件 3 的新疆维吾尔自治区印刷企业的印刷业务。

7. 扣减增值税规定

（1）退役士兵创业就业。①对自主就业退役士兵从事个体经营的，自办理个体工商户登记当月起，在 3 年（36 个月）内按每户每年 12 000 元为限额依次扣减其当年实际应缴纳的增值税、城市维护建设税、教育费附加、地方教育附加和个人所得税。限额标准最高可上浮20%，各省、自治区、直辖市人民政府可根据本地区实际情况在此幅度内确定具体限额标准。②企业招用自主就业退役士兵，与其签订1年以上期限劳动合同并依法缴纳社会保险费的，自签订劳动合同并缴纳社会保险当月起，在3年内按实际招用人数予以定额依次扣减增值税、城市维护建设税、教育费附加、地方教育附加和企业所得税优惠。定额标准为每人每年6 000元，最高可上浮50%，各省、自治区、直辖市人民政府可根据本地区实际情况在此幅度内确定具体定额标准。

（2）重点群体创业就业。建档立卡贫困人口、持就业创业证（注明“自主创业税收政策”或“毕业年度内自主创业税收政策”）或就业失业登记证（注明“自主创业税收政策”）的人员，从事个体经营的，自办理个体工商户登记当月起，在3年（36个月）内按每户每年12 000元为限额依次扣减其当年实际应缴纳的增值税、城市维护建设税、教育费附加、地方教育附加和个人所得税。限额标准最高可上浮20%，各省、自治区、直辖市人民政府可根据本地区实际情况在此幅度内确定具体限额标准。

（3）增值税税控系统专用设备和技术维护费用抵减增值税税额有关政策。增值税纳税人2011年12月1日（含）以后初次购买增值税税控系统专用设备（包括分开票机）支付的费用以及缴纳的技术维护费（不含补缴的2011年11月30日以前的技术维护费），可在增值税应纳税额中全额抵减，具体规定见表2－3。

表2－3　增值税税控系统专用设备和技术维护费用增值税抵减情况表

纳税人购买或支付	抵税规则	
购买税控系统专用设备	初次购买	可凭购买增值税税控系统专用设备取得的增值税专用发票，在增值税应纳税额中全额抵减（抵减额为价税合计额），不足抵减的可结转下期继续抵减
	非初次购买	费用由其自行负担，不得在增值税应纳税额中抵减，即一般纳税人只能凭专用发票抵扣进项税额但不能以价税合计额抵减应纳税额
支付技术维护费	可凭技术维护服务单位开具的技术维护费发票，在增值税应纳税额中全额抵减，不足抵减的可结转下期继续抵减	

二、增值税的计征管理

增值税的计税方法，包括一般计税方法、简易计税方法和扣缴计税方法。

（一）一般计税方法应纳税额的计算

一般纳税人销售货物、提供应税劳务和销售服务、无形资产或者不动产适用一般计税方法计税，应纳税额计算公式为：

当期应纳增值税税额＝当期销项税额－当期进项税额

课堂训练2－8

某公司为增值税一般纳税人，2021年2月，该公司外购原材料支付增值税进项税额8万元，并收到对方开具的增值税专用发票；当月销售货物，开具增值税专用发票，注明税款18万元。计算该公司当月应纳的增值税税额。

税法视野　　价内税和价外税的区别

1. 销项税额

一般纳税人销售货物或提供应税劳务、销售服务、无形资产或者不动产，按照销售额和税法规定的税率计算并收取的增值税额为销项税额。具体公式如下：

销项税额 = 销售额 × 适用税率

注意：增值税是价外税，公式中的销售额必须是不包括收取的销项税额的销售额。

1）销售额的一般规定。

销售额为纳税人发生应税销售行为收取的全部价款和价外费用，也就是指向购买方（包括接受劳务方，下同）收取的全部价款和价外费用。所谓价外费用，包括销售方在价外向购买方收取的手续费、补贴、基金、集资费、返还利润、奖励费、违约金、滞纳金、延期付款利息、赔偿金、代收款项、代垫款项、包装费、优质费以及其他各种性质的价外收费。销售额中不包括下列项目：

（1）收取的销项税额；

（2）受托加工应征消费税的消费品所代收代缴的消费税；

（3）符合条件的代垫运输费用（符合条件是指承运部门的运输费用发票开具给购买方的；纳税人将该项发票转交给购买方的）；

（4）符合条件代为收取的政府性基金或者行政事业性收费；

（5）销售货物同时代办保险等收取的保险费以及向购买方收取的代购买方缴纳的车辆购置税、车辆牌照费。

根据国家税务总局的规定，对增值税一般纳税人（包括纳税人自己或代其他部门）向购买方收取的价外费用，应视为含税收入，在计算销项税额时，必须将其换算为不含税的销售额。

2）含税销售额的换算。

增值税属于价外税，应采用不含销项税的销售额按照适用税率计算税款。但实际工作中，一般纳税人有时采用将销售额和销项税额合并定价收取的方法，从而形成含税销售额。为了防止增值税计税环节重复纳税的现象，必须将含税的销售额换算成不含税的销售额。计算公式为：

不含税销售额 = 含税销售额 ÷ （1 + 税率）

课堂训练 2-9

某冰箱生产厂家为增值税一般纳税人，2021 年 5 月销售给某百货商场空调 1 000 台，每台不含税价款 3 000 元，开具增值税专用发票，取得不含税销售额 3 000 000 元；另向购买方收取安装费 11 300 元。请计算确定应税销售额。

税法视野　　有关含税换算的主要情形

3）特殊销售方式下销售额的确定。

在激烈的市场竞争过程中，纳税人为了扩大市场份额，会采取灵活多样的销售方式。不同销售方式下，销售者取得的销售额会有所不同，这些特殊销售方式下计征增值税的销售额按以下方法确定。

（1）折扣销售方式。折扣销售（商业折扣）是指销货方在销售货物或应税劳务时，因购货方信誉较好或购货数量较大等原因，而给予购货方的价格优惠（如某运动鞋厂家规定：购买100双运动鞋，给予价格折扣10%；购买300双运动鞋，给予价格折扣15%）。由于折扣是在实现销售的同时发生，因此，税法规定销售额和折扣额在同一张发票上的“金额”栏分别注明的，可按折扣后的销售额计算征收增值税；仅在“备注”栏注明折扣额或将折扣额另开发票的，折扣额不得从销售额中扣除。

课堂训练 2-10

甲服装厂为增值税一般纳税人，2021年3月销售给乙企业300套服装，不含税价格为700元/套。由于乙企业购买数量较多，甲服装厂给予乙企业7折的优惠，并按原价开具了增值税专用发票，折扣额在同一张发票的“备注”栏注明。甲服装厂当月的销项税额为（　　）元。

A. 24 990　　B. 27 300　　C. 36 890　　D. 47 600

议一议： 折扣销售、销售折让及销售折扣有何不同？在确定计征增值税的销售额时，税法规定是否相同？

在确定折扣销售的销售额时，应注意区分销售折让、销售折扣（现金折扣）。销售折让是指货物销售后，由于其品种、质量等原因购货方未予退货，销售方给予购货方的一种价格折让。开具红字专用发票的，折让额可以从销售额中减除。销售折扣是指销货方在销售货物或应税劳务后，为了鼓励购货方及早偿付货款，而协议许诺给购货方的一种折扣优惠（如某购销合同规定：购货方应在30天之内付清全部款项，但在10天内付款，可给予折扣2%；20天内付款，给予折扣1%）。销售折扣发生在销货之后，是一种融资性质的理财费用，不得从销售额中减除。

课堂训练 2-11

甲企业2021年2月销售给某专卖商店A牌商品一批，由于货款回笼及时，根据合同规定，给予专卖商店2%折扣，甲企业实际取得不含税销售额245万元，计算计税销售额及销项税额。

（2）以旧换新销售方式。以旧换新是指纳税人在销售自己的货物时，折价回收相关的旧货，并以折价款部分冲减货物价款的一种销售方式。由于销售货物与收购货物是两个不同的业务活动，销售额与收购额不能够相互抵减，因此税法规定，纳税人采取以旧换新的销售方式销售货物，销售额按照新货物的同期销售价格确定，不得扣减旧货物的收购价格。

考虑到金银首饰以旧换新业务的特殊情况，对于金银首饰以旧换新业务，可以按销售方实际收取的不含增值税的全部价款征收增值税。

课堂训练 2－12

某首饰商城为增值税一般纳税人，2020 年 11 月采取“以旧换新”方式向消费者销售金项链 2 000 条，新项链每条零售价 0.25 万元，旧项链每条作价 0.22 万元，每条项链取得差价款 0.03 万元。计算确定应纳增值税。

（3）还本销售方式。还本销售是指纳税人销售货物后，在一定期限内将全部或部分销货款一次或分次退还给购货方的一种销售方式。其主要目的在于进行促销和融通资金。税法规定，采取还本销售方式销售货物，其销售额就是货物的销售价格，不得从销售额中扣除还本支出。

（4）以物易物销售方式。以物易物是指购销双方不以货币结算，而以同等价款的货物相互结算，实现货物购销的一种方式。税法规定，纳税人采取以物易物方式销售货物的，应视同销售按规定纳税，双方以各自发出货物核算销售额并计算销项税，双方是否能抵扣进项税还要看能否取得对方开具的增值税专用发票、是否用于可抵扣项目等因素。

（5）直销方式。①直销企业先将货物销售给直销员，直销员再将货物销售给消费者的，直销企业的销售额为其向直销员收取的全部价款和价外费用。直销员将货物销售给消费者时，应按照现行规定缴纳增值税。②直销企业通过直销员向消费者销售货物，直接向消费者收取货款，直销企业的销售额为其向消费者收取的全部价款和价外费用。

（6）出租出借包装物押金的处理。税法规定，纳税人为销售货物而出租出借包装物收取的押金，凡单独记账核算，时间在 1 年以内，又未过期的，不并入销售额征税；但对逾期未收回包装物不再退还的押金，应按所包装货物的适用税率计算销项税额。押金视同含税销售额，必须将其换算为不含税价，再计算销项税额。其中“逾期”是指按合同规定实际逾期或以 1 年为限，对收取 1 年以上的押金，无论是否退还均并入销售额征税。

对销售除啤酒、黄酒外的其他酒类产品而收取的包装物押金，无论是否返还以及会计上如何处理，均应并入当期销售额征税。对销售啤酒、黄酒所收取的押金，按上述一般押金的规定处理。

纳税人销售货物时收取包装物押金，目的是促使购货方及早退回包装物。包装物押金不应混同于包装物租金，包装物租金在销售货物时作为价外费用并入销售额计算销项税额。

议一议：在确定计征增值税的销售额时，包装物押金与包装物租金的税务处理是否相同？

课堂训练 2－13

某啤酒厂为增值税一般纳税人，2021 年 4 月销售啤酒取得销售额 800 万元，已开具增值税专用发票，收取包装物押金23.4万元，本月逾期未退还包装物押金58.5万元。2014年4月该啤酒厂增值税销项税额为（　　）万元。

A. 88.89　　B. 104.00　　C. 110.73　　D. 110.61

（7）营改增关于销售额的特殊规定部分业务的销售额。其内容主要包括以下8个方面：

①金融商品转让，按照卖出价扣除买入价后的余额为销售额。转让金融商品出现的正负差，按盈亏相抵后的余额为销售额。若相抵后出现负差，可结转下一纳税期与下期转让金融商品销售额相抵，但年末时仍出现负差的，不得转入下一个会计年度。金融商品的买入价，可以选择按照加权平均法或者移动加权平均法进行核算，选择后36个月内不得变更。金融商品转让，不得开具增值税专用发票。纳税人无偿转让股票时，转出方以该股票的买入价为卖出价，按照"金融商品转让"计算缴纳增值税；在转入方将上述股票再转让时，以原转出方的卖出价为买入价，按照"金融商品转让"计算缴纳增值税。单位将其持有的限售股在解禁流通后对外转让，按照《国家税务总局关于营改增试点若干征管问题的公告》（国家税务总局公告2016年第53号）第五条规定确定的买入价，低于该单位取得限售股的实际成本价的，以实际成本价为买入价计算缴纳增值税。

②经纪代理服务，以取得的全部价款和价外费用，扣除向委托方收取并代为支付的政府性基金或者行政事业性收费后的余额为销售额。向委托方收取的政府性基金或者行政事业性收费，不得开具增值税专用发票。

③融资租赁和融资性售后回租业务。经中国人民银行、银保监会或者商务部批准从事融资租赁业务的试点纳税人，提供融资租赁服务，以取得的全部价款和价外费用，扣除支付的借款利息（包括外汇借款和人民币借款利息）、发行债券利息和车辆购置税后的余额为销售额；提供融资性售后回租服务，以取得的全部价款和价外费用（不含本金），扣除对外支付的借款利息（包括外汇借款和人民币借款利息）、发行债券利息后的余额作为销售额。

④航空运输企业的销售额，不包括代收的机场建设费和代售其他航空运输企业客票而代收转付的价款。

⑤一般纳税人提供客运场站服务，以其取得的全部价款和价外费用，扣除支付给承运方运费后的余额为销售额。

⑥纳税人提供旅游服务，可以选择以取得的全部价款和价外费用，扣除向旅游服务购买方收取并支付给其他单位或者个人的住宿费、餐饮费、交通费、签证费、门票费和支付给其他接团旅游企业的旅游费用后的余额为销售额。选择上述办法计算销售额的纳税人，向旅游服务购买方收取并支付的上述费用，不得开具增值税专用发票，可以开具普通发票。

⑦一般纳税人跨县（市、区）提供建筑服务适用简易计税方法的，以取得的全部价款和价外费用扣除支付的分包款后的余额为销售额。

⑧房地产开发企业中的一般纳税人销售其开发的房地产项目（选择简易计税方法的房地产老项目除外），以取得的全部价款和价外费用，扣除受让土地时向政府部门支付的土地价款后的余额为销售额。

课堂训练 2-14

甲旅行社 2021 年 5 月组织团体旅游，收取旅游费 80 万元，替旅游者支付给其他单位餐费、住宿费、门票共计 40 万元，并付给境内接团旅行社 20 万元，收到接团旅行社增值税普通发票。请计算该旅行社的增值税销项税额。

课堂训练 2-15

某企业为增值税一般纳税人，2021 年 5 月买入 A 上市公司股票，买入价 280 万元，支付手续费 0.084 万元。当月卖出其中的 50%，发生买卖负差 10 万元。2021 年 6 月，卖出剩余的 50%，卖出价 200 万元，支付手续费 0.06 万元，印花税 0. 2 万元。请计算该企业 2021 年 6 月应缴纳的增值税。（以上价格均为含税价格）

4）视同销售行为及售价明显偏低且无正当理由情况下销售额的确定。

税法规定，对视同销售行为征税而无销售额的，按下列顺序确定销售额：

（1）按纳税人当月同类货物的平均销售价格确定；

（2）按纳税人最近时期同类货物的平均销售价格确定；

（3）用以上两种方法均不能确定其销售额的情况下，可按组成计税价确定。

组成计税价格公式为：

组成计税价格 = 成本 ×（1 + 成本利润率）

征收增值税，同时又征收消费税的货物，其组成计税价格中应加计消费税税额，计算公式为：

组成计税价格 = 成本 ×（1 + 成本利润率）+ 消费税税额

或：　　　　= 成本 ×（1 + 成本利润率）÷（1 - 消费税税率）

以上公式中的“成本”分为两种情况，销售自产货物的为实际生产成本，销售外购货物的为实际采购成本。公式中的“成本利润率”一般确定为 10%，但对于应从价定率征收消费税的货物，则按《消费税若干具体问题的规定》确定。

课堂训练 2-16

某企业（一般纳税人）研制一种新型小电器，为了进行市场推广和宣传，无偿赠送 300 件给消费者体验，该小电器无同类产品市场价，生产成本 300 元/件，成本利润率为 10%。请计算确定应税销售额。

2. 进项税额

进项税额，是指纳税人购进货物或者接受加工、修理修配劳务、服务、购进无形资产或者不动产，支付或者负担的增值税税额。

1）允许从销项税额中抵扣的进项税额。

（1）一般情况下，进项税额需要凭票抵扣。由于购进方的进项税额一般由销售方的销项税额对应构成，故进项税额在正常情况下包括：①从销售方或提供方取得的增值税专用发票（含税控机动车销售统一发票）上注明的增值税税额。②从海关取得的海关进口增值税专用缴款书上注明的增值税税额。③从境外单位或者个人购进劳务、服务、无形资产或者境内的不动产，自税务机关或者扣缴义务人处取得的代扣代缴税款的完税凭证上注明的增值税税额。④纳税人支付道路通行费取得的收费公路通行费增值税电子普通发票上注明的增值税税额。⑤购进国内旅客运输服务取得的增值税电子普通发票上注明的增值税税额。

（2）特殊情况下，进项税额实行计算抵扣和核定抵扣。

①计算抵扣。

a. 购进农产品计算抵扣进项税。购进方没有取得增值税专用发票、海关进口增值税专用缴款书，但可以自行计算进项税额抵扣的情况——购进农产品，除取得增值税专用发票或者海关进口增值税专用缴款书外，按照农产品收购发票或者销售发票上注明的农产品买价和规定的扣除率计算进项税额抵扣。进项税额计算公式为：

进项税额 = 买价 × 扣除率

公式中的“买价”包括两个因素：一是包括纳税人购进农产品在农产品收购发票或者销售发票上注明的价款；二是包括按规定缴纳的烟叶税，即收购烟叶由收购方缴纳的烟叶税，计入计算抵扣进项税的买价之中。

关于公式中的“扣除率”。根据规定，自2019年4月1日起，纳税人购进农产品，扣除率调整为9%。但纳税人购进用于生产或者委托加工13%税率货物的农产品，按照10%的扣除率计算进项税额。

课堂训练 2－17

某食品厂为增值税一般纳税人，2021年5月从农民手中购进小麦用于加工糕点并于当月全部领用，收购发票上注明买价5万元，向一般纳税人支付运费，取得增值税专用发票，注明金额为0.6万元。本月销售糕点等，取得不含税销售额20万元，假定当月取得的相关票据均符合税法规定并在当月抵扣进项税，请计算该厂当月应纳的增值税。

b. 通行费计算抵扣进项税。通行费，是指有关单位依法或者依规设立并收取的过路、过桥和过闸费用。增值税一般纳税人支付的道路通行费，按照增值税电子普通发票上注明的增值税额抵扣进项税额，或凭取得的通行费发票（不含财政票据，下同）上注明的收费金额计算可抵扣的进项税额。公路通行费，按照收费公路通行费增值税电子普通发票上注明的增值税额抵扣进项税额。桥、闸通行费可抵扣进项税额 = 桥、闸通行费发票上注明的金额 ÷（1 + 5%）× 5%。

课堂训练 2－18

某企业在2021年3月的经营中，支付桥、闸通行费6 825元，取得通行费发票（非财政票据）；支付高速公路通行费，取得增值税电子普通发票注明税额246元，请计算该企业上述发票可抵扣的进项税。

c. 购进国内旅客运输服务的进项税。自2019年4月1日起，纳税人购进国内旅客运输服务，其进项税额允许从销项税额中抵扣。购进国内旅客运输服务取得的票据，如果是增值税专用发票和增值税电子普通发票，按发票上注明的税额允许抵扣进项税；如果是注明旅客身份信息的航空运输电子客票行程单，则航空旅客运输进项税额 =（票价 + 燃油附加费）÷（1 + 9%）× 9%；如果是注明旅客身份信息的铁路车票，进项税额 = 票面金额 ÷（1 + 9%）× 9%；如果是注明旅客身份信息的公路、水路等其他客票，进项税额 = 票面金额 ÷（1 + 3%）× 3%。

小问答 2－3

纳税人为非雇员（如客户、邀请讲课专家等存在业务合作关系的人员）支付的旅客运输费用，能否抵扣进项税额？

d. 不动产计算抵扣进项税。不得抵扣进项税的不动产改变成可抵扣用途的，进项税有专门的折算方法。按照规定不得抵扣进项税额的不动产，发生用途改变，用于允许抵扣进项税额项目的，按照下列公式在改变用途的次月计算可抵扣进项税额：

可抵扣进项税额 = 增值税扣税凭证注明或计算的进项税额 × 不动产净值率

不动产净值率 =（不动产净值 ÷ 不动产原值）× 100%

②核定抵扣。鉴于计算抵扣进项税容易产生舞弊和高征低扣的现象，自 2012 年 7 月 1 日起，在部分行业开展增值税进项税额核定扣除试点。这种方式在实际计算上体现出按照销售实耗核定扣除。自 2012 年 7 月 1 日起，以购进农产品为原料生产销售液体乳及乳制品、酒及酒精、植物油的增值税一般纳税人，纳入农产品增值税进项税额核定扣除试点范围，其购进农产品的进项税额均按照农产品增值税进项税额核定扣除试点实施办法的规定抵扣。除上述规定以外的纳税人，其购进农产品仍按现行增值税的有关规定抵扣农产品进项税额。对部分液体乳及乳制品实行全国统一的扣除标准。

2）不得从销项税额中抵扣的进项税额。

（1）下列项目的进项税额不得从销项税额中抵扣：用于简易计税方法计税项目、免征增值税项目、集体福利或者个人消费的购进货物、劳务、服务、无形资产和不动产。其中涉及的固定资产、无形资产、不动产，仅指专用于上述项目的固定资产、无形资产（不包括其他权益性无形资产）、不动产。发生兼用于上述不允许抵扣项目情况的，该进项税额准予全部抵扣。

另外，纳税人购进其他权益性无形资产无论是专用于简易计税方法计税项目、免征增值税项目、集体福利或者个人消费，还是兼用于上述不允许抵扣项目，均可以据实抵扣进项税额。

纳税人的交际应酬消费属于个人消费，即交际应酬消费不属于生产经营中的生产投入和支出。

适用一般计税方法的纳税人，兼营简易计税方法计税项目、免征增值税项目而无法划分不得抵扣的进项税额，按照下列公式计算不得抵扣的进项税额：

不得抵扣的进项税额 = 当期无法划分的全部进项税额 ×（当期简易计税方法计税项目销售额 + 免征增值税项目销售额）÷ 当期全部销售额

（2）非正常损失所对应的进项税，具体包括：①非正常损失的购进货物以及相关的劳务和交通运输服务。②非正常损失的在产品、产成品所耗用的购进货物（不包括固定资产）、劳务和交通运输服务。③非正常损失的不动产以及该不动产所耗用的购进货物、设计服务和建筑服务。④非正常损失的不动产在建工程所耗用的购进货物、设计服务和建筑服务。纳税人新建、改建、扩建、修缮、装饰不动产，均属于不动产在建工程。

上述4项所说的非正常损失，是指因管理不善造成货物被盗、丢失、霉烂变质以及因违反法律法规造成货物或者不动产被依法没收、销毁、拆除的情形。这些非正常损失是由纳税人自身原因造成征税对象实体的灭失，为保证税负公平，其损失不应由国家承担，因而纳税人无权要求抵扣进项税额。上述③、④所称货物，是指构成不动产实体的材料和设备，包括建筑装饰材料和给排水、采暖、卫生、通风、照明、通讯、煤气、消防、中央空调、电梯、电气、智能化楼宇设备及配套设施。

已抵扣进项税额的不动产，发生非正常损失，或者改变用途，专用于简易计税方法计税项目、免征增值税项目、集体福利或者个人消费的，按照下列公式计算不得抵扣的进项税额：

不得抵扣的进项税额 = 已抵扣进项税额 × 不动产净值率

不动产净值率 = （不动产净值 ÷ 不动产原值） × 100%

（3）特殊政策规定不得抵扣的进项税。

①购进的贷款服务、餐饮服务、居民日常服务和娱乐服务。2019年4月1日起，纳税人购进国内旅客运输服务，其进项税额允许从销项税额中抵扣。

②财政部和国家税务总局规定的其他情形。纳税人接受贷款服务向贷款方支付的与该笔贷款直接相关的投融资顾问费、手续费、咨询费等费用，其进项税额不得从销项税额中抵扣。

税法视野　　**不得抵扣增值税进项税额的三类处理**

课堂训练2－19

某服装厂（增值税一般纳税人）成衣成本中外购比例为60%，2020年5月因管理不善丢失一批账面成本为20 000元的成衣（已抵扣进项税额），请计算需要转出的进项税额。

小问答2－4

出租附着在土地或不动产上的空位、楼面、屋顶给他人安装竖立广告牌，应如何缴纳增值税？

3. 固定资产处理的相关规定与政策衔接

纳税人销售、视同销售自己使用过的除固定资产以外的物品，按照正常销售货物的适用税率计税。

纳税人销售、视同销售自己使用过的按规定可以抵扣进项税额的固定资产，按照正常销售货物的适用税率计税。

纳税人销售、视同销售自己使用过的按规定不得抵扣且未抵扣进项税额的固定资产，按照3%征收率减按2%征收增值税，应纳税额 = 含税销售额 ÷（1 + 3%）× 2%，也可以放弃减税权。

课堂训练 2－20

某公司（增值税一般纳税人，非转型试点范围）销售自己2008年1月购入并作为固定资产使用的设备，2021年5月出售时开具普通发票，发票合计金额120 640元，已知该公司未放弃减税优惠，请计算该公司转让设备行为应纳的增值税。

4. 应纳税额的计算

应纳税额 = 当期销项税额 − 当期进项税额

当期应纳税额计算结果若为正数，则当期应缴纳增值税；计算结果若为负数，形成留抵税额，待下期与下期进项税额一并从下期销项税额中抵扣，符合规定的可申请退税。

课堂训练 2－21

某生产企业为增值税一般纳税人，2021年3月销售货物取得不含税销售额2 200万元，已知销售的货物适用13%的增值税税率；购进原材料一批，取得增值税专用发票，注明支付的进项税额13.6万元。请计算该企业3月份应缴纳的增值税税额。

课堂训练 2－22

2021年5月，某增值税一般纳税人将2020年7月从一般纳税人手中购入的一台已抵扣过进项税额的生产设备改变用途，用作集体福利设施，该设备原值200万元，已提折旧18万元，请计算进项税额转出数。

5. 计算应纳税额的时限

为了保证应纳税额计算的合理、准确性，纳税人必须严格把握当期进项税额从当期销项税额中抵扣。“当期”是指税务机关依照税法的规定对纳税人确定的纳税期限。只有在纳税期限内实际发生的销项税额、进项税额，才是法定的当期销项税额或当期进项税额。

（1）计算销项税额的时间限定。关于当期销项税额的“当期”，与纳税义务发生时间相呼应，关于销项税额的确定时间，总的原则是销项税额的确定不得滞后。

（2）关于当期进项税额的“当期”是重要的时间概念，有必备的条件。我国现行增值税可以当期抵扣的进项税额有两类实施方法——购进扣税法和核定扣税法。①购进扣税法，这是我国目前增值税进项税额抵扣的基本方法。增值税一般纳税人取得2017年1月1日及以后开具的增值税专用发票、海关进口增值税专用缴款书、机动车销售统一发票、收费公路通行费增值税电子普通发票，取消认证确认、稽核比对、申报抵扣的期限。纳税人在进行增值税纳税申报时，应当通过本省（自治区、直辖市和计划单列市）增值税发票综合服务平台对上述扣税凭证信息进行用途确认。②核定扣税法，自2012年7月1日起，在部分行业开展增值税进项税额核定除试点。这种方式在实际计算上体现出按照销售实耗核定扣除。

6. 进项税额的加计抵减的特殊优惠政策

进项税的加计抵减是针对特定行业的阶段性税收优惠政策，其实质不是增值税销项税额减进项税额的加计扣除，而是在计算增值税应纳税额时对应纳税额扣减的一个优惠举措，只不过扣减金额的计算基数与可抵扣进项税相关，不是从销项税额中抵减，而是从应纳税额中抵减。

生产、生活性服务业纳税人，是指提供邮政服务、电信服务、现代服务、生活服务（以下称“四项服务”）取得的销售额占全部销售额的比重超过50%的纳税人。纳税人兼有上述四项服务中多项应税行为的，其四项服务中多项应税行为的当期销售额应当合并计算，然后再除以纳税人当期全部的销售额，以此计算销售额的比重。2019年4月1日起，按照当期可抵扣进项税额加计10%，抵减应纳税额，截止到2021年12月31日。

生活性服务业纳税人，是指提供生活服务取得的销售额占全部销售额的比重超过50%的纳税人。生活服务包括文化体育服务、教育医疗服务、旅游娱乐服务、餐饮住宿服务、居民日常服务和其他生活服务，自2019年10月1日起，按照当期可抵扣进项税额加计15%，抵减应纳税额，截止到2021年12月31日。

7. 增值税期末留抵税额的退还政策

为助力经济高质量发展，2018年对部分行业增值税期末留抵税额予以退还，2019年4月1日起全面推行留抵退税制度；自2019年6月1日起，对部分先进制造业实施更宽松优惠的增值税期末留抵退税政策；自2021年4月1日起，将先进制造业范围扩大到全部先进制造业。

小问答2－5

某公司为增值税一般纳税人，但按照工信部等四部委的划分标准，属于小微企业。请问该公司是否可以享受小规模纳税人月销售额15万元以下免征增值税政策？

（二）简易计税方法应纳税额的计算

1. 简易计税方法计税规则

简易计税方法的应纳税额，是指按照销售额和增值税征收率计算的增值税税额，不得抵扣进项税额，应纳税额计算公式：

应纳税额＝销售额×征收率

简易计税方法的销售额不包括其应纳税额，纳税人采用销售额和应纳税额合并定价方法的，按照下列公式计算销售额：

销售额＝含税销售额÷(1＋征收率)

公式中的销售额为不含税销售额，法定征收率为3%、特殊征收率为5%。

为了平衡一般计税方法和简易计税方法的税负，对简易计税方法规定了较低的征收率，因此简易计税方法在计算应纳税额时不得抵扣进项税额。

简易计税方法的适用对象，既包括小规模纳税人销售货物、提供应税劳务或销售服务、无形资产、不动产，也包括一般纳税人发生的特定应税行为。

课堂训练 2-23

某商店为小规模纳税人，2021 年 3 月购进各种零配件价值 5 000 元，销售方开具的增值税专用发票上注明的税额是 850 元。该商店当月普通发票上的销售额为 80 000 元，另外销售糕点的零售额为 8 050 元，该商店当月应纳增值税税额多少元？

2. 一般纳税人“营改增”项目按简易计税方法计税的规定

根据营改增的相关规定，一般纳税人应该按照一般计税方法计算缴纳增值税，但是下列情形属于可在两种方法中选择的范畴：

（1）部分应税服务。①公共交通运输服务。公共交通运输服务，包括轮客渡、公交客运、地铁、城市轻轨、出租车、长途客运、班车。其中，班车是指按固定路线、固定时间运营并在固定站点停靠的运送旅客的陆路运输服务。②经认定的动漫企业为开发动漫产品提供的动漫脚本编撰、形象设计、背景设计、动画设计、分镜、动画制作、摄制、描线、上色、画面合成、配音、配乐、音效合成、剪辑、字幕制作、压缩转码（面向网络动漫、手机动漫格式适配）服务以及在境内转让动漫版权（包括动漫品牌、形象或者内容的授权及再授权）。③电影放映服务、仓储服务、装卸搬运服务、收派服务、教育辅助服务和文化体育服务。④以纳入营改增试点之日前取得的有形动产为标的物提供的经营租赁服务。⑤在纳入营改增试点之日前签订的尚未执行完毕的有形动产租赁合同。⑥一般纳税人 2016 年 4 月 30 日前签订的不动产融资租赁合同，或以 2016 年 4 月 30 日前取得的不动产提供的融资租赁服务，可以选择适用简易计税方法，按照 5% 的征收率计算缴纳增值税。⑦提供物业管理服务的纳税人，向服务接受方收取的自来水水费，以扣除其对外支付的自来水水费后的余额为销售额，按照简易计税方法依 3% 的征收率计算缴纳增值税。（不可选择）⑧非企业性单位中的一般纳税人提供的研发和技术服务、信息技术服务、鉴证咨询服务，销售技术、著作权等无形资产，提供技术转让、技术开发和与之相关的技术咨询、技术服务，可以选择简易计税方法按照 3% 征收率计算缴纳增值税。

（2）建筑服务。①一般纳税人跨县（市、区）提供建筑服务，选择适用简易计税方法的，应以取得的全部价款和价外费用扣除支付的分包款的余额为销售额，按照 3% 的征收率计算应纳税额。②一般纳税人以清包工方式提供的建筑服务，一般纳税人为甲供工程提供的建筑服务，一般纳税人为建筑工程老项目提供的建筑服务，可以选择适用简易计税方法计税的建筑服务。③建筑工程总承包单位为房屋建筑的地基与基础、主体结构提供工程服务，建设单位自行采购全部或部分钢材、混凝土、砌体材料、预制构件的，适用简易计税方法计税。

（3）销售不动产。①一般纳税人销售其 2016 年 4 月 30 日前取得（不含自建）的不动产，可以选择适用简易计税方法，以取得的全部价款和价外费用减去该项不动产购置原价或者取得不动产时的作价后的余额为销售额，按照5%的征收率计算应纳税额。②一般纳税人销售其2016年4月30日前自建的不动产，可以选择适用简易计税方法，以取得的全部价款和价外费用为销售额，按照5%的征收率计算应纳税额。③房地产开发企业中的一般纳税人，销售自行开发的房地产老项目，可以选择适用简易计税方法按照5%的征收率计税。

（4）不动产经营租赁服务。①一般纳税人出租其2016年4月30日前取得的不动产，可以选择适用简易计税方法，按照5%的征收率计算应纳税额。②一般纳税人收取试点前开工的一级公路、二级公路、桥、闸通行费，可以选择适用简易计税方法，按照5%的征收率计算缴纳增值税。试点前开工，是指相关施工许可证注明的合同开工日期在2016年4月30日前。

（5）金融服务。①农商银行、村镇银行、农村资金互助社、由银行业机构全资发起设立的贷款公司、法人机构在县（县级市、区、旗）及县以下地区的农村合作银行和农村商业银行提供金融服务收入，可以选择适用简易计税方法按照3%的征收率计算缴纳增值税。县（县级市、区、旗），不包括直辖市和地级市所辖城区。②对中国农业银行纳入“三农金融事业部”改革试点的各省、自治区、直辖市、计划单列市分行下辖的县域支行和新疆生产建设兵团分行下辖的县域支行（也称“县事业部”），提供农户贷款、农村企业和农村各类组织贷款取得的利息收入，可以选择适用简易计税方法按照3%的征收率计算缴纳增值税。

3. 一般纳税人销售货物简易征税的规定

（1）一般纳税人销售自产的下列货物，可选择按照简易计税办法依照3%的征收率计算缴纳增值税：①县级及县级以下小型水力发电单位生产的电力；②建筑用和生产建筑材料所用的砂、土、石料；③以自己采掘的砂、土、石料或其他矿物连续生产的砖、瓦、石灰（不含黏土实心砖、瓦）；④用微生物、微生物代谢产物、动物毒素、人或动物的血液或组织制成的生物制品；⑤自来水；⑥商品混凝土（仅限于以水泥为原料生产的水泥混凝土）。

（2）一般纳税人销售货物属于下列情形之一的，暂按简易办法依照3%征收率计算缴纳增值税：①寄售商店代销寄售物品（包括居民个人寄售的物品在内）；②典当业销售死当物品。

（3）一般纳税人销售下列生物制品，可以选择按照简易计税办法依照3%的征收率计算缴纳增值税：①药品经营企业销售生物制品；②兽用药品经营企业销售兽用生物制品。

（三）进口货物应纳税额的计算

凡是申报进入我国海关境内的货物，均应缴纳进口环节增值税，并由海关代征。对于报关进口的应税货物，不论其是国外产制还是我国已出口而转销国内的货物，是进口者自行采购还是国外捐赠的货物，是进口者自用还是作为贸易或其他用途等，均应按照规定缴纳进口环节的增值税。

1. 进口货物的纳税人

根据《增值税暂行条例》的规定，进口货物增值税的纳税义务人为进口货物的收货人或办理报关手续的单位和个人，包括国内一切从事进口业务的企事业单位、机关团体和个人。

对于企业、单位和个人委托代理进口应征增值税的货物，鉴于代理进口货物的海关完税凭证，有的开具给委托方，有的开具给受托方的特殊性，对代理进口货物以海关开具的完税凭证上的纳税人为增值税纳税人。

2. 进口货物应纳税额的计算

纳税人进口货物，按照组成计税价格和规定税率计算应纳税额，不得抵扣发生在我国境外的各种税金。其计算公式为：

组成计税价格 = 关税完税价格 + 关税

应纳税额 = 组成计税价格 × 税率

如果进口货物属于消费税的应税消费品，组成计税价格公式中需加上消费税额。其计算公式为：

组成计税价格 = 关税完税价格 + 关税 + 消费税

或：= (关税完税价格 + 关税) ÷ (1 − 消费税税率)

除另有规定外，进口货物的税率为13%和9%，即便是小规模纳税人，进口计税时也适用税率，不适用征收率。进口环节按组价公式和适用税率直接计算出的应纳税额，在进口环节不能抵扣任何境外税款。

自2021年1月1日至2030年12月31日，对卫生健康委委托进口的抗艾滋病病毒药物，免征进口关税和进口环节增值税。

课堂训练 2-24

某商场2020年10月进口货物一批。该批货物在国外的买价40万元，另该批货物运抵我国海关前发生的包装费、运输费、保险费等共计20万元。货物报关后，商场按规定缴纳了进口环节的增值税并取得了海关开具的完税凭证。假定该批进口货物在国内全部销售，取得不含税销售额80万元。计算该批货物进口环节、国内销售环节分别应缴纳的增值税税额（货物进口关税税率为15%，增值税税率为13%）。

进口货物，增值税纳税义务发生时间为报关进口的当天；纳税地点是进口人或其代理人申报进口的报关地海关；纳税期限应当自海关填发税款缴款书之日起15日内缴纳税款，进口货物的增值税由海关代征。

（四）增值税的申报缴纳

1. 纳税义务发生时间

增值税纳税义务发生时间，是指增值税纳税义务人、扣缴义务人发生应税、扣缴税款行为应承担纳税义务、扣缴义务的时间。这一规定在增值税管理中非常重要，说明纳税义务发生时间一经确定，必须按此时间计算应缴税款。目前实行的增值税纳税义务发生时间主要依据权责发生制或现金收付制原则确定。这主要是考虑与现行企业财务制度进行衔接，同时加强企业财务管理，确保及时取得财政收入。《增值税暂行条例》明确规定了增值税纳税义务发生时间有以下两个方面：销售货物、劳务、服务、无形资产或不动产，为收讫销售款或者取得索取销售款凭据的当天；先开具发票的，为开具发票的当天。进口货物，为报关进口的当天。

（1）销售货物、提供应税劳务的纳税义务发生时间。①采取直接收款方式销售货物，不论货物是否发出，均为收到销售款或者取得索取销售款凭据的当天。②采取托收承付和委托银行收款方式销售货物，为发出货物并办妥托收手续的当天。③采取赊销和分期收款方式销售货物，为书面合同约定的收款日期的当天；无书面合同的或者书面合同没有约定收款日期的，为货物发出的当天。④采取预收货款方式销售货物，为货物发出的当天；但生产销售生产工期超过12个月的大型机械设备、船舶、飞机等货物，为收到预收款或者书面合同约定的收款日期的当天。⑤委托其他纳税人代销货物，为收到代销单位的代销清单或者收到全部或者部分货款的当天；未收到代销清单及货款的，为发出代销货物满180天的当天。⑥销售应税劳务，为提供劳务同时收讫销售款或者取得索取销售款的凭据的当天。⑦纳税人发生视同销售货物行为（委托代销和销售代销货物除外），为货物移送的当天。

（2）"营改增"行业增值税纳税义务发生时间。①纳税人提供租赁服务采取预收款方式的，为收到预收款的当天；②纳税人从事金融商品转让的，为金融商品所有权转移的当天；③纳税人发生视同销售服务、无形资产或者不动产情形的，为服务、无形资产转让完成的当天或者不动产权属变更的当天；④纳税人提供建筑服务，被工程发包方从应支付的工程款中扣押的质押金、保证金，未开具发票的，以纳税人实际收到质押金、保证金的当天为纳税义务发生时间。

2. 纳税期限

增值税的纳税期限规定为1日、3日、5日、10日、15日、1个月或者1个季度。纳税人的具体纳税期限，由主管税务机关根据纳税人应纳税额的大小分别核定；不能按照固定期限纳税的，可以按次纳税。

按固定期限纳税的小规模纳税人可以选择以1个月或1个季度为纳税期限，一经选择，一个会计年度内不得变更。

以1个季度为纳税期限的规定适用于小规模纳税人、银行、财务公司、信托投资公司、信用社以及财政部和国家税务总局规定的其他纳税人。

纳税人以1个月或者1个季度为1个纳税期的，自期满之日起15日内申报纳税；以1日、3日、5日、10日或者15日为1个纳税期的，自期满之日起5日内预缴税款，于次月1日起15日内申报纳税并结清上月应纳税款。

扣缴义务人解缴税款的期限，依照上述规定执行。

纳税人进口货物，应当自海关填发海关进口增值税专用缴款书之日起15日内缴纳税款。

3. 纳税地点

增值税纳税地点，是指纳税人申报缴纳增值税税款的具体地点。根据企业跨地区经营和搞活商品流通的特点及不同情况，税法具体规定了增值税的纳税地点。

（1）固定业户的纳税地点。①固定业户应当向其机构所在地的主管税务机关申报纳税。总机构和分支机构不在同一县（市）的，应当分别向各自所在地主管税务机关申报纳税；经国务院财政、税务主管部门或者其授权的财政、税务机关批准，可以由总机构汇总向总机构所在地的主管税务机关申报纳税。②固定业户到外县（市）销售货物或者提供应税劳务的，应当向其机构所在地的主管税务机关报告外出经营事项，并向其机构所在地的主管税务机关申报纳税。未报告的，应当向销售地或者劳务发生地的主管税务机关申报纳税；未向销售地或者劳务发生地的主管税务机关申报纳税的，由其机构所在地的主管税务机关补征税款。

（2）非固定业户的纳税地点。非固定业户销售货物或者提供应税劳务，应当向销售地或者劳务发生地主管税务机关申报纳税。未向销售地或者劳务发生地主管税务机关申报纳税的，由其机构所在地或居住地主管税务机关补征税款。

（3）进口货物，应当由进口人或其代理人向报关地海关申报纳税。

（4）扣缴义务人应当向其机构所在地或者居住地的主管税务机关申报缴纳其扣缴的税款。

课堂训练 2－25

下列增值税纳税人中，以 1 个月为纳税期限的是（　　）。

A. 农商银行　　B. 商业银行　　C. 保险公司　　D. 财务公司

4. 纳税申报

（1）以表申报。以表申报分为一般纳税人和小规模纳税人申报。

自 2021 年 8 月 1 日起，增值税与城市维护建设税、教育费附加、地方教育附加申报表整合，启用《增值税及附加税费申报表（一般纳税人适用）》《增值税及附加税费申报表（小规模纳税人适用）》《增值税及附加税费预缴表》及其附列资料。

①一般纳税人的纳税申报。增值税的一般纳税人，应按主管税务机关核定的纳税期限，如实填写并报送“增值税及附加税费申报表（一般纳税人适用）”。该申报表的内容及格式见右侧二维码。

增值税纳税申报表 1

②小规模纳税人的纳税申报。增值税的小规模纳税人，应按主管税务机关核定的纳税期限，如实填写并报送《增值税及附加税费申报表（小规模纳税人适用）》。该申报表的内容及格式见右侧二维码。

增值税纳税申报表 2

③增值税纳税人还要填列《增值税及附加税费预缴表》及其附列资料，具体内容及格式见右侧二维码。

增值税纳税申报表 3

（2）介质申报。介质申报是指纳税人使用其计算机上安装的介质申报系统企业端软件，通过介质（U 盘或软盘），将增值税报管理平台导入电子数据，受理纳税申报，并同时进行一窗式比对处理的申报方式。纳税人在报送符合要求的电子数据的同时，一并报送纸质申报资料，纸质申报资料作为征管资料保存。纳税人可以免费使用介质申报软件，免费参加税务部门的操作培训。纳税人在使用过程中如遇问题，咨询 12366。纳税人可自愿选择是否需要技术服务，对需技术服务的，参照网上申报方式，纳税人自行选择技术服务单位并协商签订技术服务合同。

（五）增值税发票的管理

增值税发票是增值税纳税人销售货物、提供应税劳务或者应税服务而开具的发票，是购买方支付增值税额并可按照增值税有关规定据以抵扣增值税进项税额的凭证。一般纳税人应通过增值税防伪税控系统（以下简称“防伪税控系统”）申领、开具、缴销增值税专用发票，并通过增值税防伪税控系统认证纸质专用发票及其相应的数据电文。

1. 增值税发票的种类

（1）增值税专用发票。增值税专用发票由基本联次或者基本联次附加其他联次构成，分为三联版和六联版两种。基本联次为三联：第一联为记账联，是销售方记账凭证；第二联为抵扣联，是购买方扣税凭证；第三联为发票联，是购买方记账凭证。其他联次用途，由纳税人自行确定。纳税人办理产权过户手续需要使用发票的，可以使用增值税专用发票第六联。增值税专用发票票样见图 2－1。

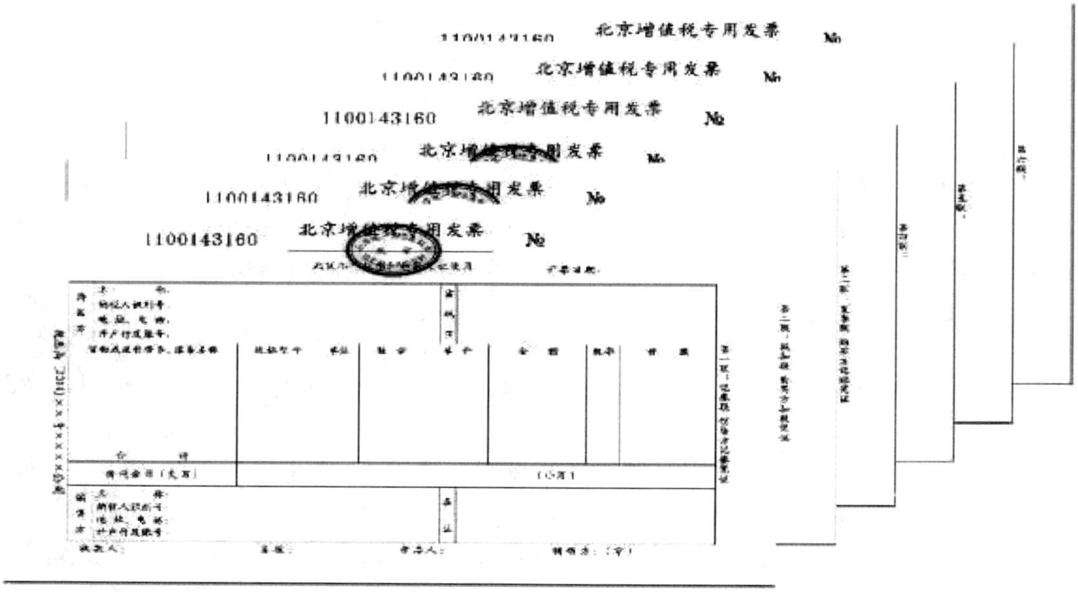

图 2－1　北京市增值税专用发票

（2）增值税普通发票。

①增值税普通发票（折叠票）。增值税普通发票（折叠票）由基本联次或者基本联次附加其他联次构成，分为两联版和五联版两种。基本联次为两联：第一联为记账联，是销售方记账凭证；第二联为发票联，是购买方记账凭证。其他联次用途，由纳税人自行确定。纳税人办理产权过户手续需要使用发票的，可以使用增值税普通发票第三联，见图 2－2。

②增值税普通发票（卷票）。增值税普通发票（卷票）分为两种规格：57mm × 177.8mm、76mm × 177.8mm，均为单联，见图 2－3。

3700063140

山东增值税专用发票

发票联

No 01295773

开票日期：2017年2月1日

购货单位	名称：长城有限责任公司 纳税人识别号：370101278746342 38 地址、电话：济南市旅游路66号86335876 开户行及账号：济南市工商银行历城支行旅游分理处160200703416089				密码区	（略）	
货物或应税劳务、服务名称	规格型号	单位	数量	单价	金额	税率	税额
钢板		吨	200	150.00	30 000.00	13%	3900.00
合计					¥30 000.00		¥3900.00
价税合计（大写）	⊗叁万伍仟壹佰元整				（小写）¥33 900.00		
销货单位	名称：山东省济南钢材有限责任公司 纳税人识别号：370112686115123 地址、电话：济南市华山镇88268863 开户行及账号：济南市工商银行高新支行开元分理处0700903412079				备注	山东省济南钢材有限责任公司 370112686115123 发票专用章	

第三联：发票联 购货方记账凭证

收款人：李南　　复核：陈天　　开票人：许海　　销货单位：（章）

图 2－2　增值税普通发票（折叠票）

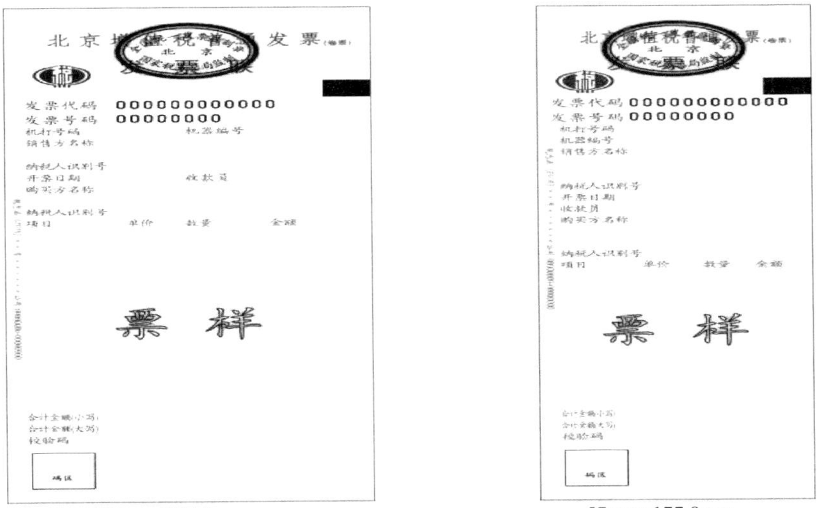

76mm×177.8mm　　57mm×177.8mm

图 2－3　增值税普通发票（卷票）

自 2017 年 7 月 1 日起，纳税人可按照《中华人民共和国发票管理办法》及其实施细则要求，书面向国税机关要求使用印有本单位名称的增值税普通发票（卷票），国税机关按规定确认印有该单位名称发票的种类和数量。纳税人通过新系统开具印有本单位名称的增值税普通发票（卷票）。印有本单位名称的增值税普通发票（卷票），由税务总局统一招标采购的增值税普通发票（卷票）中标厂商印制，其式样、规格、联次和防伪措施等与原有增值税普通发票（卷票）一致，并加印企业发票专用章。使用印有本单位名称的增值税普通发票（卷票）的企业，按照《国家税务总局 财政部关于冠名发票印制费结算问题的通知》（税总发〔2013〕53 号）规定，与发票印制企业直接结算印制费用。

（3）增值税电子普通发票。自 2015 年 8 月 1 日起，在北京、上海、浙江和深圳开展增值税电子发票试运行工作；非试点地区，2016 年 1 月 1 日起使用增值税电子发票系统开具增值税电子普通发票，其他开具电子发票的系统同时停止使用。增值税电子普通发票的发票代码为 12 位，编码规则为：第 1 位为 0，第 2—5 位代表省、自治区、直辖市和计划单列市，第 6—7 位代表年度，第 8—10 位代表批次，第 11—12 位代表票种（11 代表电子增值税普通发票）。发票号码为 8 位，按年度、分批次编制。增值税电子普通发票的开票方和受票方需要纸质发票的，可以自行打印增值税电子普通发票的版式文件，其法律效力、基本用途和基本使用规定等与税务机关监制的增值税普通发票相同。增值税电子普通发票票样见图 2－4。

附件 1

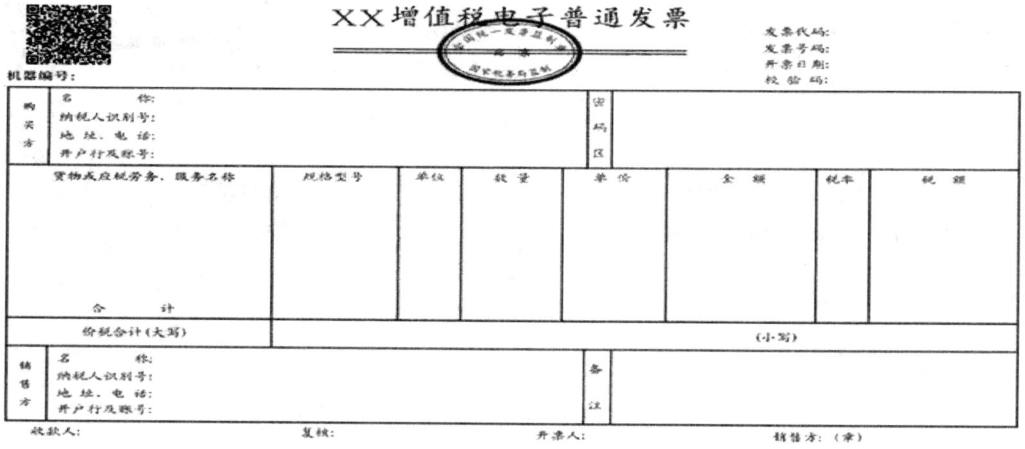

图 2－4　增值税电子普通发票票样

> **小问答 2－6**
>
> 发票电子化改革目前的推进情况和下一步的推进计划是什么？

（4）机动车发票。自 2021 年 7 月 1 日起，《机动车发票使用办法》正式施行。机动车发票，是指销售机动车（不包括二手车）的单位和个人（以下简称“销售方”）通过增值税发票管理系统开票软件中机动车发票开具模块所开具的增值税专用发票和机动车销售统一发票（包括纸质发票、电子发票）。增值税发票管理系统开票软件自动在增值税专用发票左上角打印“机动车”字样。机动车发票均应通过增值税发票管理系统开票软件在线开具。按照有关规定不使用网络办税或不具备网络条件的特定纳税人，可以离线开具机动车发票。

（5）收费公路通行费电子票据。通行费电子票据的开具对象为办理 ETC 卡的客户。通行费电子票据可以分为以下两种：①收费公路通行费增值税电子普通发票（以下简称“通行费电子发票”）。通行费电子发票包括左上角标识“通行费”字样且税率栏次显示适用税率或征收率的通行费电子发票（以下简称“征税发票”）以及左上角无“通行费”字样，且税率栏次显示“不征税”的通行费电子发票（以下简称“不征税发票”）。客户通行经营性收费公路，由经营管理者开具征税发票，可按规定用于增值税进项抵扣；客户采取充值方式预存通行费，可由 ETC 客户服务机构开具不征税发票，不可用于增值税进项抵扣。②收费公路通行费财政票据（电子）（以下简称“通行费财政电子票据”）。客户通行政府还贷公路，由经营管理者开具财政部门统一监制的通行费财政电子票据。通行试点完成后，在全国范围内全面实行通行费财政电子票据。

（6）增值税电子专用发票。自 2020 年 12 月 21 日起，我国逐步推进在全国新设立登记的纳税人（以下简称“新办纳税人”）中实行增值税专用发票电子化（以下简称“专票电子化”）。自 2020 年 12 月 21 日起，在天津、河北、上海、江苏、浙江、安徽、广东、重庆、四川、宁波和深圳等 11 个地区的新办纳税人中实行专票电子化。自 2021 年 1 月 21 日起，在北京、山西、内蒙古、辽宁、吉林、黑龙江、福建、江西、山东、河南、湖北、湖南、广西、海南、贵州、云南、西藏、陕西、甘肃、青海、宁夏、新疆、大连、厦门和青岛等 25 个地区的新办纳税人中实行专票电子化。

2. 增值税发票的日常管理

（1）增值税一般纳税人销售货物、提供加工修理修配劳务和发生应税行为，使用新系统开具增值税专用发票、增值税普通发票、机动车销售统一发票、增值税电子普通发票。

纳入新系统推行范围的小规模纳税人，使用新系统开具增值税普通发票、机动车销售统一发票、增值税电子普通发票。

自 2020 年 2 月 1 日起，纳入增值税小规模纳税人自开增值税专用发票试点的小规模纳税人需要开具增值税专用发票的，可以通过新系统自行开具，主管税务机关不再为其代开。

（2）销售商品、提供服务以及从事其他经营活动的单位和个人，对外发生经营业务收取款项，收款方应当向付款方开具发票；特殊情况下，由付款方向收款方开具发票。

所有单位和从事生产、经营活动的个人在购买商品、接受服务以及从事其他经营活动支付款项，应当向收款方取得发票。取得发票时，不得要求变更品名和金额。

（3）增值税纳税人购买货物、劳务、服务、无形资产或不动产，索取增值税专用发票时，须向销售方提供购买方名称（不得为自然人）、纳税人识别号或统一社会信用代码、地址电话、开户行及账号信息，不需要提供营业执照、税务登记证、组织机构代码证、开户许可证、增值税一般纳税人资格登记表等相关证件或其他证明材料。

个人消费者购买货物、劳务、服务、无形资产或不动产，索取增值税普通发票时，不需要向销售方提供纳税人识别号、地址电话、开户行及账号信息，也不需要提供相关证件或其他证明材料。

（4）纳税人应在发生增值税纳税义务时开具发票。

（5）单位和个人在开具发票时，必须做到按照号码顺序填开，填写项目齐全，内容真实，字迹清楚，全部联次一次打印，内容完全一致，并在发票联和抵扣联加盖发票专用章。

开具发票应当使用中文。民族自治地方可以同时使用当地通用的一种民族文字。

（6）税务总局编写了《商品和服务税收分类与编码》（国家税务总局公告2017年第45号附件），并在新系统中增加了商品和服务税收分类与编码相关功能。使用新系统的增值税纳税人，应使用新系统选择相应的商品和服务税收分类与编码开具增值税发票。

（7）纳税人应在互联网连接状态下在线使用新系统开具增值税发票，新系统可自动上传已开具的发票明细数据。

纳税人因网络故障等原因无法在线开票的，在税务机关设定的离线开票时限和离线开具发票总金额范围内仍可开票，超限将无法开具发票。纳税人开具发票次月仍未连通网络上传已开具发票明细数据的，也将无法开具发票。纳税人需连通网络上传发票数据后方可开票，若仍无法连通网络的需携带专用设备到税务机关进行征期报税或非征期报税后方可开票。

纳税人已开具未上传的增值税发票为离线发票。离线开票时限是指自第一份离线发票开具时间起开始计算可离线开具的最长时限。离线开票总金额是指可开具离线发票的累计不含税总金额，离线开票总金额按不同票种分别计算。

纳税人离线开票时限和离线开票总金额的设定标准及方法由各省、自治区、直辖市和计划单列市国家税务局确定。

按照有关规定不使用网络办税或不具备网络条件的特定纳税人，以离线方式开具发票，不受离线开票时限和离线开具发票总金额限制。

（8）任何单位和个人不得有下列虚开发票行为：①为他人、为自己开具与实际经营业务情况不符的发票；②让他人为自己开具与实际经营业务情况不符的发票；③介绍他人开具与实际经营业务情况不符的发票。

税法视野　　税务总局曝光5起增值税发票虚开骗税典型案例

（9）取得增值税发票的单位和个人可登录全国增值税发票查验平台（https：//inv－veri. chinatax. gov. cn），对新系统开具的增值税专用发票、增值税普通发票、机动车销售统一发票和增值税电子普通发票的发票信息进行查验。单位和个人通过网页浏览器首次登录平台时，应下载安装根证书文件，查看平台提供的发票查验操作说明。

（10）一般纳税人有下列情形之一的，不得使用增值税专用发票：①会计核算不健全，不能向税务机关准确提供增值税销项税额、进项税额、应纳税额数据及其他有关增值税税务资料的。其他有关增值税税务资料的内容，由省、自治区、直辖市和计划单列市国家税务局确定。②应当办理一般纳税人资格登记而未办理的。③有《中华人民共和国税收征收管理法》规定的税收违法行为，拒不接受税务机关处理的。④有下列行为之一，经税务机关责令限期改正而仍未改正的：虚开增值税专用发票；私自印制增值税专用发票；向税务机关以外的单位和个人买取增值税专用发票；借用他人增值税专用发票；未按《增值税专用发票使用规定》第十一条开具增值税专用发票；未按规定保管增值税专用发票和专用设备；未按规定申请办理防伪税控系统变更发行；未按规定接受税务机关检查。

有上列情形的，如已领取增值税专用发票，主管税务机关应暂扣其结存的增值税专用发票和税控专用设备。

课堂训练 2-26

商业企业一般纳税人零售下列货物，可以开具增值税专用发票的是（　　）。

A. 烟酒　　B. 食品　　C. 化妆品　　D. 办公用品

（11）属于下列情形之一的，不得开具增值税专用发票：①向消费者个人销售货物、提供应税劳务或者发生应税行为的。②销售货物、提供应税劳务或者发生应税行为适用增值税免税规定的，法律、法规及国家税务总局另有规定的除外。③部分适用增值税简易征收政策规定的：增值税一般纳税人的单采血浆站销售非临床用人体血液选择简易计税的；纳税人销售旧货，按简易办法依3%征收率减按2%征收增值税的；纳税人销售自己使用过的固定资产，适用按简易办法依3%征收率减按2%征收增值税政策的；纳税人销售自己使用过的固定资产，适用简易办法依照3%征收率减按2%征收增值税政策的，可以放弃减税，按照简易办法依照3%征收率缴纳增值税，并可以开具增值税专用发票。④法律、法规及国家税务总局规定的其他情形。

（12）增值税专用发票应按下列要求开具：①项目齐全，与实际交易相符；②字迹清楚，不得压线、错格；③发票联和抵扣联加盖发票专用章；④按照增值税纳税义务的发生时间开具。

不符合上列要求的增值税专用发票，购买方有权拒收。

（13）一般纳税人销售货物、提供加工修理修配劳务和发生应税行为可汇总开具增值税专用发票。汇总开具增值税专用发票的，同时使用新系统开具“销售货物或者提供应税劳务清单”，并加盖发票专用章。

3. 增值税专用发票的特定管理

（1）纳税人丢失增值税专用发票的，按以下方法处理：①纳税人同时丢失已开具增值税专用发票或机动车销售统一发票的发票联和抵扣联，可凭加盖销售方发票专用章的相应发票记账联复印件，作为增值税进项税额的抵扣凭证、退税凭证或记账凭证。②纳税人丢失已开具增值税专用发票或机动车销售统一发票的抵扣联，可凭相应发票的发票联复印件，作为增值税进项税额的抵扣凭证或退税凭证；纳税人丢失已开具增值税专用发票或机动车销售统一发票的发票联，可凭相应发票的抵扣联复印件，作为记账凭证。

（2）纳税人在开具增值税专用发票当月，发生销货退回、开票有误等情形，收到退回的发票联、抵扣联符合作废条件的，按作废处理；开具时发现有误的，可即时作废。作废增值税专用发票须在新系统中将相应的数据电文按“作废”处理，在纸质增值税专用发票（含未打印的增值税专用发票）各联次上注明“作废”字样，全联次留存。同时具有下列情形的，为本条所称作废条件：①收到退回的发票联、抵扣联，且时间未超过销售方开票当月；②销售方未抄税且未记账；③购买方未认证，或者认证结果为“纳税人识别号认证不符”“增值税专用发票代码、号码认证不符”。

（3）纳税人开具增值税专用发票后，发生销货退回、开票有误、应税服务中止等情形但不符合发票作废条件，或者因销货部分退回及发生销售折让，需要开具红字增值税专用发票的，按以下方法处理：①购买方取得增值税专用发票已用于申报抵扣的，购买方可在新系统中填开并上传“开具红字增值税专用发票信息表”（以下简称“信息表”），在填开“信息表”时不填写相对应的蓝字增值税专用发票信息，应暂依“信息表”所列增值税税额从当期进项税额中转出，待取得销售方开具的红字增值税专用发票后，与“信息表”一并作为记账凭证。购买方取得增值税专用发票未用于申报抵扣、但发票联或抵扣联无法退回的，购买方填开“信息表”时应填写相对应的蓝字增值税专用发票信息。销售方开具增值税专用发票尚未交付购买方以及购买方未用于申报抵扣并将发票联及抵扣联退回的，销售方可在新系统中填开并上传“信息表”。销售方填开“信息表”时应填写相对应的蓝字增值税专用发票信息。②主管税务机关通过网络接收纳税人上传的“信息表”，系统自动校验通过后，生成带有“红字发票信息表编号”的“信息表”，并将信息同步至纳税人端系统中。③销售方凭税务机关系统校验通过的“信息表”开具红字增值税专用发票，在新系统中以销项负数开具。红字增值税专用发票应与“信息表”一一对应。④纳税人也可凭“信息表”电子信息或纸质资料到税务机关对“信息表”内容进行系统校验。

（4）纳税人开具增值税普通发票后，如发生销货退回、开票有误、应税服务中止等情形但不符合发票作废条件，或者因销货部分退回及发生销售折让，需要开具红字发票的，应收回原发票并注明“作废”字样或取得对方有效证明。纳税人需要开具红字增值税普通发票的，可以在所对应的蓝字发票金额范围内开具多份红字发票。红字机动车销售统一发票需与原蓝字机动车销售统一发票一一对应。

4. 专用发票的代开管理

（1）代开发票范围。已办理税务登记的小规模纳税人（包括个体工商户）以及国家税务总局确定的其他可予代开增值税专用发票的纳税人，发生增值税应税行为，可以申请代开增值税专用发票。

（2）代开发票种类。税务机关使用新系统代开增值税专用发票和增值税普通发票。代开增值税专用发票使用六联票，代开增值税普通发票使用五联票。税务机关代开发票部门通过新系统代开增值税发票，系统自动在发票上打印“代开”字样。

（3）月销售额不超过15万元（按季纳税45万元）的增值税小规模纳税人代开增值税专用发票税款有关问题。增值税小规模纳税人月销售额不超过15万元（按季纳税45万元）的，当期因代开增值税专用发票（含货物运输业增值税专用发票）已经缴纳的税款，在增值税专用发票全部联次追回或者按规定开具红字增值税专用发票后，可以向主管税务机关申请退还。

（4）增值税纳税人应在代开增值税专用发票的备注栏上，加盖本单位的发票专用章（为其他个人代开的特殊情况除外）。税务机关在代开增值税普通发票以及为其他个人代开增值税专用发票的备注栏上，加盖税务机关代开发票专用章。

课堂训练 2－27

下列各项中，属于增值税发票种类的是（　　）。

A. 增值税专用发票　　B. 增值税普通发票（折叠票）

C. 增值税普通发票（卷票）　　D. 增值税电子普通发票

E. 机动车销售统一发票

三、增值税的出口退税

（一）出口货物、劳务和服务退（免）税基本政策

出口货物、劳务和服务退（免）税，是国际上通行的税收规则。出口货物、劳务和服务退（免）税是指在国际贸易业务中，对报关出口的货物或者劳务和服务退还在国内各生产环节和流转环节按税法规定已缴纳的增值税，或免征应缴纳的增值税。我国根据出口企业的不同形式和出口货物、劳务和服务的不同种类，对出口货物、劳务和服务分别采取免税并退税、免税不退税、不免税也不退税三种不同的税收政策。

1. 出口免税并退税

该税收政策适用于出口货物、劳务和跨境应税行为以往环节纳过税而需要退税的情况。

2. 出口免税不退税

该税收政策适用于出口货物、劳务和跨境应税行为以往环节未纳过税而无须退税，以往环节税金缴纳情况不明、无法准确计算退税等情况。

3. 出口不免税也不退税

该税收政策适用于国家限制、禁止某些货物、劳务和跨境应税行为出口而视同内销征税的情况。

议一议：出口货物、劳务和服务退（免）税的基本政策。

税法视野　**自 2021 年 8 月 1 日起我国取消部分钢铁产品出口退税**

（二）出口货物、劳务和服务退（免）税适用范围

我国现行出口货物、劳务和服务退（免）税的货物范围主要是报关出口的增值税、消费税应税货物、劳务和服务，一般须同时具备以下四个条件：①必须是属于增值税、消费税征税范围的货物、劳务和服务。②必须是报关离境的货物、劳务和服务。凡报关不离境的货物、劳务和服务，不论出口企业以外汇结算还是以人民币结算，也不论企业在财务上作何处理，均不能视为出口货物、劳务和服务予以退（免）税。③必须是在财务上作

销售处理的货物、劳务和服务。④必须是出口收汇并已核销的货物、劳务和服务。

1. 出口免税并退税的适用范围

对于以下生产企业、部分“营改增”企业，包括：①出口自产货物和视同自产货物及对外提供加工修理修配劳务；②财税有关文件列名生产企业出口非自产货物；③研发、设计服务企业直接对外销售服务，免征增值税，相应的进项税额抵减应纳增值税额（不包括适用增值税即征即退、先征后退政策的应纳增值税额），未抵减完的部分予以退还。

2. 出口免税但不退税的适用范围

不具有生产能力的出口企业（以下称“外贸企业”）或其他单位、部分“营改增”企业出口货物、劳务、服务免征增值税，相应的进项税额予以退还。

3. 出口不免税也不退税的适用范围

国家限制、禁止某些货物、劳务和跨境应税行为出口而视同内销征税，例如，国家计划外出口的原油；援外出口货物；国家禁止出口的货物，包括天然牛黄、麝香、铜及铜基合金等。

（三）出口货物退税率

1. 现行货物的出口退税率

我国现行货物的出口退税率，绝大多数与适用税率一致，即适用税率为13%的，退税率也为13%；适用税率为9%的，退税率也为9%。但是有极少部分货物出口退税率低于征税率。2020年新型冠状病毒疫情爆发后，政府出台一系列稳外贸举措，提高了部分货物的出口退税率。

2. 出口应税服务的退税率

应税服务退税率为对应服务提供给境内单位适用的增值税税率。例如，有形动产租赁服务征税率为13%，退税率也为13%；交通运输服务、邮政服务适用税率为9%，退税率也为9%；现代服务（租赁服务除外）适用税率为6%，退税率也为6%。

（四）出口退税的计算

1. “免、抵、退”税的计算方法——适用于生产企业

生产企业出口货物劳务服务，除另有规定外，增值税一律实行免、抵、退税管理办法。其中，生产企业是指独立核算，经主管国税机关认定为增值税一般纳税人，并且具有实际生产能力的企业和企业集团。增值税小规模纳税人出口自产货物继续实行免征增值税办法。生产企业出口自产的属于应征消费税的产品，实行免征消费税办法。

实行免、抵、退税办法的“免”税，是指对生产企业出口的自产货物，免征本企业生产销售环节增值税；“抵”税是指生产企业出口自产货物所耗用的原材料、零部件、燃料、动力等所含应予退还的进项税额，抵顶内销货物的应纳税额；“退”税是指生产企业出口的自产货物在当月内应抵顶的进项税额大于应纳税额时，对未抵顶完的部分予以退税。

（1）当期应纳税额的计算。

当期应纳税额＝当期内销货物的销项税额－（当期进项税额－当期免抵退税不得免征和抵扣税额）－上期留抵税额

其中：

当期免抵退税不得免征和抵扣税额＝出口货物离岸价×外汇人民币牌价×（出口货物征税率－出口货物退税率）－免抵退税不得免征和抵扣税额抵减额

出口货物离岸价以出口发票计算的离岸价为准。出口发票不能如实反映实际离岸价的，企业必须按照实际离岸价向主管国税机关进行申报，同时主管税务机关有权依照相关法规予以核定。

免抵退税不得免征和抵扣税额抵减额＝免税购进原材料价格×（出口货物征税率－出口货物退税率）

免税购进原材料，包括从国内购进免税原材料和进料加工免税进口料件，其中进料加工免税进口料件的价格为组成计税价格。

进料加工免税进口料件的组成计税价格＝货物到岸价＋海关实征关税和消费税

如果当期没有免税购进原材料价格，前述公式中的免抵退税不得免征和抵扣税额抵减额以及后面公式中的免抵退税额抵减额，就不用计算。

（2）免抵退税额的计算。

免抵退税额＝出口货物离岸价×外汇人民币牌价×出口货物退税率－免抵退税额抵减额

其中：

免抵退税额抵减额＝免税购进原材料价格×出口货物退税率

（3）当期应退税额和免抵税额的计算。

如当期期末留抵税额≤当期免抵退税额，则：

当期应退税额＝当期期末留抵税额

当期免抵税额＝当期免抵退税额－当期应退税额

如当期期末留抵税额＞当期免抵退税额，则：

当期应退税额＝当期免抵退税额

当期免抵税额＝0

当期期末留抵税额根据当期“增值税纳税申报表”中“期末留抵税额”确定。

课堂训练2－28

某服装厂为增值税一般纳税人，增值税税率13%，退税率10%。2021年3月外购棉布一批，取得的增值税专用发票注明价款200万元，增值税26万元，货已入库。当月进口料件一批，海关核定的完税价格25万美元，已按购进法向税务机关办理了“生产企业进料加工贸易免税证明”。当月出口服装的离岸价格75万美元，内销服装不含税销售额80万元。该服装厂上期期末留抵税额5万元。假设美元比人民币的汇率为1:6.4，服装厂进料加工复出口符合相关规定。请计算该服装厂当期的应退税额。

2.“先征后退”的计算方法——适用于外贸企业

（1）外贸企业出口委托加工修理修配货物以外的货物。

增值税应退税额＝增值税退（免）税计税依据×出口货物退税率

（2）外贸企业出口委托加工修理修配货物。

出口委托加工修理修配货物的增值税应退税额 = 委托加工修理修配的增值税退（免）税计税依据 × 出口货物退税率

课堂训练 2－29

某外贸企业2020年11月购进及出口情况如下：（1）第一次购进珍珠制品800件，单价400元/件；第二次购进珍珠制品300件，单价410元/件（均已取得增值税专用发票）。（2）将两次外购的1 100件珍珠制品报关出口，离岸单价70美元/件，此笔出口已收汇并作销售处理（美元与人民币比价为1:7，退税率为13%）。请计算该笔出口业务应退的增值税。

附：（具体内容请扫描右侧二维码）

1. 关于《中华人民共和国增值税法（征求意见稿）》的说明
2. 增值税征求意见稿与现行的政策规定的变化
3. 《中华人民共和国增值税法（征求意见稿）》

增值税法征求意见稿

第二节 消费税法

一、消费税的基本法律

（一）消费税的概念

消费税是对特定的消费品或消费行为征收的一种流转税。我国现行的消费税是指对在中国境内生产、委托加工和进口的应税消费品，就其销售额或销售数量在特定环节征收的一种税。

消费税法是指国家制定的用以调整消费税征收与缴纳之间权利与义务关系的法律规范。我国现行消费税的基本法规是1993年12月13日国务院颁布的《中华人民共和国消费税暂行条例》（以下简称《消费税暂行条例》，已经2008年11月5日国务院修订通过，自2009年1月1日起施行）以及1993年12月25日财政部颁布的《中华人民共和国消费税暂行条例实施细则》（已经国务院修订通过，自2009年1月1日起施行）。

消费税是一种古老的税种，其雏形最早产生于古罗马时期。当时，由于农业、手工业的发展，城市的兴起与商业的繁荣，于是相继开征了诸如盐税、酒税、矿产品税等产品税，这就是消费税的原形。消费税在我国历史悠久，早在春秋战国时期，就已开征过“关市之赋”“山泽之赋”。公元前81年，汉昭帝为了避免酒的专卖与“商人争市利”，改酒专卖为征税，允许各地的地主、商人自行酿酒、卖酒，每升酒缴税四文，纳税环节在酒销售之后，而不是在出坊时，这可以说是我国最早的消费税。由于消费税具有独特的调节作用，受到各国的普遍重视。目前世界上已有120多个国家开征了这一税种或类似税种，且在各国的财政收入，尤其是发展中国家的财政收入中占有相当大的比重。我国现行的消费税是在1994年税制改革中新设立的税种，它是根据我国产业政策和消费政策的要求，有选择地对部分消费品征收消费税以调节社会产品的生产和分配。

税法视野　　消费税改革平衡央地财权，助力消费升级

（二）消费税的征税范围

在我国境内生产、委托加工和进口《消费税暂行条例》规定的消费品为消费税的征收范围。

2006年3月21日，我国财政部、国家税务总局联合发出通知，从2006年4月1日起，对消费税的原有税目税率及相关政策进行重大调整，这次调整新增了高尔夫球及球具、高档手表、游艇、木制一次性筷子、实木地板等税目，取消了“护肤护发品”税目，并对部分税目的税率进行了调整。这次新增加的税目中对木制一次性筷子、实木地板课税有利于节约木材资源和森林保护；对航空煤油、石脑油、溶剂油、润滑油、燃料油课税则有利于节约使用能源；同时，税目调整中鼓励小排量汽车、摩托车、混合动力节能环保汽车，有助于国内产品生产结构的调整和企业技术水平的升级，对于扶持甚至鼓励大众消费有着积极影响。新增加的税目中高尔夫球及球具、高档手表、游艇课税针对的是高收入人群，有利于间接调整收入分配，延缓居民收入差距的扩大。2014年12月1日起取消汽车轮胎消费税，原因是现在我国的汽车轮胎子午线化率已超过90%，当初征收消费税的杠杆作用已经得到充分发挥。同时，取消酒精消费税。取消酒精消费税后，“酒以及酒精”品目相应改为“酒”，并继续按现行消费税政策执行。为促进节能环保，经国务院批准，自2015年2月1日起对电池、涂料征收消费税。我国现行消费税征税范围包括以下四个方面：

一是特殊消费品。一些特殊消费品如果过度消费，会对人类健康、社会秩序和生态环境等造成危害，如烟、酒、鞭炮及焰火等。对这些消费品征收消费税，可抑制其消费。

二是非生活必需消费品，如高档化妆品、贵重首饰、珠宝玉石、高档手表、高尔夫球及球具等。通过对这些非生活必需品或奢侈品征收消费税，可调节消费者的收入水平。

三是高能耗及高档消费品，如摩托车、小汽车等。这类消费品不仅价格昂贵，且消耗能源较多，属少数人消费的高档消费品，对其征税体现国家对高消费的特殊调节。

四是不可再生和稀缺资源消费品，如成品油、木制一次性筷子、实木地板等。对这类消费品征税，体现国家对稀缺资源的合理配置，通过征税限制其消费、节约能源。

议一议： 增值税和消费税的征税范围有什么不同？

（三）消费税的纳税人

消费税纳税人是指在我国境内生产、委托加工和进口《消费税暂行条例》规定的消费品的单位和个人以及国务院确定的销售《消费税暂行条例》规定的消费品的其他单位和个人。单位是指企业和行政单位、事业单位、军事单位、社会团体及其他单位。个人是指个体工商户及其他个人。

根据《国务院关于外商投资企业和外国企业适用增值税、消费税、营业税等税收暂行条例有关问题的通知》规定，在我国境内生产、委托加工、零售和进口应税消费品的外商投资企业和外国企业，也是消费税的纳税人。

在中华人民共和国境内是指生产、委托加工和进口属于应当征收消费税的消费品的起运地或所在地在境内。

具体讲，消费税的纳税人为：

（1）生产销售（包括自用）应税消费品，以生产销售的单位和个人为纳税人，由生产者直接纳税。

（2）委托加工的应税消费品，除受托方为个人外，由受托方在向委托方交货时代收代缴税款。

（3）进口的应税消费品，以进口的单位和个人为纳税人，由海关代征税款。

税法视野　　频惹争议的从量税，影响了谁？

（四）消费税的税目和税率

1. 税目

消费税税目设置的基本原则：一是尽量简化、科学；二是征税目的明确；三是课税对象清晰；四是同时兼顾历史习惯。对税源大、界线清楚的，单设税目；对种类、规格、等级较为复杂和需要区别对待的，征税项目下设子目和细目。我国现行消费税设置了15个税目，具体包括：烟，酒，高档化妆品，贵重首饰及珠宝玉石，鞭炮，焰火，成品油，摩托车，小汽车，游艇，高档手表，实木地板，高尔夫球及球具，木制一次性筷子，电池和涂料。

税法视野　　消费税税目的内涵

2. 税率

（1）税率的一般规定。消费税的税率主要是根据课税对象的具体情况，来确定定额税率和比例税率。前者适用于一些供求基本平衡、价格差异不大、计量单位规范的消费品征税；后者与之相反，选择税价联动的比例税率。

现行消费税设计的比例税率为14档，由低到高依次为1%、3%、4%、5%、9%、10%、12%、15%、20%、25%、30%、36%、40%和56%；定额税率最低为每征税单位0.003元，最高为每征税单位250元，见表2-4。

表 2－4　　消费税税目、税率（额）表

税目	税率
一、烟	
1. 卷烟	
（1）甲类卷烟（调拨价 70 元（不含增值税）/条以上（含 70 元））	56% 加 0.003 元/支
（2）乙类卷烟（调拨价 70 元（不含增值税）/条以下）	36% 加 0.003 元/支
（3）批发环节	11% 加 0.005 元/支（批发环节）
2. 雪茄烟	36%
3. 烟丝	30%
二、酒	
1. 白酒	20% 加 0.5 元/500 克（或者 500 毫升）
2. 黄酒	240 元/吨
3. 啤酒	
（1）甲类啤酒	250 元/吨
（2）乙类啤酒	220 元/吨
4. 其他酒	10%
三、高档化妆品	15%
四、贵重首饰及珠宝玉石	
1. 金银首饰、铂金首饰和钻石及钻石饰品	5%（零售环节）
2. 其他贵重首饰和珠宝玉石	10%
五、鞭炮、焰火	15%
六、成品油	
1. 汽油	1.52 元/升
2. 柴油	1.20 元/升
3. 航空煤油	1.20 元/升
4. 石脑油	1.52 元/升
5. 溶剂油	1.52 元/升
6. 润滑油	1.52 元/升
7. 燃料油	1.20 元/升
七、摩托车	
1. 气缸容量为 250 毫升的	3%
2. 气缸容量在 250 毫升以上的	10%
八、小汽车	
1. 乘用车	
（1）气缸容量（排气量，下同）在 1.0 升（含 1.0 升）以下的	1%
（2）气缸容量在 1.0 升以上至 1.5 升（含 1.5 升）的	3%
（3）气缸容量在 1.5 升以上至 2.0 升（含 2.0 升）的	5%
（4）气缸容量在 2.0 升以上至 2.5 升（含 2.5 升）的	9%
（5）气缸容量在 2.5 升以上至 3.0 升（含 3.0 升）的	12%
（6）气缸容量在 3.0 升以上至 4.0 升（含 4.0 升）的	25%
（7）气缸容量在 4.0 升以上的	40%
2. 中轻型商用客车	5%

续表

税目	税率
3. 超豪华小汽车	按子税目1和子税目2的规定征税（生产或进口环节） 10%（零售环节）
九、高尔夫球及球具	10%
十、高档手表	20%
十一、游艇	10%
十二、木制一次性筷子	5%
十三、实木地板	5%
十四、电池	4%
十五、涂料	4%

注：①2014年12月1日起，取消气缸容量250毫升（不含）以下的小排量摩托车消费税；取消汽车轮胎税目；取消车用含铅汽油消费税，汽油税目不再划分二级子目，统一按照无铅汽油税率征收消费税；取消酒精消费税；取消酒精消费税后，“酒及酒精”品目相应改为“酒”，并继续按现行消费税政策执行。本表按新规定。

②表中征税环节如无特殊注明均为生产或者进口环节。

③甲类啤酒是指每吨出厂价在3 000元（含3 000元）以上的，乙类啤酒是指每吨出厂价在3 000元以下的。啤酒每吨出厂价格，含包装物及包装物押金，不含增值税。

④气缸容量是指排气量，以下相同。

⑤自2016年10月1日起，我国将取消对普通化妆品征收消费税，同时将高档化妆品与进口环节化妆品的消费税税率由30%下调为15%。

⑥自2016年12月1日起，对我国驻外使领馆工作人员、外国驻华机构及人员、非居民常住人员、政府间协议规定等应税（消费税）进口自用，且完税价格130万元及以上的超豪华小汽车消费税，按照生产（进口）环节税率和零售环节税率（10%）加总计算，由海关代征。

⑦粮食白酒和薯类白酒采用复合计税的方法，甜菜酿制的白酒比照薯类白酒计税。对以蒸馅酒或食用酒精为酒基，具有国食健字或卫食健字文号且酒精度低于38度（含），或以发酵酒为酒基，酒精度低于20度（含）的配制酒，按“其他酒”10%适用税率征收消费税。其他配制酒，按白酒税率征收消费税。

（2）税率的特殊规定。主要包括以下两个方面：

①卷烟适用税率。卷烟消费税同时采取定额税率和比例税率双重计税：对卷烟先征收一道从量定额税，定额税率为每标准箱（50 000支，下同）150元；然后再按照调拨价格从价计征，每标准条（200支，下同）调拨价格在70元（含70元，不含增值税）以上的卷烟税率为56%，每标准条调拨价格在70元（不含增值税）以下的卷烟税率为36%；白包卷烟，手工卷烟，自产自用没有同牌号、规格调拨价格的卷烟，委托加工没有同牌号、规格调拨价格的卷烟，未经国务院批准纳入计划的企业和个人生产的卷烟，一律适用56%的比例税率。

②从高适用税率。包括下列两种情况：a. 纳税人生产销售两种税率以上的应税消费品即兼营不同税率的应当缴纳消费税的消费品，应当分别核算不同税率应税消费品的销售额、销售数量，未分别核算销售额、销售数量，或将不同税率的应税消费品组成成套消费品销售的，从高适用税率。b. 对既销售金银首饰，又销售非金银首饰的生产经营单位，

应将其两类消费品划分清楚、分别核算销售额。凡划分不清楚或不能分别核算的，在生产环节销售的，一律从高适用税率；在零售环节销售的，一律按金银首饰征收消费税。

（五）消费税的优惠政策

我国消费税选择征收的应税消费品为人们的非生活必需品，其消费者有着较强的负税能力。为确保国家财政收入，发挥消费税调节社会经济的特殊作用，对纳税人消费的应税消费品，一般不予减免税。但下列情形除外：

（1）航空煤油暂缓征收消费税。

（2）同时符合下列条件的纯生物柴油免征消费税：生产原料中废弃的动物油和植物油用量所占比重不低于70%；生产的纯生物柴油符合国家《柴油机燃料调和生物柴油（BD100）》标准。

（3）成品油生产企业在生产成品油过程中，作为燃料、动力及原料消耗掉的自产成品油，免征消费税。

（4）对无汞原电池、金属氢化物镍蓄电池（又称“氢镍蓄电池”或“镍氢蓄电池”）、锂原电池、锂离子蓄电池、太阳能电池、燃料电池和全钒液流电池免征消费税。

（5）自2020年1月1日起至2021年3月31日，单位和个体工商户将自产、委托加工或购买的货物，通过公益性社会组织和县级以上人民政府及其部门等国家机关，或者直接向承担疫情防治任务的医院，无偿捐赠用于应对新型冠状病毒感染的肺炎疫情的，免征消费税。国家机关、公益性社会组织和承担疫情防治任务的医院接受的捐赠，应专项用于应对新型冠状病毒感染的肺炎疫情工作，不得挪作他用。

（6）进口环节消费税的税收优惠政策。

①经海关批准暂时进境的下列货物，在进境时纳税义务人向海关缴纳相当于应纳税款的保证金或者提供其他担保的，可以暂不缴纳进口环节增值税和消费税，并应当自进境之日起6个月内复运出境；经纳税义务人申请，海关可以根据海关总署的规定延长复运出境的期限：a. 在展览会、交易会、会议及类似活动中展示或者使用的货物；b. 文化、体育交流活动中使用的表演、比赛用品；c. 进行新闻报道或者摄制电影、电视节目使用的仪器、设备及用品；d. 开展科研、教学、医疗活动使用的仪器、设备及用品；e. 在上述所列活动中使用的交通工具及特种车辆；f. 货样；g. 供安装、调试、检测设备时使用的仪器、工具；h. 盛装货物的容器；i. 其他用于非商业目的的货物。

②因残损、短少、品质不良或者规格不符原因，由进口货物的发货人、承运人或者保险公司免费补偿或者更换的相同货物，进口时不征收进口环节增值税和消费税。被免费更换的原进口货物不退运出境的，海关应当对原进口货物重新按照规定征收进口环节增值税和消费税。

③进口环节增值税税额在人民币50元以下的一票货物，免征进口环节增值税；消费税税额在人民币50元以下的一票货物，免征进口环节消费税。

④无商业价值的广告品和货样免征进口环节增值税和消费税。

⑤外国政府、国际组织无偿赠送的物资免征进口环节增值税和消费税。

⑥在海关放行前损失的进口货物免征进口环节增值税和消费税；在海关放行前遭受损坏的货物，可以按海关认定的进口货物受损后的实际价值确定进口环节增值税和消费税组

成计税价格公式中的关税完税价格和关税，并依法计征进口环节增值税和消费税。

⑦进境运输工具装载的途中必需的燃料、物料和饮食用品免征进口环节增值税和消费税。

二、消费税的计征管理

消费税实行价内税，只在应税消费品的生产、委托加工和进口环节缴纳，除了以下几种情况：自2003年5月1日起，铂金首饰消费税改为零售环节征税；自2002年1月1日起，钻石及钻石饰品消费税改为零售环节征税；2009年5月1日起，我国在卷烟批发环节加征了一道从价税，适用税率为5%，自2015年5月10日起，将卷烟批发环节从价税税率由5%提高至11%，并按0.005元/支加征从量税；自2016年12月1日起，对超豪华小汽车在零售环节加征10%的消费税。

（一）自产自销应税消费品应纳税额的计算

按照现行消费税法的基本规定，自产自销应税消费品消费税应纳税额的计算分为从价定率、从量定额、从价定率和从量定额复合计算三类方法。具体计算方法为：

1. 从价定率计算方法

在从价定率计算方法下，应纳税额的计算取决于应税消费品的销售额和比例税率两个因素。其基本计算公式为：

应纳税额 = 应税消费品的销售额 × 比例税率

（1）销售额的一般规定。纳税人对外销售其生产的应税消费品，应当以其销售额为依据计算纳税。这里的销售额包括向购货方收取的全部价款和价外费用，但不包括应向购货方收取的增值税税额。如果纳税人应税消费品的销售额中未扣除增值税税款或者因不得开具增值税专用发票而采取价税合并形式收取货款的，在计算消费税额时，应换算成不含增值税税额之后再行计算，其换算公式为：

应税消费税的销售额 = 含增值税的销售额 ÷（1 + 增值税税率或征收率）

这里所说的价外费用与增值税规定的价外费用相同。（详见本章第一节增值税法）

注意：消费税的很多计税标准和增值税相似，其中提出价外费用问题。价外费用一般视同含税价格，在计算消费税时，一定要注意换算成不含税价格并入销售额计算消费税，在计算消费税时很容易忽视这点。

（2）销售额的特殊规定。

①关于包装物及押金的税务处理。应税消费品连同包装销售的，无论包装是否单独计价，也不论在会计上如何核算，均应并入应税消费品的销售额中缴纳消费税。如果包装物不作价随同产品销售，而是收取押金，此项押金不应并入应税消费品的销售额中纳税。但对因逾期未收回的包装物不再退还的和已收取一年以上的押金的，应并入应税消费品的销售额，按照应税消费品的适用税率缴纳消费税。对既作价随同应税消费品销售，又另外收取押金的包装物的押金，凡纳税人在规定的期限内不予退还的，均应并入应税消费品的销售额，按照应税消费品的比例税率缴纳消费税。对酒类产品生产企业销售酒类产品（不包括啤酒、黄酒）而收取的包装物押金，无论押金是否返还及会计上如何核算，均应并入酒类产品销售额中征收消费税。

②酒类其他规定。a. 白酒生产企业向商业销售单位收取的“品牌使用费”是随着应税白酒的销售而向购货方收取的，属于应税白酒销售价款的组成部分。b. 啤酒生产企业销售的啤酒，不得以向其关联企业的啤酒销售公司销售的价格作为确定消费税税额的标准，而应当以其关联企业的啤酒销售公司对外的销售价格（含包装物及包装物押金）作为确定消费税税额的标准，并依此确定该啤酒消费税单位税额。

③计税依据的若干特殊规定。由于消费税税源较为集中，税负相对较重，计税价格的核定成为确定计税依据的重要环节。卷烟、白酒和小汽车的计税价格由国家税务总局核定，送财政部备案；其他应税消费品的计税价格由省、自治区和直辖市税务局核定；进口的应税消费品的计税价格由海关核定。

a. 卷烟最低计税价格的核定。卷烟消费税最低计税价格（以下简称“计税价格”）核定范围为卷烟生产企业在生产环节销售的所有牌号、规格的卷烟。计税价格由国家税务总局按照卷烟批发环节销售价格扣除卷烟批发环节批发毛利核定并发布。计税价格的核定公式为：

某牌号、规格卷烟计税价格＝批发环节销售价格×(1－适用批发毛利率)

未经国家税务总局核定计税价格的新牌号、新规格卷烟，生产企业应按卷烟调拨价格申报纳税。已经国家税务总局核定计税价格的卷烟，生产企业实际销售价格高于计税价格的，按实际销售价格确定适用税率，计算应纳税款并申报纳税；实际销售价格低于计税价格的，按计税价格确定适用税率，计算应纳税款并申报纳税。

b. 白酒消费税最低计税价格核定管理办法。白酒生产企业销售给销售单位的白酒，生产企业消费税计税价格低于销售单位对外销售价格（不含增值税）70%以下的，税务机关应核定消费税最低计税价格。自 2015 年 6 月 1 日起，纳税人将委托加工收回的白酒销售给销售单位，消费税计税价格低于销售单位对外销售价格（不含增值税）70%以下，也应核定消费税最低计税价格。白酒生产企业应将各种白酒的消费税计税价格和销售单位销售价格，按照规定的式样及要求，在主管税务机关规定的时限内填报。白酒消费税最低计税价格由白酒生产企业自行申报，税务机关核定。白酒生产企业申报的销售给销售单位的消费税计税价格低于销售单位对外销售价格 70%以下、年销售额 1 000 万元以上的各种白酒以及其他需要核定消费税最低计税价格的白酒，消费税最低计税价格由各省、自治区、直辖市和计划单列市税务局核定。白酒生产企业销售给销售单位的白酒，生产企业消费税计税价格高于销售单位对外销售价格 70%（含 70%）以上的，税务机关暂不核定消费税最低计税价格。白酒生产企业销售给销售单位的白酒，生产企业消费税计税价格低于销售单位对外销售价格 70%以下的，消费税最低计税价格由税务机关根据生产规模、白酒品牌、利润水平等情况在销售单位对外销售价格 50%—70%范围内自行核定。其中生产规模较大、利润水平较高的企业生产的需要核定消费税最低计税价格的白酒，税务机关核价幅度原则上应选择在销售单位对外销售价格的 60%—70%。根据《国家税务总局关于部分白酒消费税计税价格核定及相关管理事项的通知》（国税函〔2009〕416 号）的规定，核定比例统一确定为 60%。已核定最低计税价格的白酒，销售单位对外销售价格持续上涨或下降时间达到 3 个月以上、累计上涨或下降幅度在 20%（含）以上的白酒，税务机关重新核定最低计税价格。已核定最低计税价格的白酒，生产企业实际销售价格高于消费税最低计税价格的，按实际销售价格申报纳税；实际销售价格低于消费税最低计税价格的，按最低计税价格申报纳税。白酒生产企业未按规定上报销售单位销售价格的，主管税务局应按照销售单位销售价格征收消费税。

④自设非独立核算门市部计税的规定。纳税人通过自设非独立核算门市部销售的自产应税消费品，应当按照门市部对外销售额或者销售数量计算征收消费税。

⑤纳税人用于以物易物（换取生产资料或消费资料）、投资入股、抵偿债务等方面的应税消费品，应当以纳税人同类应税消费品的最高销售价格为依据计算消费税。

⑥纳税人将自产的应税消费品与外购或自产的非应税消费品组成套装销售的，以套装产品的销售额为计税依据计算消费税。

小问答 2－7

企业当期投入生产的原材料可抵扣的已纳消费税大于当期应纳消费税的不足抵扣的部分，应如何处理？

课堂训练 2－30

某市卷烟生产企业为增值税一般纳税人，2021 年 4 月 16 日销售 A 牌卷烟 300 标准箱，每箱不含税售价 1.35 万元，款项收讫；将 10 标准箱 A 牌卷烟作为福利发给本企业职工。计算该业务应纳消费税。（注：每一标准箱 250 条，每条 200 支）

2. 从量定额计算方法

在从量定额计算法下，应纳税额的计算取决于应税消费品的销售数量和定额税率两个因素。其基本计算公式为：

应纳税额＝应税消费品的销售数量×定额税率

（1）销售数量的确定。销售数量是指纳税人生产、委托加工和进口应税消费品的数量。具体规定为：①销售应税消费品的，为应税消费品的销售数量；②自产自用应税消费品的，为应税消费品的移送使用数量；③委托加工应税消费品的，为纳税人收回的应税消费品数量；④进口的应税消费品，为海关核定的应税消费品进口征税数量。

（2）计量单位的换算标准。《消费税暂行条例》规定，黄酒、啤酒是以吨为税额单位；汽油、柴油是以升为计量单位的。但是，考虑到在实际销售过程中，一些纳税人会把吨或升这两个单位计量混用，为了规范不同产品的计量单位，以准确计算应纳税额，吨与升两个计量单位的换算标准如下：

啤酒	1 吨＝988 升	黄酒	1 吨＝962 升
石脑油	1 吨＝1 385 升	柴油	1 吨＝1 176 升
润滑油	1 吨＝1 126 升	溶剂油	1 吨＝1 282 升
航空煤油	1 吨＝1 246 升	燃料油	1 吨＝1 015 升
汽油	1 吨＝1 388 升		

课堂训练 2-31

某啤酒厂 2021 年 3 月将 A 型啤酒 20 吨销售给副食品公司，开具增值税专用发票注明价款 598 000 元，收取包装物押金 3 000 元；将 B 型啤酒 10 吨销售给宾馆，开具普通发票收取 28 760 元，收取包装物押金 1 500 元。该啤酒厂应缴纳的消费税是多少元？

3. 从价定率和从量定额复合计算方法

注意：现行消费税的征税范围中，只有卷烟、白酒采用复合计算方法。

计算公式为：

应纳税额 = 应税消费品销售额 × 比例税率 + 应税消费品销售数量 × 定额税率

课堂训练 2-32

某酒厂为增值税一般纳税人，主要生产粮食白酒。2021 年 1 月销售粮食白酒 60 000 斤，取得不含销售额 105 000 元；另外，收取粮食白酒品牌使用费 4 680 元；本月销售粮食白酒收取包装物押金 9 360 元。计算该酒厂本月应纳消费税税额。

（二）自产自用应税消费品应纳税额的计算

所谓自产自用，是指纳税人生产应税消费品后，不是用于直接对外销售，而是用于自己连续生产应税消费品或用于其他方面。

1. 自产自用应税消费品的税务处理

（1）用于连续生产应税消费品，不缴纳消费税；

（2）用于其他方面，于移送使用时纳税。用于其他方面是指：生产非应税消费品；在建工程；管理部门、非生产机构；馈赠、赞助、集资、广告、样品、职工福利、奖励等方面，于移送使用时缴纳消费税。

2. 自产自用应税消费品销售额及税额的计算

纳税人自产自用的应税消费品，凡用于其他方面，应当纳税的，其销售额的核算顺序如下：

（1）按照纳税人生产的当月同类消费品的销售价格计算纳税；

（2）如果当月同类消费品各期销售价格高低不同，应按销售数量加权平均计算；

（3）如果销售价格明显偏低又无正当理由的、无销售价格的或当月无销售或者当月未完结，应按照同类消费品上月或最近月份的销售价格计算纳税；

（4）没有同类消费品销售价格的，按照组成计税价格计算纳税，其计算公式是：

组成计税价格 =（成本 + 利润）÷（1 − 消费税比例税率）

应纳税额 = 组成计税价格 × 适用税率

实行复合计税办法计算纳税的：

组成计税价格 =（成本 + 利润 + 自产自用数量 × 定额税率）÷（1 − 消费税比例税率）

上述公式中所说的“成本”，是指应税消费品的产品生产成本。上述公式中所说的“利润”，是指根据应税消费品的全国平均成本利润率计算的利润。应税消费品全国平均成本利润率由国家税务总局确定。

自2001年5月、6月起，分别对白酒、卷烟采用从价与从量复合征收消费税的计税方法。由于从量计征以应税消费品的数量为计税依据，与应税消费品价格的高低没有关系，因此，计算应税消费品的组成计税价格时，暂不考虑从量计征的消费税税额。

1993年12月28日与2016年12月，国家税务总局颁发的《消费税若干具体问题的规定》，确定应税消费品全国平均成本利润率见表2-5。

表2-5 应税消费品全国平均成本利润率

货物名称	成本利润率（%）	货物名称	成本利润率（%）
1. 甲类卷烟	10	11. 摩托车	6
2. 乙类卷烟	5	12. 高尔夫球及球具	10
3. 雪茄烟	5	13. 高档手表	20
4. 烟丝	5	14. 游艇	10
5. 粮食白酒	10	15. 木制一次性筷子	5
6. 薯类白酒	5	16. 实木地板	5
7. 其他酒	5	17. 乘用车	8
8. 高档化妆品	5	18. 中轻型商用客车	5
9. 鞭炮、焰火	5	19. 电池	4
10. 贵重首饰、珠宝玉石	6	20. 涂料	7

议一议： 消费税从量定额征收与销售价格及组成计税价格有无关系？

消费税从量定额征收与销售价格或组成计税价格无关；计算缴纳增值税若需使用组成计税价格时，组成计税价格计算公式中的成本利润率按增值税法中规定的10%确定，组成计税价格中应含消费税税额。

课堂训练2-33

某白酒生产企业2021年2月举办展销会，将特制100斤新品白酒赠送给来宾，该批白酒成本50 000元，没有同类白酒的销售价格，该白酒的成本利润率为10%。请计算消费税和增值税。

注意：对复合计税办法征收消费税的应税消费品，由于从量计算的消费税与价格无关，计算应税消费品的组成计税价格时，不考虑从量计征的消费税税额。从价计算的消费税如需组成计税价格时，成本利润率按消费税规定确定。

（三）委托加工应税消费品应纳税额的计算

1. 委托加工应税消费品的确定

委托加工的应税消费品是指由委托方提供原料和主要材料，受托方只收取加工费和代垫部分辅助材料加工的应税消费品。

对于由受托方提供原材料生产的应税消费品，或者受托方先将原材料卖给委托方，然后再接受加工的应税消费品以及由受托方以委托方名义购买原材料生产的应税消费品，不论纳税人在财务上是否做销售处理，都不得作为委托加工应税消费品，而应当按照销售自制应税消费品缴纳消费税。

议一议：对于不符合委托加工应税消费品限定条件的应该如何处理？

税法规定了严格的处理方法，即：不论纳税人在财务上是否做销售处理，都不得作为委托加工应税消费品，而应当按照销售自制应税消费品缴纳消费税。这种处理办法体现了税收管理的源泉控制原则，避免了应缴税款的流失。

2. 代收代缴税款的规定

（1）受托方加工完毕向委托方交货时，由受托方代收代缴消费税。如果受托方是个体经营者，委托方须在收回加工应税消费品后向所在地主管税务机关缴纳消费税。

（2）如果受托方没有代收代缴消费税，委托方应补交税款，补税的计税依据为：①已直接销售的，按销售额计税；②未销售或不能直接销售的，按组成计税价格计税。

（3）委托方收回应税消费品后销售。①委托方将收回的应税消费品，以不高于受托方的计税价格出售的，为直接出售，不再缴纳消费税；②委托方以高于受托方的计税价格出售的，不属于直接出售，需按照规定申报缴纳消费税，在计税时准予扣除受托方已代收代缴的消费税。

3. 委托加工应税消费品组成计税价格的计算

受托方代收代缴消费税时，应按受托方当月同类应税消费品的销售价格计算纳税；没有同类价格的，按照组成计税价格计算纳税。其组价公式为：

组成计税价格 =（材料成本 + 加工费）÷（1 − 消费税比例税率）

应纳税额 = 组成计税价格 × 适用税率

实行复合计税办法计算纳税的：

组成计税价格 =（材料成本 + 加工费 + 委托加工数量 × 定额税率）÷（1 − 消费税比例税率）

“材料成本”是指委托方所提供加工材料的实际成本。委托加工应税消费品的纳税人，必须在委托加工合同上如实注明（或以其他方式提供）材料成本，凡未提供材料成本的，受托方所在地主管税务机关有权核定其材料成本。从这一条规定可以看出，税法对委托方提供原料和主要材料，并要以明确的方式如实提供材料成本，要求是很严格的，其目的就是为了防止假冒委托加工应税消费品或少报材料成本，逃避纳税的现象。

“加工费”是指受托方加工应税消费品向委托方收取的全部费用（包括代垫辅助材料的实际成本，不包括增值税税金），这是税法对受托方的要求。受托方必须如实提供向委托方收取的全部费用，这样才能既保证组成计税价格及代收代缴消费税准确地计算出来，也使受托方按加工费正确计算其应缴纳的增值税。

委托个人加工的应税消费品，由委托方收回后缴纳消费税。

课堂训练 2－34

某烟花厂受托加工一批烟花，委托方提供原材料成本 30 000 元，该厂收取加工费 10 000 元、代垫辅助材料款 5 000 元，没有同类烟花销售价格。计算该厂应代收代缴消费

税多少元？（以上款项均不含增值税）

4. 卷烟回购

对既有自产卷烟，同时又委托联营企业加工与自产卷烟牌号、规格相同卷烟的工业企业（简称回购企业），从联营企业购进后再直接销售的卷烟，对外销售时不论是否加价，凡是符合下述条件的，不再征收消费税；不符合下述条件的，则征收消费税：回购企业在委托联营企业加工卷烟时，除提供联营企业所需加工卷烟牌号外，还须同时提供税务机关已公示的消费税计税价格。联营企业必须按照已公示的调拨价格申报缴纳消费税。回购企业将联营企业加工卷烟回购后再销售的卷烟，其销售收入应与自产的卷烟的销售收入分开核算，以备税务机关检查；如不分开核算，则一并计入自产卷烟销售收入征收消费税。

课堂训练 2－35

A卷烟厂为增值税一般纳税人，生产的H牌卷烟不含税调拨价为110元/条。2021年4月委托丙企业加工H牌卷烟200箱，并将H牌卷烟的牌号及税务机关已公示的计税价格提供给丙企业，甲卷烟厂以不含税价格100元/条回购丙企业生产的H牌卷烟200标准箱，并取得增值税专用发票；本月销售190箱。请计算A卷烟厂应该缴纳的消费税和增值税。

（四）进口应税消费品应纳税额的计算

纳税人进口应税消费品，按照组成计税价格和规定的税率计算应纳税额，其计算公式如下。

1. 实行从价定率办法应纳税额的计算

组成计税价格 =（关税完税价格 + 关税）÷（1 − 消费税比例税率）

应纳税额 = 组成计税价格 × 消费税税率

课堂训练 2－36

某贸易公司2021年4月以邮运方式从国外进口一批高档化妆品，经海关审定的货物价格为30万元、邮费1万元。当月将该批高档化妆品销售取得不含税收入55万元。该批高档化妆品关税税率为15%、消费税税率为15%。请计算该公司当月应缴纳的消费税。

自2016年12月1日起，对我国驻外使领馆工作人员、外国驻华机构及人员、非居民常住人员、政府间协议规定等应税（消费税）进口自用，且完税价格130万元及以上的超豪华小汽车消费税，按照生产（进口）环节税率和零售环节税率（10%）加总计算，由海关代征。

2. 实行从量定额办法应纳税额的计算

应纳税额 = 应税消费品数量 × 消费税定额税率

3. 实行从价定率和从量定额复合征收办法应纳税额的计算

计算应纳税额的一般公式为：

应纳税额 = 组成计税价格 × 消费税比例税率 + 应税消费品数量 × 消费税定额税率

进口环节消费税除国务院另有规定者外，一律不得给予减税、免税。

4. 进口卷烟应纳消费税的计算

（1）为统一进口卷烟与国产卷烟的消费税政策，自2004年3月1日起，进口卷烟消费税适用比例税率按以下办法确定。

①计算公式为：

每标准条进口卷烟（200支）确定消费税适用比例税率的价格
=（关税完税价格+关税+消费税定额税）÷（1－消费税税率）

其中，关税完税价格和关税为每标准条的关税价格及关税税额；消费税定额税率为每标准条0.6元（依据现行消费税定额税率折算而成）；消费税税率固定为36%。

② 每标准条进口卷烟确定消费税比例税率的价格≥70元人民币的，使用比例税率为56%；每标准条进口卷烟确定消费税适用比例税率的价格＜70元人民币的，适用比例税率为36%。

（2）依据上述确定的消费税适用比例税率，计算进口卷烟消费税组成计税价格和应纳消费税税额：

①计算公式为：

进口卷烟消费税组成计税价格=（关税完税价格+关税+消费税定额税）÷（1－进口卷烟消费税适用比例税率）

②应纳税额的计算与上述一般公式相同。

应纳消费税税额=进口卷烟消费税组成计税价格×进口卷烟消费税适用比例税率+消费税定额税

其中：消费税定额税=海关核定的卷烟数量×消费税定额税率

消费税定额税率与国内相同，每标准箱为50 000支150元。

税法视野　　**部分成品油将征收进口环节消费税**

课堂训练2－37

某卷烟生产企业2021年2月5日从国外进口B牌卷烟400标准箱，支付境外成交价折合人民币260万元、到达我国海关前的运输费用10万元、保险费用5万元。请计算进口卷烟消费税。

（五）准予从消费税应纳税额中抵扣税款的计算

根据《财政部　国家税务总局关于调整和完善消费税政策的通知》（财税〔2006〕33号）第七条规定的准予从消费税应纳税额中扣除原料已纳消费税税款的计算公式，按照不同行为分别规定如下。

1. 外购应税消费品连续生产应税消费品

由于某些应税消费品是用外购已缴纳消费税的应税消费品连续生产出来的，在对这些连续生产出来的应税消费品计算征税时，税法规定应按当期生产领用数量计算准予扣除外购的应税消费品已纳的消费税税款。扣除范围包括：

（1）已税烟丝生产的卷烟；

（2）已税高档化妆品生产的高档化妆品；

（3）已税珠宝玉石生产的贵重首饰及珠宝玉石；

（4）已税鞭炮、焰火生产的鞭炮、焰火；

（5）已税汽油、柴油、石脑油、燃料油、润滑油为原料生产的应税成品油；

（6）已税杆头、杆身和握把为原料生产的高尔夫球杆；

（7）已税木制一次性筷子为原料生产的木制一次性筷子；

（8）已税实木地板为原料生产的实木地板；

（9）外购葡萄酒连续生产葡萄酒；

（10）啤酒生产集团内部企业间用啤酒液连续灌装生产的啤酒。

此类消费品的扣税方法如下：

①实行从价定率办法计算应纳税额的公式：

当期准予扣除外购应税消费品已纳税款 = 当期准予扣除外购应税消费品买价 × 外购应税消费品适用税率

当期准予扣除外购应税消费品买价 = 期初库存外购应税消费品买价 + 当期购进的外购应税消费品买价 − 期末库存的外购应税消费品买价

课堂训练 2－38

某卷烟生产企业，某月初库存外购应税烟丝金额 20 万元，当月又外购应税烟丝金额 50 万元（不含增值税），月末库存烟丝金额 10 万元，其余被当月生产卷烟领用。请计算卷烟厂当月准许扣除的外购烟丝已缴纳的消费税税额。

注意：外购应税消费品买价为纳税人取得的规定的发票（含销货清单）注明的应税消费品的销售额（不包括增值税税款）。

纳税人用外购的已税珠宝玉石生产的改在零售环节征收消费税的金银首饰（镶嵌首饰），在计税时一律不得扣除外购珠宝玉石的已纳税款。依据《国家税务总局关于进一步加强消费税纳税申报及税款抵扣管理的通知》（国税函〔2006〕769 号），不论是从工业企业还是从商业企业购进应税消费品连续生产应税消费品，符合抵扣条件的，均准予扣除外购应税消费品已纳消费税税款。

小问答 2－8

用购进已税烟丝生产的出口卷烟，能否扣除外购已税烟丝的已纳税款？

②实行从量定额办法计算应纳税额的公式：

当期准予扣除的外购应税消费品已纳税款 = 当期准予扣除外购应税消费品数量 × 外购应税消费品单位税额

当期准予扣除的外购应税消费品数量 = 期初库存外购应税消费品数量 + 当期购进

外购应税消费品数量－期末库存外购应税消费品数量

2. 委托加工收回应税消费品连续生产应税消费品

纳税人委托加工的应税消费品因为已由受托方代收代缴消费税，如果委托方收回货物后用于连续生产应税消费品的，其已纳税款准予按照规定从连续生产的应税消费品应纳消费税税额中扣除，这种扣税方法与外购已税消费品连续生产应税消费品的扣税范围、扣税方法、扣税环节相似。

（1）扣税范围如下：①以委托加工收回的已税烟丝为原料生产的卷烟；②以委托加工收回的已税高档化妆品为原料生产的高档化妆品；③以委托加工收回的已税珠宝玉石为原料生产的贵重首饰及珠宝玉石；④以委托加工收回的已税鞭炮、焰火为原料生产的鞭炮、焰火；⑤以委托加工收回的已税汽油、柴油、石脑油、燃料油、润滑油为原料生产的应税成品油；⑥以委托加工收回的已税杆头、杆身和握把为原料生产的高尔夫球杆；⑦以委托加工收回的已税木制一次性筷子为原料生产的木制一次性筷子；⑧以委托加工收回的已税实木地板为原料生产的实木地板。

（2）扣税方法公式如下：

当期准予扣除的委托加工应税消费品已纳税款＝期初库存的委托加工应税消费品已纳税款＋当期收回的委托加工应税消费品已纳税款－期末库存的委托加工应税消费品已纳税款

（3）扣税环节。纳税人用委托加工收回的已税珠宝玉石生产的改在零售环节征收消费税的金银首饰，在计税时一律不得扣除委托加工收回的珠宝玉石的已纳消费税税款。

委托加工应税消费品已纳税款为代扣代收税款凭证注明的受托方代收代缴的消费税。

课堂训练 2－39

甲厂 2021 年 3 月将一批原材料送交乙厂进行委托加工，该批原材料不含税价格 10 万元，受托方代垫辅料收费 1 万元（含税），另收取加工费 3 万元（含税），假定该消费品消费税税率为 5%，则该项委托加工应纳消费税额为多少万元？

3. 进口应税消费品

扣税方法为：

当期准予扣除的进口应税消费品已纳税款＝期初库存的进口应税消费品已纳税款＋当期进口应税消费品已纳税款－期末库存的进口应税消费品已纳税款

进口应税消费品已纳税款为《海关进口消费税专用缴款书》注明的进口环节消费税。

（六）消费税的退税

纳税人发生销货退回的应税消费品已缴纳的消费税税款可以办理退税。在办理退税手续时，纳税人应将开具的红字增值税发票、退税说明等资料报主管税务机关备案。主管税务机关核对无误后办理退税。

（七）消费税的申报缴纳

1. 纳税义务发生时间

消费税纳税义务发生时间是指纳税人发生消费税纳税行为，应当履行纳税义务的时间。消费税纳税义务发生时间，以货款结算方式或行为发生时间分别确定。

（1）纳税人销售的应税消费品，其纳税义务发生时间为：①采取赊销和分期收款结算方式的，其纳税义务的发生时间，为纳税人销售合同规定的收款日期当天，书面合同没有约定收款日期或者无书面合同的，为发出应税消费品的当天；②采取预收货款结算方式的，其纳税义务的发生时间，为纳税人发出应税消费品当天；③采取托收承付和委托银行收款方式销售的应税消费品，其纳税义务的发生时间，为纳税人发出应税消费品并办妥托收手续的当天；④采取其他结算方式的，其纳税义务的发生时间，为纳税人收讫销售款或者取得索取销售款凭据的当天。

（2）自产自用的应税消费品，其纳税义务的发生时间，为纳税人移送使用当天。

（3）委托加工的应税消费品，其纳税义务的发生时间，为纳税人提货的当天。

（4）进口的应税消费品，其纳税义务人的发生时间，为纳税人报关进口的当天。

2. 纳税期限

按照《中华人民共和国消费税暂行条例》的规定，消费税的纳税期限分别为1日、3日、5日、10日、15日、1个月或者1个季度。由主管税务机关根据纳税人应纳税额的大小分别核定其具体的纳税期限；如果不能按照固定期限纳税的，则可以按次纳税。

纳税人以1个月或者1个季度为1个纳税期的，自期满之日起15日内申报纳税；以1日、3日、5日、10日或者15日为1个纳税期的，自期满之日起5日内预缴税款，于次月1日起15日内申报纳税并结清上月应纳税款。

纳税人进口应税消费品，应当自海关填发税款缴款书之日起15日内缴纳税款。

如果纳税人不能按照规定的纳税期限依法纳税，将按《税收征管法》的有关规定处理。

3. 纳税环节

消费税属于价内税，并实行单一环节征收。消费税的纳税环节分为以下几种情况：

（1）一般规定。为防止税款流失、加强源泉控制，消费税的纳税环节一般确定在生产销售环节，即纳税人生产的应税消费品，于销售时纳税。其中纳税人生产销售的应税消费品，还包括纳税人用于换取生产资料和消费资料，支付代购手续费或销售回扣以及在销售数量之外另付给购货方或中间人作为奖励和报酬的应税消费品。上述的“销售”是指有偿转让应税消费品的所有权，“有偿”包括从购买方取得货币、货物或其他经济利益。①生产环节。纳税人生产的应税消费品，由生产者于销售时纳税。其中，生产者自产自用的应税消费品，用于本企业连续生产的不征税；用于其他方面的，于移送使用时纳税。②委托加工环节。委托加工的应税消费品，由受托方在向委托方交货时代收代缴消费税。委托加工的应税消费品收回后直接出售的，不再征收消费税。委托加工应税消费品收回后用于连续生产应税消费品的，按照最终生产的消费品需缴纳消费税，但是对受托方代收代缴的消费税准予抵扣。③进口环节。进口的应税消费品，由进口报关者于进口时纳税。

根据税法规定（国家税务总局2012年第47号公告），工业企业以外的单位和个人的下列行为视为应税消费品的生产行为，按规定征收消费税：一是将外购的消费税非应税产品以消费税应税产品对外销售的；二是将外购的消费税低税率应税产品以高税率应税产品对外销售的。

议一议：什么是价内税？与价外税的区别在哪？

（2）特殊规定。①自用环节。纳税人自产自用的应税消费品，用于连续生产应税消费品的，不缴纳消费税；用于其他方面的，于移送使用时缴纳消费税。②加工环节。委托加工的应税消费品，除受托方为个人外，由受托方在向委托方交货时代收代缴税款；委托方用于连续生产应税消费品的，所纳税款准予按规定抵扣。③批发环节。纳税人（卷烟批发商）销售给纳税人以外的单位和个人的卷烟于销售时纳税，纳税人（卷烟批发商）之间销售的卷烟不缴纳消费税。④零售环节。生产、委托加工、进口和批发金银首饰、钻石及钻石饰品、铂金首饰时不征收消费税，纳税人在零售环节纳税。对超豪华小汽车，在生产（进口）环节按现行税率征收消费税的基础上，在零售环节加征一道消费税。

小问答 2－9

从事金条销售业务的纳税人应在哪个环节缴纳消费税？

小问答 2－10

商场销售珍珠项链（挂扣为18K铂金），是否应缴纳消费税？

小问答 2－11

如果进口超豪华小汽车自用，是否就不用缴纳零售环节消费税了？

税法视野　　**后移消费税征收环节利好多**

4. 纳税地点

（1）纳税人销售的应税消费品以及自产自用的应税消费品，除国家另有规定外，应当向纳税人机构所在地或者居住地的主管税务机关申报纳税。

（2）委托加工的应税消费品，除受托方为个人外，由受托方向机构所在地或者居住地的主管税务机关解缴消费税税款。

（3）委托个人加工的应税消费品，由委托方向其机构所在地或者居住地主管税务机关申报纳税。

（4）纳税人的总机构与分支机构不在同一县（市）的，除另有规定外，应当分别向各自机构所在地的主管税务机关申报纳税；经财政部、国家税务总局或者其授权的财政、税务机关批准，可以由总机构汇总向总机构所在地的主管税务机关申报缴纳消费税。

（5）纳税人到外县（市）销售或者委托外县（市）代销自产应税消费品的，于应税消费品销售后，向机构所在地或居住地主管税务机关申报纳税。

（6）进口的应税消费品，由进口人或者其代理人向报关地海关申报纳税。

5. 纳税申报

消费税纳税人应按有关规定及时办理纳税申报，并如实填写《消费税及附加税费申报表》（请扫描右侧二维码获取）。

消费税及附加税费申报表

三、消费税的出口退（免）税

（一）出口应税消费品退（免）税的适用范围

《消费税暂行条例》规定，对纳税人出口应税消费品，免征消费税；国务院另有规定的除外。出口应税消费品的免税办法，由国家税务总局规定。前面所说的“国务院另有规定的”，是指国家限制出口的应税消费品。对于国家限制出口的应税消费品，一般征收出口关税，以限制出口，自然不应免征消费税。限制出口的应税消费品范围，是一项重要的宏观调控政策，国家可以通过对限制出口的应税消费品范围的调整，来实现特定的经济社会政策。因此除非国务院另有规定外，对于纳税人出口应税消费品原则上都免征消费税。我国对出口应税消费品退（免）消费税在政策上规定为以下三种情况：

1. 出口应税消费品退（免）消费税的政策规定

（1）出口免税并退税。有出口经营权的外贸企业购进应税消费品直接出口以及外贸企业受其他外贸企业委托代理出口应税消费品，免征其出口时应纳的消费税，并且退还其购进应税消费品时负担的消费税。

（2）出口免税但不退税。有出口经营权的生产企业自营出口或生产企业委托外贸企业代理出口自产的应税消费品，免征消费税，但不办理退税。

（3）出口不免税也不退税。除生产企业、外贸企业外的其他企业委托外贸企业代理出口应税消费品，不免税也不退税。

只有适用出口免税并退税政策时，才会涉及计算应退消费税的问题。

注意：生产企业直接出口应税消费品或委托外贸企业出口应税消费品，按规定直接予以免税的，可不计算应缴消费税。

外贸企业出口应税消费品，按规定计算（退）消费税。

2. 出口应税消费品退税的企业范围

（1）有出口经营权的外贸企业；

（2）有出口经营权的生产企业。

3. 出口应税消费品退税的范围

（1）具备出口条件，给予退税的消费品。这类消费品必须具备四个条件：属于消费税征税范围的消费品；取得税收（出口产品专用）缴款书、增值税专用发票（税款抵扣联）、出口货物报关单（出口退税联）、出口收汇单证；必须报关离境；在财务上作出口销售处理。

（2）不具备出口条件，也给予退税的消费品。如：对外承包工程公司运出境外用于对外承包项目的消费品，外轮供应公司、远洋运输供应公司销售给外轮、远洋外轮的消费品等。

有些消费品虽具备出口条件，但不给予退税优惠，如禁止出口货物等。

注意：除规定不退税的应税消费品外，对生产企业委托外贸企业代理出口的消费税应税消费品，一律免征消费税。

（二）出口应税消费品的退税率

计算出口应税消费品应退消费税的税率或单位税额，依据《消费税暂行条例》所附“消费税税目税率（税额）表”执行。这是退（免）消费税与退（免）增值税的一个重要区别。具体规定如下：

（1）当出口的货物是应税消费品时，其退还增值税要按规定的退税率计算，退还消费税则按该应税消费品所适用的消费税税率计算。

（2）企业应将不同消费税税率的出口应税消费品分开核算和申报，凡划分不清适用税率的，一律从低适用税率计算应退消费税税额。

（三）出口应税消费品退税的计算与管理

1. 出口应税消费品退税的计算

出口货物的消费税应退税额的计税依据，按购进出口货物的消费税专用缴款书和海关进口消费税专用缴款书确定。

（1）从价征收计算退税额。属于从价定率计征消费税的，为已征且未在内销应税消费品应纳税额中抵扣的购进出口货物金额，其计算公式为：

从价定率计征消费税应退税额＝购进出口货物金额×比例税率

（2）从量征收计算退税额。属于从量定额计征消费税的，为已征且未在内销应税消费品应纳税额中抵扣的购进出口货物数量，其计算公式为：

从量定额计征消费税应退税额＝购进出口货物数量×定额税率

（3）复合征收计算退税额。属于复合计征消费税的，按从价定率和从量定额的计税依据分别确定，其计算公式为：

复合计征消费税应退税额＝从价定率计征消费税的退税计税依据×比例税率＋从量定额计征消费税的退税计税依据×定额税率

2. 出口应税消费品退税的管理

出口发生货物退回的情况，外贸企业出口退回的，应向所在地税务立即补缴消费税，生产企业出口发生退货，应在内销时向所在地税务机关补缴消费税。

（1）出口的应税消费品办理退（免）税后，发生退关或者国外退货的，报关出口者必须及时向其所在地主管税务机关申报补缴已退的消费税税款。

（2）出口企业收购出口应税消费品的应退税额的计算，以消费税税收（出口货物专用）缴款书注明的税额为准。

（3）出口企业在 2006 年 3 月 31 日前收购的出口应税消费品，并取得消费税税收（出口货物专用）缴款书的，在 2006 年 4 月 1 日以后出口的，仍可按原税目税率办理退税。具体执行时间以消费税税收（出口货物专用）缴款书开具日期为准。（《关于调整和完善消费税政策的通知》财税〔2006〕33 号）

（4）自 2006 年 3 月 14 日起，暂停税则号为 27101110 的车用汽油及航空汽油和税则号为 27101120 的石脑油的出口增值税退税政策。（《财政部　国家税务总局关于暂停汽油、

石脑油出口退税的通知》财税〔2006〕42号）

议一议：消费税和增值税出口退（免）税的区别与联系。

附：（具体内容请扫描右侧二维码）

1. 关于《中华人民共和国消费税法（征求意见稿）》的说明
2. 消费税征求意见稿与现行的政策规定的变化
3. 《中华人民共和国消费税法（征求意见稿）》

消费税法征求意见稿

第三节 关税法

一、关税的基本法律

（一）关税的概念

关税是海关依法对进出国境或关境的货物和物品征收的一种税，是国际通行的税种，它包括进口税、出口税和过境税。关税和非关税措施是衡量一个国家市场开放度的主要标志。在我国，关税是指对进出中国国境或关境的货物和物品按其完税价时征收的一种税。

关税法是指国家制定的用以调整关税征收与缴纳之间权利与义务关系的法律规范。现行关税的基本法律规范，是全国人民代表大会于2000年7月修正颁布的《中华人民共和国海关法》、国务院于2003年11月发布的《中华人民共和国进出口关税条例》《关于2010年关税实施方案的通知》以及关税税则委员会发布实施的《中华人民共和国海关进出口税则》（2016年）和海关总署发布的《关于2016年关税实施方案的通知》等。

税法视野　　关境与国境的区别

（二）关税的征税范围

我国现行关税的征税范围包括：

1. 贸易性进出口的货物

具体指外贸进出口公司、工贸或农贸进出口公司、科技贸易进出口公司、大型商业集团以及其他经批准经营进出口的企业所进出口的商品或货物。

2. 非贸易性进出口的货物

具体包括携带进境的物品、分离运输的行李、以邮递方式进境的物品、以其他方式进境的物品。

（三）关税的纳税人

进口货物的收货人、出口货物的发货人、进出境物品的所有人，是关税的纳税义务人。

进出口货物的收、发人是依法取得对外贸易经营权，并进口或者出口货物的法人或者其他社会团体。进出境物品的所有人包括该物品的所有人和推定为所有人的人。一般情况下，对于携带进境的物品，推定其携带人为所有人；对分离运输的行李，推定相应的进出境旅客为所有人；对以邮递方式进境的物品，推定其收件人为所有人；以邮递或其他方式出境的物品，推定寄件人或托运人为所有人。

（四）关税税则、税目、税率

1. 关税税则、税目

关税进出口税则是为了体现关税政策和便于货物监管，按商品分类目录编制，由国家公布的对进出关境货物征收关税是所适用税率的法规性规定，是进出口关税条例的组成部分。

税率表作为税则主体，包括税则商品分类目录和税率栏两大部分。税则商品分类目录是把种类繁多的商品加以综合，按照其不同特点分门别类简化成数量有限的商品类目，分别编号按序排列，称为税则号列。为适应科学技术进步、产业结构调整、贸易结构优化和加强进出口管理的需要，在符合世界海关组织有关列目原则的前提下，对进出口税则中部分税目进行了调整。2021 年我国调整了部分税则税目，调整后的税则税目总数为8 580个，税目结构将更加符合国际贸易发展的实际需要。[①]。

2. 关税税率

关税税率是关税法的核心。根据国际惯例和我国的对外贸易政策，在实际执行过程中会不断进行调整。为兑现加入 WTO 的承诺，我国的关税税率水平不断降低，目前总体关税水平已降至 7.5% 以下。[②]

（1）进口货物税率。进口关税设置最惠国税率、协定税率、特惠税率、普通税率、关税配额税率等税率。对进口货物在一定期限内可以实行暂定税率。目前，我国进口关税税率主要使用最惠国税率，并通过差别税率体现国家的经济、外贸政策。

税法视野　　关税壁垒和非关税壁垒的不同特点

2001 年 12 月 11 日我国正式成为 WTO 第 134 个成员方，从 2002 年 1 月 1 日起开始履行为加入 WTO 而承诺的关税减让义务，并实行新的税则。新的进口税则设有最惠国税率、协定税率、暂定税率、普通税率、特惠税率、配额税率等税率。对进口货物在一定期限内可以实行暂定税率。

①最惠国税率。最惠国税率适用原产于与我国共同适用最惠国待遇条款的世界贸易组织成员的进口货物，或原产于与我国签订含有相互给予最惠国待遇条款的双边贸易协定的国家或地区进口的货物以及原产于我国境内的进口货物。

②暂定税率。暂定税率是在海关进出口税则规定的进口优惠税率基础上，对进口的某些重要的工农业生产原材料和机电产品关键部件（但只限于从与中国订有关税互惠协议

---

① 央视网：http://china.qianlong.com/2020/1224/5186512.shtml。

② https://baijiahao.baidu.com/s?id=1700803700225569281&wfr=spider&for=pc。

的国家和地区进口的货物）和出口的特定货物实施的更为优惠的关税税率。

③协定税率。协定税率适用原产于与我国签订含有关税优惠条款的区域性贸易协定的国家或地区的进口货物。

④普通税率。普通税率适用于原产于上述国家或地区以外的其他国家或地区的进口货物以及原产地不明的进口货物。按照普通税率征税的进口货物，经国务院关税税则委员会特别批准，可以适用最惠国税率。

⑤特惠税率。特惠税率适用原产于与我国签订含有特殊关税优惠条款的贸易协定的国家或地区的进口货物。

⑥配额税率。配额税率指对实行关税配额管理的进口货物，关税配额内的，适用关税配额税率；关税配额外的，按不同情况分别适用于最惠国税率、协定税率、特惠税率或普通税率。

（2）进口物品税率。为完善进境物品进口税收政策，经国务院批准，自2019年4月9日起，对进境物品进口税税目税率进行调整。调整后的《中华人民共和国进境物品进口税税率表》见表2－6：

表2－6　　中华人民共和国进境物品进口税税率表

税号	物品名称	税率（%）
1	书报、刊物、教育用影视资料；计算机、视频摄录一体机、数字照相机等信息技术产品；食品、饮料；金银；家具；玩具，游戏品、节日或其他娱乐用品；药品（对国家规定减按3%征收进口环节增值税的进口药品，按照货物税率征税）	13
2	运动用品（不含高尔夫球及球具）、钓鱼用品；纺织品及其制成品；电视摄像机及其他电器用具；自行车；税目1、3中未包含的其他商品	20
3	烟、酒；贵重首饰及珠宝玉石；高尔夫球及球具；高档手表；化妆品	50

税法视野　　**美商界人士：对华关税等措施损害美国利益**

注意：最惠国税率、协定税率、特惠税率、普通税率、关税配额税率和报复性关税税率各有不同的适用对象，对同一对象只能采用一种税率。而采用哪种税率的关键是货物原产地的确定。

（3）出口关税税率。我国出口税则为一栏税率，即出口税率。国家仅对少数产品征收出口关税。自2021年1月1日起继续对铬铁等107项出口商品征收出口关税，适用出口税率或出口暂定税率，征收商品范围和税率维持不变。

查一查：目前我国现行各种进口商品关税实际执行税率情况。

（五）关税的优惠规定

关税减免分为法定减免税、特定减免税和临时减免税。根据《海关法》规定，除法定减免税外的其他减免税均由国务院决定。减征关税在我国加入WTO之前以税则规定的税率为基准；在加入WTO之后以最惠国税率或者普通税率为基准。

1. 法定减免税

法定减免税是税法中明确列出的减税或免税。符合税法规定可予减免税的进出口货物，纳税义务人无须提出申请，海关可按规定直接予以减免税。海关对法定减免税货物一般不进行后续管理。

（1）下列进出口货物予以免征关税：①关税、进口环节增值税或者消费税税额在人民币 50 元以下的一票货物；②无商业价值的广告品和货样；③外国政府、国际组织无偿赠送的物资；④在海关放行前遭受损失的货物；⑤规定数额以内的物品；⑥进出境运输工具装载的途中必需的燃料、物料和饮食用品。

（2）下列进出口货物暂不缴纳关税：暂时进境或者暂时出境的下列货物，在进境或者出境时纳税义务人向海关缴纳相当于应纳税款的保证金或者提供其他担保的，可以暂不缴纳关税，并应当自进境或者出境之日起 6 个月内复运出境或者复运进境；需要延长复运出境或者复运进境期限的，纳税义务人应当根据海关总署的规定向海关办理延期手续：①在展览会、交易会、会议及类似活动中展示或者使用的货物；②文化、体育交流活动中使用的表演、比赛用品；③进行新闻报道或者摄制电影、电视节目使用的仪器、设备及用品；④开展科研、教学、医疗活动使用的仪器、设备及用品；⑤在第①项至第④项所列活动中使用的交通工具及特种车辆；⑥货样；⑦供安装、调试检测设备时使用的仪器、工具；⑧盛装货物的容器；⑨其他用于非商业目的的货物。

（3）因品质或者规格原因，出口货物自出口之日起 1 年内原状复运进境的，不征收进口关税。因品质或者规格原因，进口货物自进口之日起 1 年内原状复运出境的，不征收出口关税。

（4）有下列情形之一的，纳税义务人自缴纳税款之日起 1 年内，可以申请退还关税，并应当以书面形式向海关说明理由，提供原缴款凭证及相关资料：①已征进口关税的货物，因品质或者规格原因，原状退货复运出境的；②已征出口关税的货物，因品质或者规格原因，原状退货复运进境，并已重新缴纳因出口而退还的国内环节有关税收的；③已征出口关税的货物，因故未装运出口，申报退关的。

2. 特定减免税

特定减免税也称政策性减免税。特定减免税货物一般有地区、企业和用途的限制，海关需要进行后续管理，也需要进行减免税统计。

（1）科教用品。对科学研究机构和学校，不以盈利为目的，在合理数量范围内进口国内不能生产的科学研究和教学用品，直接用于科学研究或者教学的，免征进口关税和进口环节增值税、消费税。

（2）残疾人专用品。对进口残疾人个人专用品，免征进口关税和进口环节增值、消费税；对康复、福利机构、假肢厂和荣誉军人康复医院进口国内不能生产的、残疾人专用品，免征进口关税和进口环节增值税。

（3）扶贫、慈善性捐赠物资。对境外自然人、法人或者其他组织等境外捐赠人，无偿向经国务院主管部门依法批准成立的，以人道救助和发展扶贫、慈善事业为宗旨的社会团体以及国务院有关部门和各省、自治区、直辖市人民政府捐赠的，直接用于扶贫、慈善事业的物资，免征进口关税和进口环节增值税。

（4）重大技术装备。为继续支持我国重大技术装备制造业发展，财政部会同工业和信息化部、海关总署、国家税务总局、国家能源局发布了《重大技术装备进口税收政策管理办法》（财关税〔2020〕2号），自印发之日起实施。工业和信息化部会同财政部、海关总署、国家税务总局、国家能源局制定《国家支持发展的重大技术装备和产品目录》和《重大技术装备和产品进口关键零部件及原材料商品目录》后公布执行。对符合规定条件的企业及核电项目业主为生产国家支持发展的重大技术装备或产品而确有必要进口的部分关键零部件及原材料，免征关税和进口环节增值税。

对国内已能生产的重大技术装备和产品，由工业和信息化部会同财政部海关总署、国家税务总局、国家能源局制定《进口不予免税的重大技术装备和产品目录》后公布执行。对按照或比照《国务院关于调整进口设备税收政策的通知》（国发〔1997〕37号）规定享受进口税收优惠政策的下列项目和企业，进口《进口不予免税的重大技术装备和产品目录》中自用设备以及按照合同随上述设备进口的技术及配套件、备件，照章征收进口税收：①国家鼓励发展的国内投资项目和外商投资项目；②外国政府贷款和国际金融组织贷款项目；③由外商提供不作价进口设备的加工贸易企业；④中西部地区外商投资优势产业项目；⑤《海关总署关于进一步鼓励外商投资有关进口税收政策的通知》（署税〔1999〕791号）规定的外商投资企业和外商投资设立的研究中心利用自有资金进行技术改造项目。

（5）集成电路产业和软件产业。

3. 临时减免税

临时减免税是指以上法定和特定减免税以外的其他减免税，即由国务院根据《海关法》对某个单位、某类商品、某个项目或某批进出口货物的特殊情况，给予特别照顾，一案一批、专文下达的减免税。一般有单位、品种、期限、金额或数量等限制，不能比照执行。

二、关税的计征管理

（一）关税的计税依据

关税的计税依据是关税完税价格，它是由海关确定或估定的纳税义务人用以缴纳关税税款的进出口货物的价格。

1. 进口货物的完税价格的确定

（1）一般进口货物的完税价格。①以成交价格为基础的完税价格。进口货物的完税价格包括货物的货价、货物运抵我国境内输入地点起卸前的运输及其相关费用、保险费。②进口货物海关估价方法。进口货物的价格不符合成交价格条件或者成交价格不能确定的，海关应当依次以相同货物成交价格方法、类似货物成交价格方法、倒扣价格方法、计算价格方法及其他合理方法确定的价格为基础，估定完税价格。

（2）特殊进口货物的完税价格。

①加工贸易进口料件及其制成品。加工贸易进口料件及其制成品需征税或内销补税的，海关按照一般进口货物的完税价格规定，审定完税价格。

②保税区、出口加工区货物。从保税区或出口加工区销往区外，从保税仓库出库内销的进口货物（加工贸易进口料件及其制成品除外），以海关审定的价格估定完税价格。对经审核销售价格不能确定的，海关应当按照一般进口货物估价办法的规定，估定完税价格。

③运往境外修理的货物。运往境外修理的机械器具、运输工具或其他货物，出境时已向海关报明，并在海关规定期限内复运进境的，应当以海关审定的境外修理费和料件费为完税价格。

④运往境外加工的货物。运往境外加工的货物，出境时已向海关报明，并在海关规定期限内复运进境的，应当以海关审定的境外加工费和料件费以及该货物复运进境的运输及其相关费用、保险费估定完税价格。

⑤暂时进境货物。对于经海关批准的暂时进境的货物，应当按照一般进口货物估价办法的规定，估定完税价格。为支持我国举办2022年国际冬季奥运会，财政部、国家税务总局、海关总署联合出台相关税收优惠政策。对于国际奥委会及其相关实体或其境内机构按暂时进口货物方式进口的奥运物资，未在规定时间内复运出境的，须补缴进口关税和进口环节海关代征税（进口汽车以不低于新车90%的价格估价征税），但以下情形除外：直接用于北京冬奥会，包括但不限于奥运会转播报道和展览，且在赛事期间消耗完毕的消耗品，并能提供北京冬奥组委证明文件的；货物发生损毁不能复运出境，且能提交北京冬奥组委证明文件的；无偿捐赠给县级及以上人民政府或政府机构、冬奥会场馆法人实体、特定体育组织和公益组织等机构（受赠机构名单由北京冬奥组委负责确定），且能提交北京冬奥组委证明文件的。

⑥租赁方式进口的货物。租赁方式进口的货物中，以租金方式对外支付的租赁物品，在租赁期间以海关审定的租金作为完税价格；留购的租赁物品，以海关审定的留购价格作为完税价格；承租人申请一次性缴纳税款的，经海关同意，按照一般进口货物估价办法的规定估定完税价格。

⑦留购的进口货样等。对于境内留购的进口货样、展览品和广告陈列品，以海关审定的留购价格为完税价格。

⑧予以补税的减（免）税货物。

a. 减免税货物因转让、提前解除监管以及减免税申请人发生主体变更、终止情形或者其他原因需要补征税款的，补税的完税价格以货物原进口时的完税价格为基础，按照减免税货物已进口时间与监管年限的比例进行折旧。

补税的完税价格 = 减免税货物原进口时的完税价格 ×［1 − 减免税货物已进口时间 ÷（监管年限 ×12）］

已进口时间自货物放行之日起按月计算。不足1个月但超过15日的，按1个月算，不超过15日的，不予计算。

b. 减免税申请人将减免税货物移作他用需要补缴税款的，补税的完税价格以货物原进口时的完税价格为基础，按照需要补交税款的时间与监管年限的比例进行折旧。

补税的完税价格 = 减免税货物原进口时的完税价格 ×［需要补缴税款的时间 ÷（监管年限 ×365）］

需要补缴税款的时间为减免税货物移作他用的实际时间，按日计算，每日实际使用不满8小时或者超过8小时的均按1日计算。

⑨以其他方式进口的货物。以易货贸易、寄售、捐赠、赠送等方式进口的货物，应当按照一般进口货物估价办法的规定，估定完税价格。

2. 出口货物的完税价格的确定

（1）以成交价格为基础的完税价格。出口货物的完税价格，由海关以该货物向境外销售的成交价格为基础审查确定，并应包括货物运至我国境内输出地点装卸前的运输及其相关费用、保险费，但其中包含的出口关税税额，应当扣除。出口货物的成交价格，是指该货物出口销售到我国境外时买方向卖方实付或应付的价格。出口货物的成交价格中含有支付给境外的佣金的，如果单独列明，应当扣除。

（2）出口货物海关估价方法。出口货物的成交价格不能确定时，完税价格由海关依次使用下列方法估定：①同时或大约同时向同一国家或地区出口相同货物的成交价格；②同时或大约同时向同一国家或地区出口类似货物的成交价格；③根据境内生产相同或类似货物的成本、利润和一般费用、境内发生的运输费及其相关费用、保险费计算所得的价格；④按照合理方法估定的价格。

出口货物的销售价格如果包括离境口岸至境外口岸的运输保险费的，该运费、保险费应当扣除。

3. 进出口货物的完税价格中的运输费及其相关费用、保险费的计算

（1）货物的运费。进口货物的运输及其相关费用，应当按照由买方实际支付或者应当支付的费用计算。如果进口货物的运输及其相关费用无法确定的，海关应当按照该货物进口同期的正常运输成本审查确定。运输工具作为进口货物，利用自身动力进境的，海关在审查确定完税价格时，不再另行计入运费。

（2）进口货物的保险费。进口货物的保险费应当按照实际支付的费用计算。如果进口货物的保险费无法确定或者未实际发生，海关应当按照“货价”和“运费”两者总额的3‰计算保险费，其计算公式如下：

保险费 =（货价 + 运费）×3‰

邮运进口的货物，应当以邮费作为运输及其相关费用保险费。

4. 进境物品的完税价格

（1）个人进境物品关税完税价格的一般规定对于个人进境物品关税完税价格，由海关总署根据《中华人民共和国海关关于入境旅客行李物品和个人邮递物品征收进口税办法》（海关总署令第47号）、《国务院关税税则委员会关于调整进境物品进口税有关问题的通知》（税委会〔2019〕17号）公布《中华人民共和国进境物品完税价格表》，来确定商品归类和完税价格。

（2）跨境电子商务零售进口商品的税收政策。购买跨境电子商务零售进口商品的个人作为纳税义务人；电子商务企业、电子商务交易平台企业或物流企业可作为代收代缴义务人。2019年1月1日起，跨境电子商务零售进口商品的单次交易限值为人民币5 000元，个人年度交易限值为人民币26 000元，在限值以内进口的跨境电子商务零售进口商品，关税税率暂设为0；进口环节增值税、消费税暂按法定应纳税额的70%征收。

（二）关税的计算

1. 进口货物的关税的计算

进口货物的完税价格和税率确定以后，就可以按以下公式计算进口货物的关税的税额：

进口货物的关税 = 进口货物的完税价格 × 进口关税税率

课堂训练 2-40

某公司 2021 年 1 月从境外进口一批化妆品，货价为 600 万元，运抵我国海关前发生的运输费用、保险费用无法确定，经海关查实其他运输公司相同业务的运输费用占货价的比例为 2%。关税税率 50%，消费税税率 30%。

要求：分别计算进口环节缴纳的各项税金。

2. 出口货物的关税的计算

出口货物的完税价格和税率确定以后，就可以按以下公式计算出口货物的关税税额：

出口货物的关税 = 出口货物的完税价格 × 出口关税税率

小问答 2-12

向境外购买无形资产是否需要缴纳进口关税？

（三）关税的申报缴纳

1. 纳税义务发生时间

进口货物自运输工具申报进境之日起 14 日内，出口货物在货物运抵海关监管区后装货的 24 小时以前，应由进出口货物的纳税义务人向货物进（出）境地海关申报。

2. 纳税期限

纳税义务人应当自海关填发税款缴款书之日起 15 日内，向指定银行缴纳税款。如关税期限的最后一日是周末或法定节假日，则关税缴纳期限顺延至周末或法定节假日过后的第一个工作日。否则，海关将按日加收应纳税款万分之五的滞纳金。滞纳金的起征点为 50 元。

课堂训练 2-41

某公司进口机械设备一套，完税价格为人民币 1 000 万元（进口关税率为 10%），海关于 2020 年 8 月 1 日填发税款缴纳书，公司于 2020 年 8 月 28 日才缴纳税款。则该公司应缴纳多少滞纳金？

关税纳税人因特殊情况不能按期缴纳税款的，经海关审核批准将纳税人的全部或部分应纳税款的缴纳期限予以延长，但最长不得超过 6 个月。

3. 纳税地点

为方便纳税人，经申请与海关同意，进（出）口货物的纳税人可以在设有海关的指运地（起运地）办理海关申报、纳税手续。

（四）关税的保税制度

保税制度是对保税货物进行监管的一种制度，也是指经海关批准的境内企业所进口的货物，在海关监督下在境内指定的场所储存、加工、装配，并暂缓缴纳各种进口税费的一种海关监管业务制度。保税货物，是指经海关批准未办理纳税手续进境，在境内储存、加工、装配后复运出境地货物。保税制度按方式和实行区域的不同，有保税仓库、保税工厂、保税区、保税港、保税集团、免税店等不同形式。

1. 保税仓库

经海关批准，进口货物可以不办理进口手续和较长时间储存的场所。进口货物再出口而不必纳税，便于货主把握交易时机出售货物，有利于业务的顺利进行和转口贸易的发展。

2. 保税工厂

经海关批准对专为生产出口而进口的物料进行保税加工、装配的工厂或企业。这些进口的原材料、元器件、零部件、配套件、辅料和包装物料等在进口加工期间免征进口税，加工成品必须返销境外。特殊情况需部分内销的，须经海关批准并补征关税。这些物料必须在保税工厂内存放和使用，未经海关许可不得随意移出厂外或移作他用。《中华人民共和国海关对加工贸易保税工厂管理办法》规定了设立保税工厂的条件：凡经国家批准有权经营进出口业务的企业或具有法人资格的承接进口料、件加工复出口的出口生产企业，均可向主管地海关申请建立保税工厂。

3. 保税区

保税区是一国海关设置或经海关批准注册、受海关监督和管理的可以较长时间存储商品的区域。保税区能便利转口贸易，增加有关费用的收入。运入保税区的货物可以进行储存、改装、分类、混合、展览以及加工制造，但必须处于海关监管范围。外国商品存入保税区，不必缴纳进口关税，尚可自由出口，只需交纳存储费和少量费用，但如果要进入关境则需交纳关税。各国的保税区都有不同的时间规定，逾期货物未办理有关手续，海关有权对其拍卖，拍卖后扣除有关费用后，余款退回货主。

保税区是中国继经济特区、经济技术开发区、国家高新技术产业开发区之后，经国务院批准设立的新的经济性区域。由于保税区按照国际惯例运作，实行比其他开放地区更为灵活优惠的政策，它已成为中国与国际市场接轨的“桥头堡”。因此，保税区在发展建设伊始就成为国内外客商密切关注的焦点。

根据现行有关政策，海关对保税区实行封闭管理，境外货物进入保税区，实行保税管理；境内其他地区货物进入保税区，视同出境；同时，外经贸、外汇管理等部门对保税区也实行较区外相对优惠的政策。

税法视野　　新中国第一个保税区

4. 保税港

保税港是经国务院批准设立，在港口作业区和与之相连的特定区域内，具有口岸、加工、物流等功能的特殊经济区，享受保税区、出口加工区、保税物流园区、港区的政策。主要税收政策可概括为：境外货物入港区保税；国内货物入港区视同出口，实行退税；港区内企业之间的货物交易不征收增值税和消费税。保税港兼具保税区、出口加工区、保税物流园区的功能。与保税区相比，保税港区“区港一体”的优势得到充分发挥；与出口加工区相比，保税港区具有的物流分拨等功能，使其与境外、区外经济联系更加紧密；与保税物流园区相比，保税港区允许开展出口加工业务，使其更具临港加工优势。

5. 保税集团

保税集团是经海关批准由多数企业组成承接进口保税的料件进行多次保税加工生产的保税管理形式。即对经批准为加工出口产品而进口的物料，海关免征关税。这些保税货物被准许在境内加工成初级产品或半成品，然后再转厂进行深度加工，如此反复多次转厂深加工，直至产品最终出口，对每一次的加工和转厂深加工，海关均予保税。保税集团的特点是海关对转厂加工、多层次深加工、多道生产工序的进口料件实行多次保税，从而有利于鼓励和促进深加工出口，扩大出口创汇，提高出口商品的档次，增加外汇收入。

税法视野　　河南省将在全国率先开展跨境零售进口药品试点

6. 免税店

免税店指经海关总署批准，由经营单位在中华人民共和国国务院或其授权部门批准的地点设立符合海关监管要求的销售场所和存放免税品的监管仓库，向规定的对象销售、供应免税品的商店。目前，我国境内的免税店主要有口岸免税店、运输工具免税店、市内免税店、外交人员免税店、供船免税店及我国出国人员外汇免税商店。

免税店的对象主要有因公出国人员、远洋海员、华侨、外籍华人、港澳台同胞、出国探亲的中国公民及在国内的外国专家等。

免税店经营的免税品主要是指免税运进专供其免税店向规定的对象销售、供应的进口商品。免税店经营的免税品品种，应由经营单位统一报经海关总署批准。免税店销售的免税进口烟草制品和酒精饮料内、外包装的显著位置上均加印“中国关税未付”（China Duty Not Paid）中、英文字样。

税法视野　　海南离岛免税政策

每个国家的免税店购物方式都不太一样，比如在韩国免税店购物，就要提供护照和回程机票，买完东西如果是韩国品牌可以带走，如果是外国品牌则不能带走，要在回程时在机场提货，有金额限制。在日本就可以出示护照和机票直接购买免税品。在欧洲任何店都可以购买商品，然后凭发票到机场退税。

税法视野　　欧盟碳关税预计年收约 100 亿欧元

三、船舶吨税法

（一）船舶吨税的基本内容

船舶吨税简称吨税，在国外又称“灯塔税”，是海关对自境外港口进入境内港口的船舶所征收的一种税。作为一国船舶使用了另一国家的助航设施而向该国缴纳的一种税费，船舶吨税专项用于港口建设维护及海上干线公用航标的建设维护。

船舶吨税法是指国家制定的用以调整船舶吨税征收与缴纳之间权利与义务关系的法律规范。我国船舶吨税的现行征收法律依据是2017年12月27日第十二届全国人民代表大会常务委员会第三十一次会议通过的《中华人民共和国船舶吨税法》，自2018年7月1日起施行。2018年10月，第十三届全国人民代表大会常务委员会第六次会议修改了本法。

1. 纳税人

船舶吨税的纳税人为拥有或租有进出中国港口的国际航行船舶的单位和个人。

2. 征税范围

船舶吨税的征税范围是对自中华人民共和国境外港口进入境内港口的船舶，具体包括：①在中国港口行驶的外国籍船舶；②外商租用的中国籍船舶；③中外合营的海运企业自有或租用的中、外籍船舶；④中国租用（包括国外华商所有的和租用的）航行国外及兼营国内沿海贸易的外国籍船舶。

3. 计税依据

船舶吨税按船舶净吨位大小分等级设置单位税额，每一等级又分为一般吨税和优惠吨税。无论是一般吨税还是优惠吨税，又分别按1年、90天期和30天期制定吨税税额。优惠税率适用同中国签有条约或协定，规定对船舶税费相互给予优惠国待遇的国家或地区的船舶；对于没有与中国签订互惠条约或协定的国家或地区的船舶适用一般税率征税。

4. 税率和计算

（1）税率。船舶吨税税率分为优惠税率和普通税率两种，具体税额标准见表2-7。

表2-7　吨税税目税率表

税目（按船舶净吨位划分）	税　率（元/净吨）						备　注
	普通税率（按执照期限划分）			优惠税率（按执照期限划分）			
	1年	90日	30日	1年	90日	30日	
不超过2 000净吨	12.6	4.2	2.1	9.0	3.0	1.5	拖船和非机动驳船分别按相同净吨位船舶税率的50%计征税款
超过2 000净吨，但不超过10 000净吨	24.0	8.0	4.0	17.4	5.8	2.9	
超过10 000净吨，但不超过50 000净吨	27.6	9.2	4.6	19.8	6.6	3.3	
超过50 000净吨	31.8	10.6	5.3	22.8	7.6	3.8	

应税船舶的船籍国与我国已签订相互给予船舶税费最惠国待遇条约或者协定的，适用优惠税额标准，否则适用一般税额标准。中国香港、中国澳门船舶适用优惠税额标准。

拖船按照发动机功率每千瓦折合净吨位0.67吨；无法提供净吨位证明文件的游艇，按照发动机功率每千瓦折合净吨位0.05吨。

（2）计算。船舶吨税的应纳税额按照船舶净吨位乘以适用税率计算，其计算公式为：

应纳税额 = 应纳税船舶的净吨位 × 适用税额标准

由于船舶负责人不明有关规定而重复缴纳船舶吨税的以及由于其他原因导致错征、漏征船舶吨税的，海关可以在一年内凭有效证明文件办理船舶吨税的退税、补税。

课堂训练 2－42

2021 年 3 月 20 日，B 国某运输公司一艘货轮驶入我国某港口，该货轮净吨位为 30 000 吨，货轮负责人已向我国海关领取了吨税执照，在港口停留期为 30 天，B 国已与我国签订相互给予船舶税最惠国待遇条款。请计算该货轮负责人应向我国海关缴纳的船舶吨税。

（二）船舶吨税的优惠政策

下列船舶免征吨税：

（1）应纳税额在人民币 50 元以下的船舶；

（2）自境外以购买、受赠、继承等方式取得船舶所有权的初次进口到港的空载船舶；

（3）吨税执照期满后 24 小时内不上下客货的船舶；

（4）非机动船舶（不包括非机动驳船）；

（5）捕捞、养殖渔船（需要在中华人民共和国渔业船舶管理部门登记为捕捞船或者养殖渔船的）；

（6）避难、防疫隔离、修理、终止运营或者拆解，并不上下客货的船舶；

（7）军队、武装警察部队专用或者征用的船舶；

（8）依照法律规定应当予以免税的外国驻华使领馆、国际组织驻华代表机构及其有关人员的船舶；

（9）国务院规定的其他船舶。

在吨税执照期限内，应税船舶发生下列情形之一的，海关按照实际发生的天数批注延长吨税执照期限：避难、防疫隔离、修理、改造，并不上下客货；军队、武装警察部队征用。

应税船舶因不可抗力在未设立海关地点停泊的，船舶负责人应当立即向附近海关报告，并在不可抗力原因消除后，向海关申报纳税。

上述船舶，应当提供海事部门、船舶管理部门等部门、机构出具的具有法律效力的证明文件或者使用关系证明文件，申明延长吨税执照期限的依据和理由。

（三）船舶吨税的申报缴纳

1. 征收机关

吨税由海关代交通部征收，海关征收后就地上缴中央国库。海关征收吨税应当制发缴款凭证。

2. 吨税执照

应税船舶到达港口前，经海关核准先行申报并办结出入境手续的，应税船舶负责人应当向海关提供与其依法履行吨税缴纳义务相适应的担保；应税船舶到达港口后，依照规定向海关申报纳税。应税船舶负责人缴纳税款或提供担保后，海关按照其申领的执照期限填发吨税执照。应税船舶负责人在申领吨税执照时，应当向海关提供以下文件：一是船舶国籍证书或海事部门签发的船舶国籍证书收存证明；二是船舶吨位证明。吨税执照在期满前毁损或者遗失的，应当向原发照海关书面申请核发吨税执照副本，不再补税。

3. 纳税期限

船舶吨税纳税义务发生时间为应税船舶进入港口的当日。应税船舶在吨税执照期满后尚未离开港口的，应当申领新的吨税执照，自上一次执照期满的次日起续缴吨税。应税船舶负责人应当自海关填发吨税缴款凭证之日起15日内向指定银行缴清税款。未按期缴清税款的，自滞纳税款之日起，按日加收滞纳税款0.5‰的滞纳金。

4. 违章处罚

应税船舶有下列行为之一的，由海关责令限期改正，处2 000元以上3万元以下罚款；不缴或者少缴应纳税款的，处不缴或者少缴税款50%以上5倍以下的罚款，但罚款不得低于2 000元：（1）未按照规定申报纳税、领取吨税执照的；（2）未按照规定交验吨税执照及其他证明文件的。

第四节

烟叶税法

一、烟叶税的基本法律

烟叶税是指对我国境内从事烟叶收购的单位，以收购金额为计税依据征收的一种税。它是在2004年按照国家农村税费改革和税制建设的总体要求，取消除烟叶外农业特产农业税而保留下来的，并于2006年通过征收烟叶税取代原烟叶特产农业税，实现烟叶税制的转变，完善烟草税制体系，保证地方财政收入稳定，引导烟叶种植和烟草行业健康发展。开征烟叶税不会增加农民的负担。这主要是因为，原烟叶特产农业税是在烟叶收购环节由烟草收购公司缴纳的。另外，烟叶税的税率与原烟叶特产农业税的税率相同，也是20%，税率没有改变。

烟叶税法是指国家制定的用以调整烟叶税征收与缴纳之间权利与义务关系的法律规范。2006年4月国务院颁布并实施了《中华人民共和国烟叶税暂行条例》，同年5月财政部、国家税务局总局联合印发了《关于烟叶税若干问题的规定》。现行烟叶税的基本法律规范是2017年12月27日第十二届全国人民代表大会常务委员会第三十一次会议通过的《中华人民共和国烟叶税法》，自2018年7月1日起施行。

（一）纳税人

烟叶税的纳税人是在中华人民共和国境内收购烟叶的单位。所谓收购烟叶的单位是指依照《中华人民共和国烟草专卖法》的规定，有权收购烟叶的烟草公司或受其委托收购烟叶的单位。

（二）纳税对象

烟叶税的纳税对象是指晾晒烟叶和烤烟叶。晾晒烟叶包括列入名晾晒烟名录的晾晒烟叶和未列入名晾晒烟名录的其他晾晒烟叶。

（三）税率

烟叶税实行 20% 的比例税率。

二、烟叶税的计算

烟叶税以纳税人收购烟叶的实际支付的价款总额为计税依据。所谓烟叶收购金额包括纳税人支付给烟叶生产销售单位和个人的烟叶收购价款和价外补贴，价外补贴统一暂按烟叶收购价款的 10% 计算，即：

烟叶收购金额 = 烟叶收购价款 ×（1 + 10%）

烟叶税应纳税额按照纳税人收购烟叶的收购金额和规定的税率计算。其计算公式为：

应纳税额 = 烟叶收购金额 × 税率

课堂训练 2－43

某烟草公司为增值税一般纳税人，2021 年 5 月收购烟叶 60 000 斤，其收购价格为 4 元/斤，总计 240 000 元，货款已全部支付。则该公司应纳的烟叶税为多少？

小问答 2－13

烟叶税中的价外补贴是否统一按照收购价款的 10% 计算？

三、烟叶税的申报缴纳

（一）征收机关

烟叶税的征收机关是地方税务机关。烟叶税的征收管理依照《中华人民共和国税收征收管理法》执行。纳税人收购烟叶，应当向烟叶收购地的主管税务机关申报纳税，即烟叶收购地的县级税务局或其所指定的税务分局、所。

（二）申报时间

纳税义务发生时间为纳税人收购烟叶的当天（指纳税人向烟叶销售者付讫收购烟叶款项或者开具收购烟叶凭证的当天）。烟叶税按月计征，纳税人应当自纳税义务发生月终了之日起 15 日内申报纳税，填报《烜叶税纳税申报表》（请扫描右侧二维码获取）。

烟叶税纳税申报表

【前沿阅读】 聆听时代进步的足音——40 年税制改革回眸

思考训练

一、主题思考

1. 利用网络资料查找世界其他国家增值税改革的趋势，探讨完善我国增值税法的主要路径。

2. 研究我国改革消费税的必要性，探讨开征零售税的可行性。

3. 调查了解当地对营业税改征增值税后的企业税负变化情况。探讨如何利用税收政策的导向作用促进现代服务业发展。

4. 查找资料分析我国近年来是如何运用关税政策促进经济发展的？

二、实战演练

1. 某软件企业为增值税一般纳税人（享受软件业税收优惠），2021 年 5 月发生如下业务：（1）销售自行开发的软件产品，取得不含税销售额 260 万元，提供软件技术服务，取得不含税服务费 35 万元。（2）购进用于软件产品开发及软件技术服务的材料，取得增值税专用发票，注明金额 30 万元，税额 3.9 万元。（3）员工国内出差，报销时提供标有员工身份信息的航空运输电子客票行程单，注明票价 2.18 万元，民航发展基金 0.12 万元。（4）转让 2010 年度购入的一栋写字楼，取得含税收入 8 700 万元，该企业无法提供写字楼发票，提供的契税完税凭证上注明的计税金额为 2 200 万元。该企业转让写字楼选择按照简易计税方法计税。

根据上述资料，请回答下列问题：（1）请计算业务（1）的销项税额。（2）请计算该公司当期可抵扣的进项税额。（3）请计算业务。（4）应缴纳的增值税。（5）请计算该企业 2021 年 5 月实际缴纳的增值税。

2. 2021 年 3 月国内某手表生产企业进口手表机芯 6 000 只，海关审定的完税价格 0.5 万元/只，关税税率 30%，完税后海关放行；当月生产销售手表 8 000 只，单价 1.25 万元（不含税）。请计算 2021 年 3 月该手表厂国内销售环节应纳的增值税和消费税合计数。

3. 某进出口公司 2021 年 3 月进口护肤品一批，成交价为 300 万元，购货佣金 20 万元，运抵我国境内输入地点起卸前的运费为 10 万元，保险费无法确定，关税税率 30%，请计算该公司应缴纳的关税。

4. 2020 年 8 月 1 日，某外国籍拖船驶入我国某港口，该拖船发动机功率 10 000 千瓦，申领 30 日的吨税执照，30 日吨税执照对应的超过 2 000 净吨但不超过 10 000 净吨的普通税率为 4 元/净吨。请计算该拖船应缴纳的船舶吨税。

5. 2021 年 3 月，甲市某烟草公司向乙县某烟叶种植户收购了一批烟叶，收购价款 90 万元，另按规定支付了价外补贴。请计算应纳的烟叶税。

第二章
本章参考税收法律法规制度

第二章
课堂训练解析

第二章
小问答参考答案

第二章
实战演练参考答案

第三章 所得税法律制度

【本章导读】

所得税法是调整以个人和法人的所得为征税对象的一系列税收关系的法律、法规的总称。当今世界各国征收的所得税很多，税名也不同，比较规范的称呼有国家所得税、市政所得税、自然人税、法人税、公司所得税、个人所得税等。非规范性称呼还有教会税、工资税、贸易税、公共税、伊斯兰税等。根据纳税人属性不同，大致分为两类：一类是个人所得税，包括对个人的综合收入、专业收入、权力金收入以及非居民取得的上述收入征收的税；另一类是公司所得税，包括对企业的经营利润、资本利得以及非居民公司对上述收入征收的税。当前我国所得税包括企业所得税、个人所得税两种。所得税的特征（与流转税比较），归结起来有以下几点：（1）所得税为直接税。所得税是纯粹的直接税，它直接作用于纳税人的所得，税负由纳税人本身承担，一般不会发生转嫁。（2）所得税是累进税。所得课税通常按累进税率课征，以调节不同所有者的收入，做到所得多的多征，所得少的少征。（3）所得税具有弹性。由于所得税是对净所得的课税，不会产生对成本和费用的重复课税，因此，当经济繁荣时，净所得较多，所得课税增加；当经济萧条时，净所得减少，所得课税随之下降。这与超额累进税率叠加，所得税具有较好的弹性。（4）所得税是公平税。和其他税种相比，所得税负担最为公平。所得税在大多数发达国家的税收体系中居于主要地位。所得税的主要功能表现在：一是贯彻社会财富公平分配政策，抑制社会财富的过量私集，缩小贫富差距；二是筹集财政收入功能；三是能自动熨平经济的波动，促进经济的稳定发展。但是所得税也具有局限性，“所得”的概念不十分明确，纯所得计算颇有困难，所得税的征管难度大。

通过本章学习，希望读者能全面深入地掌握所得税法各税种的主要政策、基本制度和具体运用。

第一节 企业所得税法

第三章教案　　第三章 PPT

一、企业所得税的基本法律

（一）企业所得税的概念

企业所得税是以企业取得的生产经营所得和其他所得为征税对象所征收的一种税。我国的企业所得税是指对在中华人民共和国境内的企业和其他取得收入的组织（以下统称“企业”）取得的生产经营所得和其他所得所征收的一种税。

企业所得税法是指国家制定的用以调整企业所得税征收与缴纳之间权利与义务关系的法律规范。我国现行企业所得税的法律依据是2007年3月16日第十届全国人民代表大会第5次会议通过、自2008年1月1日起施行的《中华人民共和国企业所得税法》（以下简称《企业所得税法》）。同时，国务院于2007年11月28日第197次常务会议通过的《中华人民共和国企业所得税法实施条例》（以下简称《企业所得税法实施条例》），明确了《企业所得税法》的重要概念、税收政策以及征管问题。

企业所得税是国家参与企业利润分配并调节其收益水平的一个关键性税种，体现国家与企业的分配关系，是现代市场经济国家普遍开征的重要税种，目前世界上已有160多个国家或地区开征了企业所得税或类似税种。企业所得税的征收有利于促进企业改善经营管理活动，提升企业的盈利能力；有利于调整产业结构，促进经济发展；有利于筹集国家建设所需要的财政资金。

（二）企业所得税的纳税人

1. 企业所得税纳税人的一般规定

企业所得税的纳税人是指在中华人民共和国境内的企业和其他取得收入的组织，不包括依照中国法律、行政法规成立的个人独资企业、合伙企业。对企业所得税的纳税人可以从以下几个方面理解：

（1）企业范围的界定。税法将企业和其他取得收入的组织统称为“企业”，包括以下各类取得收入的组织：企业、事业单位、社会团体以及其他取得收入的组织。

除上述所列企业、事业单位、社会团体之外，还包括民办非企业单位、基金会、商会和农民专业合作社以及随着社会经济发展而出现的其他取得收入的组织。

（2）境外个人独资企业和合伙企业。依照外国（地区）法律法规在境外成立的个人独资企业和合伙企业，应依法缴纳企业所得税；依照中国法律法规成立的个人独资企业和合伙企业不缴纳企业所得税，应依法缴纳个人所得税。

（3）法人汇总纳税。目前大多数国家对个人（自然人）以外的组织或实体征收企业所得税，一般是以法人作为纳税主体。由于我国新企业所得税实行法人所得税制，因此企业设有多个不具有法人资格营业机构的，实行法人汇总纳税。

2. 居民企业和非居民企业的划分

税法将纳税人分为居民企业和非居民企业。这是根据企业纳税义务范围的宽窄进行的分类，不同的企业在向中国政府缴纳所得税时，纳税义务不同。我国根据国际惯例“居民管辖权”及“地域管辖权”的双重管辖权标准，将企业划分为居民企业和非居民企业，是为了更好地保障我国税收管辖权的有效行使。

（1）居民企业。居民企业是指依法在中国境内成立，或者依照外国（地区）法律成立但实际管理机构在中国境内的企业。

在中国境内成立的企业，包括依照中国法律、行政法规在中国境内成立的企业、事业单位、社会团体以及其他取得收入的组织。依照外国（地区）法律成立的企业，包括依照外国（地区）法律成立的企业和其他取得收入的组织。“实际管理机构”是指对企业的生产经营、人员、账务、财产等实施实质性全面管理和控制的机构。

（2）非居民企业。非居民企业是指依照外国（地区）法律成立且实际管理机构不在中国境内，但在中国境内设立机构、场所的，或者在中国境内未设立机构、场所，但有来源于中国境内所得的企业。

“机构、场所”是指在中国境内从事生产经营活动的机构、场所，具体包括：①管理机构、营业机构、办事机构；②工厂、农场、开采自然资源的场所；③提供劳务的场所；④从事建筑、安装、装配、修理、勘探等工程作业的场所；⑤其他从事生产经营活动的机构、场所。非居民企业委托营业代理人在中国境内从事生产经营活动的，包括委托单位或者个人经常代其签订合同，或者储存、交付货物等，该营业代理人视为非居民企业在中国境内设立的机构、场所。

议一议：居民企业和非居民企业的判断标准是什么？

课堂训练3-1

依据《企业所得税法》的规定，判定居民企业的标准有（　　）。

A. 登记注册地标准　　B. 所得来源地标准

C. 经营行为实际发生地标准　　D. 实际管理机构所在地标准

（三）企业所得税的征税对象

企业所得税法对不同纳税人采取了不同的税收管辖权，即对居民企业实行居民税收管辖权，对非居民企业实行收入来源地税收管辖权，因此不同性质的企业负有不同的纳税义务。

1. 居民企业的征税对象

居民企业负有无限纳税义务，即居民企业应当就其来源于中国境内、境外的所得缴纳企业所得税。所得，包括销售货物所得、提供劳务所得、转让财产所得、股息红利等权益性投资所得、利息所得、租金所得、特许权使用费所得、接受捐赠所得和其他所得。

2. 非居民企业的征税对象

非居民企业负有限纳税义务，即非居民企业在中国境内设立机构、场所的，应当就其所设机构、场所取得的来源于中国境内的所得以及发生在中国境外但与其所设机构、场所有实际联系的所得，缴纳企业所得税。非居民企业在中国境内未设立机构、场所的，或者虽设立机构、场所但取得的所得与其所设机构、场所没有实际联系的，应当就其来源于中国境内的所得缴纳企业所得税。上述所称“实际联系”是指非居民企业在中国境内设立的机构、场所拥有据以取得所得的股权、债权以及拥有、管理、控制据以取得所得的财产等。

3. 所得来源的确定

来源于中国境内、境外的所得，按照以下原则确定：

（1）销售货物所得，按照交易活动发生地确定；

（2）提供劳务所得，按照劳务发生地确定；

（3）转让财产所得，不动产转让所得按照不动产所在地确定，动产转让所得按照转让动产的企业或者机构、场所所在地确定，权益性投资资产转让所得按照被投资企业所在地确定；

（4）股息、红利等权益性投资所得，按照分配所得的企业所在地确定；

（5）利息所得、租金所得、特许权使用费所得，按照负担、支付所得的企业或者机构、场所所在地确定，或者按照负担、支付所得的个人的住所地确定；

（6）其他所得，由国务院财政、税务主管部门确定。

课堂训练 3－2

依据《企业所得税法》的规定，下列各项中，按照负担所得的企业所在地确定所得来源地的是（　　）。

A. 特许权使用费所得　　B. 动产转让所得

C. 权益性投资所得　　D. 销售货物所得

（四）企业所得税的税率

1. 基本税率

居民企业以及在中国境内设立机构、场所且取得的所得与其所设机构、场所有实际联系的非居民企业，应当就其来源于中国境内、境外的所得缴纳企业所得税，适用税率为25%。非居民企业在中国境内未设立机构、场所的，或者虽设立机构、场所但取得的所得与其所设机构、场所没有实际联系的，应当就其来源于中国境内的所得缴纳企业所得税，适月税率为20%。

2. 优惠税率

（1）20%的优惠税率。符合条件的小型微利企业，减按20%的税率征收企业所得税。

（2）15%的优惠税率。国家需要重点扶持的高新技术企业，减按15%的税率征收企业所得税。

（3）预提所得税税率。预提所得税是指一国政府对外国企业来自本国特定项目所得的征税。预提所得税不是一个独立的税种，而是所得税的源泉征收方式。预得所得税以实际收益人为纳税人，以支付人为扣缴义务人，税款由支付人在每次支付额中按照税法规定的税率扣缴。我国税法规定，预得所得税的税率为20%，目前减按10%的税率征收。

预提所得税的适用范围：非居民企业在中国境内未设立机构、场所的，其机构、场所来源于中国境内的所得；非居民企业在中国境内设立了机构、场所，其来源于中国境内与其所设机构、场所没有实际联系的所得。但对这类企业实际征税时适用10%的税率（在本章税收优惠部分中有介绍）。

现行企业所得税基本税率设定为25%，从国际上比较还是偏低的。据统计，全世界近160个实行企业所得税的国家（地区）平均税率为28.6%，我国周边18个国家（地区）的平均税率为26.7%。从历史上看，我国原企业所得税的名义税负为33%，但根据多年的实际征收情况，其实际税负在25%左右。现行税率的确定，既考虑了我国财政承受能力，又考虑了企业负担水平。从税收负担的基本原理而言，国家设立25%的企业所得税税率，即考虑国家对企业的经营成果分配占1/4。但由于计算企业经营成果的方法与企业所得税应纳税所得额的计算方法不完全一致，有可能存在经营成果的实际分配比例与基本原理的分配比例的差异。

（五）企业所得税的优惠政策

我国企业所得税实行“产业优惠为主，区域优惠为辅”的税收优惠政策。《企业所得税法》规定的企业所得税优惠政策包括：免税、减税、加计扣除、加速折旧、减计收入和税额抵免等。主要包括以下几个方面：

1. 免征与减征优惠

（1）企业从事下列项目的所得，免征企业所得税：①蔬菜、谷物、薯类、油料、豆类、棉花、麻类、糖料、水果、坚果的种植；②农作物新品种的选育；③中药材的种植；④林木的培育和种植；⑤牲畜、家禽的饲养；⑥林产品的采集；⑦灌溉、农产品初加工、兽医、农技推广、农机作业和维修等农、林、牧、渔服务业项目；⑧远洋捕捞；⑨“公司+农户”经营模式从事农、林、牧、渔业项目生产的企业。

（2）企业从事下列项目的所得，减半征收企业所得税：①花卉、茶以及其他饮料作物和香料作物的种植；②海水养殖、内陆养殖。

企业从事国家限制和禁止发展的项目，不得享受本条规定的企业所得税优惠。

（3）企业从事国家重点扶持的公共基础设施项目的投资经营的所得，自项目取得第一笔生产经营收入所属纳税年度起，第一年至第三年免征企业所得税，第四年至第六年减半征收企业所得税。其中国家重点扶持的公共基础设施项目，是指《公共基础设施项目企业所得税优惠目录》规定的港口码头、机场、铁路、公路、城市公共交通、电力、水利等项目。

课堂训练3-3

企业从事下列项目取得的所得中，减半征收企业所得税的是（　　）。

A. 饲养家禽　　B. 远洋捕捞

C. 海水养殖　　D. 种植中药材

（4）企业从事符合条件的环境保护、节能节水项目的所得，自项目取得第一笔生产经营收入所属纳税年度起，第一年至第三年免征企业所得税，第四年至第六年减半征收企业所得税。其中符合条件的环境保护、节能节水项目，包括公共污水处理、公共垃圾处理、沼气综合开发利用、节能减排技术改造、海水淡化等。项目的具体条件和范围由国务院财政、税务主管部门商国务院有关部门制订，报国务院批准后施行。

（5）《企业所得税法》所称符合条件的技术转让所得免征、减征企业所得税，是指在一个纳税年度内，居民企业技术转让所得不超过500万元的部分，免征企业所得税；超过500万元的部分，减半征收企业所得税。其计算公式为：

技术转让所得 = 技术转让收入 − 技术转让成本 − 相关税费

享受减免企业所得税优惠的技术转让应符合以下条件：①享受优惠的技术转让主体是企业所得税法规定的居民企业；②技术转让属于财政部、国家税务总局规定的范围；③境内技术转让经省级以上科技部门认定；④向境外转让技术经省级以上商务部门认定；⑤国务院税务主管部门规定的其他条件。

享受技术转让所得减免企业所得税优惠的企业，应单独计算技术转让所得，并合理分摊企业的期间费用；没有单独计算的，不得享受技术转让所得企业所得税优惠。

（6）非居民企业的应纳税所得。在中国境内未设立机构、场所的，或者虽设立机构、场所但取得的所得与其所设机构、场所没有实际联系的非居民企业，其取得的来源于中国境内的所得，减按10%的税率征收企业所得税。下列所得可以免征企业所得税：①外国政府向中国政府提供贷款取得的利息所得。②国际金融组织向中国政府和居民企业提供优惠贷款取得的利息所得。国际金融组织，包括国际货币基金组织、世界银行、亚洲开发银行、国际开发协会、国际农业发展基金、欧洲投资银行以及财政部和国家税务总局确定的其他国际金融组织；所称优惠贷款，是指低于金融企业同期同类贷款利率水平的贷款。③经国务院批准的其他所得。

2. 高新技术企业优惠

国家需要重点扶持的高新技术企业，减按15%的所得税税率征收企业所得税。

国家需要重点扶持的高新技术企业，是指拥有核心自主知识产权，并同时符合下列条件的企业：

（1）企业申请认定时须注册成立一年以上。

（2）拥有核心自主知识产权。这是指在中国境内（不含港、澳、台地区）注册的企业，近三年内通过自主研发、受让、受赠、并购等方式，或通过5年以上的独占许可方式，对其主要产品（服务）的核心技术拥有自主知识产权。

（3）对企业主要产品（服务）发挥核心支持作用的技术属于《国家重点支持的高新技术领域》规定的范围。

（4）研究开发费用占销售收入的比例不低于规定比例。企业近3个会计年度的研究开发费用总额占销售收入总额的比例符合如下要求：①最近一年销售收入小于5 000万元的企业，比例不低于6%；②最近一年销售收入在5 000万元至20 000万元的企业，比例不低于4%；③最近一年销售收入在20 000万元以上的企业，比例不低于3%。其中，企业在中国境内发生的研究开发费用总额占全部研究开发费用总额的比例不低于60%。企业注册成立时间不足三年的，按实际经营年限计算。

（5）高新技术产品（服务）收入占企业总收入的比例不低于规定比例。这是指高新技术产品（服务）收入占企业当年收入的60%以上；

（6）科技人员占企业职工总数的比例不低于规定比例。这是指具有大学专科以上学历的科技人员占企业当年职工总数的30%以上，其中研发人员占企业当年职工总数的10%以上。

（7）企业创新能力评价应达到相应要求。

（8）企业申请认定前一年内未发生重大安全、重大质量事故或严重环境违法行为。

《国家重点支持的高新技术领域》和《高新技术企业认定管理办法》由国务院科技、财政、税务主管部门同国务院有关部门制订，报国务院批准后公布施行。

自2010年1月1日起，以境内、境外全部生产经营活动有关的研究开发费用总额、总收入、销售收入总额、高新技术产品（服务）收入等指标申请并经认定的高新技术企业，其来源于境外的所得可以享受高新技术企业所得税优惠政策，即对其来源于境外所得可以按照15%的优惠税率缴纳企业所得税，在计算境外抵免限额时，可按照15%的优惠税率计算境内外应纳税总额。

自2017年1月1日起，在全国范围内对经认定的技术先进型服务企业，减按15%的税率征收企业所得税。

享受符合规定的企业所得税优惠政策的技术先进型服务企业必须同时符合以下条件：

（1）在中国境内（不包括港、澳、台地区）注册的法人企业。

（2）从事《技术先进型服务业务认定范围（试行）》中的一种或多种技术先进型服务业务，采用先进技术或具备较强的研发能力。

（3）具有大专以上学历的员工占企业职工总数的50%以上。

（4）从事《技术先进型服务业务认定范围（试行）》中的技术先进型服务业务取得的收入占企业当年总收入的50%以上。

（5）从事离岸服务外包业务取得的收入不低于企业当年总收入的35%。

从事离岸服务外包业务取得的收入，是指企业根据境外单位与其签订的委托合同，由本企业或其直接转包的企业为境外单位提供《技术先进型服务业务认定范围（试行）》中所规定的信息技术外包服务（ITO）、技术性业务流程外包服务（BPO）和技术性知识流程外包服务（KPO），而从上述境外单位取得的收入。

3. 小型微利企业优惠

小型微利企业减按20%的所得税税率征收企业所得税。

企业所得税范畴下“小微企业”，全称应为“小型微利企业”，必须同时满足以下四个条件：

（1）从事国家非限制和禁止行业；

（2）从业人数不超过300人；

（3）资产总额不超过5 000万元；

（4）年度应纳税所得额不超过300万元，自2021年1月1日至2022年12月31日按照以下规定：①年应纳税所得额不到100万元部分。在现行优惠政策（即减按25%计入应纳税所得额，按20%的税率缴纳企业所得税）基础上，再减半征收。也就是说，调整后政策应当为：减按12.5%计入应纳税所得额，按20%的税率缴纳企业所得税。②对年应纳税所得额超过100万元但不超过300万元的部分，减按50%计入应纳税所得额，按20%的税率缴纳企业所得税。

从业人数，包括与企业建立劳动关系的职工人数和企业接受的劳务派遣用工人数。所称从业人数和资产总额指标，应按企业全年的季度平均值确定。具体计算公式为：

季度平均值 =(季初值 + 季末值) ÷2

全年季度平均值 = 全年各季度平均值之和 ÷4

年度中间开业或者终止经营活动的，以其实际经营期作为一个纳税年度确定上述相关指标。

这里的小型微利企业，是指企业的全部生产经营活动产生的所得均负有我国企业所得税纳税义务的企业。仅就来源于我国所得负有我国纳税义务的非居民企业，不适用上述规定。

4. 加计扣除优惠

加计扣除是指对企业支出项目按规定的比例给予税前扣除的基础上再给予追加扣除。

加计扣除优惠包括以下两项内容：

（1）研究开发费，是指企业为开发新技术、新产品、新工艺发生的研究开发费用。2021 年 1 月 1 日起，为进一步激励企业加大研发投入，支持科技创新，促进产业升级，制造业企业开展研发活动中实际发生的研发费用，未形成无形资产计入当期损益的，在按规定据实扣除的基础上，再按照实际发生额的 100% 在税前加计扣除；形成无形资产的，按照无形资产成本的 200% 在税前摊销。

上述所称制造业企业，是指以制造业业务为主营业务，享受优惠当年主营业务收入占收入总额的比例达到 50% 以上的企业。制造业的范围按照《国民经济行业分类》（GB/T4574 -2017）确定。

除制造业以外的企业，且不属于烟草制造业、住宿和餐饮业、批发和零售业、房地产业、租赁和商务服务业、娱乐业。未形成无形资产计入当期损益的，在按照规定据实扣除的基础上，再按照研究开发费用的 75% 加计扣除；形成无形资产的，按照无形资产成本的 175% 摊销。

小问答 3-1

兴盛公司 2021 年亏损，还能否享受研发费用加计扣除政策？

（2）企业安置残疾人员所支付的工资，是指企业安置残疾人员的，在按照支付给残疾职工工资据实扣除的基础上，按照支付给残疾职工工资的 100% 加计扣除。残疾人员的范围适用《中华人民共和国残疾人保障法》的有关规定。企业安置国家鼓励安置的其他就业人员所支付的工资的加计扣除办法，由国务院另行规定。

小问答 3-2

为了响应国家促进残疾人就业的号召，张先生在自己的公司安置了 5 名残疾人，请问有什么税收优惠政策？

税法视野　研发费用税前加计扣除新政指引

5. 创投企业优惠

创投企业从事国家需要重点扶持和鼓励的创业投资，可以按投资额的一定比例抵扣应纳税所得额。

创投企业优惠，是指创业投资企业采取股权投资方式投资于未上市的中小高新技术企业 2 年以上的，可以按照其投资额的 70% 在股权持有满 2 年的当年抵扣该创业投资企业的应纳税所得额；当年不足抵扣的，可以在以后纳税年度结转抵扣。

6. 加速折旧优惠

企业的固定资产由于技术进步等原因，确需加速折旧的，可以缩短折旧年限或者采取加速折旧的方法。可以采取缩短折旧年限或者采取加速折旧的方法的固定资产，包括：①由于技术进步，产品更新换代较快的固定资产；②常年处于强震动、高腐蚀状态的固定资产。

采取缩短折旧年限方法的，最低折旧年限不得低于法定折旧年限的 60%；采取加速折旧方法的，可以采取双倍余额递减法或者年数总和法。

对符合相关条件的生物药品制造业，专用设备制造业，铁路、船舶、航空航天和其他运输设备制造业，计算机、通信和其他电子设备制造业，仪器仪表制造业，信息传输、软件和信息技术服务业等行业企业，2014 年 1 月 1 日后购进的固定资产（包括自行建造），对符合相关条件的轻工、纺织、机械、汽车四个领域重点行业的企业，2015 年 1 月 1 日后新购进的固定资产，允许按不低于《企业所得税法》规定折旧年限的 60% 缩短折旧年限，或选择采取双倍余额递减法或年数总和法进行加速折旧。上述重点行业企业是指以上述行业业务为主营业务，其固定资产投入使用当年的主营业务收入占企业收入总额 50%（不含）以上的企业。

自 2019 年 1 月 1 日起，适用固定资产加速折旧优惠相关规定的行业范围，扩大至全部制造业领域。

企业在 2018 年 1 月 1 日至 2020 年 12 月 31 日期间新购进（包括自行建造）的设备、器具，单位价值不超过 500 万元的，允许一次性计入当期成本费用在计算应纳税所得额时扣除，不再分年度计算折旧。

7. 减计收入优惠

企业综合利用资源，生产符合国家产业政策规定的产品所取得的收入，可以在计算应纳税所得额时减计收入。

综合利用资源，是指企业以《资源综合利用企业所得税优惠目录》规定的资源作为主要原材料，生产国家非限制和禁止并符合国家和行业相关标准的产品取得的收入，减按 90% 计入收入总额。前述所称原材料占生产产品材料的比例不得低于前述优惠目录规定的标准。

8. 税额抵免优惠

税额抵免，是指企业购置并实际使用《环境保护专用设备企业所得税优惠目录》《节能节水专用设备企业所得税优惠目录》和《安全生产专用设备企业所得税优惠目录》规定的环境保护、节能节水、安全生产等专用设备的，该专用设备的投资额的10%可以从企业当年的应纳税额中抵免；当年不足抵免的，可以在以后5个纳税年度结转抵免。享受上述规定的企业所得税优惠的企业，应当实际购置并自身实际投入使用上述规定的专用设备；企业购置上述专用设备在5年内转让、出租的，应当停止享受企业所得税优惠，并补缴已经抵免的企业所得税税款。

9. 民族自治地方的优惠

民族自治地方的自治机关对本民族自治地方的企业应缴纳的企业所得税中属于地方分享的部分，可以决定减征或者免征。自治州、自治县决定减征或者免征的，须报省、自治区、直辖市人民政府批准。

民族自治地方，是指依照《中华人民共和国民族区域自治法》的规定，实行民族区域自治的自治区、自治州、自治县。

对民族自治地方内国家限制和禁止行业的企业，不得减征或者免征企业所得税。

小问答3-3

2021年财政部、税务总局把很多优惠政策都延期了，企业享受延续执行的企业所得税优惠政策还需要向税务机关申请吗？

税法视野 **海南自由贸易港企业所得税优惠政策**

二、企业所得税的计征管理

（一）应纳税所得额的确定

应纳税所得额是企业所得税的计税依据，是指企业每一纳税年度的收入总额，减除不征税收入、免税收入、各项扣除以及允许弥补的以前年度亏损后的余额。

应纳税所得额＝收入总额－不征税收入－免税收入－各项扣除－允许弥补的以前年度亏损

企业应纳税所得额的计算，以权责发生制为原则，属于当期的收入和费用，不论款项是否收付，均作为当期的收入和费用；不属于当期的收入和费用，即使款项已经在当期收付，均不作为当期的收入和费用。《企业所得税法实施条例》和国务院财政、税务主管部门另有规定的除外。

1. 收入总额

收入总额是指企业以货币形式和非货币形式从各种来源取得的收入，包括：销售货物收入，提供劳务收入，转让财产收入，股息、红利等权益性投资收益，利息收入，租金收入，特许权使用费收入，接受捐赠收入以及其他收入。

企业取得收入的货币形式，包括现金、存款、应收账款、应收票据、准备持有至到期的债券投资以及债务的豁免等；企业取得收入的非货币形式，包括固定资产、生物资产、无形资产、股权投资、存货、不准备持有至到期的债券投资、劳务以及有关权益等。

（1）一般收入的确认。

①销售货物收入是指企业销售商品、产品、原材料、包装物、低值易耗品以及其他存货取得的收入。

②提供劳务收入是指企业从事建筑安装、修理修配、交通运输、仓储租赁、金融保险、邮电通信、咨询经纪、文化体育、科学研究、技术服务、教育培训、餐饮住宿、中介代理、卫生保健、社区服务、旅游、娱乐、加工以及其他劳务服务活动取得的收入。

③转让财产收入是指企业转让固定资产、生物资产、无形资产、股权、债权等财产取得的收入。

课堂训练 3－4

2021 年 3 月甲企业将持有乙企业 5% 的股权以 1 000 万元的价格转让，转让价格中包含乙企业未分配利润中归属于该股权的 20 万元，股权的购置成本为 800 万元。甲企业应确认的股权转让所得为（　　）万元。

A. 50　　B. 180　　C. 200　　D. 220

④股息、红利等权益性投资收益是指企业因权益性投资从被投资方取得的收入。股息、红利等权益性投资收益，除国务院财政、税务主管部门另有规定外，按照被投资方作出利润分配决定的日期确认收入的实现。

⑤利息收入是指企业将资金提供他人使用但不构成权益性投资，或者因他人占用本企业资金取得的收入，包括存款利息、贷款利息、债券利息、欠款利息等收入。利息收入，按照合同约定的债务人应付利息的日期确认收入的实现。

⑥租金收入是指企业提供固定资产、包装物或者其他有形资产的使用权取得的收入。租金收入，按照合同约定的承租人应付租金的日期确认收入的实现。

⑦特许权使用费收入是指企业提供专利权、非专利技术、商标权、著作权以及其他特许权的使用权取得的收入。特许权使用费收入，按照合同约定的特许权使用人应付特许权使用费的日期确认收入的实现。

⑧接受捐赠收入是指企业接受的来自其他企业、组织或者个人无偿给予的货币性资产、非货币性资产。接受捐赠收入，按照实际收到捐赠资产的日期确认收入的实现。

⑨其他收入是指企业取得的除以上收入外的其他收入，包括企业资产溢余收入、逾期未退包装物押金收入、确实无法偿付的应付款项、已作坏账损失处理后又收回的应收款项、债务重组收入、补贴收入、违约金收入、汇兑收益等。

课堂训练 3－5

依据《企业所得税法》的规定，“转让财产收入”包括转让（　　）取得的收入。

A. 存货　　B. 无形资产　　C. 股权　　D. 债权

（2）特殊收入的确认。

①以分期收款方式销售货物的，按照合同约定的收款日期确认收入的实现。

②企业受托加工制造大型机械设备、船舶、飞机以及从事建筑、安装、装配工程业务或者提供其他劳务等，持续时间超过12个月的，按照纳税年度内完工进度或者完成的工作量确认收入的实现。

③采取产品分成方式取得收入的，按照企业分得产品的日期确认收入的实现，其收入额按照产品的公允价值确定。

④企业发生非货币性资产交换以及将货物、财产、劳务用于捐赠、偿债、赞助、集资、广告、样品、职工福利或者利润分配等用途的，应当视同销售货物、转让财产或者提供劳务，但国务院财政、税务主管部门另有规定的除外。

课堂训练3-6

企业在境内发生的处置资产的情形中，（　　）应当视同销售确认企业所得税应税收入。

A. 将资产用于加工另一种产品　　B. 将资产用于职工奖励或福利

C. 将资产在总分支机构之间转移　　D. 将资产结构或性能进行改变

课堂训练3-7

A公司为一家生产复合地板的企业，2021年2月，公司以其生产的单位成本为400元的复合地板600平方米通过当地政府捐赠给该市的一所希望工程学校。该地板的售价为每平方米560元（不含税），另外本公司在装修办公楼过程中领用了150平方米同样的复合地板，A公司适用的增值税税率为13%。试分析公司的涉税问题。

（3）不征税收入。

不征税收入，是指从性质和根源上不属于企业营利性活动带来的经济利益、不负有纳税义务并不作为应纳税所得额组成部分的收入。

①财政拨款，指各级人民政府对纳入预算管理的事业单位、社会团体等组织拨付的财政资金，但国务院和国务院财政、税务主管部门另有规定的除外。

②依法收取并纳入财政管理的行政事业性收费、政府性基金。行政事业性收费是指依照法律法规等有关规定，按照国务院规定程序批准，在实施社会公共管理以及在向公民、法人或者其他组织提供特定公共服务过程中，向特定对象收取并纳入财政管理的费用。政府性基金是指企业依照法律、行政法规等有关规定，代政府收取的具有专项用途的财政资金。

③国务院规定的其他不征税收入是指企业取得的，由国务院财政、税务主管部门规定专项用途并经国务院批准的财政性资金。

（4）免税收入。

①国债利息收入，指企业持有国务院财政部门发行的国债取得的利息收入。

②符合条件的居民企业之间的股息、红利等权益性投资收益，指居民企业直接投资于其他居民企业取得的投资收益。

③在中国境内设立机构、场所的非居民企业从居民企业取得与该机构、场所有实际联系的股息、红利等权益性投资收益。以上收益都不包括连续持有居民企业公开发行并上市流通的股票不足12个月取得的投资收益。

④符合条件的非营利组织的收入，指同时符合下列条件的组织：依法履行非营利组织登记手续；从事公益性或者非营利性活动；取得的收入除用于与该组织有关的、合理的支出外，全部用于登记核定或者章程规定的公益性或者非营利性事业；财产及其孳息不用于分配；按照登记核定或者章程规定，该组织注销后的剩余财产用于公益性或者非营利性目的，或者由登记管理机关转赠给予该组织性质、宗旨相同的组织，并向社会公告；投入人对投入该组织的财产不保留或者享有任何财产权利；工作人员工资福利开支控制在规定的比例内，不变相分配该组织的财产。

课堂训练 3－8

某民办学校计划按照非营利组织的免税收入认定条件，申请学费收入免征企业所得税。下列各项中，属于非营利组织认定条件的有（　　）。

A. 工作人员工资福利开支控制在规定的比例内

B. 投入人对投入该学校的财产不保留或者享有任何财产权利

C. 依法履行非营利组织登记手续

D. 财产及孳生息可以在合理范围内根据确定的标准用于分配

税法视野　　总分机构之间调拨固定资产是否涉及企业所得税？

2. 一般扣除项目

一般扣除项目，是指企业实际发生的与取得收入有关的、合理的支出，包括成本、费用、税金、损失和其他支出，准予在计算应纳税所得额时扣除。

（1）成本是指企业在生产经营活动中发生的销售成本、销货成本、业务支出以及其他耗费。

（2）费用是指企业在生产经营活动中发生的销售费用、管理费用和财务费用，已经计入成本的有关费用除外。

（3）税金是指企业发生的除企业所得税和允许抵扣的增值税以外的各项税金及其附加。

（4）损失是指企业在生产经营活动中发生的固定资产和存货的盘亏、毁损、报废损失，转让财产损失，呆账损失，坏账损失，自然灾害等不可抗力因素造成的损失以及其他损失。企业发生的损失，减除责任人赔偿和保险赔款后的余额，依照国务院财政、税务主管部门的规定扣除。企业已经作为损失处理的资产，在以后纳税年度又全部收回或者部分收回时，应当计入当期收入。

课堂训练 3－9

某外商投资者开办的摩托车生产企业。2021 年 2 月发生非正常损失，损失不含增值税的原材料金额 32.79 万元（其中含运费金额 2.79 万元）。请问资产损失是多少?

（5）其他支出是指除成本、费用、税金、损失外，企业在生产经营活动中发生的与生产经营活动有关的、合理的支出。

3. 允许扣除项目的范围和标准

（1）工资、薪金支出。企业发生的合理的工资薪金支出，准予扣除。工资薪金是指企业每一纳税年度支付给在本企业任职或者受雇的员工的所有现金形式或者非现金形式的劳动报酬，包括基本工资、奖金、津贴、补贴、年终加薪、加班工资以及与员工任职或者受雇有关的其他支出。

属于国有性质的企业，其工资、薪金不得超过政府有关部门给予的限定数额，超过部分，不得计入企业工资、薪金总额，也不得在计算企业应纳税所得额时扣除。

（2）“三项”经费。企业发生的职工福利费支出，不超过工资薪金总额 14% 的部分，准予扣除。企业拨缴的工会经费，不超过工资薪金总额 2% 的部分，准予扣除。企业发生的职工教育经费支出，除国务院财政、税务主管部门另有规定外，不超过工资薪金总额 8% 的部分，准予扣除；超过部分，准予在以后纳税年度结转扣除。

注意：①软件生产企业发生的职工教育经费中的职工培训费用，可以全额扣除。②软件生产企业应准确划分职工教育经费中的职工培训费支出，对于不能准确划分的以及准确划分后职工教育经费中扣除职工培训费用的余额，一律按照工资、薪金总额 8% 的比例扣除。

（3）社会保险费。企业依照国务院有关主管部门或者省级人民政府规定的范围和标准为职工缴纳的基本养老保险费、基本医疗保险费、失业保险费、工伤保险费、生育保险费等基本社会保险费和住房公积金，准予扣除。企业为投资者或者职工支付的补充养老保险费、补充医疗保险费，在国务院财政、税务主管部门规定的范围和标准内，准予扣除。

自 2008 年 1 月 1 日起，企业为在本企业任职或者受雇的全体员工支付的补充养老保险费、补充医疗保险费，分别在不超过职工工资总额的 5% 标准内的部分，在计算应纳税所得额时准予扣除；超过的部分，不予扣除。除企业依照国家有关规定为特殊工种职工支付的人身安全保险费和国务院财政、税务主管部门规定可以扣除的其他商业保险费外，企业为投资者或者职工支付的商业保险费，不得扣除。

课堂训练 3－10

2021 年某软件生产企业发放的合理工资总额为 200 万元；实际发生职工福利费用 35 万元、工会经费 3.5 万元、职工教育经费 8 万元（其中职工培训经费 4 万元）；另为职工支付补充养老保险 12 万元、补充医疗保险 8 万元。2021 年企业申报所得税时就上述费用应调增应税所得额多少万元?

（4）利息费用。企业在生产经营活动中发生的下列利息支出，准予扣除：①非金融企业向金融企业借款的利息支出、金融企业的各项存款利息支出和同业拆借利息支出、企业经批准发行债券的利息支出；②非金融企业向非金融企业借款的利息支出，不超过按照金融企业同期同类贷款利率计算的数额的部分。

（5）借款费用。企业在生产经营活动中发生的合理的不需要资本化的借款费用，准予扣除。企业为购置、建造固定资产、无形资产和经过12个月以上的建造才能达到预定可销售状态的存货发生借款的，在有关资产购置、建造期间发生的合理的借款费用，应当作为资本性支出计入有关资产的成本，有关资产交付使用后发生的借款利息，可在发生当期扣除。

（6）汇兑损失。企业在货币交易中以及纳税年度终了时将人民币以外的货币性资产、负债按照期末即期人民币汇率中间价折算为人民币时产生的汇兑损失，除已经计入有关资产成本以及与向所有者进行利润分配相关的部分外，准予扣除。

（7）业务招待费。企业发生的与生产经营活动有关的业务招待费支出，按照发生额的60%扣除，但最高不得超过当年销售（营业）收入净额的5‰。收入净额是纳税人从事生产、经营活动取得的收入扣除销售折扣、销货退回等各项支出后的收入额，包括主营业务收入、其他业务收入及视同销售收入。

注意：企业在筹建期间，发生的与筹办活动有关的业务招待费支出，可按实际发生额的60%计入企业筹办费，并按有关规定在税前扣除。

课堂训练3－11

某商贸公司2021年开始筹建，当年未取得收入，筹办期间发生业务招待费300万元、业务宣传费20万元、广告费用200万元。根据企业所得税相关规定，请问上述支出可计入企业筹办费并在税前扣除的金额是多少万元？

（8）广告费和业务宣传费。企业发生的符合条件的广告费和业务宣传费支出，除另有规定外，不超过当年销售（营业）收入15%的部分，准予扣除；超过部分，准予在以后纳税年度结转扣除。

注意：根据财政部、税务总局《关于广告费和业务宣传费支出税前扣除有关事项的公告》（财政部、税务总局公告2020年第43号）：2021年1月1日起至2025年12月31日，对化妆品制造或销售、医药制造和饮料制造（不含酒类制造）企业发生的广告费和业务宣传费支出，不超过当年销售（营业）收入30%的部分，准予扣除；超过部分，准予在以后纳税年度结转扣除。需要强调的是，43号公告规定只有化妆品制造或销售、医药制造和饮料制造（不含酒类制造）企业，才能按照30%的限额在税前扣除，医药销售和饮料销售等企业的扣除限额依然是15%，而烟草企业扣除限额为0。

议一议：广告费和业务宣传费的区别是什么？

（9）环境保护专项基金。企业依照法律、行政法规有关规定提取的用于环境保护、生态恢复等方面的专项资金，准予扣除。上述专项资金提取后改变用途的，不得扣除。

（10）保险费。企业参加财产保险，按照规定缴纳的保险费准予扣除；企业依照国家有关规定为特殊工种职工支付的人身安全保险费准予扣除；除另有规定外，一般情况下企业为投资者或者职工支付的商业保险费，不得扣除。

（11）租赁费。租入固定资产的方式分为两种：经营性租赁，是指所有权不转移的租赁；融资租赁，是指在实质上转移与一项资产所有权有关的全部风险和报酬的一种租赁。企业根据生产经营活动的需要租入固定资产支付的租赁费，按照以下方法扣除：以经营租赁方式租入固定资产发生的租赁费支出，按照租赁期限均匀扣除；以融资租赁方式租入固定资产发生的租赁费支出，按照规定构成融资租入固定资产价值的部分应当提取折旧费用，分期扣除。

（12）劳动保护支出。企业发生的合理的劳动保护支出，准予扣除。

税法视野　**企业发给职工的工作服在企业所得税税前是否可以扣除？**

（13）公益性捐赠支出。企业发生的公益性捐赠支出，在年度利润总额12%以内的部分，准予在计算应纳税所得额时扣除。超过年度利润总额12%的部分，准予以后三年内在计算应纳税所得额时结转扣除。

年度利润总额，是指企业依照国家统一会计制度的规定计算的年度会计利润。允许公益性捐赠支出在税前按比例扣除，主要是为了鼓励企业支持社会公益事业，促进我国社会公益事业的发展。

公益性捐赠，是指企业通过公益性社会团体或者县级以上人民政府及其部门，用于《中华人民共和国公益事业捐赠法》规定的公益事业的捐赠。用于公益事业的捐赠支出，是指《中华人民共和国公益事业捐赠法》规定的向公益事业的捐赠支出，具体范围包括：①救助灾害、救济贫困、扶助残疾人等困难的社会群体和个人的活动；②教育、科学、文化、卫生、体育事业；③环境保护、社会公共设施建设；④促进社会发展和进步的其他社会公共和福利事业。

公益性社会团体和县级以上人民政府及其组成部门和直属机构在接受捐赠时，捐赠资产的价值，按以下原则确认：①接受捐赠的货币性资产，应当按照实际收到的金额计算；②接受捐赠的非货币性资产，应当以其公允价值计算。

注意：①捐赠住房作为廉租住房的，视同公益性捐赠。②北京2022年冬奥会、冬残奥会、测试赛的捐赠可以据实全额扣除。③杭州2022年亚运会的捐赠可以据实全额扣除。④自2019年1月1日至2022年12月31日，企业通过公益性社会组织或者县级以上人民政府及其组成部门和直属机构，用于目标脱贫地区的扶贫捐赠支出，准予在计算企业所得税应纳税所得额时据实扣除。⑤企业通过公益性社会组织或者县级以上人民政府及其部门等国家机关，捐赠用于应对新型冠状病毒感染的肺炎疫情的现金和物品以及企业直接向承担疫情防治任务的医院捐赠用于应对新型冠状病毒感染的肺炎疫情的物品，允许在计算应纳税所得额时全额扣除。

小问答 3 - 4

2020年国家出台了新冠肺炎疫情捐赠全额扣除优惠，2021年3月20日，胜利公司向红十字会捐赠了500万元用于疫情防控，国家把这项政策延续到2021年3月底，胜利公司在2021年季度预缴申报时能享受全额扣除政策吗？

课堂训练 3 - 12

2020年某居民企业主营业务收入5 000万元、营业外收入80万元，与收入配比的成本4 100万元，全年发生管理费用、销售费用和财务费用共计700万元，营业外支出60万元（其中符合规定的公益性捐赠支出50万元）。请问2020年度该企业应缴纳企业所得税多少万元？

（14）有关资产的费用。①企业转让各类固定资产发生的费用，允许扣除；②企业按照规定计算的固定资产折旧费、无形资产和递延资产摊销费，准予扣除。

（15）总机构分摊的费用。非居民企业在中国境内设立的机构、场所，就其中国境外总机构发生的与该机构、场所生产经营有关的费用，能够提供总机构出具的费用汇集范围、定额、分配依据和方法等证明文件，并合理分摊的，准予扣除。

（16）资产损失。①企业当期发生的固定资产和流动资产盘亏、毁损净损失，由其提供清查盘存资料经主管税务机关审核后，准予扣除；②企业因存货盘亏、毁损、报废等原因不得从销项税金中抵扣的进项税金，应视同企业财产损失，准予与存货损失一起在所得税前按规定扣除。

（17）其他项目。其他项目如会员费、合理的会议费、差旅费、违约金、诉讼费用等，准予扣除。

税法视野　　**分支机构资产损失由总机构向所在地主管税务机关申报扣除**

4. 不得扣除的项目

在计算应纳税所得额时，下列项目不得从收入总额中扣除：

（1）向投资者支付的股息、红利等权益性投资收益款项；

（2）企业所得税税款；

（3）税收滞纳金；

（4）罚金、罚款和被没收财物的损失；

（5）超过规定标准的捐赠支出；

（6）赞助支出（即企业发生的与生产经营活动无关的各种非广告性质支出）；

（7）未经核定的准备金支出（即不符合国务院财政、税务主管部门规定的各项资产减值准备、风险准备等准备金支出）；

（8）企业之间支付的管理费、企业内营业机构之间支付的租金和特许权使用费以及非银行企业内营业机构之间支付的利息；

（9）与取得收入无关的其他支出。

课堂训练 3－13

企业发生的下列支出中，在计算企业所得税应纳税所得额时准予扣除的是（　　）。

A. 缴纳的增值税税款

B. 违反消防规定被处以的行政罚款

C. 向投资者分配的红利

D. 按规定缴纳的财产保险费

5. 亏损弥补

亏损是指企业依照税法规定将每一纳税年度的收入总额减除不征税收入、免税收入和各项扣除后小于 0 的数额。税法规定，企业某一纳税年度发生的亏损，准予向以后年度结转，用以后年度的所得弥补，但结转年限最长不得超过五年。企业境外业务之间的盈亏可以相互弥补，但企业境内外之间的盈亏不得相互弥补。

从亏损年度后的第一年算起，连续 5 年内不论是盈利或亏损，都作为实际弥补年限计算。5 年内未弥补完的亏损，从第 6 年起应从企业税后利润或盈余公积中弥补。

对于在 5 年亏损弥补期间的某一年度或某几个年度当年实际经营又发生亏损的，应分别以各亏损年度后的第一年算起，连续 5 年弥补各自的亏损。

小问答 3－5

一家电影院在 2020 年新冠肺炎疫情期间受到较大影响，当年国家及时出台了税收政策，允许电影院等 5 个行业 2020 年度的亏损可以在 8 年内弥补扣除。2021 年国家出台了延续执行的政策，那么上述电影院 2021 年如果发生亏损，还能延长到 8 年扣除吗？

课堂训练 3－14

某企业从 2015—2021 年的会计利润与未弥补亏损前的应纳税所得额如表 3－1 所示，请计算该企业 2021 年应纳企业所得税。

表 3－1　　某企业 2015—2021 年相关数据

年度	会计利润总额	应纳税所得额
2015 年	－220 万元	－150 万元
2016 年	－70 万元	－20 万元
2017 年	－15 万元	20 万元
2018 年	50 万元	70 万元
2019 年	30 万元	－40 万元
2020 年	5 万元	10 万元
2021 年	60 万元	95 万元

（二）各项资产的税务处理

《企业所得税法》关于资产的税务处理的规定与新会计准则的规定基本相同。《企业所得税法》规定了纳税人资产的税务处理，其目的是要通过对资产的分类，区别资本性支出与收益性支出，确定准予扣除和不准予扣除的项目，正确计算应纳税所得额。企业的各项资产以其取得该项资产时实际发生支出的历史成本为计税基础。企业持有各项资产期间资产增值或减值，除国务院财政、税务主管部门规定可以确认损益外，不得调整该资产的计税基础。税法规定的各项资产的税务处理如下：

1. 固定资产的税务处理

固定资产是指企业为生产产品、提供劳务、出租或者经营管理而持有的、使用时间超过12个月的非货币性资产，包括房屋、建筑物、机器、机械、运输工具以及其他与生产经营活动有关的设备、器具、工具等。

（1）固定资产的计税基础。①外购的固定资产，以购买价款和支付的相关税费以及直接归属于使该资产达到预定用途发生的其他支出为计税基础；②自行建造的固定资产，以竣工结算前发生的支出为计税基础；③融资租入的固定资产，以租赁合同约定的付款总额和承租人在签订租赁合同过程中发生的相关费用为计税基础，租赁合同未约定付款总额的，以该资产的公允价值和承租人在签订租赁合同过程中发生的相关费用为计税基础；④盘盈的固定资产，以同类固定资产的重置完全价值为计税基础；⑤通过捐赠、投资、非货币性资产交换、债务重组等方式取得的固定资产，以该资产的公允价值和支付的相关税费为计税基础；⑥改建的固定资产，除法定的支出外，以改建过程中发生的改建支出增加计税基础。

（2）固定资产折旧的范围。在计算应纳税所得额时，企业按照规定计算的固定资产折旧，准予扣除。下列固定资产不得计算折旧扣除：①房屋、建筑物以外未投入使用的固定资产；②以经营租赁方式租入的固定资产；③以融资租赁方式租出的固定资产；④已足额提取折旧仍继续使用的固定资产；⑤与经营活动无关的固定资产；⑥单独估价作为固定资产入账的土地；⑦其他不得计算折旧扣除的固定资产。

（3）固定资产折旧的计提方法。固定资产按照直线法计算的折旧，准予扣除。企业应当自固定资产投入使用月份的次月起计算折旧；停止使用的固定资产，应当自停止使用月份的次月起停止计算折旧。企业应当根据固定资产的性质和使用情况，合理确定固定资产的预计净残值。固定资产的预计净残值一经确定，不得变更。

（4）固定资产折旧的计提年限。除国务院财政、税务主管部门另有规定外，固定资产计算折旧的最低年限如下：①房屋、建筑物，为20年；②飞机、火车、轮船、机器、机械和其他生产设备，为10年；③与生产经营活动有关的器具、工具、家具等，为5年；④飞机、火车、轮船以外的运输工具，为4年；⑤电子设备，为3年。

从事开采石油、天然气等矿产资源的企业，在开始商业性生产前发生的费用和有关固定资产的折耗、折旧方法，由国务院财政、税务主管部门另行规定。

2. 生产性生物资产的税务处理

生产性生物资产，是指企业为生产农产品、提供劳务或者出租等而持有的生物资产，包括经济林、薪炭林、产畜和役畜等。

（1）生产性生物资产的计税基础。生产性生物资产按照以下方法确定计税基础：①外购的生产性生物资产，以购买价款和支付的相关税费为计税基础；②通过捐赠、投资、非货币性资产交换、债务重组等方式取得的生产性生物资产，以该资产的公允价值和支付的相关税费为计税基础。

（2）生产性生物资产的折旧方法。生产性生物资产按照直线法计算的折旧，准予扣除。企业应当自生产性生物资产投入使用月份的次月起计算折旧；停止使用的生产性生物资产，应当自停止使用月份的次月起停止计算折旧。企业应当根据生产性生物资产的性质和使用情况，合理确定生产性生物资产的预计净残值。生产性生物资产的预计净残值一经确定，不得变更。

（3）生产性生物资产的折旧年限。生产性生物资产计算折旧的最低年限如下：①林木类生产性生物资产，为10年；②畜类生产性生物资产，为3年。

课堂训练3-15

下列各项中，依据《企业所得税法》相关规定可计提折旧的生物资产是（　　）。

A. 经济林　　B. 防风固沙林

C. 用材林　　D. 存栏待售牲畜

3. 无形资产的税务处理

无形资产是指企业为生产产品、提供劳务、出租或者经营管理而持有的、没有实物形态的非货币性长期资产，包括专利权、商标权、著作权、土地使用权、非专利技术、商誉等。

（1）无形资产的计税基础。无形资产按照以下方法确定计税基础：①外购的无形资产，以购买价款和支付的相关税费以及直接归属于使该资产达到预定用途发生的其他支出为计税基础；②自行开发的无形资产，以开发过程中该资产符合资本化条件后至达到预定用途前发生的支出为计税基础；③通过捐赠、投资、非货币性资产交换、债务重组等方式取得的无形资产，以该资产的公允价值和支付的相关税费为计税基础。

（2）无形资产摊销的范围。下列无形资产不得计算摊销费用扣除：①自行开发的支出已在计算应纳税所得额时扣除的无形资产；②自创商誉；③与经营活动无关的无形资产；④其他不得计算推销费用扣除的无形资产。

（3）无形资产的摊销方法及年限。无形资产应当采取直线法摊销费用，且摊销年限不得低于10年。作为投资或者受让的无形资产，有关法律规定或者合同约定了使用年限的，可以按照规定或者约定的使用年限分期摊销。外购商誉的支出，在企业整体转让或者清算时，准予扣除。

4. 投资资产的税务处理

投资资产是指企业对外进行权益性投资和债权性投资形成的资产。

（1）投资资产的成本。投资资产按照以下方式确定成本：①通过支付现金方式取得的投资资产，以购买价款为成本；②通过支付现金以外的方式取得的投资资产，以该资产的公允价值和支付的相关税费为成本。

（2）投资资产成本的扣除方法。企业对外投资期间，投资资产的成本在计算应纳税所得额时不得扣除。企业在转让或者处置投资资产时，投资资产的成本准予扣除。

5. 存货的税务处理

存货，是指企业持有以备出售的产品或者商品、处在生产过程中的在产品、在生产或者提供劳务过程中耗用的材料和物料等。

（1）存货的计税基础。存货按照以下方法确定成本：①通过支付现金方式取得的存货，以购买价款和支付的相关税费为成本；②通过支付现金以外的方式取得的存货，以该存货的公允价值和支付的相关税费为成本；③生产性生物资产收获的农产品，以产出或者采收过程中发生的材料费、人工费和分摊的间接费用等必要支出为成本。

（2）存货的成本计算方法。企业使用或者销售的存货的成本计算方法，可以在先进先出法、加权平均法、个别计价法中选用一种。计价方法一经选用，不得随意变更。

6. 转让资产的税务处理

企业转让资产，该项资产的净值在计算应纳税所得额时准予扣除。

资产净值是指有关资产、财产的计税基础减除已经按照规定扣除的折旧、折耗、摊销、准备金等后的余额。除国务院财政、税务主管部门另有规定外，企业在重组过程中，应当在交易发生时确认有关资产的转让所得或者损失，相关资产应当按照交易价格重新确定计税基础。

7. 长期待摊费用的税务处理

长期待摊费用是指企业发生的应在一个年度以上或几个年度进行摊销的费用。在计算应纳税所得额时，企业发生的下列支出作为长期待摊费用，按照规定摊销的，准予扣除：

（1）已足额提取折旧的固定资产的改建支出，按照固定资产预计尚可使用年限分期摊销。

（2）租入固定资产的改建支出，按照合同约定的剩余租赁期限分期摊销。所谓固定资产的改建支出，是指改变房屋或者建筑物结构、延长使用年限等发生的支出。改建的固定资产延长使用年限的，除前述规定外，应当适当延长折旧年限。

（3）固定资产的大修理支出，按照固定资产尚可使用年限分期摊销，是指同时符合下列条件的支出：①修理支出达到取得固定资产时的计税基础50%以上；②修理后固定资产的使用年限延长2年以上。

（4）其他应当作为长期待摊费用的支出，自支出发生月份的次月起，分期摊销，摊销年限不得低于3年。

课堂训练3－16

在计算应纳税所得额时，企业发生的下列支出，应作为长期待摊费用的有（　　）。

A. 固定资产的大修理支出　　B. 租入固定资产的改建支出

C. 固定资产的日常修理支出　　D. 外购的生产性生物资产支出

E. 已足额提取折旧的固定资产的改建支出

（三）应纳税额的计算

1. 境内所得应纳税额的计算

居民企业来源于中国境内、境外的所得，在中国境内设立机构、场所的非居民企业来源于中国境内的所得，其应纳的所得税为应纳税所得额乘以适用税率，减除依照税法规定减免和抵免的税额后的余额。其计算公式为：

应纳税额 = 应纳税所得额 × 适用税率 − 减免税额 − 抵免税额

其中，减免税额和抵免税额是指依照《企业所得税法》和国务院的税收优惠规定减征、免征和抵免的应纳税额。

非居民企业的应纳税额计算公式为：

应纳税额 = 应纳税所得额 × 适用税率

课堂训练 3－17

某工业企业为居民企业，2021 年发生经营业务如下：全年取得产品销售收入为 5 600 万元，发生产品销售成本 4 000 万元；其他业务收入 800 万元，其他业务成本 694 万元；取得购买国债的利息收入 40 万元；缴纳非增值税销售税金及附加 300 万元；发生的管理费用 760 万元，其中新技术的研究开发费用为 60 万元、业务招待费 70 万元；发生财务费用 200 万元；取得直接投资其他居民企业的权益性收益 34 万元（已在投资方所在地按 15% 的税率缴纳了所得税）；取得营业外收入 100 万元，发生营业外支出 250 万元（其中含公益性捐赠 38 万元）。

要求：计算该企业 2021 年应纳的企业所得税。

2. 境外所得应纳税额的抵免

税额抵免是指国家对企业来自境外的所得依法征收企业所得税时，允许企业将其已在境外缴纳的所得税税额从其应向本国缴纳的所得税税额中扣除。我国税法规定，居民企业和非居民企业在中国境内设立机构、场所的，应依照有关税法规定，在其应缴纳税额中抵免在境外缴纳的所得税额。境外所得应纳税额计算的具体规定和计算步骤如下：

（1）直接抵免。《企业所得税法》规定，企业取得的下列所得已在境外缴纳的所得税税额，可以从其当期应纳税额中抵免，抵免限额为该项所得依照本法规定计算的应纳税额；超过抵免限额的部分，可以在以后 5 个年度内，用每年抵免限额抵免当年应抵税额后的余额进行抵补：①居民企业来源于中国境外的应税所得；②非居民企业在中国境内设立机构、场所，取得发生在中国境外但与该机构、场所有实际联系的应税所得。

已在境外缴纳的所得税税额，是指企业来源于中国境外的所得依照中国境外税收法律以及相关规定应当缴纳并已经实际缴纳的企业所得税性质的税款。

抵免限额，是指企业来源于中国境外的所得，依照《企业所得税法》及其实施条例的规定计算的应纳税额。除国务院财政、税务主管部门另有规定外，该抵免限额应当分国（地区）不分项计算，计算公式如下：

抵免限额 = 中国境内、境外所得依照《企业所得税法》及其《实施条例》的规定计算的应纳税总额 × 来源于某国（地区）的应纳税所得额 ÷ 中国境内、境外应纳税所得总额

所谓 5 个年度，是指从企业取得的来源于中国境外的所得，已经在中国境外缴纳的企业所得税性质的税额超过抵免限额的当年的次年起连续 5 个纳税年度。

课堂训练 3－18

某中外合资企业系以境内、境外全部生产经营活动有关的研究开发费用总额、总收入、销售收入总额、高新技术产品（服务）收入等指标申请并经认定的高新技术企业。2016—2020 年境内及来源于 A 国、B 国的所得情况见表 3－2。A 国所得税税率为 30%（自 2018 年起该国税率下调为 10%）。2020 年来源于 B 国的所得 25 000 元中，其中利息 5 000 元和特许权使用费 4 000 元，当地所得税税率为 35%；生产经营所得 16 000 元，当地所得税税率为 30%，A、B 两国税款均已交纳（该企业境外所得税采用限额抵免法）。

表 3－2　　**2016—2020 年 A、B 两国的所得情况**　　单位：元

	2016 年	2017 年	2018 年	2019 年	2020 年
境内所得	100 000	75 000	125 000	5 000	75 000
A 国所得	50 000	75 000	250 000	100 000	75 000
已在 A 国缴纳的税款	15 000	22 500	25 000	10 000	7 500
B 国所得					25 000
已在 B 国缴纳的税款					7 950

要求：根据上述资料分别计算该中外合资企业 2016—2020 年应在我国缴纳的所得税税款。

（2）间接抵免。《企业所得税法》规定，居民企业从其直接或间接控制的外国企业分得的来源于中国境外的股息、红利等权益性投资收益，外国企业在境外实际缴纳的所得税税额中属于该项所得负担的部分，可以作为该居民企业的可抵免境外所得税税额，在该法规定的抵免限额内抵免。①直接控制，是指居民企业直接持有外国企业 20% 以上股份。②间接控制，是指居民企业以间接持股方式持有外国企业 20% 以上股份，具体认定办法由国务院财政、税务主管部门另行制定。

企业依照《企业所得税法》的规定抵免企业所得税税额时，应当提供中国境外税务机关出具的税款所属年度的有关纳税凭证。

3. 预提所得税应纳税额的计算

非居民企业在中国境内未设立机构、场所但有来源于中国境内的所得以及非居民企业在中国境内设立机构、场所而来源于中国境内与其所设机构、场所没有实际联系的所得，按下列公式计算缴纳预提所得税：

应纳预提所得税额＝应纳税所得额×适用税率

应纳税所得额按照下列方法计算确定：股息、红利等权益性投资收益和利息、租金、特许权使用费所得，以收入全额为应纳税所得额；转让财产所得是以收入全额减除财产净值后的余额为应纳税所得额，所谓财产净值是指财产的计税基础（一般指财产原值）减除已经按照规定扣除的折旧、折耗、摊销、准备金等后的余额；其他所得，参照上述两项规定的方法计算应纳税所得额。

4. 核定征收所得税的计算

核定征收是由税务机关审核确定纳税人的应纳税额或收入额、所得率等，并据以征收

税款的一种方法。

（1）核定征收的适用范围。除特殊规定外，纳税人具有下列情形之一的，应采取核定征收方式征收企业所得税：①依照税收法律、法规规定可不设账簿的，或按照税收法律、法规规定应设置但未设置账簿的。②能准确核算收入总额或收入总额能查实，但其成本费用支出不能准确核算的。③只能准确核算成本费用支出或成本费用支出能够查实，但其收入总额不能准确核算的。④收入总额及成本费用支出均不能正确核算，不能向主管税务机关提供真实、准确、完整的纳税资料，难以查实的。⑤账目设置和核算虽然符合规定，但并未按规定保存有关账簿、凭证及有关纳税资料的。⑥发生纳税义务，未按照税收法律、法规规定的期限办理纳税申报，经税务机关责令限期申报，逾期仍不申报的。

（2）核定征收的方法。核定征收的具体方法主要包括定额征收和核定应税所得率征收的两种方法。

①定额征收。定额征收是指税务机关按照一定的标准、程序和方法，直接核定纳税人年度应纳企业所得税税额，由纳税人按规定申报缴纳的办法。

②核定应税所得率征收。核定应税所得率征收是指税务机关按照一定的标准、程序和方法，预定核定纳税人的应税所得率，由纳税人根据年度内的收入总额或成本费用等项目的实际发生额，按预先核定的应税所得率计算缴纳企业所得税的办法。应纳所得税额的计算公式如下：

应税收入额 = 收入总额 - 不征税收入 - 免税收入

应纳税所得额 = 应税收入额 × 应税所得率

或：　　= 成本费用支出额/（1 - 应税所得率）× 应税所得率

应纳所得税额 = 应纳税所得额 × 适用税率

公式中应税所得率见表 3 - 3 应税所得率表。

表 3 - 3　　应税所得率表

符号	行　业	应税所得率（%）
1	农、林、牧、渔业	3—10
2	制造业	5—15
3	批发和零售贸易业	4—15
4	交通运输业	7—15
5	建筑业	8—20
6	饮食业	8—25
7	娱乐业	15—30
8	其他行业	10—30

注：①纳税人的生产经营范围、主营业务发生重大变化，或者应纳税所得额或应纳税额增减变化达到 20% 的，应及时向税务机关申报调整已确定的应纳税额或者应税所得率。

②企业经营多业的，无论其经营项目是否单独核算，均由主管税务机关根据其主管项目，核定其适用某一行业的应税所得率。

③纳税人年度应纳所得税额或应税所得率一经核定，除发生下列情况外，一个纳税年度内一般不得调整：实行改组改制的，生产经营范围、主营业务发生重大变化的，遭受风、火、水、震等人力不可抗拒灾害的。

课堂训练 3-19

滨海市某私营企业能准确核算收入总额，但其成本费用支出不能准确核算。经主管税务机关审定，纳税年度该企业收入总额为80万元，核定其应税所得率为12%，则计算该企业应纳的企业所得税税款。

（四）特别纳税调整

特别纳税调整是指税务机关出于实施反避税目的而对纳税人特定纳税事项所做的税务调整，包括针对纳税人转让定价、资本弱化、避税港避税及其他避税情况所进行的税务调整。我国《企业所得税法》中规定的特别纳税调整的条款，主要包括针对关联企业、受控外国子公司和资本弱化所进行的纳税调整。

1. 转让定价调整

（1）调整范围。转让定价调整是指企业与其关联方之间的业务往来，不符合独立交易原则而减少企业或者其关联方应纳税收入或者所得额的，税务机关有权按照合理方法调整。企业与其关联方共同开发、受让无形资产，或者共同提供、接受劳务发生的成本，在计算应纳税所得额时应当按照独立交易原则达成成本分摊协议。其中，独立交易原则是指没有关联关系的交易各方，按照公平成交价格和营业常规进行业务往来遵循的原则。

关联方是指与企业有下列关联关系之一的企业、其他组织或者个人：①在资金、经营、购销等方面存在直接或者间接的控制关系；②直接或者间接地同为第三者控制；③在利益上具有相关联的其他关系。

企业与其关联方分摊成本时，应当按照成本与预期收益相配比的原则进行分摊，并在税务机关规定的期限内，按照税务机关的要求报送有关资料。企业与其关联方分摊成本时违反上述规定的，其自行分摊的成本不得在计算应纳税所得额时扣除。

（2）调整方法。税法规定，对关联企业所得不实的，调整方法如下：①可比非受控价格法，是指按照没有关联关系的交易各方进行相同或者类似业务往来的价格进行定价的方法；②再销售价格法，是指按照从关联方购进商品再销售给没有关联关系的交易方的价格，减除相同或者类似业务的销售毛利进行定价的方法；③成本加成法，是指按照成本加合理的费用和利润进行定价的方法；④交易净利润法，是指按照没有关联关系的交易各方进行相同或者类似业务往来取得的净利润水平确定利润的方法；⑤利润分割法，是指将企业与其关联方的合并利润或者亏损在各方之间采用合理标准进行分配的方法；⑥其他符合独立交易原则的方法。

2. 预约定价安排

企业可以向税务机关提出与其关联方之间业务往来的定价原则和计算方法，税务机关与企业协商、确认后，达成预约定价安排。

预约定价安排，是指企业就其未来年度关联交易的定价原则和计算方法，向税务机关提出申请，与税务机关按照独立交易原则协商、确认后达成的协议。

预约定价安排适用于自企业提交正式书面申请年度的次年起3—5个连续年度的关联交易。

预约定价安排的谈签与执行通常经过预备会谈、正式申请、审核评估、磋商、签订安排和监控执行6个阶段。预约定价安排包括单边、双边和多边3种类型。

3. 关联业务的相关资料

企业向税务机关报送年度企业所得税纳税申报表时，应当就其与关联方之间的业务往来，附送年度关联业务往来报告表。税务机关在进行关联业务调查时，企业及其关联方以及与关联业务调查有关的其他企业，应当按照规定提供相关资料。相关资料包括：

（1）与关联业务往来有关的价格、费用的制定标准、计算方法和说明等同期资料；

（2）关联业务往来所涉及的财产、财产使用权、劳务等的再销售（转让）价格或者最终销售（转让）价格的相关资料；

（3）与关联业务调查有关的其他企业应当提供的与被调查企业可比的产品价格、定价方式以及利润水平等资料；

（4）其他与关联业务往来有关的资料。

与关联业务调查有关的其他企业，是指与被调查企业在生产经营内容和方式上相类似的企业。企业应当在税务机关规定的期限内提供与关联业务往来有关的价格、费用的制定标准、计算方法和说明等资料。关联方以及与关联业务调查有关的其他企业应当在税务机关与其约定的期限内提供相关资料。

4. 核定征收

企业不提供与其关联方之间业务往来资料，或者提供虚假、不完整资料，未能真实反映其关联业务往来情况的，税务机关有权依法核定其应纳税所得额。

税务机关依照上述规定核定企业的应纳税所得额时，可以采用下列方法：

（1）参照同类或者类似企业的利润率水平核定；

（2）按照企业成本加合理的费用和利润的方法核定；

（3）按照关联企业集团整体利润的合理比例核定；

（4）按照其他合理方法核定。

企业对税务机关按照上述规定的方法核定的应纳税所得额有异议的，应当提供相关证据，经税务机关认定后，调整核定的应纳税所得额。

5. 受控外国企业

由居民企业，或者由居民企业和中国居民控制的设立在实际税负明显低于我国《企业所得税法》规定的25%的税率水平的国家（地区）的企业，并非由于合理的经营需要而对利润不作分配或者减少分配的，上述利润中应归属于该居民企业的部分，应当计入该居民企业的当期收入。

前述所称中国居民是指根据我国《个人所得税法》的规定，就其从中国境内、境外取得的所得在中国缴纳个人所得税的个人。前述所称控制，包括：

（1）居民企业或者中国居民直接或者间接单一持有外国企业10%以上有表决权股份，且由其共同持有该外国企业50%以上股份；

（2）居民企业，或者居民企业和中国居民持股比例没有达到第（1）项规定的标准，但在股份、资金、经营、购销等方面对该外国企业构成实质控制。

前述所称实际税负明显低于我国《企业所得税法》规定税率水平，是指低于《企业所得税法》规定的税率的50%，即低于25%的税率水平的50%。

6. 资本弱化原则

企业从其关联方接受的债权性投资与权益性投资的比例超过规定标准而发生的利息支出，不得在计算应纳税所得额时扣除。标准由国务院财政、税务主管部门另行规定。

前述所称债权性投资，是指企业直接或者间接从关联方获得的，需要偿还本金和支付利息或者需要以其他具有支付利息性质的方式予以补偿的融资。企业间接从关联方获得的债权性投资，包括：

（1）关联方通过无关联第三方提供的债权性投资；

（2）无关联第三方提供的、由关联方担保且负有连带责任的债权性投资；

（3）其他间接从关联方获得的具有负债实质的债权性投资。

前述所称权益性投资，是指企业接受的不需要偿还本金和支付利息，投资人对企业净资产拥有所有权的投资。

7. 一般反避税条款

企业实施其他不具有合理商业目的的安排而减少其应纳税收入或者所得额的，税务机关有权按照合理方法调整。所谓不具有合理商业目的，是指以减少、免除或者推迟缴纳税款为主要目的。

8. 纳税调整和加收利息

税务机关根据税收法律、行政法规的规定，对企业作出特别纳税调整的，应当补征税款，并应对补征的税款，自税款所属纳税年度的次年6月1日起至补缴税款之日止的期间，按日加收利息，且加收的利息不得在计算应纳税所得额时扣除。

利息应当按照税款所属纳税年度中国人民银行公布的与补税期间同期的人民币贷款基准利率加5个百分点计算；企业依法在报送年度企业所得税申报表时，附送了有关资料的，可以只按前款规定的人民币贷款基准利率计算利息。

企业与其关联方之间的业务往来，不符合独立交易原则，或者企业实施其他不具有合理商业目的安排的，税务机关有权在该业务发生的纳税年度起10年内，进行纳税调整。

（五）企业所得税的申报缴纳

1. 纳税年度

企业所得税按纳税年度计算。纳税年度自公历1月1日起至12月31日止。

企业在一个纳税年度中间开业，或者终止经营活动，使该纳税年度的实际经营期不足12个月的，应当以其实际经营期为一个纳税年度。企业依法清算时，应当以清算期间作为一个纳税年度。

2. 缴纳方法

我国企业所得税实行按年计征，分月或者分季度预缴，年终汇算清缴，多退少补的缴纳方法。

（1）分期预缴。企业所得税实行分月或者分季预缴。企业应当自月份或者季度终了之日起15日内，无论盈利或亏损，都应向税务机关报送预缴企业所得税纳税申报表，预缴税款。

企业分月或者分季预缴企业所得税时，应当按照月度或者季度的实际利润额预缴；按照月度或者季度的实际利润额预缴有困难的，可以按照上一纳税年度应纳税所得额的月度或者季度平均额预缴，或者按照经税务机关认可的其他方法预缴。预缴方法一经确定，该纳税年度内不得随意变更。

企业在纳税年度内无论盈利或者亏损，都应当依照法定期限，向税务机关报送预缴企业所得税纳税申报表、年度企业所得税纳税申报表、财务会计报告和税务机关规定应当报送的其他有关资料。

（2）汇算清缴。企业自年度终了之日起 5 个月内，向税务机关报送年度企业所得税纳税申报表，并汇算清缴，结清应缴应退税款。企业在报送企业所得税纳税申报表时，应当按照规定附送财务会计报告和其他有关资料。

企业在年度中间终止经营活动的，应当自实际经营终止之日起 60 日内，向税务机关办理当期企业所得税汇算清缴。

企业发生清算的，应当在办理注销登记前，就其清算所得向税务机关申报并依法缴纳企业所得税。

清算所得是指纳税人清算时的全部资产或者财产扣除各项清算费用、损失、负债、企业未分配利润、公益金和公积金后的余额，超过实缴资本的部分。纳税人依法清算时，以其清算终了后的清算所得为应纳税所得额，按规定缴纳企业所得税。

（3）税款计算单位。企业所得以人民币以外的货币计算的，在预缴企业所得税时应当按照月度或者季度最后一日的人民币汇率中间价，折合成人民币计算应纳税所得额。年度终了汇算清缴时，对已经按照月度或者季度预缴税款的，不再重新折合计算，只就该纳税年度内未缴纳企业所得税的部分，按照纳税年度最后一日的人民币汇率中间价，折合成人民币计算应纳税所得额。

3. 纳税地点

（1）居民企业纳税地点。居民企业以企业登记注册地为纳税地点；但登记注册地在境外的，以实际管理机构所在地为纳税地点，一般不得合并缴纳企业所得税；居民企业在中国境内设立不具有法人资格的营业机构的，应当汇总计算并缴纳企业所得税。

（2）非居民企业纳税地点。非居民企业在中国境内设立机构、场所的，对其所设机构、场所取得的来源于中国境内的所得以及发生在中国境外但与其所设机构、场所有实际联系的所得，以机构、场所所在地为纳税地点；非居民企业在中国境内设立两个或者两个以上机构、场所的，经税务机关审核批准，可以选择由其主要机构、场所汇总缴纳企业所得税；非居民企业在中国境内未设立机构、场所的，或者虽设立机构、场所但取得的所得与其所设机构、场所没有实际联系的，其来源于中国境内的所得，以扣缴义务人所在地为纳税地点。

前述所称“主要机构、场所”应当同时符合下列条件：①对其他各机构、场所的生产经营活动负有监督管理责任；②设有完整的账簿、凭证，能够准确反映各机构、场所的收入、成本、费用和盈亏情况。

非居民企业经批准汇总缴纳企业所得税后，需要增设、合并、迁移、关闭机构、场所或者停止机构、场所业务的，应当事先由负责汇总申报缴纳企业所得税的主要机构、场所向其所在地税务机关报告；需要变更汇总缴纳企业所得税的主要机构、场所的，依照前款规定办理。

4. 非居民企业所得税的源泉扣缴制度

（1）扣缴义务人。在中国境内未设立机构、场所的，或者虽设立机构、场所但取得的所得与其所设机构、场所没有实际联系的非居民企业，就其取得的来源于中国境内的所得应缴纳的所得税，实行源泉扣缴，以支付人为扣缴义务人。

对非居民企业在中国境内取得工程作业和劳务所得应缴纳的所得税，税务机关可以指定工程价款或者劳务费的支付人为扣缴义务人。

可以指定扣缴义务人的情形，包括：①预计工程作业或者提供劳务期限不足一个纳税年度，且有证据表明不履行纳税义务的；②没有办理税务登记或者临时税务登记，且未委托中国境内的代理人履行纳税义务的；③未按照规定期限办理企业所得税纳税申报或者预缴申报的。

前述所称扣缴义务人，由县级以上税务机关指定，并同时告知扣缴义务人所扣税款的计算依据、计算方法、扣缴期限和扣缴方式。

（2）扣缴方法。扣缴义务人每次代扣的税款，应当自代扣之日起7日内缴入国库，并向所在地的税务机关报送扣缴企业所得税报告表。

对应当扣缴的所得税，扣缴义务人未依法扣缴或者无法履行扣缴义务的，由纳税人在所得发生地缴纳。纳税人未依法缴纳的，税务机关可以从该纳税人在中国境内其他收入项目的支付人应付的款项中，追缴该纳税人的应纳税款。在追缴该纳税人应纳税款时，税务机关应当将追缴理由、追缴数额、缴纳期限和缴纳方式等告知该纳税人。

5. 纳税申报

企业缴纳的企业所得税应以人民币计算。企业所得税年度纳税申报基础信息表、申报表、纳税调整项目明细表及其表单说明请扫描右侧二维码获取。

企业所得税相关表格

税法视野 **跨境电子商务综合试验区零售出口企业所得税核定征收相关规定**

第二节 个人所得税法

一、个人所得税的基本法律

（一）个人所得税的概念

个人所得税主要是以个人（自然人）取得的各类应税所得为征税对象征收的一种所得税。在我国，个人所得税是对中国境内有住所，或者无住所而在境内居住满183天的个人，就其来源于中国境内、境外的所得以及在中国境内无住所又不居住，或者无住所而在境内居住不满 183 天的个人，就其来源于中国境内的所得征收的一种税。

个人所得税法是指国家制定的用以调整个人所得税征收与缴纳之间权利与义务关系的法律规范。我国现行个人所得税的基本法规是 2018 年 8 月 31 日由第十三届全国人民代表大会常务委员会第五次会议修改通过并公布的《中华人民共和国个人所得税法》，自 2019 年 1 月 1 日起施行。

税法视野　**我国个人所得税的发展历史**

（二）个人所得税的纳税人

我国个人所得税的纳税义务人是指中国公民、个体工商业户以及在中国有所得的外籍人员（包括无国籍人员）和香港、澳门、台湾同胞。按照住所和居住时间两个标准，个人所得税的纳税义务人可分为居民纳税人和非居民纳税人两类。个人独资企业和合伙企业投资者也是个人所得税的纳税人。

1. 居民纳税人

居民纳税人是指在中国境内有住所，或者无住所而一个纳税年度在中国境内居住累计满 183 天的个人。居民纳税义务人负有无限纳税义务。

所谓在中国境内有住所的个人，是指因户籍、家庭、经济利益关系而在中国境内习惯性居住的个人。这里所说的习惯性居住，是判定纳税人是居民或非居民的一个法律意义上的标准，不是指实际居住地或在某一个特定时期内的居住地。如因学习、工作、探亲、旅游等而在中国境外居住，在其原因消除以后，必须回到中国境内居住的个人，则中国即为该纳税人的习惯性居住地。

所谓一个纳税年度在境内居住累计满 183 天，是指在一个纳税年度内，在中国境内居住累计满 183 天。在计算居住天数时，按其一个纳税年度内在境内的实际居住时间确定。即境内无住所的个人，在一个纳税年度内无论出境多少次，只要在我国境内累计住满 183 天，就可以认定为我国的居民纳税人。

现行税法中关于“中国境内”的含义，是指中国大陆地区，目前还不包括香港、澳门和台湾地区。同时，我国现行《个人所得税法》本着从宽、从简的原则，对在中国境内无住所，但居住累计满 183 天的年度连续不满 6 年的个人，其来源于中国境外的所得，经主管税务机关备案，可以只就中国境内公司、企业以及其他经济组织或者个人支付的部分缴纳个人所得税；连续居住满 6 年的个人，从第 7 年起，应当就其来源于中国境外的全部所得缴纳个人所得税。这里的在中国境内居住累计满 183 天的任一年度中有一次离境超过 30 天的，其在中国境内居住累计满 183 天的年度的连续年限重新起算。

税法视野　**居民纳税人判定标准的国际惯例**

2. 非居民纳税人

非居民纳税人是指在中国境内无住所又不居住，或者无住所而一个纳税年度内在境内居住累计不满183天的个人，非居民纳税人承担有限纳税义务。

非居民纳税人负有限纳税义务，应就其来源于中国境内的所得，向中国缴纳个人所得税。在现实生活中，非居民纳税人，实际上是在一个纳税年度中，没有在中国境内居住，或者在中国境内居住天数累计不满183天的外籍人员或香港、澳门、中国台湾同胞。

在一个纳税年度内，在境内累计居住不超过90天的非居民个人，仅就归属于境内工作期间并由境内雇主支付或者负担的工资薪金所得计算缴纳个人所得税。在一个纳税年度内，在境内累计居住超过90天但不满183天的非居民个人，取得归属于境内工作期间的工资薪金所得，均应当计算缴纳个人所得税；其取得归属于境外工作期间的工资薪金所得，不征收个人所得税。非居民个人为高管人员的，境内支付都要纳税。具体而言，在一个纳税年度内，在境内累计居住不超过90天的高管人员，其取得由境内雇主支付或者负担的工资薪金所得应当计算缴纳个人所得税；不是由境内雇主支付或者负担的工资薪金所得，不缴纳个人所得税。在一个纳税年度内，在境内居住累计超过90天但不满183天的高管人员，其取得的工资薪金所得，除归属于境外工作期间且不是由境内雇主支付或者负担的部分外，应当计算缴纳个人所得税。

自2019年1月1日起，对境内居住的天数和境内实际工作期间以以下规定为准：无住所个人一个纳税年度内在中国境内累计居住天数，按照个人在中国境内累计停留的天数计算。在中国境内停留的当天满24小时的，计入中国境内居住天数，在中国境内停留的当天不足24小时的，不计入中国境内居住天数。对在中国境内、境外同时担任职务或仅在境外机构任职的境内无住所个人，在境内停留的当天不足24小时的，按照半天计算境内工作天数。

税法视野　　**个人所得税居民纳税人和非居民纳税人的判定标准与纳税义务**

（三）个人所得税的征税对象

1. 工资、薪金所得

工资、薪金所得指个人因任职或者受雇而取得的工资、薪金、奖金、年终加薪、劳动分红、津贴、补贴以及与任职或受雇有关的其他所得。

一般来说，工资、薪金所得属于非独立个人劳动所得。所谓非独立个人劳动，是指个人所从事的由他人指定、安排并接受管理的劳动、工作或服务于公司、工厂、行政、事业单位。通常情况下，把直接从事生产、经营或服务的劳动者的收入称为工资，而将从事社会公职或管理活动的劳动者的收入称为薪金。

除工资、薪金以外，奖金、年终加薪、劳动分红、津贴、补贴也属于工资范畴。根据我国目前个人收入的构成情况，对于一些不属于工资、薪金性质的补贴、津贴或者不属于纳税人本人工资、薪金所得项目的收入，不予征税。这些项目包括：独生子女津贴；执行公务员工资制度，未纳入基本工资总额的补贴、津贴差额和家属成员的副食品补贴；托儿补助费；差旅费津贴、误餐补助（单位以误餐的名义发放的补助除外）。其中，误餐补助是指按照财政部规定，个人因公在城区、郊区工作，不能在工作单位或返回就餐的，根据实际误餐顿数，按规定的标准领取的误餐费。

税法视野　　两种个人所得税课税模式比较

2. 劳务报酬所得

劳务报酬所得是指个人从事设计、装潢、安装、制图、化验、测试、医疗、法律、会计、咨询、讲学、新闻、广播、翻译、审稿、书画、雕刻、影视、录音、录像、演出、表演、广告、展览、技术服务、介绍服务、经济服务、代办服务及其他劳务报酬的所得。

个人担任董事职务所取得的董事费收入，按劳务报酬所得征税。

小问答 3－6

工资、薪金与劳务报酬有什么不同？

3. 稿酬所得

稿酬所得是指个人因其作品以图书、报刊形式出版、发行而取得的所得。作者去世后，财产继承人取得的遗作稿酬，亦应征收个人所得税。

根据国税函〔2002〕146 号文件，对报纸、杂志、出版等单位的职员在本单位的刊物上发表作品、出版图书取得的所得规定如下：任职、受雇于报纸杂志等单位的记者、编辑等专业人员，因在本单位的报刊、杂志上发表作品取得的所得，属于因任职、受雇而取得的所得，应与其当月工资收入合并，按工资、薪金所得项目征收个人所得税。除上述专业人员以外，其他人员在本单位的报刊、杂志上发表作品取得的所得，应按“稿酬所得”项目征税。出版社的专业作者撰写、编写或翻译的作品，由本社以图书形式出版而取得的稿费收入，应按“稿酬所得”项目计算缴纳。

4. 特许权使用费所得

特许权使用费所得是指个人提供专利权、商标权、著作权、非专利技术以及其他特许的使用权取得的所得。

提供著作权的使用权取得的所得，不包括稿酬的所得，对于作者将自己的文字作品手稿原件或复印件公开拍卖取得的所得，应按特许权使用费所得征收个人所得税。

编剧从电视剧的制作单位取得的剧本使用费，按“特许权使用费所得”项目征税。

5. 经营所得

经营所得，是指：①个体工商户从事生产、经营活动取得的所得，个人独资企业投资人、合伙企业的个人合伙人来源于境内注册的个人独资企业、合伙企业生产、经营的所得；②个人依法从事办学、医疗、咨询以及其他有偿服务活动取得的所得；③个人对企业、事业单位承包经营、承租经营以及转包、转租取得的所得；④个人从事其他生产经营活动取得的所得。

6. 利息、股息、红利所得

利息、股息、红利所得是指个人拥有债券、股权而取得的利息、股息、红利所得。

7. 财产租赁所得

财产租赁所得是指个人出租不动产、机器设备、车船以及其他财产取得的所得。

8. 财产转让所得

财产转让所得是指个人转让有价证券、股权、合伙企业中的财产份额、不动产、机器设备、车船以及其他财产取得的所得。对个人取得的各项财产转让所得，除股票转让所得外，都要征收个人所得税。

9. 偶然所得

偶然所得指得奖、中奖、中彩以及其他性质的所得。其中：得奖，是指参加各种有奖竞赛活动，取得名次获得的奖金；中奖、中彩，是指参加各种有奖活动，如有奖销售、有奖储蓄或购买彩票，经过规定程序，抽中、摇中号码而取得的奖金。

购买社会福利有奖募捐一次中奖不超过1万元的，暂免，超过1万元的全额征税。

累计消费达到一定额度的顾客，给予额外抽奖机会，个人的获奖所得属于偶然所得。

（四）个人所得税的税率

我国个人所得税采用混合征收制，对纳税人不同来源、性质的所得先分别按照不同的税率征税，然后将全年的各项所得进行汇总征税。采用的税率形式分别为比例税率和超额累进税率。适用的税率具体规定如下。

1. 综合所得适用税率

综合所得适用七级超额累进税率，税率为3%—45%（见表3-4）。综合所得包括：工资、薪金所得、劳务报酬所得、稿酬所得、特许权使用费所得。

表3-4　　综合所得个人所得税税率表（含速算扣除数）

级数	全年应纳税所得额	税率（%）	速算扣除数
1	不超过36 000元的部分	3	0
2	超过36 000元至144 000元的部分	10	2 520
3	超过144 000元至300 000元的部分	20	16 920
4	超过300 000元至420 000元的部分	25	31 920
5	超过420 000元至660 000元的部分	30	52 920
6	超过660 000元至960 000元的部分	35	85 920
7	超过960 000元的部分	45	181 920

2. 经营所得适用税率

个体工商户的生产经营所得和对企事业单位的承包经营、承租经营所得以及个人独资企业和合伙企业的生产经营所得适用5%—35%的五级超额累进税率（见表3-5）。

3. 其他所得适用税率

利息、股息、红利所得，财产租赁所得，财产转让所得和偶然所得，适用税率为20%的比例税率。

表 3－5 经营所得个人所得税税率表（含速算扣除数）

（个体工商户的生产经营所得和对企事业单位的承包经营、承租经营所得适用）

级数	全年应纳税所得额	税率（%）	速算扣除数
1	不超过 30 000 元的部分	5	0
2	超过 30 000 元至 90 000 元的部分	10	1 500
3	超过 90 000 元至 300 000 元的部分	20	10 500
4	超过 300 000 元至 500 000 元的部分	30	40 500
5	超过 500 000 元的部分	35	65 500

其中，自 2001 年 1 月 1 日起，对个人出租住房取得的所得减按 10% 的税率征收个人所得税。

（五）个人所得税的优惠政策

1. 免税项目

（1）省级人民政府、国务院部委和中国人民解放军以上单位以及外国组织、国际组织颁发的科学、教育、技术、文化、卫生、体育、环保等方面的奖金。

（2）国债利息和国家发行的金融债券利息。其中：国债利息，是指个人持有的中华人民共和国财政部发行的债券而取得的利息；国家发行的金融债券利息，是指个人持有经国务院批准发行的金融债券而取得的利息。

税法视野　中国本土作家莫言所获诺贝尔文学奖奖金将可以免税

（3）按照国家统一规定发给的补贴、津贴。这里指按照国务院规定发给的政府特殊津贴和国务院规定免纳个人所得税的补贴、津贴。发给中国科学院资深院士和中国工程院资深院士每人每年 1 万元的资深院士津贴免征个人所得税。

（4）福利费、抚恤金、救济金。其中：福利费是指根据国家有关规定，从企业、事业单位、国家机关、社会团体提留的福利费或工会经费中支付给个人的生活补助费；抚恤金又称抚恤费，是由国家或有关单位依照有关规定发放给死者家属或伤残职工的费用；救济金是指国家民政部门支付给个人的生活困难补助费。

（5）保险赔款。

（6）军人的转业费、复员费。

（7）按照国家统一规定发给干部、职工的安家费、退职费、退休工资、离休工资、离休生活补助费。对离休、退休干部和职工利用一技之长和经验再就业取得的工资、薪金所得，应区别于免税的退休工资、离休工资和离休生活补助费，依法征收个人所得税。此外，离退休人员取得除免税的离退休工资、离休生活补助费以外的其他各项所得，也应依法缴纳个人所得税。实行内部退养的个人，在其办理内部退养手续后至法定离退休年龄之间从原任职单位取得的工资、薪金，不属于离退休工资，须按工资、薪金所得项目缴纳个人所得税。

（8）依照我国有关法律规定应予免税的各国驻华使馆、领事馆的外交代表、领事官员和其他人员的所得。

（9）中国政府参加的国际公约、签订的协议中规定免税的所得。

（10）经国务院财政部门批准免税的所得。

2. 减税项目

（1）残疾、孤老人员和烈属的所得。

（2）因严重自然灾害造成重大损失的。

（3）因其他经国务院财政部门批准减免的项目。

上述减免项目的减征幅度和期限，由省、自治区、直辖市人民政府规定。

3. 暂免征税项目

（1）外籍个人以非现金形式或实报实销形式取得的住房补贴、伙食补贴、搬迁费、洗衣费。

（2）外籍个人按合理标准取得的境内外出差补贴。

（3）外籍个人取得的探亲费、语言训练费、子女教育费等，经当地税务机关审核批准为合理的部分。2019 年 1 月 1 日至 2021 年 12 月 31 日期间，外籍个人符合居民个人条件的，可以选择享受个人所得税专项附加扣除，也可以选择享受住房补贴、语言训练费、子女教育费等津补贴免税优惠政策，但不得同时享受。自 2022 年 1 月 1 日起，外籍个人不再享受住房补贴、语言训练费、子女教育费津补贴免税优惠政策，应按规定享受专项附加扣除。

（4）外籍个人从外商企业取得的股息、红利所得。

（5）凡符合下列条件之一的外籍专家取得的工资、薪金所得，可免征个人所得税：①根据世界银行专项贷款协议，由世界银行直接派来我国工作的外国专家；②联合国组织直接派来我国工作的专家；③为联合国援助项目来华工作的专家；④援助国派来我国，专为该国无偿援助项目工作的专家；⑤根据两国政府签订文化交流项目，来华工作 2 年以内的文教专家，其工资、薪金所得由该国负担的；⑥根据我国大专院校国际交流项目，来华工作 2 年以内的文教专家，其工资、薪金所得由该国负担的；⑦通过民间科研协定来华工作的专家，其工资、薪金所得由该国政府机构负担的。

（6）个人举报、协查各种违法犯罪行为而获得的奖金。

（7）个人办理代扣代缴税款手续，按规定取得扣缴手续费。

（8）个人转让自用达 5 年以上，并且是唯一的家庭生活用房取得的所得。

（9）对个人购买福利彩票、体育彩票，一次中奖收入在 1 万元以下的（含 1 万元）暂免征收个人所得税，超过 1 万元的全额征收个人所得税。

（10）达到离退休年龄，但因工作需要，适当延长离退休年龄的高级专家（指享受国家发放的政府特殊津贴的专家、学者），其在延长离退休期间的工资、薪金所得，视同离退休工资免征个人所得税。

（11）符合条件的社会保险和住房公积金。

（12）企业和个人按照国家和地方政府规定的比例，提取并向指定金融机构实际缴付的住房公积金、医疗保险金、基本养老保险金，免于征税个人所得税。

（13）个人提取原提存的住房公积金、医疗保险金、基本养老保险金以及具备《失业保险条例》规定条件的失业人员领取的失业保险金，免于征税个人所得税。

二、个人所得税的计征管理

《个人所得税法》对纳税义务人的征税方法有三种：一是按年计征，如经营所得、居民个人取得的综合所得；二是按月计征，如非居民个人取得的工资、薪金所得；三是按次计征，如利息、股息、红利所得、财产租赁所得，偶然所得和非居民个人取得的劳务报酬所得、稿酬所得、特许权使用费所得等。

（一）应纳税所得额的相关规定

个人所得税的应税项目不同，同时取得某项所得所需费用也不相同，因此，计算个人应纳税所得额，需要按照不同应税项目分项计算。即以某项应税项目的收入额减去税法规定的该项目费用减除标准后的余额，为该应税项应纳税所得额。

1. 每次收入的确定

《个人所得税法》规定的征税方法如下：一是按年计征，如经营所得，居民个人取得的综合所得；二是按月计征，如非居民个人取得的工资、薪金所得；三是按次计征，如财产租赁所得，利息、股息、红利所得，偶然所得和非居民个人取得的劳务报酬所得，稿酬所得，特许权使用费所得等。《个人所得税法实施条例》中对“次”的规定如下：

（1）非居民个人取得劳务报酬所得、稿酬所得、特许权使用费所得，根据不同所得项目的特点，分别规定为：

①属于一次性收入的，以取得该项收入为一次。需要注意的是，如果一次性劳务报酬收入以分月支付方式取得的，就适用同一事项连续取得收入，以 1 个月内取得的收入为一次的规定。

就稿酬而言，所谓“每次取得收入”，是指以每次出版、发表作品取得收入为一次，计征个人所得税。有关具体规定如下：a. 个人每次以图书、报刊方式出版、发表同一作品，无论出版单位是预付还是分笔支付稿酬，或者加印该作品后再付稿酬，均应合并为一次征税。b. 在两处或两处以上出版、发表或再版同一作品而取得的稿酬，则可分别按各处所得或再版所得分次计征。c. 个人的同一作品在报刊上连载，应合并连载所得为一次。连载之后又出书取得稿酬的，或先出书后连载取得稿酬的，应视同再版稿酬分次征税。d. 作者去世后，对取得其遗作稿酬的个人，按稿酬所得征税。

就特许权使用费而言，以某项使用权的一次转让所取得的收入为一次。如果该次转让取得的收入是分笔支付的，则应将各笔收入相加为一次的收入，计征个人所得税。

②属于同一事项连续取得收入的，以 1 个月内取得的收入为一次。

（2）财产租赁所得，以 1 个月内取得的收入为一次。

（3）利息、股息、红利所得，以支付利息、股息、红利时取得的收入为一次。

（4）偶然所得，以每次收入为一次。

2. 应纳税所得额的确定

（1）居民个人取得的综合所得，以每年收入额减除费用 60 000 元以及专项扣除、专项附加扣除和依法确定的其他扣除后的余额，为应纳税所得额。

①专项扣除，包括居民个人按照国家规定的范围和标准缴纳的基本养老保险、基本医疗保险、失业保险等社会保险费和住房公积金等。

②专项附加扣除，包括子女教育、继续教育、大病医疗、住房贷款利息或者住房租金、赡养老人等支出，具体范围、标准和实施步骤由国务院确定，并报全国人民代表大会常务委员会备案。

③依法确定的其他扣除，包括个人缴付符合国家规定的企业年金、职业年金、个人购买符合国家规定的商业健康保险、税收递延型商业养老保险的支出以及国务院规定可以扣除的其他项目。

④专项扣除、专项附加扣除和依法确定的其他扣除，以居民个人一个纳税年度的应纳税所得额为限额；一个纳税年度扣除不完的，不结转以后年度扣除。

（2）非居民个人的工资、薪金所得，以每月收入额减除费用5 000元后的余额为应纳税所得额；劳务报酬所得、稿酬所得、特许权使用费所得，以每次收入额为应纳税所得额。

（3）经营所得，以每一纳税年度的收入总额减除成本、费用以及损失后的余额，为应纳税所得额。

取得经营所得的个人，没有综合所得的，计算其每一纳税年度的应纳税所得额时，应当减除费用60 000元、专项扣除、专项附加扣除以及依法确定的其他扣除。专项附加扣除在办理汇算清缴时减除。

对个体工商户业主、个人独资企业和合伙企业自然人投资者的生产经营所得依法计征个人所得税时，个体工商户业主、个人独资企业和合伙企业自然人投资者本人的费用按照扣除标准统一确定为60 000元/年（5 000元/月）

对企事业单位承包经营、承租经营所得是以每一纳税年度的收入总额，减除必要费用后的余额，为应纳税所得额。其中，收入总额是指纳税人按照承包经营、承租经营合同规定分得的经营利润和工资、薪金性质的所得。所说的减除必要费用，是指按年减除60 000元。

（4）财产租赁所得，每次收入不超过4 000元的，减除费用800元；4 000元以上的，减除20%的费用，其余额为应纳税所得额。

（5）财产转让所得，以转让财产的收入额减除财产原值和合理费用后的余额，为应纳税所得额。

（6）利息、股息、红利所得和偶然所得，以每次收入额为应纳税所得额。

（7）专项附加扣除标准。取得综合所得和经营所得的居民个人可以享受专项附加扣除。

①子女教育。纳税人年满3岁的子女接受学前教育和学历教育的相关支出，按照每个子女每月1 000元（每年12 000元）的标准定额扣除。父母可以选择由其中一方按扣除标准的100%扣除，也可以选择由双方分别按扣除标准的50%扣除，具体扣除方式在一个纳税年度内不能变更。

②继续教育。纳税人在中国境内接受学历（学位）继续教育的支出，在学历（学位）

教育期间按照每月400元（每年4 800元）定额扣除。同一学历（学位）继续教育的扣除期限不能超过48个月（4年）。纳税人接受技能人员职业资格继续教育、专业技术人员职业资格继续教育支出，在取得相关证书的当年，按照3 600元定额扣除。个人接受本科及以下学历（学位）继续教育，符合税法规定扣除条件的，可以选择由其父母扣除，也可以选择由本人扣除。纳税人接受技能人员职业资格继续教育、专业技术人员职业资格继续教育的，应当留存相关证书等资料备查。

③大病医疗。在一个纳税年度内，纳税人发生的与基本医保相关的医药费用支出，扣除医保报销后个人负担累计超过15 000元的部分，由纳税人在办理年度汇算清缴时，在80 000元限额内据实扣除。纳税人发生的医药费用支出可以选择由本人或者其配偶扣除；未成年子女发生的医药费用支出可以选择由其父母一方扣除。纳税人及其配偶、未成年子女发生的医药费用支出，应按以上规定分别计算扣除额。纳税人应当留存医药服务收费及医保报销相关票据原件（或复印件）等资料备查。

④住房贷款利息。纳税人本人或配偶，单独或共同使用商业银行或住房公积金个人住房贷款，为本人或其配偶购买中国境内住房，发生的首套住房贷款利息支出，在实际发生贷款利息的年度，按照每月1 000元（每年12 000元）的标准定额扣除，扣除年限最长不超过240个月（20年）。纳税人只能享受一套首套住房贷款利息扣除。经夫妻双方约定，可以选择由其中一方扣除，具体扣除方式在确定后，一个纳税年度内不得变更。纳税人应当留存住房贷款合同、贷款还款支出凭证备查。

⑤住房租金。纳税人在主要工作城市没有自有住房而发生的住房租金支出，可以按照以下标准定额扣除：直辖市、省会（首府）城市、计划单列市以及国务院确定的其他城市，扣除标准为每月1 500元（每年18 000元）；除以上城市外，市辖区户籍人口超过100万的城市，扣除标准为每月1 100元（每年13 200元）；市辖区户籍人口不超过100万的城市，扣除标准为每月800元（每年9 600元）。夫妻双方主要工作城市相同的，只能由一方扣除住房租金支出。纳税人及其配偶在一个纳税年度内不得同时分别享受住房贷款利息专项附加扣除和住房租金专项附加扣除。纳税人应当留存住房租赁合同、协议等资料备查。

⑥赡养老人。纳税人赡养一位及以上被赡养人的赡养支出，统一按以下标准等额扣除：纳税人为独生子女的，按照每月2 000元（每年24 000元）的标准定额扣除；纳税人为非独生子女的，由其与兄弟姐妹分摊每月2 000元（每年24 000元）的扣除额度，每人分摊的额度最高不得超过每月1 000元（每年12 000元）可以由赡养人均摊或者约定分摊，也可以由被赡养人指定分摊。约定或者指定分摊的须签订书面分摊协议，指定分摊优于约定分摊。具体分摊方式和额度在一个纳税年度内不得变更。被赡养人是指年满60岁的父母以及子女均已去世的年满60岁的祖父母、外祖父母。

3. 应纳税所得额的其他规定

（1）劳务报酬所得、稿酬所得、特许权使用费所得以收入减去20%的费用后的余额为收入额。稿酬所得的收入额减按70%计算。

（2）个人将其所得对教育、扶贫、济困等公益慈善事业进行捐赠，捐赠额未超过纳税人申报的应纳税所得额30%的部分，可以从其应纳税所得额中扣除；国务院规定对公益慈善事业捐赠实行全额税前扣除的，从其规定。

（3）个人所得的形式，包括现金、实物、有价证券和其他形式的经济利益；所得为实物的，应当按照取得的凭证上所注明的价格计算应纳税所得额，无凭证的实物或者凭证上所注明的价格明显偏低的，参照市场价格核定应纳税所得额；所得为有价证券的，根据票面价格和市场价格核定应纳税所得额；所得为其他形式的经济利益的，参照市场价格核定应纳税所得额。

（4）居民个人从中国境外取得的所得，可以从其应纳税额中抵免已在境外缴纳的个人所得税税额，但抵免额不得超过该纳税人境外所得依照本法规定计算的应纳税额。

（5）所得为人民币以外货币的，按照办理纳税申报或者扣缴申报的上一月最后一日人民币汇率中间价的，折合成人民币计算应纳税所得额。

（二）应纳税额的计算

1. 居民个人综合所得应纳税额的计算

（1）工资、薪金所得全额计入收入额；劳务报酬所得、特许权使用费所得的收入额为实际取得劳务报酬、特许权使用费收入的80%；稿酬所得的收入额在扣除20%费用的基础上，再减按70%计算。

（2）居民个人的综合所得，以每一纳税年度的收入额减除费用60 000元以及专项扣除、专项附加扣除和依法确定的其他扣除后的余额，为应纳税所得额。计算公式为：

应纳税额 = ∑（每一级数的全年应纳税所得额 × 对应级数的适用税率）
= ∑［每一级数（全年收入额 − 60 000元 − 专项扣除 − 享受的专项附加扣除 − 享受的其他扣除）× 对应级数的适用税率］

运用速算扣除数计算法，可以简化计算过程。

速算扣除数计算法下，居民个人综合所得应纳税额的计算公式如下：

应纳税额 = 全年应纳税所得额 × 适用税率 − 速算扣除数
=（全年收入额 − 60 000元 − 专项扣除 − 享受的专项附加扣除 − 享受的其他扣除）× 适用税率 − 速算扣除数

课堂训练3－20

居民个人赵某为独生子女，2020年交完社保和住房公积金后共取得税前工资收入30万元，劳务报酬收入8万元，稿酬收入2万元。赵某有两个上小学的小孩且均由其扣除子女教育专项附加扣除，赵某的父母健在且均已年满60岁。计算赵某当年应纳个人所得税税额。

2. 非居民个人取得工资、薪金所得，劳务报酬所得，稿酬所得和特许权使用费所得应纳税额的计算

非居民个人在我国取得工资、薪金所得，劳务报酬所得，稿酬所得和特许权使用费所得，按月或按次分项计算个人所得税，不采用汇算清缴的方式汇总计算综合所得。适用的税率表见表3－6。

表 3-6 非居民个人工资、薪金所得，劳务报酬所得，稿酬所得，特许权使用费所得适用税率表

级数	全月应纳税所得额	税率（%）	速算扣除数
1	不超过 3 000 元的	3	0
2	超过 3 000 元至 12 000 元的部分	10	210
3	超过 12 000 元至 25 000 元的部分	20	1 410
4	超过 25 000 元至 35 000 元的部分	25	2 660
5	超过 35 000 元至 55 000 元的部分	30	4 410
6	超过 55 000 元至 80 000 元的部分	35	7 160
7	超过 80 000 元的部分	45	15 160

工资、薪金所得，以每月收入额减除费用 5 000 元后的余额为应纳税所得额；劳务报酬所得、特许权使用费所得的收入额为实际取得劳务报酬、特许权使用费收入的 80%；稿酬所得的收入额在扣除 20% 费用的基础上，再减按 70% 计算。

课堂训练 3-21

假定某外国专家（非居民个人）临时来华工作，2020 年 9 月取得由该企业发放的含税工资收入 50 000 元人民币，此外还受邀担任评审专家取得劳务报酬 8 000 元人民币。计算当月其应纳个人所得税税额。

3. 经营所得应纳税额的计算

经营所得应纳税额的计算公式为：

应纳税额 = 全年应纳税所得额 × 适用税率 - 速算扣除数

或： = (全年收入总额 - 成本、费用及损失) × 适用税率 - 速算扣除数

(1) 个体工商户应纳税额的计算。

①应纳税所得额的确定。对实行查账征收的个体工商户，其应纳税所得额为每一纳税年度的收入总额，减除成本费用以及损失后的余额。计算公式为：

应纳税所得额 = 收入总额 - (成本 + 费用 + 损失 + 准予扣除的税金) - 规定的费用减除标准

a. 收入总额。个体工商户的收入总额，是指个体工商户从事生产经营以及与生产经营有关的活动所取得的各项收入，包括商品销售收入、营运收入、劳务服务收入、工程价款收入、财产出租收入或转让收入、利息收入、其他收入和营业外收入。

b. 准予扣除的项目。

成本、费用，是指个体工商户从事生产经营所发生的各项直接费用和间接费用。其中：直接费用是指在生产经营活动中所发生的材料费、人工费及制造费用；间接费用是为组织生产和管理活动所发生的管理费用、销售费用和财务费用。

损失，是指个体工商户在生产经营过程中发生的各项营业外支出，包括固定资产盘亏、报废、毁损和出售的净损失。

税金，是指个体工商户按规定缴纳的消费税、城建税、资源税、土地使用税、土地增

值税、房产税、车船税、印花税、耕地占用税以及教育费附加等。

c. 准予在所得税前列支的其他项目及列支标准。

个体工商户在生产经营过程中的借款利息，未超过中国人民银行规定的同类、同期贷款利率计算的数额部分，准予扣除。

个体工商户按照国务院有关主管部门或者省级人民政府规定的范围和标准为其业主和从业人员缴纳的基本养老保险费、基本医疗保险费、失业保险费、生育保险费、工伤保险费和住房公积金，准予扣除。

个体工商户发生的与生产经营有关的修理费，可以据实扣除。修理费用发生不均衡或数额较大的，应分期扣除。

个体工商户按规定缴纳的工商管理费、个体劳动者协会会费、摊位费，按实际发生数扣除。

个体工商户在生产经营中租入固定资产而支付的费用，其扣除分两种情况处理：以融资租赁方式租入固定资产而发生的租赁费，应计入固定资产价值，不得直接扣除；如果是以经营租赁方式租入固定资产的租赁费，可以据实扣除。

个体工商户研究开发新产品、新技术、新工艺所发生的开发费用以及研究开发新产品、新技术、新工艺而购置的单台价值在10万元以下的测试仪器和试验性装置的购置费，直接扣除。超过上述标准和范围的，按固定资产管理，不得在当期扣除。

个体工商户每一纳税年度发生的与其生产经营活动直接相关的广告费和业务宣传费不超过当年销售（营业）收入15%的部分可据实扣除；超过部分准予在以后纳税年度结转扣除。

个体工商户发生的与生产经营所得有关的业务招待费，由其提供合法的凭证或单据，经主管税务机关审核后，按照实际发生的60%扣除，但是最高不超过销售收入的5‰。

个体工商户将其所得通过中国境内的社会团体、国家机关向教育和其他社会公益事业以及遭受严重自然灾害地区、贫困地区的捐赠，捐赠额不超过其应纳税所得额30%的部分可以据实扣除。纳税人直接给受益人的捐赠不得扣除。

个体工商户的年度经营亏损，经主管税务机关审核批准后，允许用下一年度的经营所得弥补。下一年度所得不足弥补的，允许逐年连续弥补，但最长不得超过5年。

个体工商户生产经营活动中，应当分别核算生产经营费用和个人、家庭费用。对于生产经营与个人、家庭生活混用难以分清的费用，其40%视为与生产经营有关费用，准予扣除。

个体工商户向其从业人员实际支付的合理的工资、薪金支出，允许在税前据实扣除。

个体工商户拨缴的工会缴费、发生的职工福利费、职工教育经费支出分别在工资、薪金总额2%、14%、2.5%的标准内据实扣除。

个体工商户购入低值易耗品的支出，原则上一次摊销，但一次性购入价值较大的，应分期摊销。分期摊销的价值由各省、自治区、直辖市地方税务局确定。

d. 不得在税前列支的项目。资本性支出；被没收的财物、支付的罚款；缴纳的个人所得税、税收滞纳金、罚款；各种赞助支出；自然灾害或意外事故损失有赔偿的部分；业主的工资支出；分配给投资者的股利等。

e. 费用减除标准。个体工商户业主的费用扣除标准为60 000元/年。个体工商户业主的工资薪金支出不得税前扣除。

②资产的税务处理。个体工商户购入、自建、实物投资和融资租入的资产，包括固定资产、无形资产、递延资产等，只能采取分次计提折旧或分次摊销的方式予以列支。

a. 固定资产的税务处理。个体工商业户的固定资产是指在生产经营中使用的、期限超过一年且单位价值在1 000元以上的房屋，建筑物、机器、设备、运输工具及其他与生产经营有关的设备、工器具等。固定资产在计提折旧前，应当估计残值5%，从固定资产原价中减除。税法规定的固定资产折旧最短年限分别为：房屋、建筑物为20年；轮船、机器、机械和其他生产设备为10年；电子设备和轮船以外的运输工具以及与生产经营有关的器具、工具、家具等为5年。特殊原因需要缩短折旧年限的须报经省级税务机关审核批准。固定资产按平均年限法和工作量法计算计提。

b. 无形资产的税务处理。无形资产从使用之日起，在有效使用期内分期均额扣除。作为投资或受让的无形资产，在法律、合同或协议中规定了使用年限的，可按该使用年限分期扣除；没有规定使用年限或者自行开发的无形资产，扣除年限不得少于10年。

c. 递延资产的税务处理。个体户自申请营业执照之日起至开始生产经营之日止所发生符合本办法规定的费用，除为取得固定资产，无形资产的支出以及应计入资产价值的汇兑损益，利息支出外，可作为递延资产中的开办费，个体工商户可以选择在开始生产经营的当年一次性扣除，也可自生产经营月份起在不短于3年期限内摊销扣除，但一经选定，不得改变。

d. 存货的税务处理。按实际成本计价，领用或发出存货的核算原则上采用加权平均法。

③应纳税额的计算。个体工商户的生产经营所得适用五级超额累进税率，其计算公式为：

应纳税额＝应纳税所得额×适用税率－速算扣除数

＝(全年收入总额－成本、费用以及损失)×适用税率－速算扣除数

由于个体工商户生产、经营所得的应纳税额实行按年计算、分月或分季预缴、年终汇算清缴、多退少补的方法。因此，在实际工作中，需要分别计算按月（季）预缴税款和年终汇算清缴税款。其计算公式为：

本月应预缴税额＝本月累计应纳税所得额×适用税率－速算扣除数－上月累计已预缴税额

公式中的税率，是指与计算应纳税额的月份累计应纳税所得额对应的税率。

全年应纳税额＝应纳税所得额×税率－速算扣除数

应补（退）税额＝全年应纳税额－全年累计已预缴税额

课堂训练3－22

某个体工商户2020年12月取得经营性收入为350 000元，准许扣除的当月成本、费用（不含业主工资）及相关税金共计280 650元。1—11月累计应纳税所得额88 400元（未扣除业主费用减除标准），1—11月累计已预缴个人所得税10 200元。业主本人除经

营所得外，没有其他收入。2020年全年有1个上小学的孩子由他扣除子女教育专项附加扣除。不考虑专项扣除和其他符合税法规定的扣除，请计算该个体工商户2020年度应缴纳的个人所得税及汇算清缴时应申请的个人所得税退税额。

（2）个人独资企业和合伙企业投资者征收个人所得税的计税方法。

根据国务院的规定，从2000年1月1日起，个人独资企业和合伙企业不再征收企业所得税，只对投资者个人取得的生产经营所得征收个人所得税。对个人独资企业和合伙企业投资者取得种植业养殖业、饲养业、捕捞业所得暂不征收个人所得税。

①个人独资企业、合伙企业及纳税人。个人独资企业和合伙企业是指：依照《中华人民共和国个人独资企业法》和《中华人民共和国合伙企业法》登记成立的个人独资企业、合伙企业；依照《中华人民共和国私营企业暂行条例》登记成立的独资、合伙性质的私营企业；依照《中华人民共和国律师法》登记成立的合伙制律师事务所；经政府有关部门依法成立的负无限责任和无限连带责任的其他个人独资、合伙性质的机构或组织。

个人独资企业以投资者为纳税义务人，合伙企业以每一个合伙人为纳税义务人。

②税率。凡实行查账征税办法的，其税率比照"个体工商户的生产、经营所得"应税项目，适用5%—35%的五级超额累进税率，计算征收个人所得税。实行核定应税所得率征收方式的，先按照应税所得率计算其应纳税所得额，再按其应纳税所得额的大小，适用5%—35%的五级超额累进税率，计算征收个人所得税。

投资者兴办两个或两个以上的企业，年度终了时，应汇总从所有企业取得的应纳税所得额，据此确定适用税率计算缴纳个人所得税。

③应纳税所得额的确定原则。个人独资企业和合伙企业的应纳税所得额，等于每一纳税年度的收入总额减除成本、费用以及损失后的余额。收入总额是指企业从事生产经营以及与生产经营有关的活动所取得的各项收入，包括商品（产品）销售收入、营运收入、劳务服务收入、工程价款收入、财产出租或转让收入、利息收入、其他业务收入和营业外收入。

自2008年1月1日起，合伙企业的合伙人应纳税所得额的确认原则如下：a. 合伙企业的合伙人以合伙企业的生产经营所得和其他所得，按照合伙协议约定的分配比例确定应纳税所得额；b. 合伙协议未约定或者约定不明确的，以全部生产经营所得和其他所得，按照合伙人协商决定的分配比例确定应纳税所得额；c. 协商不成的，以全部生产经营所得和其他所得，按照合伙人实缴出资比例确定应纳税所得额；d. 无法确定出资比例的，以全部生产经营所得和其他所得，按照合伙人数量平均计算每个合伙人的应纳税所得额；e. 合伙人协议不得约定将全部利润分配给部分合伙人。

④扣除项目。a. 投资者的工资不得在税前扣除。自2019年1月1日起，个人独资企业和合伙企业投资者的生产经营所得依法计征个人所得税时，个人独资企业和合伙企业投资者本人的费用扣除标准为5 000元/月，即60 000元/年。投资者兴办两个或两个以上企业的，其费用扣除标准由投资者选择在其中一个企业的生产经营所得中扣除。b. 投资者及其家庭发生的生活费用不允许在税前扣除。生活费用与企业生产经营费用混合在一起难以划分的，全部视为生活费用，不允许税前扣除。c. 投资者及其家庭共用的固定资产，难以划分的，由税务机关核定。d. 计提的各种准备金不得扣除。e. 企业与其关联企业之

间的业务往来，应当按照独立企业之间的业务往来收取或者支付价款、费用。不按照独立企业之间的业务往来收取或者支付价款，而减少其应纳税所得额的，主管税务机关有权进行合理调整。

⑤应纳税额的计算。

a. 投资者兴办两个或者两个以上企业应纳税额的计算方法。汇总其投资兴办的所有企业的经营所得作为应纳税所得额，以此确定适用税率，计算出全年经营所得的应纳税额，再根据每个企业的经营所得占所有企业经营所得的比例，分别计算出每个企业的应纳税额和应补缴税额。计算公式如下：

应纳税所得额 = ∑各个企业的经营所得

应纳税额 = 应纳税所得额 × 税率 − 速算扣除数

本企业应纳税额 = 应纳税额 × 本企业的经营所得 ÷ ∑各个企业的经营所得

本企业应补缴的税额 = 本企业应纳税额 − 本企业预缴的税额

b. 个人独资企业和合伙企业核定征收应纳税额的计算。有下列情形之一的，主管税务机关应采取核定征收方式征收个人所得税：企业依照国家有关规定应当设置但未设置账簿的；企业虽设置账簿，但账目混乱或者成本资料、收入凭证、费用凭证残缺不全，难以查账的；纳税人发生纳税义务，未按照规定的期限办理纳税申报，经税务机关责令限期申报，逾期仍未申报的。核定征收方式包括定额征收、定率征收和其他合理方法。应纳所得税额的计算公式如下：

应纳所得税额 = 应纳税所得额 × 适用税率

应纳税所得额 = 收入总额 × 应税所得率 = 成本费用支出额/(1 − 应税所得率) × 应税所得率

c. 亏损弥补。投资者兴办两个或两个以上企业的，企业的年度经营亏损不能跨企业弥补。实行查账征税方式的个人独资企业和合伙企业改为核定征税方式后，在查账征税方式下认定的年度经营亏损未弥补完的部分，不得再继续弥补。

d. 残疾人员投资兴办或者参与兴办个人独资企业和合伙企业的，残疾人员取得的生产经营所得，符合各省、自治区、直辖市人民政府规定的减征个人所得税条件的，经本人申请、主管税务机关审核批准，可按各省、自治区、直辖市人民政府规定减征的范围和幅度，减征个人所得税。但实行核定征税的投资者不得享受个人所得税的优惠政策。

课堂训练 3－23

李先生与合伙人在 A 市共同兴办了一家合伙企业甲，出资比例为 5:5。年初，李先生向其主管税务机关报送了年度的所得税申报表和会计决算报表以及预缴个人所得税纳税凭证。该合伙企业年度会计报表反映：合伙企业该年度的主营业务收入 70 万元，其他业务收入 10 万元，营业成本 43 万元，相关税金 2 万元，销售费用 15.5 万元，管理费用 8.5 万元，其中包括业务招待费 1.35 万元，营业外支出 5 万元，利润总额 6 万元。经税务部门审核，发现如下问题：(1) 合伙企业在该年度给每位合伙人支付工资 48 000 元，已列支；(2) 合伙企业于每季度末向合伙人支付股利 5 000 元，已列支；(3) 销售费用账户列支广告费 2.5 万元和业务宣传费 0.5 万元；(4) 其他业务收入是两位合伙人对外投资分回的红利，对外投资的出资比例与合伙企业的出资比例相同；（5）营业外支出账户中包括合伙企业被工商管理部门处以的罚款2万元。

李先生在B市另有乙合伙企业，分得该年度利润6.4万元，经税务审核无调整项目。李先生选择从甲企业中扣除费用。根据以上资料回答下列问题：（1）合伙企业允许税前扣除的广告费和业务宣传费；（2）甲合伙企业的应纳税所得额；（3）李先生生产经营所得应缴纳个人所得税；（4）李先生该年度应缴纳的个人所得税（不考虑李先生应享受的专项附加扣除和其他扣除）。

（3）承包、承租经营所得应纳税额的计算。

①应纳税所得额的确定。对企事业单位承包经营、承租经营所得是以每一纳税年度的收入总额，减除必要费用后的余额，为应纳税所得额。其中，收入总额是指纳税人按照承包经营、承租经营合同规定分得的经营利润和工资、薪金性质的所得，必要费用按年减除60 000元。其计算公式按照新修订的个人所得税法为：

应纳税所得额 = 个人承包、承租经营收入总额 - 必要费用

②应纳税额的计算。对企事业单位承包经营、承租经营所得适用五级超额累进税率，其计算公式为：

应纳税额 = 应纳税所得额 × 适用税率 - 速算扣除数

实行承包、承租经营所得的纳税人，应以每一纳税年度的承包、承租经营所得计算纳税。纳税人在一个纳税年度内分次取得承包、承租经营所得的，应在每次取得承包、承租经营所得后预缴税款，年终汇算清缴，多退少补。如果纳税人的承包、承租期在一个纳税年度内，经营不足12个月的，应以其实际承包、承租经营的期限为一个纳税年度计算纳税。计算公式为：

应纳税所得额 = 该年度承包、承租经营收入额 - (5 000 × 该年度实际承包、承租经营月份数)

应纳税额 = 应纳税所得额 × 适用税率 - 速算扣除数

4. 财产租赁所得应纳税额的计算

（1）应纳税所得额的确定。财产租赁所得以每次取得的收入为一次（一个月），定额或定率减除规定的费用后的余额为应纳税所得额。每次收入不超过4 000元的，定额减除费用800元；每次收入超过4 000元的，定率减除费用20%。

在确定财产租赁的应纳税所得额时，纳税人在出租财产的过程中缴纳的税金和教育费附加，可持完税凭证，从其财产租赁收入中扣除。准予扣除的项目除了规定费用和有关税、费外，还准予扣除能够提供有效凭证，证明由纳税人负担的该出租财产实际开支的修缮费用。允许扣除的修缮费用，以每次800元为限。一次扣除不完的，准予在下一次继续扣除，直到扣完为止。其计算公式为：

①每次收入不超过4 000元的，其计算公式为：

应纳税所得额 = 每次收入额 - 准予扣除项目 - 修缮费用（800元为限）- 800元

②每次收入超过4 000元的，其计算公式为：

应纳税所得额 = [每次收入额 - 准予扣除的项目 - 修缮费用(800元为限)] × (1 - 20%)

（2）应纳税额的计算。财产租赁所得使用20%的比例税率。但对个人出租的居民住房取得的所得，自2001年起暂按10%的税率征税。其计算公式为：

应纳税额 = 应纳税所得额 × 适用税率（20%）

课堂训练3－24

钱先生于某年1月将商铺出租，扣除有关税费后（不含以下修理费用），全年取得租金净收入36 000元。该年7月，钱先生对出租商铺维修花费了4 800元。请问钱先生该年度租赁所得应缴纳的个人所得税。

5. 财产转让所得应纳税额的计算

（1）应纳税所得额的确定。财产转让所得以个人每次转让财产取得收入额减除财产原值和相关税、费后的余额，为应纳税所得额。其中，“每次”是指一件财产的所有权一次转让取得的收入为一次。

财产原值是指：有价证券为买入价以及买入时按照规定交纳的有关费用；建筑物为建造费或者购进价格以及其他有关费用；土地使用权为取得土地使用权所支付的金额、开发土地的费用以及其他有关费用；机器设备、车船，为购进价格、运输费、安装费以及其他有关费用；其他财产参照以上方法确定。另外，纳税人未提供完整、准确的财产原值凭证，不能正确计算财产原值的，由主管税务机关核定其财产原值。合理费用是指卖出财产时按规定支付的有关费用。

（2）应纳税额的计算。其计算公式为：

应纳税所得额 = 每次收入额 － 财产原值 － 合理税费

应纳税额 = 应纳税所得额 × 适用税率（20%）

个人转让限售股，以每次限售股转让收入，减除股票原值和合理税费后的余额，为应纳税所得额。即：

应纳税所得额 = 限售股转让收入 －（限售股原值 + 合理税费）

课堂训练3－25

某投资者前期购入债券3 000份，每份买入价10元，支付购进买入债券的税费共计450元。本期将买入的债券一次卖出1 800份，每份卖出价12元，支付卖出债券的税费330元。问其应纳税额为多少？

6. 利息、股息、红利所得和偶然所得应纳税额的计算

利息、股息、红利所得，偶然所得，以个人每次取得的收入额为应纳税所得额，不得从收入中扣除任何费用。

应纳税额 = 应纳税所得额（每次收入）× 适用税率

其中：①储蓄存款在2008年10月9日后（含10月9日）孳生的利息所得，暂免征收个人所得税。②自2015年9月8日起，对个人从公开发行和转让市场取得的上市公司股票，股息红利所得按持股时间长短实行差别化个人所得税政策。个人从公开发行和转让市场取得的上市公司股票，持股期限超过1年的，股息红利所得暂免征收个人所得税。个

人从公开发行和转让市场取得的上市公司股票，持股期限在1个月以内（含1个月）的，其股息红利所得全额计入应纳税所得额；持股期限在1个月以上至1年（含1年）的，暂减按50%计入应纳税所得额；上述所得统一适用20%的税率计征个人所得税。

课堂训练3-26

孙某购买体彩中奖1 000万元，则体彩中心应代扣代缴的个人所得税为多少？

（三）应纳税额计算中特殊问题的处理

1. 居民个人取得全年一次性奖金的计税问题

居民个人取得全年一次性奖金，在2021年12月31日前，可以选择不并入当年综合所得，以全年一次性奖金收入除以12个月得到的数额，按照按月换算后的综合所得税率表（表3-7），确定适用税率和速算扣除数，单独计算纳税。计算方法如下：

表3-7　按月换算后的综合所得税率表

级数	月应纳税所得额	税率（%）	速算扣除数
1	不超过3 000元的	3	0
2	超过3 000元至12 000元的部分	10	210
3	超过12 000元至25 000元的部分	20	1 410
4	超过25 000元至35 000元的部分	25	2 660
5	超过35 000元至55 000元的部分	30	4 410
6	超过55 000元至80 000元的部分	35	7 160
7	超过80 000元的部分	45	15 160

（1）将居民个人取得的全年一次性奖金，除以12个月，按其商数确定适用税率和速算扣除数。

（2）将居民个人取得的全年一次性奖金，按上述第（1）条确定的适用税率和速算扣除数计算征税。

应纳税额=居民个人取得的全年一次性奖金收入×适用税率-速算扣除数

自2022年1月1日起，居民个人取得全年一次性奖金，应并入当年综合所得计算缴纳个人所得税。

课堂训练3-27

中国公民李某2021年1月取得2020年的年终奖金72 000元，请计算李某取得年终奖金应缴纳的个人所得税。

2. 在外商投资企业、外国企业和外国企业驻华机构工作的中方人员取得的工资、薪金所得的计税问题

在外商投资企业、外国企业和外国驻华机构工作的中方人员取得的工资、薪金收入，凡是由雇用单位和派遣单位分别支付的，支付单位应按税法规定代扣代缴个人所得税，纳税人应以每月全部工资薪金收入减除规定费用后的余额为应纳税所得额。

课堂训练 3-28

周某为一外商投资企业雇用的中方人员，假定2020年9月，该外商投资企业支付给周某的薪金为7 200元，同月，周某还收到其所在的派遣单位发给的扣完“三险一金”的工资5 500元。请问：该外商投资企业、派遣单位应如何扣缴个人所得税？周某当月实际应补缴多少个人所得税？（不考虑周某应享受的专项附加扣除和其他扣除）

注意：为了有利于征管，在实际工作中，采取由支付者中的一方减除费用的方法，即只由雇用单位在支付工资薪金时，按税法规定减除费用，计算扣缴税款；派遣单位支付工资薪金不再减除费用，以支付全额直接确定税率，计算缴纳个人所得税。最后再汇总纳税。因代扣税款是分项所得纳税，汇总纳税是按总额纳税，计税依据大小不等，从而适用税率不同，因此，汇总时往往要补税。

3. 雇主为其雇员负担全年一次性奖金部分税款有关个人所得税额的计税问题

在现实中，雇主为雇员负担全年一次性奖金部分税款，属于雇员额外增加了收入，应将雇主负担的这部分税款并入雇员的全年一次性奖金，换算为应纳税所得额，计征个人所得税。

（1）将不含税全年一次性奖金换算为应纳税所得额的计算方法（选择不并入综合所得的）：

①雇主为雇员以定额负担方式负担税款的，其计算公式为：

应纳税所得额＝雇员取得的全年一次性奖金＋雇主定额负担的税款－雇员当月工资薪金低于费用扣除标准的差额

应纳税额＝应纳税所得额×税率－速算扣除数

②雇主为雇员负担一定比例的税款，即定率负担，应将“不含税收入额”替换为“未含雇主负担的税款的收入额”，同时将速算扣除数和税率两项分别乘以上述的“负担比例”，按此调整后的公式，以其未含雇主负担税款的收入额换算成应纳税所得额，并计算应纳税款。其公式为：

应纳税所得额＝（未含雇主负担税款的全年一次性奖金收入－速算扣除数×负担比例）/（1－税率×负担比例）

应纳税额＝应纳税所得额×税率－速算扣除数

注意：上述应纳税所得额计算公式中的税率是指不含税所得按不含税级距对应的税率；应纳税额计算公式中的税率是指含税级距对应的税率。

（2）雇主为雇员负担的个人所得税款，属于个人工资薪金的一部分。凡单独作为企业管理费列支的，在计算企业所得税时不得税前扣除。

课堂训练 3-29

中国公民吴某2021年1月取得2020年的年终奖20 000元，已知吴某所在单位为其负担税款400元。吴某选择不并入当年的综合所得。请计算吴某的年终奖应纳个人所得税税额。

4. 个人取得公务交通、通信补贴收入的计税问题

个人因公务用车和通信制度改革而取得的公务用车、通讯补贴收入，扣除一定标准的公务费用后，按照“工资、薪金”所得项目计征个人所得税。按月发放的，并入当月“工资、薪金”所得计征个人所得税；不按月发放的，分解到所属月份并与该月份“工资薪金”所得合并征税。因公务用车制度改革而以现金、报销等形式向个人支付的收入，视为个人取得公务用车补贴收入。

5. 个人因解除劳动合同取得一次性补偿收入的计税问题

（1）职工从破产企业取得的一次性安置费收入，免征个人所得税。

（2）个人与用人单位解除劳动关系取得的一次性补偿收入在当地上年职工平均工资3倍以内的部分，免征个人所得税；超过3倍数额的部分，不并入当年综合所得，单独适用综合所得税率表，计算纳税。个人在解除劳动合同后又再次任职、受雇的，已纳税的一次性补偿收入不再与再次任职、受雇的工资薪金所得合并计算补缴个人所得税。

（3）个人领取一次性补偿收入时按照国家和地方政府规定的比例实际缴纳的住房公积金、医疗保险费、基本养老保险费、失业保险费，可以在计征其一次性补偿收入的个人所得税时予以扣除。

课堂训练 3－30

冯某去年12月31日与企业解除劳动合同。其在企业工作年限为10年，领取经济补偿金150 000元，其所在地区上年职工平均工资为48 000元，请计算冯某应缴纳的个人所得税。

6. 个人提前退休取得一次性补偿收入的计税问题

（1）机关、企事业单位对未达到法定退休年龄、正式办理提前退休手续的个人，按照统一标准向提前退休工作人员支付一次性补贴，不属于免税的离退休工资收入，应按照“工资、薪金所得”项目征收个人所得税。

（2）个人因办理提前退休手续而取得的一次性补贴收入，应按照办理提前退休手续至法定退休年龄之间实际年度数平均分摊，确定适用税率和速算扣除数。计税公式：

应纳税额＝{[（一次性补贴收入÷办理提前退休手续至法定退休年龄的实际年度数）－费用扣除标准]×适用税率－速算扣除数}×办理提前退休手续至法定退休年龄的实际年度数

课堂训练 3－31

陈某因身体原因，按照30年以上工龄可以办理提前退休的规定，比正常退休时间提前三年办理了退休手续并取得单位发放的一次性补贴收入48 000元。当月，陈某还取得退休工资5 000元，请计算陈某应缴纳的个人所得税。

7. 取得年终双薪的计税问题

年终双薪就是多发一个月的工资，就机关而言，相当于全年一次性奖金，应按全年一次性奖金政策规定计算个人所得税；就企业而言，如果当月既有年终双薪，又有全年一次

性奖金，可合并按照全年一次性奖金政策规定计算个人所得税，否则，应并入当月工资按规定计算个人所得税。

8. 不满一个月工资的计税问题

在中国境内无住所的个人，凡居住不满一个月的，均按全月工薪所得为计税依据计算实际应纳税额。其计算公式：

应纳税额 =（当月工资薪金应纳税所得额 × 适用税率 − 速算扣除数）× 当月实际在中国境内的天数/当月天数

课堂训练 3－32

美国人杰克，在一家外资公司担任部门经理，同时在美国公司担任顾问，去年在华工作时间 9 个月，来华工作期间 11 月工资为 80 000 元，其中有 30 000 元为境内的外资公司支付，50 000 元为境外雇主支付，11 月份在华时间为 15 天，此人 11 月份应缴纳多少个人所得税？

9. 公益慈善事业捐赠的计税问题

（1）个人通过中华人民共和国境内公益性社会组织、县级以上人民政府及其部门等国家机关，向教育、扶贫、济困等公益慈善事业的捐赠，发生的公益捐赠支出，可以按照《个人所得税法》有关规定在计算应纳税所得额时扣除。

境内公益性社会组织，包括依法设立或登记并按规定条件和程序取得公益性捐赠税前扣除资格的慈善组织、其他社会组织和群众团体。

（2）个人发生的公益捐赠支出金额，按照以下规定确定：①捐赠货币性资产的，按照实际捐赠金额确定；②捐赠股权、房产的，按照个人持有股权、房产的财产原值确定；③捐赠除股权、房产以外的其他非货币性资产的，按照非货币性资产的市场价格确定。

（3）居民个人按照以下规定扣除公益捐赠支出：①居民个人发生的公益捐赠支出可以在财产租赁所得、财产转让所得、利息股息红利所得、偶然所得（以下统称“分类所得”）、综合所得或者经营所得中扣除。在当期一个所得项目扣除不完的公益捐赠支出，可以按规定在其他所得项目中继续扣除。②居民个人发生的公益捐赠支出，在综合所得、经营所得中扣除的，扣除限额分别为当年综合所得、当年经营所得应纳税所得额的 30%；在分类所得中扣除的，扣除限额为当月分类所得应纳税所得额的 30%。③居民个人根据各项所得的收入、公益捐赠支出、适用税率等情况，自行决定在综合所得、分类所得、经营所得中扣除的公益捐赠支出的顺序。

（4）居民个人在综合所得中扣除公益捐赠支出的，应按照以下规定处理：①居民个人取得工资薪金所得的，可以选择在预扣预缴时扣除，也可以选择在年度汇算清缴时扣除。居民个人选择在预扣预缴时扣除的，应按照累计预扣法计算扣除限额，其捐赠当月的扣除限额为截至当月累计应纳税所得额的 30%（全额扣除的从其规定，下同）。个人从两处以上取得工资薪金所得，选择其中一处扣除，选择后当年不得变更。②居民个人取得劳务报酬所得、稿酬所得、特许权使用费所得的，预扣预缴时不扣除公益捐赠支出，统一在汇算清缴时扣除。③居民个人取得全年一次性奖金、股权激励等所得，且按规定采取不并入综合所得而单独计税方式处理的，公益捐赠支出扣除比照分类所得的扣除规定处理。

（5）非居民个人发生的公益捐赠支出，未超过其在公益捐赠支出发生的当月应纳税所得额30%的部分，可以从其应纳税所得额中扣除。扣除不完的公益捐赠支出，可以在经营所得中继续扣除。

（6）国务院规定对公益捐赠全额税前扣除的，按照规定执行。个人同时发生按30%扣除和全额扣除的公益捐赠支出，自行选择扣除次序。计算公式为：

捐赠扣除限额 = 应纳税所得额 ×30%

允许扣除的捐赠额 = 不超过捐赠限额的实际捐赠额

应纳税额 =（应纳税所得额 - 允许扣除的捐赠额）× 适用税率 - 速算扣除数

课堂训练 3-33

中国居民褚某2020年10月取得偶然所得收入40 000元，将其中6 000元通过民政部门捐赠给贫困山区。褚某应缴纳的个人所得税是多少元？

10. 境外缴纳税款抵免后的计税问题

为了避免国际上对同一所得的重复征税，税法规定，居民个人从中国境外取得的所得，可以从其应纳税额中抵免已在境外缴纳的个人所得税税额，但抵免额不得超过该纳税人境外所得依照规定计算的应纳税额。具体规定及计税方法如下：

（1）税法所说的已在境外缴纳的个人所得税税额，是指居民个人来源于中国境外的所得，依照该所得来源国家（地区）的法律应当缴纳并且实际已经缴纳的所得税税额。

（2）税法所说的纳税人境外所得依照规定计算的应纳税额，是居民个人抵免已在境外缴纳的综合所得、经营所得以及其他所得的所得税税额的限额（以下简称“抵免限额”）。除国务院财政、税务主管部门另有规定外，来源于中国境外一个国家（地区）的综合所得抵免限额、经营所得抵免限额以及其他所得抵免限额之和，为来源于该国家（地区）所得的抵免限额。

（3）允许抵免额。允许在纳税人应纳我国个人所得税税额中扣除的税额，即允许抵免额要分国确定，也就是在计算出的来自一国或地区所得的抵免限额与实缴该国或地区的税款之间相比较，以数额较小者作为允许抵免额。

（4）超限额与不足限额结转。纳税人在中国境外一个国家或者地区实际已经缴纳的个人所得税税额，低于按规定计算出的该国家或者地区扣除限额的，应当在中国缴纳差额部分的税款；超过该国家或者地区扣除限额的，其超过部分不得在本年度的应纳税额中扣除，但可以在以后纳税年度的该国家或者地区扣除限额的余额中补扣，补扣期限最长不超过5年。

（5）申请抵免。境外缴纳税款的抵免必须由纳税人提出申请，并提供境外税务机关填发的完税凭证原件。

（6）应纳税额的计算。在计算出抵免限额和确定了允许抵免额后，便可对缴税人的境外所得计算应纳税额。

课堂训练 3－34

中国居民卫某在 2020 年从 A、B 两国取得应税收入。其中，在 A 国转让股权，取得应纳税所得额 50 000 元；取得偶然所得 10 000 元，该两项收入在 A 国缴纳个人所得税 9 000 元；在 B 国转让股权，取得应纳税所得额 30 000 元，并在 B 国缴纳该项收入的个人所得税 6 500 元。请计算卫某该年度应在中国补缴的税款。

11. 两人以上共同取得同一项所得的计税问题

两人或两人以上共同取得同一项所得的，可以对每个人取得的所得分别减除费用，各自计算应纳税款，即实行“先分、后扣、再税”的办法。

课堂训练 3－35

某高校五位教师共同出版了一本 100 万字的教材，共得稿酬 42 000 元，其中主编的主编费 2 000 元，其余 5 人平分。试计算出版社在支付稿酬时每位教师应预扣预缴的个人所得税。

12. 单位低价向职工售房的计税问题

除国家机关、企事业单位及其他组织在住房制度改革期间，按照所在地县级以上人民政府规定的房改成本价格向职工出售公有住房以外，其他单位按低于购置或建造成本价格出售住房给职工，职工因此少支付的差价部分，不并入当年综合所得，以差价收入除以 12 个月得到的数额，按照月度税率表确定适用税率和速算扣除数，单独计算纳税。计税方法比照全年一次性奖金的方法计算，计算公式为：

应纳税额＝职工实际支付的购房价款低于该房屋的购置或建造成本价格的差额×适用税率－速算扣除数

其中，差价部分是指职工实际支付的购房价款低于该房屋的购置或建造成本价格的差额。

课堂训练 3－36

2020 年 10 月沈某作为人才被引入某公司，该公司将购置价 800 000 元的一套住房以 500 000 元的价格出售给沈某。请问沈某取得该住房应缴纳个人所得税多少元？

13. 个人股票期权所得的计税问题

企业员工股票期权是指上市公司按照规定的程序授予本公司及其控股企业员工的一项权利，该权利允许被授权员工在未来时间内以某一特定价格购买本公司一定数量的股票。股票期权所得在 2021 年 12 月 31 日前不计入综合所得，全额单独适用综合所得税率表，计算纳税。

员工行权日应纳税所得额＝(行权股票的每股市价－每股施权价)×股票数量

应区别于所在月份的其他工资、薪金所得，单独按下列公式计算当月应纳税款：

应纳税额＝(应纳税所得额÷规定月份数×适用税率－速算扣除数)×规定月份数

规定月份：取得期权的境内工作月份数，长于12个月的，按12个月计算。

14. 股权激励的计税问题

（1）个人因任职、受雇从上市公司取得的股票增值权所得和限制性股票所得，在2021年12月31日前不计入综合所得，全额单独适用综合所得税率表，计算纳税。股票增值权应纳税所得额的确定：

股票增值权某次行权应纳税所得额=（行权日股票价格-授权日股票价格）×行权股票份数

纳税义务发生时间为上市公司向被授权人兑现股票增值权所得的日期。

（2）限制性股票应纳税所得额的确定：

应纳税所得额=（股票登记日股票市价+本批次解禁股票当日市价）÷2×本批次解禁股票份数-被激励对象实际支付的资金总额×（本批次解禁股票份数÷被激励对象获取的限制性股票总份数）

纳税义务发生时间为每一批次限制性股票解禁的日期。

（3）股权激励所得应纳税额的计算。

①年度内一次取得：

应纳税额=（应纳税所得额÷规定月份数×适用税率-速算扣除数）×规定月份数

②年度内两次以上取得（合并）：

应纳税款=（本纳税年度内取得的股票期权形式工资薪金所得累计应纳税所得额÷规定月份数×适用税率-速算扣除数）×规定月份数-本纳税年度内股票期权形式的工资薪金所得累计已纳税款

规定月份数=Σ各次或各项股票期权形式工资薪金应纳税所得额与该次或该项所得境内工作期间月份数的乘积÷Σ各次或各项股票期权形式工资薪金应纳税所得额。

课堂训练3-37

2020年2月居民个人韩某从其任职的公司取得限制性股票50 000股，在获得限制性股票时支付了50 000元，该批股票进行股票登记日的收盘价为4元/股。按照约定的时间，当年2月28日解禁10 000股，当天该股票收盘价7.5元/股。在不考虑其他费用的情况下，请计算解禁时韩某应纳税所得额。

15. 转让上市公司限售股所得的计税问题

自2010年1月1日起，对个人转让限售股取得的所得，按照“财产转让所得”，适用20%的比例税率征收个人所得税。应纳税额计算的一般规则是，个人转让限售股，以每次限售股转让收入，减除股票原值和合理税费后的余额，为应纳税所得额。即：

应纳税所得额=限售股转让收入-（限售股原值+合理税费）

应纳税额=应纳税所得额×20%

如果纳税人未能提供完整、真实的限售股原值凭证的，不能准确计算限售股原值的，主管税务机关一律按限售股转让收入的15%核定限售股原值及合理税费。

纳税人同时持有限售股及该股流通股的，其股票转让所得，按照限售股优先原则，即：转让股票视同为先转让限售股，按规定计算缴纳个人所得税。

课堂训练 3－38

杨某在某上市公司任职，任职期间该公司授予杨某限售股3万股，该批限售股已于当年年初解禁，杨某在8月份之前陆续买进该公司股票2万股，股票平均买价为5.4元/股，但限售股授予价格不明确。当年8月杨某以8元/股的价格卖出公司股票4万股。在不考虑股票买卖过程中其他相关税费的情况下，请计算杨某转让4万股股票应缴纳的个人所得税。

（四）个人所得税的征收管理

关于个人所得税的纳税办法，全国通用实行的有自行申报纳税和全员全额申报纳税两种。此外，《税收征管法》还对无法查账征收的纳税人规定了核定征收的方式。

1. 自行申报纳税

自行申报纳税，是由纳税人自行在税法规定的纳税期限内，向税务机关申报取得的应税所得项目和数额，如实填写《个人所得税纳税申报表》，并按照税法规定计算应纳税额，据此缴纳个人所得税的一种方法。

（1）有下列情形之一的，纳税人应当依法办理纳税申报：①取得综合所得需要办理汇算清缴；②取得应税所得没有扣缴义务人；③取得应税所得，扣缴义务人未缴纳税款；④取得境外所得；⑤因移居境外注销中国国籍；⑥非居民个人在中国境内从两处以上取得工资、薪金所得；⑦国务院规定的其他情形。

（2）取得综合所得需要办理汇算清缴的纳税申报。①从两处以上取得综合所得，且综合所得年收入额减除专项扣除后的余额超过6万元；②取得劳务报酬所得、稿酬所得、特许权使用费所得中一项或者多项所得，且综合所得年收入额减除专项扣除的余额超过6万元；③纳税年度内预缴税额低于应纳税额；④纳税人申请退税。

需要办理汇算清缴的纳税人，应当在取得所得的次年3月1日至6月30日内，向任职、受雇单位所在地主管税务机关办理纳税申报，并报送“个人所得税年度自行纳税申报表”。纳税人有两处以上任职、受雇单位的，选择向其中一处任职、受雇单位所在地主管税务机关办理纳税申报；纳税人没有任职、受雇单位的，向户籍所在地或经常居住地主管税务机关办理纳税申报。

纳税人办理综合所得汇算清缴，应当准备与收入、专项扣除、专项附加扣除、依法确定的其他扣除、捐赠、享受税收优惠等相关的资料，并按规定留存备查或报送。

（3）取得经营所得的纳税申报。个体工商户业主、个人独资企业投资者、合伙企业个人合伙人、承包承租经营者个人以及其他从事生产、经营活动的个人取得经营所得，包括以下情形：①个体工商户从事生产、经营活动取得的所得，个人独资企业投资人、合伙企业的个人合伙人来源于境内注册的个人独资企业、合伙企业生产、经营的所得；②个人依法从事办学、医疗、咨询以及其他有偿服务活动取得的所得；③个人对企业、事业单位承包经营、承租经营以及转包、转租取得的所得；④个人从事其他生产、经营活动取得的所得。

纳税人取得经营所得，按年计算个人所得税，由纳税人在月度或季度终了后15日内，向经营管理所在地主管税务机关办理预缴纳税申报，并报送《个人所得税经营所得纳税申报表（A表)》。在取得所得的次年3月31日前，向经营管理所在地主管税务机关办理汇算清缴，并报送《个人所得税经营所得纳税申报表（B表)》；从两处以上取得经营所得的，选择向其中一处经营管理所在地主管税务机关办理年度汇总申报，并报送《个人所得税经营所得纳税申报表（C表)》。

（4）取得应税所得，扣缴义务人未扣缴税款的纳税申报。纳税人取得应税所得，扣缴义务人未扣缴税款的，应当区别以下情形办理纳税申报：①居民个人取得综合所得的，且符合前述第一项所述情形的，应当依法办理汇算清缴。②非居民个人取得工资、薪金所得，劳务报酬所得，稿酬所得，特许权使用费所得的，应当在取得所得的次年6月30日前，向扣缴义务人所在地主管税务机关办理纳税申报，并报送《个人所得税自行纳税申报表（A表)》。有两个以上扣缴义务人均未扣缴税款的，选择向其中一处扣缴义务人所在地主管税务机关办理纳税申报。非居民个人在次年6月30日前离境（临时离境除外）的，应当在离境前办理纳税申报。③纳税人取得利息、股息、红利所得，财产租赁所得，财产转让所得和偶然所得的，应当在取得所得的次年6月30日前，按相关规定向主管税务机关办理纳税申报，并报送《个人所得税自行纳税申报表（A表)》。税务机关通知限期缴纳的，纳税人应当按照期限缴纳税款。纳税人取得应税所得没有扣缴义务人的，应当在取得所得的次月十五日内向税务机关报送纳税申报表，并缴纳税款。

（5）取得境外所得的纳税申报。居民个人从中国境外取得所得的，应当在取得所得的次年3月1日至6月30日内，向中国境内任职、受雇单位所在地主管税务机关办理纳税申报；在中国境内没有任职、受雇单位的，向户籍所在地或中国境内经常居住地主管税务机关办理纳税申报；户籍所在地与中国境内经常居住地不一致的，选择其中一地主管税务机关办理纳税申报；在中国境内没有户籍的，向中国境内经常居住地主管税务机关办理纳税申报。

（6）因移居境外注销中国户籍的纳税申报。纳税人因移居境外注销中国户籍的，应当在申请注销中国户籍前，向户籍所在地主管税务机关办理纳税申报，进行税款清算。

①纳税人在注销户籍年度取得综合所得的，应当在注销户籍前，办理当年综合所得的汇算清缴，并报送《个人所得税年度自行纳税申报表》。尚未办理上一年度综合所得汇算清缴的，应当在办理注销户籍纳税申报时一并办理。

②纳税人在注销户籍年度取得经营所得的，应当在注销户籍前，办理当年经营所得的汇算清缴，并报送《个人所得税经营所得纳税申报表（B表)》。从两处以上取得经营所得的，还应当一并报送《个人所得税经营所得纳税申报表（C表)》。尚未办理上一年度经营所得汇算清缴的，应当在办理注销户籍纳税申报时一并办理。

③纳税人在注销户籍当年取得利息、股息、红利所得，财产租赁所得，财产转让所得和偶然所得的，应当在注销户籍前，申报当年上述所得的完税情况，并报送《个人所得税自行纳税申报表（A表)》。

④纳税人有未缴或者少缴税款的，应当在注销户籍前，结清欠缴或未缴的税款。纳税人存在分期缴税且未缴纳完毕的，应当在注销户籍前，结清尚未缴纳的税款。

⑤纳税人办理注销户籍纳税申报时，需要办理专项附加扣除、依法确定的其他扣除

的，应当向税务机关报送《个人所得税专项附加扣除信息表》《商业健康保险税前扣除情况明细表》《个人税收递延型商业养老保险税前扣除情况明细表》等。

（7）非居民个人在中国境内从两处以上取得工资、薪金所得的纳税申报。非居民个人在中国境内从两处以上取得工资、薪金所得的，应当在取得所得的次月15日内，向其中一处任职、受雇单位所在地主管税务机关办理纳税申报，并报送《个人所得税自行纳税申报表（A表）》。

（8）纳税申报方式。纳税人可以采用远程办税端、邮寄等方式申报，也可以直接到主管税务机关申报。

（9）其他有关问题。①纳税人办理自行纳税申报时，应当一并报送税务机关要求报送的其他有关资料。首次申报或者个人基础信息发生变化的，还应报送《个人所得税基础信息表（B表）》。②纳税人在办理纳税申报时需要享受税收协定待遇的，按照享受税收协定待遇有关办法办理。

2. 全员全额扣缴申报纳税

为规范个人所得税扣缴申报行为，维护纳税人和扣缴义务人合法权益，根据《中华人民共和国个人所得税法》及其实施条例、《中华人民共和国税收征收管理法》及其实施细则等法律法规的规定，国家税务总局制定下发了《个人所得税扣缴申报管理办法（试行）》，自2019年1月1日起执行。

扣缴义务人，是指向个人支付所得的单位或者个人。扣缴义务人应当依法办理全员全额扣缴申报。

全员全额扣缴申报，是指扣缴义务人应当在代扣税款的次月十五日内，向主管税务机关报送其支付所得的所有个人的有关信息、支付所得数额、扣除事项和数额、扣缴税款的具体数额和总额以及其他相关涉税信息资料。

扣缴义务人每月或者每次预扣、代扣的税款，应当在次月十五日内缴入国库，并向税务机关报送《个人所得税扣缴申报表》。

（1）实行个人所得税全员全额扣缴申报的应税所得包括：①工资、薪金所得；②劳务报酬所得；③稿酬所得；④特许权使用费所得：⑤利息、股息、红利所得；⑥财产租赁所得；⑦财产转让所得；⑧偶然所得。

（2）不同项目所得扣缴方法。

①扣缴义务人向居民个人支付工资、薪金所得时，应当按照累计预扣法计算预扣税款，并按月办理扣缴申报。累计预扣法，是指扣缴义务人在一个纳税年度内预扣预缴税款时，以纳税人在本单位截至当前月份工资、薪金所得累计收入减除累计免税收入、累计减除费用、累计专项扣除、累计专项附加扣除和累计依法确定的其他扣除后的余额为累计预扣预缴应纳税所得额，适用居民个人工资、薪金所得预扣预缴率表，计算累计应预扣预缴税额，再减除累计减免税额和累计已预扣预缴税额，其余额为本期应预扣预缴税额。余额为负值时，暂不退税。纳税年度终了后余额仍为负值时，由纳税人通过办理综合所得年度汇算清缴，税款多退少补。具体计算公式如下：

本期应预扣预缴税额 =（累计预扣预缴应纳税所得额 × 预扣率 − 速算扣除数）− 累计减免税额 − 累计已预扣预缴税额

累计预扣预缴应纳税所得额＝累计收入－累计免税收入－累计减除费用－累计专项扣除－累计专项附加扣除－累计依法确定的其他扣除

其中：累计减除费用，按照5 000元/月乘以纳税人当年截至本月在本单位的任职受雇月份数计算。

居民个人向扣缴义务人提供有关信息并依法要求办理专项附加扣除的，扣缴义务人应当按照规定在工资、薪金所得按月预扣预缴税款时予以扣除，不得拒绝。

年度预扣预缴税额与年度应纳税额不一致的，由居民个人于次年3月1日至6月30日向主管税务机关办理综合所得年度汇算清缴，税款多退少补。

②扣缴义务人向居民个人支付劳务报酬所得、稿酬所得、特许权使用费所得时，应当按照以下方法按次或者按月预扣预缴税款：a. 劳务报酬所得、稿酬所得、特许权使用费所得以收入减除费用后的余额为收入额；其中，稿酬所得的收入额减按70%计算。b. 减除费用：预扣预缴税款时，劳务报酬所得、稿酬所得、特许权使用费所得每次收入不超过4 000元的，减除费用按800计算；每次收入4 000元以上的，减除费用按收入的20%计算。c. 应纳税所得额：劳务报酬所得、稿酬所得、特许权使用费所得，以每次收入额为预扣预缴应纳税所得额，计算应预扣预缴税额。劳务报酬所得适用个人所得税预扣率，稿酬所得、特许权使用费所得适用20%的比例预扣率。

居民个人办理年度综合所得汇算清缴时，应当依法计算劳务报酬所得、稿酬所得、特许权使用费所得的收入额，并入年度综合所得计算应纳税款，税款多退少补。

③扣缴义务人向非居民个人支付工资、薪金所得，劳务报酬所得，稿酬所得和特许权使用费所得时，应当按照以下方法按月或者按次代扣代缴税款：a. 非居民个人的工资、薪金所得，以每月收入额减除费用5 000元后的余额为应纳税所得额；b. 劳务报酬所得、稿酬所得、特许权使用费所得，以每次收入额为应纳税所得额，适用非居民个人工资薪金所得、劳务报酬所得、稿酬所得、特许权使用费所得适用税率表计算应纳税额。劳务报酬所得、稿酬所得、特许权使用费所得以收入减除20%的费用后的余额为收入额；其中，稿酬所得的收入额减按70%计算。

非居民个人在一个纳税年度内税款扣缴方法保持不变，达到居民个人条件时，应当告知扣缴义务人基础信息变化情况，年度终了后按照居民个人有关规定办理汇算清缴。

④扣缴义务人支付利息、股息、红利所得，财产租赁所得，财产转让所得或者偶然所得时，应当依法按次或者按月代扣代缴税款。

⑤劳务报酬所得、稿酬所得、特许权使用费所得，属于一次性收入的，以取得该项收入为一次；属于同一项目连续性收入的，以一个月内取得的收入为一次。财产租赁所得，以一个月内取得的收入为一次。利息、股息、红利所得，以支付利息、股息、红利时取得的收入为一次。偶然所得，以每次取得该项收入为一次。

⑥纳税人需要享受税收协定待遇的，应当在取得应税所得时主动向扣缴义务人提出，并提交相关信息、资料，扣缴义务人代扣代缴税款时按照享受税收协定待遇有关办法办理。

⑦扣缴义务人未将扣缴的税款解缴入库的，不影响纳税人按照规定申请退税，税务机

关应当凭纳税人提供的有关资料办理退税。

课堂训练 3-39

居民个人蒋某及其配偶名下均无住房，目前在省会工作并租房居住。2019 年 9 月开始在职攻读工程硕士。2020 年蒋某收支情况如下：（1）蒋某每月从单位取得收入 8 500 元（已扣除社会保险费及住房公积金），1—11 月累计预扣预缴个人所得税款 528 元；（2）取得年终奖 60 000 元（选择单独计税）；（3）出版一部著作，取得稿酬收入 30 000 元；（4）每月支付房租 3 800 元。

以上专项附加扣除均由蒋某全额扣除。请计算并回答：（1）2020 年 12 月蒋某应预扣预缴的个人所得税；（2）蒋某年终奖应缴纳的个人所得税；（3）蒋某取得的稿酬应预扣预缴的个人所得税；（4）蒋某 2020 年综合所得应缴纳的个人所得税；（5）蒋某 2020 年综合所得向主管税务机关办理汇算清缴时应补缴的税款或申请的应退税额。

（3）扣缴义务人责任与义务。

①支付工资、薪金所得的扣缴义务人应当于年度终了后两个月内，向纳税人提供其个人所得和已扣缴税款等信息。纳税人年度中间需要提供上述信息的，扣缴义务人应当提供。纳税人取得除工资、薪金所得以外的其他所得，扣缴义务人应当在扣缴税款后，及时向纳税人提供其个人所得和已扣缴税款等信息。

②扣缴义务人应当按照纳税人提供的信息计算税款、办理扣缴申报，不得擅自更改纳税人提供的信息。扣缴义务人发现纳税人提供的信息与实际情况不符的，可以要求纳税人修改。纳税人拒绝修改的，扣缴义务人应当报告税务机关，税务机关应当及时处理。纳税人发现扣缴义务人提供或者扣缴申报的个人信息、支付所得、扣缴税款等信息与实际情况不符的，有权要求扣缴义务人修改。扣缴义务人拒绝修改的，纳税人应当报告税务机关，税务机关应当及时处理。

③扣缴义务人对纳税人提供的《个人所得税专项附加扣除信息表》，应当按照规定妥善保存备查。

④扣缴义务人应当依法对纳税人报送的专项附加扣除等相关涉税信息和资料保密。

⑤对扣缴义务人按照规定扣缴的税款，按年付给 2% 的手续费。不包括税务机关、司法机关等查补或者责令补扣的税款。扣缴义务人领取的扣缴手续费可用于提升办税能力、奖励办税人员。

⑥扣缴义务人依法履行代扣代缴义务，纳税人不得拒绝。纳税人拒绝的，扣缴义务人应当及时报告税务机关。

⑦扣缴义务人有未按照规定向税务机关报送资料和信息、未按照纳税人提供信息虚报虚扣专项附加扣除、应扣未扣税款、不缴或少缴已扣税款、借用或冒用他人身份等行为的，依照《中华人民共和国税收征收管理法》等相关法律、行政法规处理。

（4）代扣代缴期限。扣缴义务人每月或者每次预扣、代扣的税款，应当在次月十五日内缴入国库，并向税务机关报送《个人所得税扣缴申报表》。扣缴义务人首次向纳税人支付所得时，应当按照纳税人提供的纳税人识别号等基础信息，填写《个人所得税基础信息表（A 表）》，并于次月扣缴申报时向税务机关报送。扣缴义务人对纳税人向其报告的相关基础信息变化情况，应当于次月扣缴申报时向税务机关报送。

3. 专项附加扣除的操作方法

为了规范个人所得税专项附加扣除行为，切实维护纳税人合法权益，根据新修改的《中华人民共和国个人所得税法》及其实施条例、《中华人民共和国税收征收管理法》及其实施细则、《国务院关于印发个人所得税专项附加扣除暂行办法的通知》（国发〔2018〕41 号）的规定，国家税务总局制定了《专项附加扣除操作办法》，自 2019 年 1 月 1 日起施行。

纳税人享受子女教育、继续教育、大病医疗、住房贷款利息或者住房租金、赡养老人专项附加扣除的，依照本办法规定办理。

（1）享受扣除及办理时间。

①纳税人享受符合规定的专项附加扣除的计算时间分别为：a. 子女教育。学前教育阶段，为子女年满 3 周岁当月至小学入学前一月。学历教育，为子女接受全日制学历教育入学的当月至全日制学历教育结束的当月。b. 继续教育。学历（学位）继续教育，为在中国境内接受学历（学位）继续教育入学的当月至学历（学位）继续教育结束的当月，同一学历（学位）继续教育的扣除期限最长不得超过 48 个月。技能人员职业资格继续教育、专业技术人员职业资格继续教育，为取得相关证书的当年。c. 大病医疗。为医疗保障信息系统记录的医药费用实际支出的当年。d. 住房贷款利息。为贷款合同约定开始还款的当月至贷款全部归还或贷款合同终止的当月，扣除期限最长不得超过 240 个月。e. 住房租金。为租赁合同（协议）约定的房屋租赁期开始的当月至租赁期结束的当月。提前终止合同（协议）的，以实际租赁期限为准。f. 赡养老人。为被赡养人年满 60 周岁的当月至赡养义务终止的年末。

以上规定的学历教育和学历（学位）继续教育的期间包含因病或其他非主观原因休学但学籍继续保留的休学期间以及施教机构按规定组织实施的寒暑假等假期。

②享受子女教育、继续教育、住房贷款利息或者住房租金、赡养老人专项附加扣除的纳税人，自符合条件开始，可以向支付工资、薪金所得的扣缴义务人提供上述专项附加扣除有关信息，由扣缴义务人在预扣预缴税款时，按其在本单位本年可享受的累计扣除额办理扣除；也可以在次年 3 月 1 日至 6 月 30 日内，向汇缴地主管税务机关办理汇算清缴申报时扣除。纳税人同时从两处以上取得工资、薪金所得，并由扣缴义务人办理上述专项附加扣除的，对同一专项附加扣除项目，一个纳税年度内，纳税人只能选择从其中一处扣除。享受大病医疗专项附加扣除的纳税人，由其在次年 3 月 1 日至 6 月 30 日内，自行向汇缴地主管税务机关办理汇算清缴申报时扣除。

③扣缴义务人办理工资、薪金所得预扣预缴税款时，应当根据纳税人报送的《个人所得税专项附加扣除信息表》，为纳税人办理专项附加扣除。纳税人年度中间更换工作单位的，在原单位任职、受雇期间已享受的专项附加扣除金额，不得在新任职、受雇单位扣除。原扣缴义务人应当自纳税人离职不再发放工资薪金所得的当月起，停止为其办理专项附加扣除。

④纳税人未取得工资、薪金所得，仅取得劳务报酬所得、稿酬所得、特许权使用费所得需要享受专项附加扣除的，应当在次年 3 月 1 日至 6 月 30 日内，自行向汇缴地主管税

务机关报送《扣除信息表》，并在办理汇算清缴申报时扣除。

⑤一个纳税年度内，纳税人在扣缴义务人预扣预缴税款环节未享受或未足额享受专项附加扣除的，可以在当年内向支付工资、薪金的扣缴义务人申请在剩余月份发放工资、薪金时补充扣除，也可以在次年3月1日至6月30日内，向汇缴地主管税务机关办理汇算清缴时申报扣除。

（2）报送信息及留存备查资料。

①纳税人选择在扣缴义务人发放工资、薪金所得时享受专项附加扣除的，首次享受时应当填写并向扣缴义务人报送《扣除信息表》；纳税年度中间相关信息发生变化的，纳税人应当更新《扣除信息表》相应栏次，并及时报送给扣缴义务人。更换工作单位的纳税人，需要由新任职、受雇扣缴义务人办理专项附加扣除的，应当在入职的当月，填写并向扣缴义务人报送《扣除信息表》。

②纳税人次年需要由扣缴义务人继续办理专项附加扣除的，应当于每年12月份对次年享受专项附加扣除的内容进行确认，并报送至扣缴义务人。纳税人未及时确认的，扣缴义务人于次年1月起暂停扣除，待纳税人确认后再行办理专项附加扣除。扣缴义务人应当将纳税人报送的专项附加扣除信息，在次月办理扣缴申报时一并报送至主管税务机关。

③纳税人选择在汇算清缴申报时享受专项附加扣除的，应当填写并向汇缴地主管税务机关报送《扣除信息表》。

④纳税人将需要享受的专项附加扣除项目信息填报至《扣除信息表》相应栏次。填报要素完整的，扣缴义务人或者主管税务机关应当受理；填报要素不完整的，扣缴义务人或者主管税务机关应当及时告知纳税人补正或重新填报。纳税人未补正或重新填报的，暂不办理相关专项附加扣除，待纳税人补正或重新填报后再行办理。

⑤纳税人享受子女教育专项附加扣除，应当填报配偶及子女的姓名、身份证件类型及号码、子女当前受教育阶段及起止时间、子女就读学校以及本人与配偶之间扣除分配比例等信息。纳税人需要留存备查资料包括：子女在境外接受教育的，应当留存境外学校录取通知书、留学签证等境外教育佐证资料。

⑥纳税人享受继续教育专项附加扣除，接受学历（学位）继续教育的，应当填报教育起止时间、教育阶段等信息；接受技能人员或者专业技术人员职业资格继续教育的，应当填报证书名称、证书编号、发证机关、发证（批准）时间等信息。纳税人需要留存备查资料包括：纳税人接受技能人员职业资格继续教育、专业技术人员职业资格继续教育的，应当留存职业资格相关证书等资料。

⑦纳税人享受住房贷款利息专项附加扣除，应当填报住房权属信息、住房坐落地址、贷款方式、贷款银行、贷款合同编号、贷款期限、首次还款日期等信息；纳税人有配偶的，填写配偶姓名、身份证件类型及号码。纳税人需要留存备查资料包括住房贷款合同、贷款还款支出凭证等资料。

⑧纳税人享受住房租金专项附加扣除，应当填报主要工作城市、租赁住房坐落地址、出租人姓名及身份证件类型和号码或者出租方单位名称及纳税人识别号（社会统一信用代码）、租赁起止时间等信息；纳税人有配偶的，填写配偶姓名、身份证件类型及号码。

纳税人需要留存备查资料包括住房租赁合同或协议等资料。

⑨纳税人享受赡养老人专项附加扣除，应当填报纳税人是否为独生子女、月扣除金额、被赡养人姓名及身份证件类型和号码、与纳税人关系；有共同赡养人的，需填报分摊方式、共同赡养人姓名及身份证件类型和号码等信息。纳税人需要留存备查资料包括约定或指定分摊的书面分摊协议等资料。

⑩纳税人享受大病医疗专项附加扣除，应当填报患者姓名、身份证件类型及号码、与纳税人关系、与基本医保相关的医药费用总金额、医保目录范围内个人负担的自付金额等信息。纳税人需要留存备查资料包括：大病患者医药服务收费及医保报销相关票据原件或复印件，或者医疗保障部门出具的纳税年度医药费用清单等资料。

⑪纳税人应当对报送的专项附加扣除信息的真实性、准确性、完整性负责。

（3）信息报送方式。

①纳税人可以通过远程办税端、电子或者纸质报表等方式，向扣缴义务人或者主管税务机关报送个人专项附加扣除信息。

②纳税人选择纳税年度内由扣缴义务人办理专项附加扣除的，按下列规定办理：a. 纳税人通过远程办税端选择扣缴义务人并报送专项附加扣除信息的，扣缴义务人根据接收的扣除信息办理扣除。b. 纳税人通过填写电子或者纸质《扣除信息表》直接报送扣缴义务人的，扣缴义务人将相关信息导入或者录入扣缴端软件，并在次月办理扣缴申报时提交给主管税务机关。《扣除信息表》应当一式两份，纳税人和扣缴义务人签字（章）后分别留存备查。

③纳税人选择年度终了后办理汇算清缴申报时享受专项附加扣除的，既可以通过远程办税端报送专项附加扣除信息，也可以将电子或者纸质《扣除信息表》（一式两份）报送给汇缴地主管税务机关。报送电子《扣除信息表》的，主管税务机关受理打印，交由纳税人签字后，一份由纳税人留存备查，一份由税务机关留存；报送纸质《扣除信息表》的，纳税人签字确认、主管税务机关受理签章后，一份退还纳税人留存备查，一份由税务机关留存。

④扣缴义务人和税务机关应当告知纳税人办理专项附加扣除的方式和渠道，鼓励并引导纳税人采用远程办税端报送信息。

（4）后续管理。

①纳税人应当将《扣除信息表》及相关留存备查资料，自法定汇算清缴期结束后保存五年。纳税人报送给扣缴义务人的《扣除信息表》，扣缴义务人应当自预扣预缴年度的次年起留存五年。

②纳税人向扣缴义务人提供专项附加扣除信息的，扣缴义务人应当按照规定予以扣除，不得拒绝。扣缴义务人应当为纳税人报送的专项附加扣除信息保密。

③扣缴义务人应当及时按照纳税人提供的信息计算办理扣缴申报，不得擅自更改纳税人提供的相关信息。扣缴义务人发现纳税人提供的信息与实际情况不符，可以要求纳税人修改。纳税人拒绝修改的，扣缴义务人应当向主管税务机关报告，税务机关应当及时处理。除纳税人另有要求外，扣缴义务人应当于年度终了后两个月内，向纳税人提供已办理的专项附加扣除项目及金额等信息。

④税务机关定期对纳税人提供的专项附加扣除信息开展抽查。

⑤税务机关核查时，纳税人无法提供留存备查资料，或者留存备查资料不能支持相关情况的，税务机关可以要求纳税人提供其他佐证；不能提供其他佐证材料，或者佐证材料仍不足以支持的，不得享受相关专项附加扣除。

⑥税务机关核查专项附加扣除情况时，可以提请有关单位和个人协助核查，相关单位和个人应当协助。

⑦纳税人有下列情形之一的，主管税务机关应当责令其改正；情形严重的，应当纳入有关信用信息系统，并按照国家有关规定实施联合惩戒；涉及违反税收征管法等法律法规的，税务机关依法进行处理：a. 报送虚假专项附加扣除信息；b. 重复享受专项附加扣除；c. 超范围或标准享受专项附加扣除；d. 拒不提供留存备查资料；e. 税务总局规定的其他情形。纳税人在任职、受雇单位报送虚假扣除信息的，税务机关责令改正的同时，通知扣缴义务人。

4. 反避税规定

（1）有下列情形之一的，税务机关有权按照合理方法进行纳税调整：①个人与其关联方之间的业务往来不符合独立交易原则而减少本人或者其关联方应纳税额，且无正当理由；②居民个人控制的，或者居民个人和居民企业共同控制的设立在实际税负明显偏低的国家（地区）的企业，无合理经营需要，对应当归属于居民个人的利润不作分配或者减少分配；③个人实施其他不具有合理商业目的的安排而获取不当税收利益。

（2）补税及加征利息。①税务机关依照前述规定情形做出纳税调整，需要补征税款的，应当补征税款，并依法加收利息。②依法加征的利息，应当按照税款所属纳税申报期最后一日中国人民银行公布的与补税期间同期的人民币贷款基准利率计算，自税款纳税申报期满次日起至补缴税款期限届满之日止按日加收。纳税人在补缴税款期限届满前补缴税款的，利息加收至补缴税款之日。

5. 自然人纳税识别号的规定

有中国公民身份号码的，以其中国公民身份号码作为纳税人识别号；没有中国公民身份号码的，由税务机关赋予其纳税人识别号。

6. 个人所得税税收完税证明调整为纳税记录的规定

从2019年1月1日起，纳税人申请开具税款所属期为2019年1月1日（含）以后的个人所得税缴（退）税情况证明的，税务机关不再开具税收完税证明（文书式），调整为开具纳税记录。纳税人可以通过电子税务局、手机APP申请开具本人的个人所得税纳税记录，也可到办税服务厅申请开具。

7. 建立个人所得税纳税信用管理机制

（1）全面实施个人所得税申报信用承诺制。税务部门在个人所得税自行纳税申报表、个人所得税专项附加扣除信息表等表单中设立格式规范、标准统一的信用承诺书，纳税人需对填报信息的真实性、准确性、完整性做出守信承诺。信用承诺的履行情况纳入个人信用记录，提醒和引导纳税人重视自身纳税信用，并视情况予以失信惩戒。

（2）建立健全个人所得税纳税信用记录。税务总局以自然人纳税人识别号为唯一标识，以个人所得税纳税申报记录、专项附加扣除信息报送记录、违反信用承诺和违法违规行为记录为重点，研究制定自然人纳税信用管理的制度办法，全面建立自然人纳税信用信息采集、记录、查询、应用、修复、安全管理和权益维护机制，依法依规采集和评价自然人纳税信用信息，形成全国自然人纳税信用信息库，并与全国信用信息共享平台建立数据共享机制。

（3）建立自然人失信行为认定机制。对于违反《中华人民共和国税收征管法》《中华人民共和国个人所得税法》以及其他法律法规和规范性文件，违背诚实信用原则，存在偷税、骗税、骗抵、冒用他人身份信息、恶意举报、虚假申诉等失信行为的当事人，税务部门将其列入重点关注对象，依法依规采取行政性约束和惩戒措施；对于情节严重、达到重大税收违法失信案件标准的，税务部门将其列为严重失信当事人，依法对外公示，并与全国信用信息共享平台共享。

（4）对个人所得税守信纳税人提供更多便利和机会。探索将个人所得税守信情况纳入自然人诚信积分体系管理机制。对个人所得税纳税信用记录持续优良的纳税人，相关部门应提供更多服务便利，依法实施绿色通道、容缺受理等激励措施；鼓励行政管理部门在颁发荣誉证书、嘉奖和表彰时将其作为参考因素予以考虑。

（5）对个人所得税严重失信当事人实施联合惩戒。税务部门与有关部门合作，建立个人所得税严重失信当事人联合惩戒机制，对经税务部门依法认定，在个人所得税自行申报、专项附加扣除和享受优惠等过程中存在严重违法失信行为的纳税人和扣缴义务人，向全国信用信息共享平台推送相关信息并建立信用信息数据动态更新机制，依法依规实施联合惩戒。

（6）强化信息安全和隐私保护。税务部门依法保护自然人纳税信用信息，积极引导社会各方依法依规使用自然人纳税信用信息。各地区、各部门要按最小授权原则设定自然人纳税信用信息管理人员权限。加大对信用信息系统、信用服务机构数据库的监管力度，保护纳税人合法权益和个人隐私，确保国家信息安全。

（7）建立异议解决和失信修复机制。对个人所得税纳税信用记录存在异议的，纳税人可向税务机关提出异议申请，税务机关应及时回复并反馈结果。自然人在规定期限内纠正失信行为、消除不良影响的，可以通过主动做出信用承诺、参与信用知识学习、税收公益活动或信用体系建设公益活动等方式开展信用修复，对完成信用修复的自然人，税务部门按照规定修复其纳税信用。对因政策理解偏差或办税系统操作失误导致轻微失信，且能够按照规定履行涉税义务的自然人，税务部门将简化修复程序，及时对其纳税信用进行修复。

个人所得税相关表格

个人所得税基础信息表、个人所得税扣缴申报表、个人所得税自行纳税申报表（A表）请扫描右侧二维码获取。

【前沿阅读】 深化个人所得税改革，推动新发展格局加快形成

思考训练

一、主题思考

1. 科学技术是第一生产力，在各种影响企业科技创新活动的税收政策和具体税种中，企业所得税是最具调节作用的税种。课余走访一至两家本地上市公司，调查了解《企业所得税法》对企业科技创新的影响。

2. 利用网络资料查找世界各国个人所得税的运行情况，探讨我国“十四五”时期个人所得税的改革方向。思考如何进一步完善综合与分类相结合的个人所得税制度，合理扩大纳入综合征税的所得范围，健全专项附加扣除项目，完善吸引境外高端人才政策体系。

二、实战演练

1. 某药品制造企业2021年度取得主营业务收入56 000万元、其他业务收入3 000万元、营业外收入1 200万元、投资收益800万元，发生主营业务成本24 000万元、其他业务成本1 400万元、营业外支出1 300万元、税金及附加4 500万元、管理费用5 000万元、销售费用12 000万元、财务费用1 100万元，实现年度利润总额11 700万元。当年发生的相关具体业务如下：(1) 广告费支出9 500万元。(2) 业务招待费支出500万元。(3) 实发工资5 000万元。其中，为本企业残疾职工所发放工资为100万元。(4) 拨缴职工工会经费110万元，发生职工福利费750万元、职工教育经费140万元。(5) 专门用于新产品研发的费用1 600万元，已独立核算管理（未形成无形资产）。(6) 企业取得的投资收益中包括国债利息收入100万元、地方政府债券利息收入50万元、企业债券利息收入150万元。(7) 转让一项专利技术取得收入900万元，与之相关的成本和税费为200万元。

要求：根据上述资料，按照下列顺序计算回答问题：(1) 计算广告费支出应调整的应纳税所得额；(2) 计算业务招待费支出应调整的应纳税所得额；(3) 计算残疾职工工资应调整的应纳税所得额；(4) 计算工会经费、职工福利费和职工教育经费应调整的应纳税所得额；(5) 计算研发费用应调整的应纳税所得额；(6) 计算投资收益应调整的应纳税所得额；(7) 计算转让专利技术应调整的应纳税所得额；(8) 计算该企业2021年应纳税所得额；(9) 计算该企业2021年应缴纳的企业所得税税额（注会2018年考题改编）。

2. 居民个人李某与其妻子在某城市工作并居住。2020年与个人所得税汇算清缴相关的收入及支出如下：(1) 全年从单位领取扣除按规定比例缴纳的社保费用和住房公积金后的工资共计120 000元，单位已为其预扣预缴个人所得税款1 404元；(2) 出版一部作品，取得出版方分两次向其支付的稿酬20 000元；(3) 每月按首套住房贷款利率为其购于某县城的自有房产偿还房贷2 000元；(4) 在居住城市无自有住房，与其妻子一起租房居住，每月支付房租3 000元（其他相关资料：李某工作地城市为除直辖市、省会城市、计划单列市及国务院确定其他城市之外的市辖区户籍人口超过100万的城市；以上专项附加扣除均由李某100%扣除）。

要求：根据上述资料，按照下列序号回答问题，如有计算需计算出合计数。(1) 从税后所得最大化出发，回答李某应选择享受的专项附加扣除并说明理由；(2) 计算出版方支付稿酬所得应预扣预缴的个人所得税款；(3) 计算李某可申请的个人所得税退税款（注会2020年考题改编）。

第三章
本章参考税收法律法规制度

第三章
课堂训练解析

第三章
小问答参考答案

第三章
实战演练参考答案

第四章 资源税法律制度

【本章导读】

资源税法就是调整资源税征纳关系的法律规范的总称。资源税按其性质，可分为一般资源税和级差资源税两大类。从理论上说，资源税是国家对开发、利用其境内资源的单位和个人，就其所开发、利用资源的数量或价值征收的一种税。一般资源税是对使用某种自然资源的单位和个人就其资源的数量或价值征收，而不考虑其所使用资源的贫富状况和开采条件，也不考虑其因开发利用资源所取得收入的多少。级差资源税是按资源的级差收入分别征税，纳税人应纳税额的多少同其所使用资源的贫富状况和开采利用条件有关。从各国资源税的立法概况来看，现今征收的资源税大多属于级差资源税。资源税的特点主要是资源税的征税范围小；征税目的主要在于推进生态文明建设；采用差别税额，实行从量定额征收，计算简便；属于中央和地方共享税。目前我国对资源征税的税种主要有资源税、城镇土地使用税、耕地占用税和土地增值税四种。

通过本章学习，要求同学们全面深入地掌握资源税法各税种的基本制度和具体应用。

第一节 资源税法

第四章教案　　第四章 PPT

一、资源税的基本法律

资源税是以各种应税自然资源为课税对象、为了调节资源级差收入并体现国有资源有偿使用而征收的一种税。在我国，资源税是对在中华人民共和国领域及管辖海域开采应税矿产品以及生产盐的单位和个人，就其应税产品销售额或销售数量为计税依据而征收的一种税。具有只对特定资源征税、受益税、生态资源税的特点。

资源税法是指国家制定的用以调整资源税征收与缴纳之间权利与义务关系的法律规范。我国现行资源税的基本法律规范是2019年8月26日第十三届全国人民代表大会常务委员会第十二次会议通过、自2020年9月1日起施行的《中华人民共和国资源税法》（以下简称《资源税法》）以及于2020年6月28日经国务院批准，财政部、税务总局发布的《关于资源税有关问题执行口径的公告》（财政部、税务总局公告2020年第34号）；2016年5月9日发布，自2016年7月1日起实施的《财政部　国家税务总局　水利部关于印发〈水资源税改革试点暂行办法〉的通知》（财税〔2016〕55号）；2016年5月9日发布的《财政部　国家税务总局关于资源税改革具体政策问题的通知》（财税〔2016〕54号）；2016年5月9日发布的《财政部　国家税务总局关于全面推进资源税改革的通知》（财税〔2016〕53号）；2017年1月24日发布并实施的《国家税务总局　国土资源部关于落实资源税改革优惠政策若干事项的公告》（国家税务总局公告2017年第2号）；2017年11月24日发布，自2017年12月1日起在北京、天津、山西、内蒙古、山东、河南、四川、陕西、宁夏等9个省（自治区、直辖市）扩大水资源税改革试点的《财政部　税务总局　水利部关于印发〈扩大水资源税改革试点实施办法〉的通知》（财税〔2017〕80号）；2017年11月25日发布，自2017年12月1日起实施的《国家税务总局关于水资源费改税后城镇公共供水企业增值税发票开具问题的公告》（国家税务总局公告2017年第47号）等。

税法视野　　资源税改革历程

（一）征税范围

从理论上讲，资源税的征税范围应当包括一切可以开发和利用的自然资源。我国资源税法施行列举制，即只对《资源税法》列举的矿产品和盐征税。具体有：能源矿产，金融矿产，非金属矿产，水气矿产和盐。水资源税改革试点在本节最后一个问题表述。

税法视野　　资源税的征税范围具体内容

单位和个人以应税产品投资、分配、抵债、赠与、以物易物等，视同销售，应按规定计算缴纳资源税。

课堂训练 4-1

根据《资源税法》的规定，下列各项属于资源税征税范围的有（　　）。

A. 铁矿石　　B. 煤矿生产的天然气　　C. 焦煤

D. 与原油同时开采的天然气　　E. 人造石油

税法视野　我国完成五大资源环境类税种全部立法

（二）纳税人

资源税的纳税义务人是指在中华人民共和国领域及管辖的其他海域开发应税资源的单位和个人，见表4－1。应税资源的具体范围，由《资源税法》所附《资源税税目税率表》确定。

表4－1　资源税的纳税人

	基本规定	特殊规定
纳税义务人	在中华人民共和国境内开采应税资源的矿产品或者生产盐的单位和个人，包括内外资企业、单位、机关、社团、个人	中外合作开采石油、天然气的企业仍然是资源税的纳税义务人

单位具体包括国有企业、集体企业、私营企业、股份制企业、其他企业和行政单位、事业单位、军事单位、社会团体、其他单位；个人是指个体经营者及其他个人。其他单位和其他个人包括外商投资企业、外国企业及外籍人员。

根据《关于调整原油、天然气资源税有关政策的通知》（财税〔2014〕73号）的规定，开采海洋或陆上油气资源的中外合作油气田，在2011年11月1日前已签订的合同继续缴纳矿区使用费、不缴纳资源税，自同年11月1日起新签订的合同缴纳资源税、不再缴纳矿区使用费；开采海洋油气资源的自营油气田，自2011年11月1日起缴纳资源税、不再缴纳矿区使用费。

（三）税率

根据税法规定，资源税实行从价计征或者从量计征，并按照资源贮存状况、开采条件、资源优劣、地理位置等情况，采取差别税率或者差别税额的方法进行调节，其税目税率表请扫描右侧二维码获取。

资源税税目税率表

纳税人具体适用的税率，在表中规定的税率幅度内，由省、自治区、直辖市人民政府统筹考虑该应税资源的品位、开采条件以及对生态环境的影响等情况，在规定的税率幅度内提出，报同级人民代表大会常务委员会决定，并报全国人民代表大会常务委员会和国务院备案。《资源税税目税率表》中规定征税对象为原矿或选矿的，应当分别确定具体适用税率。

纳税人开采或者生产不同税目应税产品的，应当分别核算不同税目应税产品的销售额或者销售数量；未分别核算或者不能准确提供不同税目应税产品的销售额或者销售数量的，从高适用税率。

小问答4－1

纳税人开采或者生产不同税目或者同一税目下适用不同税率的应税产品，如何计征资源税？

课堂训练 4-2

以下应税资源的征税对象规定为原矿或选矿产品的有（　　）。

A. 原油、天然气　　B. 煤炭　　C. 钨、钼　　D. 砂石

二、资源税的优惠政策

（一）法定减免税

1. 免征资源税

有下列情形之一的，免征资源税：

（1）开采原油以及油田范围内运输原油过程中用于加热的原油、天然气；

（2）煤炭开采企业因安全生产需要抽采的煤成（层）气。

2. 减征资源税

有下列情形之一的，减征资源税：

（1）从低丰度油气田开采的原油、天然气减征20%资源税。低丰度油气田，包括陆上低丰度油田、陆上低丰度气田、海上低丰度油田、海上低丰度气田。陆上低丰度油田是指每平方公里原油可开采储量丰度低于25万立方米的油田；陆上低丰度气田是指每平方公里天然气可开采储量丰度低于2.5亿立方米的气田；海上低丰度油田是指每平方公里原油可开采储量丰度低于60万立方米的油田；海上低丰度气田是指每平方公里天然气可开采储量丰度低于6亿立方米的气田。

（2）高含硫天然气、三次采油和从深水油气田开采的原油、天然气，减征30%资源税。高含硫天然气，是指硫化氢含量在30克/立方米以上的天然气。三次采油，是指二次采油后继续以聚合物驱、复合驱、泡沫驱、气水交替驱、二氧化碳驱、微生物驱等方式进行采油。深水油气田，是指水深超过300米的油气田。

（3）稠油、高凝油减征40%资源税。稠油，是指地层原油粘度大于或等于50毫帕/秒或原油密度大于或等于0.92克/立方厘米的原油。高凝油，是指凝固点高于40℃的原油。

（4）从衰竭期矿山开采的矿产品，减征30%资源税。衰竭期矿山，是指设计开采年限超过15年，且剩余可开采储量下降到原设计可开采储量的20%以下或者剩余开采年限不超过5年的矿山。衰竭期矿山以开采企业下属的单个矿山为单位确定。

根据国民经济和社会发展需要，国务院对有利于促进资源节约集约利用、保护环境等情形可以规定免征或者减征资源税，报全国人民代表大会常务委员会备案。

（二）可由省、自治区、直辖市人民政府决定的减税或者免税

有下列情形之一的，省、自治区、直辖市人民政府可以决定减税或者免税：

（1）纳税人开采或者生产应税产品过程中，因意外事故或者自然灾害等原因遭受重大损失的；

（2）纳税人开采共伴生矿、低品位矿、尾矿。

上述两项的免征或者减征的具体办法，由省、自治区、直辖市人民政府提出，报同级人民代表大会常务委员会决定，并报全国人民代表大会常务委员会和国务院备案。

(三) 其他减税、免税

为促进页岩气开发利用，有效增加天然气供给，经国务院同意，自 2018 年 4 月 1 日至 2021 年 3 月 31 日，对页岩气资源税（按 6% 的规定税率）减征 30%。

纳税人的减税、免税项目，应当单独核算销售额或者销售数量；未单独核算或者不能准确提供销售额或者销售数量的，不予减税或者免税。

课堂训练 4－3

企业生产或开采的下列资源产品中，应当征收资源税的有（　　）。

A. 煤炭开采企业因安全生产需要抽采的煤成气

B. 深水油气田开采的天然气

C. 人造石油

D. 从低丰度油田开采的原油

三、资源税的计算

资源税的应纳税额，按照从价定率或者从量定额的办法，以应税产品的销售额或销售为计税依据，即分别以应税产品的销售额乘以纳税人具体适用的比例税率或者以应税产品的销售数量乘以纳税人具体适用的定额税率计算。其中，地热、砂石、矿泉水和天然卤水可采用从价计征或从量计征的方式，其他应税产品统一适用从价定率征收的方式。

(一) 销售额或课税数量的确定

纳税人开采或者生产应税产品，自用于自己连续生产应税产品的，不缴资源税；自用于其他方面的，视同销售，按照规定缴纳资源税。

自用于其他方面的，包括纳税人以应税产品用于非货币性资产交换、捐赠、偿债、赞助、集资、投资、广告、样品、职工福利、利润分配或者连续生产非应税产品等。

小问答 4－2

纳税人自用应税产品，在哪些情形下应当缴纳资源税？

1. 销售额的一般规定

从价定率征收的计税依据为计税销售额。计税销售额为纳税人销售应税产品向购买方收取的全部价款和价外费用，但不包括应向购货方收取的增值税销项税额。价外费用主要包括：价外向购买方收取的手续费、补贴、基金、集资费、返还利润、奖励费、违约金、滞纳金、延期付款利息、赔偿金、代收款项、代垫款项、包装费、包装物租金、储备费、优质费、运输装卸费和其他各种性质的价外收费。但下列项目不包括在内：

（1）同时符合以下条件的代垫运输费用：承运部门的运输费用发票开具给购买方的；纳税人将该项发票转交给购买方的。

（2）同时符合以下条件代为收取的政府性基金或行政事业性收费：由国务院或财政部批准设立的政府性基金，由国务院或省级人民政府及其财政、价格主管部门批准设立的行政事业性收费；收取时开具省级以上财政部门印制的财政票据；所收款项全额上缴财政。

2. 销售额的特殊规定

（1）纳税人按人民币以外的货币结算销售额的，应当按外汇市场价格折合成人民币计算。其销售额的人民币折合率可选择销售额发生的当天或当月1日的人民币汇率中间价。纳税人应事先确定采用何种折合率，确定后1年内不得变更。

（2）纳税人开采应税矿产品由其关联单位对外销售的，按其关联单位的销售额征收资源税。

（3）纳税人既有对外销售应税产品，又有将应税产品用于除连续生产应税产品以外的其他方面的（包括用于非生产项目和生产非应税产品），则自用的这部分应税产品按纳税人对外销售应税产品的平均价格计算销售额征收资源税。

（4）纳税人将其开采的应税产品直接出口的，按其离岸价格（不含增值税）计算销售额征收资源税。

3. 核定销售额的方法

纳税人申报的应税产品销售额明显偏低或偏高且无正当理由、有视同销售应税产品行为而无销售额的，除财政部、国家税务总局另有规定外，按下列顺序核定其销售额：

（1）按纳税人最近时期同类产品的平均售价确定。

（2）按其他纳税人最近时期同类产品的平均销售价格确定。

（3）按后续加工非应税产品销售价格，减去后续加工环节的成本利润后确定。

（4）按组成计税价格确定。其组成计税价格的公式为：

$$组成计税价格=成本\times(1+成本利润率)\div(1-税率)$$

公式中的“成本”是指应税产品的为实际生产成本；成本利润率由省、自治区、直辖市税务机关确定。

（5）按其他合理方法确定。

4. 运杂费的扣减

对同时符合以下条件的运杂费用，纳税人在计算应税产品计税销售额时，可予以扣减：

（1）包含在应税产品销售收入中；

（2）属于纳税人销售应税产品环节发生的运杂费用，具体是指运送应税产品从坑口或者洗选（加工）地到车站、码头或者购买方指定地点的运杂费用；

（3）取得相关运杂费用发票或者其他合法有效凭据；

（4）将运杂费用与计税销售额分别进行核算。

纳税人扣减的运杂费用明显偏高导致应税产品价格偏低且无正当理由的，主管税务机关可以合理调整计税价格。

5. 原矿销售额与精矿销售额的换算或折算

《资源税法》规定，原矿和精矿的销售额或者销售量应当分别核算，未分别核算的，从高确定计税销售额或者销售数量。

为公平原矿与精矿之间的税负，对同一种应税产品，征税对象为精矿的，纳税人销售原矿时，应将原矿销售额换算为精矿销售额缴纳资源税；征税对象为原矿的，纳税人销售自采原矿加工的精矿，应将精矿销售额折算为原矿销售额缴纳资源税。换算比或折算率原则上应通过原矿售价、精矿售价和选矿比计算，也可通过原矿销售额、加工环节平均成本和利润计算。

金矿以标准金锭为征税对象，纳税人销售金原矿、金精矿的，应比照上述规定将其销售额换算为金锭销售额缴纳资源税。

换算比或折算率应按简便可行、公平合理的原则，由省级财税部门确定，并报财政部、国家税务总局备案。

小问答 4-3

何时按照原矿计征资源税？何时按照选矿产品计征资源税？

6. 煤炭资源税销售额的确定

为规范煤炭资源税从价计征管理，国家税务总局制定了《煤炭资源税征收管理办法（试行）》，自 2015 年 8 月 1 日起施行。煤炭从价征收资源税。煤炭应税产品包括原煤和以未税原煤加工的洗选煤。

（1）应纳税额的计算。其计算公式为：

原煤应纳税额 = 原煤销售额 × 适用税率

纳税人开采原煤直接对外销售的，以原煤销售额作为应税销售额计算缴纳资源税。销售额不含从坑口到车站、码头等的运输费用。

（2）纳税人将开采的原煤自用于连续生产洗选煤的，在原煤移送使用环节不缴纳资源税；自用于其他方面的，视同销售原煤计算缴纳资源税。

（3）纳税人将其开采的原煤加工为洗选煤销售的，以洗选煤销售额乘以折算率作为应税销售额计算缴纳资源税；洗选煤自用的，视同销售洗选煤。其折算公式为：

洗选煤应纳税额 = 洗选煤销售额 × 折算率 × 适用税率

（4）原煤及洗选煤销售额中包含的运输费用、建设基金及随运销产生的装卸、仓储、港杂等费用应与煤价分别核算，凡取得相应凭据的，允许在计算煤炭计税销售额时予以扣减。

（5）纳税人同时以自采未税原煤和外购已税原煤加工洗选煤的，应当分别核算；未分别核算的，按洗选煤对外销售计算缴纳资源税。

纳税人同时销售（包括视同销售）应税原煤和洗选煤的，应当分别核算原煤和洗选煤的销售额；未分别核算或者不能准确提供原煤和洗选煤销售额的，一并视同销售原煤计算缴纳资源税。

小问答 4-4

外购与自采应税产品混合销售或者混合加工为应税产品的如何计征资源税？

7. 课税数量的确定

实行从量定额征收的以销售数量为计税依据。销售数量的具体规定为：

（1）计征资源税的销售数量包括纳税人开采或生产应税产品的实际销售数量和视同销售的自用数量。

（2）纳税人不能准确提供应税产品销售数量的，以应税产品的产量或主管税务机关确定的折算比换算成的数量，为计征资源税的销售数量。

（3）纳税人开采或生产不同税目应税产品的，应当分别核算不同税目应税产品的销售数量；未分别核算或不能准确提供不同税目应税产品销售数量的，从高适用税率。

（4）纳税人以自产的液体盐加工固体盐，按固体盐税额征税，以加工的固体盐数量为课税数量。纳税人以外购的液体盐加工固体盐，其加工固体盐所耗用液体盐的已纳税额准予抵扣。

8. 视同销售的情形

计税销售额或者销售数量，包括应税产品实际销售和视同销售两部分。应当征收资源税的视同销售的自产自用产品，包括用于非生产项目和生产非应税产品两类。视同销售具体包括以下情形：

（1）纳税人以自采原矿直接加工为非应税产品的，视同原矿销售；

（2）纳税人以自采原矿洗选（加工）后的精矿连续生产非应税产品的，视同精矿销售；

（3）以应税产品投资、分配、抵债、赠与、以物易物等，视同应税产品销售。

（二）应纳税额的计算

资源税的应纳税额，其计算公式分别为：

从价定率应纳税额 = 销售额 × 比例税率

从量定额应纳税额 = 销售数量 × 定额税率

课堂训练 4－4

某煤炭开采企业某月销售洗煤5万吨，开具增值税专用发票注明金额5 000万元，另取得从洗煤厂到码头不含增值税的运费收入50万元。假设洗煤的折算率为80%，资源税税率为10%，该企业销售洗煤应缴纳的资源税为多少？

课堂训练 4－5

滨海油田某采油厂某月对外销售原油450万吨，收取不含税价款2 250 000万元，工业锅炉烧用为5万吨；对外销售天然气为2 000 000立方米，共收取不含税价款500万元。该油田原油和天然气适用税率均为6%。则应纳的资源税为多少？

课堂训练 4－6

某砂厂2021年5月开采砂石5 000立方米．对外销售4 000立方米，当地砂石资源税税率为3元/立方来。该厂当月应纳资源税额为多少？

课堂训练4－7

某石化企业为增值税一般纳税人，5月发生以下业务：（1）从国外某石油公司进口原油50 000吨，支付不含税价款折合人民币9 000万元，其中包含包装费及保险费折合人民币10万元；（2）开采原油10 000吨，并将开采的原油对外销售6 000吨，取得含税销售额2 260万元，同时向购买方收取延期付款利息2.26万元、包装费1.13万元，另外支付运输费用6.78万元；（3）将开采的原油1 000吨通过关联公司对外销售，关联公司的对外含税售价为0.39万元/吨。（4）用开采的原油2 000吨加工生产1 300吨汽油。

（其他相关资料：原油的资源税税率为6%；该企业原油的平均含税售价为0.39万元/吨）

要求：根据资料，计算上述业务中应缴纳的资源税额。

四、资源税的申报缴纳

（一）纳税义务发生时间

（1）纳税人销售资源税的应税产品，其纳税义务发生时间为：纳税人采取分期收款结算方式的，为销售合同规定的收款日期的当天；纳税人采取预收货款结算方式的，为发出应税产品的当天；纳税人采取其他结算方式的，为收讫销售款或者取得索取销售款凭据的当天。

（2）纳税义务人自产自用应税产品，其纳税义务发生时间为移送使用应税产品的当天。

（3）扣缴义务人代扣代缴税款义务发生时间，为支付首笔货款或者开具应支付货款凭据的当天。

（二）纳税期限

资源税按月或者按季申报缴纳；不能按固定期限计算缴纳的，可以按次申报缴纳。

纳税人按月或者按季申报缴纳的，应当自月度或者季度终了之日起15日内，向税务机关办理纳税申报并缴纳税款；按次申报缴纳的，应当自纳税义务发生之日起15日内，向税务机关办理纳税申报并缴纳税款。

（三）纳税环节和纳税地点

1. 纳税环节

资源税在应税产品销售或者自用环节计算缴纳。纳税人以自采原矿加工精矿产品的，在原矿移送使用时不缴纳资源税，在精矿销售或者自用时缴纳资源税。

纳税人以自采原矿直接加工为非应税产品或者以自采原矿加工的精矿连续生产非应税产品的，在原矿或者精矿移送环节计算缴纳资源税。

以应税产品投资、分配、抵债、赠与、以物易物等，在应税产品所有权转移时计算缴纳资源税。

2. 纳税地点

纳税人应纳的资源税应当向应税产品开采地或者生产所在地的主管税务机关缴纳。纳税人在本省、自治区、直辖市范围内开采或者生产应税产品，其纳税地点需要调整的，由省、自治区、直辖市税务机关决定。

（四）纳税申报

资源税的纳税人，应按主管税务机关核定的纳税期限，如实填写并报送《财产和行为税纳税申报表》及其附表。纳税人新增税源或税源变化时，需先填报《资源税税源明细表》。以上表格请扫描右侧二维码获取。

税法视野　　为什么要实行财产和行为税合并申报？

五、水资源税改革试点实施办法

为全面贯彻落实党的十九大精神，推进资源全面节约和循环利用，推动形成绿色发展方式和生活方式，根据财政部、税务总局、水利部2017年11月28日发布的《扩大水资源税改革试点实施办法》（以下简称《试点实施办法》），自2017年12月1日起，北京、天津、山西、内蒙古、河南、山东、四川、陕西、宁夏9个省区市纳入水资源税改革试点，由征收水资源费改为征收水资源税。

（一）水资源税的纳税义务人

除规定情形外，水资源税的纳税人为直接取用地表水、地下水的单位和个人，包括直接从江、河、湖泊（含水库）和地下取用水资源的单位和个人。下列情形不缴纳水资源税：

（1）农村集体经济组织及其成员从本集体经济组织的水塘、水库中取用水的。

（2）家庭生活和零星散养、圈养畜禽饮用等少量取用水的。

（3）水利工程管理单位为配置或者调度水资源取水的。

（4）为保障矿井等地下工程施工安全和生产安全必须进行临时应急取用（排）水的。

（5）为消除对公共安全或者公共利益的危害临时应急取水的。

（6）为农业抗旱和维护生态与环境必须临时应急取水的。

课堂训练4-8

根据水资源税试点规定，下列情形中，不缴纳水资源税的有（　　）。

A. 为农业抗旱必须临时应急取水的

B. 为维护生态与环境必须临时应急取水的

C. 农村居民圈养畜禽饮用少量取用水的

D. 家庭生活饮用少量取用水的

（二）水资源税的税率

除中央直属和跨省（区、市）水力发电取用水外，由试点省份省级人民政府统筹考虑本地区水资源状况、经济社会发展水平和水资源节约保护要求，在《扩大水资源税改革试点实施办法》所附《试点省份水资源税最低平均税额表》（见表4-2）规定的最低平均税额基础上，分类确定具体适用税额。

表 4-2　　试点省份水资源税最低平均税额表　　单位：元/立方米

省（区、市）	地表水最低平均税额	地下水最低平均税额
北京	1.6	4
天津	0.8	4
山西	0.5	2
内蒙古	0.5	2
山东	0.4	1.5
河南	0.4	1.5
四川	0.1	0.2
陕西	0.3	0.7
宁夏	0.3	0.7

为发挥水资源税调控作用，按不同取用水性质实行差别税额，地下水税额要高于地表水，超采区地下水税额要高于非超采区，严重超采地区的地下水税额要大幅高于非超采地区。对超计划或超定额用水加征 1—3 倍，对特种行业从高征税，对超过规定限额的农业生产取用水、农村生活集中式饮水工程取用水从低征税。具体适用税额，授权省级人民政府统筹考虑本地区水资源状况、经济社会发展水平和水资源节约保护的要求确定。

课堂训练 4-9

以下关于水资源税税率的表述正确的是（　　）。

A. 地表水税额要高于地下水

B. 超采区地下水税额要高于非超采区

C. 对超计划或超定额用水加征 3—5 倍

D. 对超过规定限额的农业生产取用水免税

（三）水资源税的税收优惠政策

下列情形，予以免征或者减征水资源税：

（1）规定限额内的农业生产取用水，免征水资源税。

（2）取用污水处理再生水，免征水资源税。

（3）除接入城镇公共供水管网以外，军队、武警部队通过其他方式取用水的，免征水资源税。

（4）抽水蓄能发电取用水，免征水资源税。

（5）采油排水经分离净化后在封闭管道回注的，免征水资源税。

（6）财政部、税务总局规定的其他免征或者减征水资源税情形。

（四）水资源税的计算

水资源税实行从量计征。对一般取用水按照实际取用水量征税，对采矿和工程建设疏干排水按照排水量征税；对水力发电和火力发电贯流式（不含循环式）冷却取用水按照实际发电量征税。计算公式如下：

一般取用水应纳税额 = 实际取用水量 × 适用税额

疏干排水应纳税额 = 实际取用水量 × 适用税额

疏干排水的实际取用水量按照排水量确定。疏干排水是指在采矿和工程建设过程中破坏地下水层、发生地下涌水的活动。

水力发电和火力发电贯流式（不含循环式）冷却取用水应纳税额 = 实际发电量 × 适用税额

火力发电贯流式冷却取用水，是指火力发电企业从江河、湖泊（含水库）等水源取水，并对机组冷却后将水直接排入水源的取用水方式。火力发电循环式冷却取用水，是指火力发电企业从江河、湖泊（含水库）、地下等水源取水并引入自建冷却水塔，对机组冷却后返回冷却水塔循环利用的取用水方式。

（五）水资源税的征收管理

为加强税收征管、提高征管效率，水资源税采取了"税务征管、水利核量、自主申报、信息共享"的征管模式，即税务机关依法征收管理；水行政主管部门负责核定取用水量；纳税人依法办理纳税申报；税务机关与水行政主管部门建立涉税信息共享平台和工作配合机制，定期交换征税和取用水信息资料。

水资源税的纳税义务发生时间为纳税人取用水资源的当日。除农业生产取用水外，水资源税按季或者按月征收，由主管税务机关根据实际情况确定。对超过规定限额的农业生产取用水水资源税可按年征收。不能按固定期限计算纳税的，可以按次申报纳税。纳税人应当自纳税期满或者纳税义务发生之日起 15 日内申报纳税。

水资源税由生产经营所在地的主管税务机关征收管理，跨省（区、市）调度的水资源，由调入区域所在地的税务机关征收水资源税。在试点省份内取用水，其纳税地点需要调整的，由省级财政、税务部门决定。

第二节 城镇土地使用税法

一、城镇土地使用税的基本法律

城镇土地使用税是以开征范围的土地为征税对象，以实际占用的土地面积为计税标准，按规定税额对拥有土地使用权的单位和个人征收的一种税。在我国，城镇土地使用税是指国家对在城市、县城、建制镇和工矿区范围内使用土地的单位和个人，按其实际占用的土地面积分等级定额征收的一种税。

城镇土地使用税法是指国家制定的用以调整城镇土地使用税征收与缴纳之间权利与义务关系的法律规范。现行城镇土地使用税的基本规范，是国务院 1988 年颁布、2006 年 12 月 31 日修订、2007 年 1 月 1 起实施的《中华人民共和国城镇土地使用税暂行条例》。城镇土地使用税的征收可以促使纳税人合理利用土地，同时也起到了调节不同地区、不同地段之间的土地级差收入、提高土地使用效益的作用。

（一）征税范围

城镇土地使用税的征税范围，包括城市、县城、建制镇、工矿区内的国家所有和集体所有的土地。建立在城市、县城、建制镇和工矿区以外的工矿企业不需缴纳城镇土地使用税。

（1）城市是指经国务院批准设立的市，包括市区和郊区；

（2）县城是指县人民政府所在地的城镇；

（3）建制镇是指经省、自治区、直辖市人民政府批准设立的建制镇，其征税范围为镇人民政府所在地；

（4）矿区是指工商业比较发达，人口比较集中，符合国务院规定的建制镇标准并经省、自治区、直辖市人民政府批准的大中型工矿企业所在地。如大中型企业生产、办公、生活区，海关特殊监管区域以及各类产业聚集园区所在地纳入工矿区征收范围。

对城市、县城、建制镇和工矿区的具体征税范围的确定，权限下放给省、自治区、直辖市人民政府具体划定。

（二）纳税人

城镇土地使用税的纳税义务人，是指在城市、县城、建制镇、工矿区范围内使用土地的单位和个人。具体包括：

（1）拥有土地使用权的单位和个人；

（2）拥有土地使用权的单位和个人不在土地所在地的，其土地的代管人或实际使用人为纳税义务人；

（3）土地使用权属未确定或权属纠纷未解决的，其实际使用人为纳税义务人；

（4）土地使用权共有的，共有各方都是纳税义务人，由共有各方分别纳税。

其中，在城镇土地使用税征税范围内，承租集体所有建设用地的，由直接从集体经济组织承租土地的单位和个人，缴纳城镇土地使用税。

几个人或几个单位共同拥有一块土地的使用权，这块土地的城镇土地使用税的纳税人应是对这块土地拥有使用权的每一个人或每一个单位。他们应以其实际使用的土地面积占总面积的比例，分别计算缴纳土地使用税。

小问答 4－5

单位无偿使用股东房屋办公，城镇土地使用税由谁缴纳？

（三）税率

城镇土地使用税采用定额税率，即采用有幅度的差别税额。城镇土地使用税每平方米年税额为：①大城市：1.50—30 元；②中等城市：1.20—24 元；③小城市：0.90—18 元；④县城、建制镇、工矿区：0.60—12 元。

各省、自治区、直辖市人民政府，应当在前条所列税额幅度内，根据市政建设状况、经济繁荣程度等条件，确定所辖地区的适用税额幅度。

市、县人民政府应当根据实际情况，将本地区土地划分为若干等级，在省、自治区、直辖市人民政府确定的税额幅度内，制定相应的适用税额标准，报省、自治区、直辖市人民政府批准执行。

经省、自治区、直辖市人民政府批准，经济落后地区土地使用税的适用税额标准可以适当降低，但降低额不得超过上述规定最低税额的30%。经济发达地区土地使用税的适用税额标准可以适当提高，但须报经财政部批准。

二、城镇土地使用税的优惠政策

（一）法定免税

城镇土地使用税的法定免税项目如下：

（1）国家机关、人民团体、军队自用的土地。

（2）由财政部门拨付事业经费的单位自用的土地。

（3）宗教寺庙、公园、名胜古迹自用的土地。宗教寺庙自用的土地，是指举行宗教仪式等的用地和寺庙内的宗教人员生活用地。公园、名胜古迹自用的土地，是指供公共参观游览的用地及其管理单位的办公用地。以上单位的生产、经营用地和其他用地，不属于免税范围。

（4）市政街道、广场、绿化地带等公共用地。

（5）直接用于农、林、牧、渔业的生产用地。这是指直接从事种植、养殖、饲养的专业用地。农副产品加工厂占地和从事农、林、牧、渔业生产单位的生活、办公用地不包括在内。

（6）经批准开山填海整治的土地和改造的废弃土地，从使用的月份起免缴城镇土地使用税5—10年。开山填海整治的土地是指纳税人经有关部门批准后自行填海整治的土地，不包括纳税人通过出让、转让、划拨等方式取得的已填海整治的土地。

（7）由财政部另行规定免税的能源、交通、水利设施用地和其他用地。

小问答4－6

免税单位自用土地指的是什么？

（二）一般减免

（1）为支持重点产业的发展，对石油、电力、煤炭等能源用地，民用港口、铁路等交通用地和水利设施用地，三线调整企业、盐业、采石场、邮电等一些特殊用地，给予划分土地使用税的征免税界限和政策性减免税照顾。

（2）自2019年1月1日至2020年12月31日，对向居民供热收取采暖费的供热企业，为居民供热所使用的土地免税；对供热企业其他土地，应当按照规定征城镇土地使用税。对专业供热企业，按其向居民供热取得的采暖费收入占全部采暖费收入的比例，计算免征税额。对兼营供热企业，视其供热所使用的土地与其他生产经营活动所使用的土地是否可以区分，按照不同方法计算免征城镇土地使用税。可以区分的，对其供热所使用土地，按向居民供热取得的采暖费收入占全部采暖费收入的比例，计算免征税额。难以区分的，对其土地，按向居民供热取得的采暖费收入占其营业收入的比例，计算免征的城镇土地使用税。对自供热单位，按向居民供热建筑面积占总供热建筑面积的比例，计算免征供热所使用土地的城镇土地使用税。

（3）对在一个纳税年度内月平均实际安置残疾人就业人数占单位在职职工总数的比例高于25%（含25%）且实际安置残疾人人数高于10人（含）的单位，可减征或免征该年度土地使用税。

（4）自2016年1月起，体育场馆自用的房产和土地房产税减免优惠规定为：①国家机关、军队、人民团体、财政补助事业单位、居民委员会、村民委员会拥有的体育场馆，用于体育活动的房产、土地，免征土地使用税。②经费自理事业单位、体育社会团体、体育基金会、体育类民办非企业单位拥有并运营管理的体育场馆，同时符合下列条件的，其用于体育活动的房产、土地，免征土地使用税：向社会开放，用于满足公众体育活动需要；体育场馆取得的收入主要用于场馆的维护、管理和事业发展；拥有体育场馆的体育社会团体、体育基金会及体育类民办非企业单位，除当年新设立或登记的以外，前一年度登记管理机关的检查结论为“合格”。③企业拥有并运营管理的大型体育场馆，其用于体育活动的房产、土地，减半征收土地使用税。

（5）自2019年1月1日至2021年12月31日，对国家级、省级科技企业孵化器、大学科技园和国家备案众创空间自用以及无偿或通过出租等方式提供给在孵对象使用的土地，免征城镇土地使用税。2018年12月31日以前认定的国家级科技企业孵化器、大学科技园，自2019年1月1日起享受上述税收优惠政策。2019年1月1日以后认定的国家级、省级科技企业孵化器、大学科技园和国家备案众创空间，自认定之日次月起享受税收优惠政策。2019年1月1日以后被取消资格的，自取消资格之日次月起停止享受税收优惠政策。孵化服务是指为在孵对象提供的经纪代理、经营租赁、研发和技术、信息技术、鉴证咨询服务。

（6）自2018年10月1日至2020年12月31日间，对按照去产能和调结构政策要求停产停业、关闭的企业，自停产停业次月起，免征城镇土地使用税。

企业享受免税政策的期限累计不得超过两年。

小问答 4－7

个人出租住房是否需要缴纳城镇土地使用税？

（三）特殊规定

（1）自2020年1月1日起至2022年12月31日，对物流企业自有（包括自用和出租）或承租的大宗商品仓储设施用地，减按所属土地等级适用税额标准的50%计征城镇土地使用税。物流企业的办公、生活区用地及其他非直接用于大宗商品仓储的土地，不属于规定的减税范围，应按规定征收城镇土地使用税。

（2）对城市公交站场、道路客运站场的运营用地，免征城镇土地使用税。城市公交站场运营用地包括城市公交首末车站、停车场、保养场、站场办公用地、生产辅助用地，道路客运站场运营用地包括站前广场、停车场、发车位、站务用地、站场办公用地、生产辅助用地。

（3）民航机场用地。①机场飞行区用地、场内外通讯导航设施用地和飞行区四周排水防洪设施用地，免征城镇土地使用税。②在机场道路中，场外道路用地免征城镇土地使用税；场内道路用地依照规定征收城镇土地使用税。③机场工作区（包括办公、生产和维修用地及候机楼、停车场）用地、生活区用地、绿化用地，均须依照规定征收城镇土地使用税。

（4）盐场、盐矿用地。①盐场、盐矿的生产厂房、办公、生活区用地征收城镇土地使用税。②盐场的盐滩、盐矿的矿井用地暂免土地使用税。③其他用地，由省、自治区、直辖市税务机关根据实际情况确定征收或给予定期减免。

（5）企业的绿化用地。对企业厂区（包括生产、办公及生活区）以内的绿化用地，应照章征收土地使用税，厂区以外的公共绿化用地和向社会开放的公园用地，暂免征收土地使用税。

（6）免税单位与纳税单位之间无偿使用的土地。对免税单位无偿使用纳税单位的土地（如公安、海关等单位使用铁路、民航等单位的土地），免征土地使用税；对纳税单位无偿使用免税单位的土地，纳税单位应照章缴纳土地使用税。

（7）其他特殊规定。

（四）由省、自治区、直辖市税务局确定的减免税项目

（1）个人所有的居住房屋及院落用地；

（2）免税单位职工家属的宿舍用地；

（3）集体和个人举办的各类学校、医院、托儿所、幼儿园用地。

除上述规定外，纳税人缴纳城镇土地使用税确有困难的需要定期减免的，由省、自治区、直辖市税务局审核后，报国家税务总局批准。

课堂训练 4－10

下列占用耕地的情形中，应减征耕地占用税的是（　　）。

A. 医院占用耕地　　B. 养老院占用耕地

C. 停机坪占用耕地　　D. 省政府批准成立的技工学校占用耕地

三、城镇土地使用税的计算

（一）计税依据

城镇土地使用税以纳税义务人实际占用的土地面积为计税依据。纳税义务人实际占用的土地面积按下列办法确定：

（1）凡由省、自治区、直辖市人民政府确定的单位组织测定土地面积的，以测定的面积为准；

（2）尚未组织测量，但纳税义务人持有政府部门核发的土地使用证书的，以证书确定的土地面积为准；

（3）尚未核发土地使用证书的，应由纳税义务人据实申报土地面积，据以纳税，待核发土地使用证书以后再作调整。

土地面积的组织测量工作由省、自治区、直辖市人民政府根据实际情况确定。

（二）应纳税额的计算

城镇土地使用税的计算，按照规定的税额计算：

城镇土地使用税全年应纳税额 = 实际占用应税土地面积（平方米）×适用税额

课堂训练 4-11

下列说法符合城镇土地使用税规定的是（　　）。

A. 在建制镇使用土地的个人为城镇土地使用税的纳税义务人

B. 土地使用权权属纠纷未解决的，由税务机关根据情况确定纳税人

C. 纳税人尚未核发土地使用证书的，暂不纳税，核发土地使用证后再补缴税款

D. 经济发达地区城镇土地使用税适用税额标准经省级人民政府批准可以适当提高

课堂训练 4-12

甲企业（国有企业）生产经营用地分布于 A、B、C 三个地域，A 的土地使用权属于甲企业，面积 10 000 平方米，其中幼儿园占地 1 000 平方米，厂区绿化占地 2 000 平方米；B 的土地使用权属甲企业与乙企业共同拥有，面积 5 000 平方米，实际使用面积各半；C 面积 3 000 平方米，甲企业一直使用但土地使用权未确定。假设 A、B、C 的城镇土地使用税的单位税额为每平方米 5 元，请问甲企业全年应纳城镇土地使用税为多少？

四、城镇土地使用税的申报缴纳

（一）纳税义务发生时间

（1）纳税人购置新建商品房，自房屋交付使用之次月起缴纳城镇土地使用税。

（2）纳税人购置存量房，自办理房屋权属转移、变更登记手续，房地产权属登记机关签发房屋权属证书之次月起缴纳城镇土地使用税。

（3）纳税人出租、出借房产，自交付出租、出借房产之次月起缴纳城镇土地使用税。

（4）房地产开发企业自用、出租、出借本企业建造的商品房，自房屋使用或交付之次月起缴纳城镇土地使用税。

（5）纳税人新征用的耕地，自批准之日起满 1 年开始缴纳城镇土地使用税。

（6）纳税人新征用的非耕地，自批准之日次月起缴纳城镇土地使用税。

（二）纳税期限

城镇土地使用税实行按年计算、分期缴纳的征收办法，具体纳税期限由省、自治区、直辖市人民政府根据实际情况确定。

（三）纳税地点

城镇土地使用税应当向土地所在地的税务机关申报纳税。纳税人使用的土地不属于同一省、自治区、直辖市的，由纳税人分别向土地所在地的税务机关缴纳土地使用税；在同一省、自治区、直辖市管辖范围内的，纳税人跨地区使用的土地，其纳税地点由各省、自治区、直辖市税务局确定。

（四）纳税申报

城镇土地使用税的纳税人应按照条例的有关规定及时办理纳税申报，并如实填写《财产和行为税纳税申报表》及其附表。纳税人新增税源或税源变化时，需先填报《城镇土地使用税税源明细表》。以上表格请扫描右侧二维码获取。

城镇土地使用税纳税申报表

第三节 耕地占用税法

一、耕地占用税的基本法律

耕地占用税是国家对占用耕地建房或者从事其他非农业建设的单位和个人，依据实际占用耕地面积、按照规定税额一次性征收的一种税。在我国，耕地占用税是以占用耕地行为为征税对象，向占用耕地建房和从事非农业建设的单位和个人征收的一种税。

耕地占用税法是指国家制定的用以调整耕地占用税征收与缴纳之间权利与义务关系的法律规范。现行耕地占用税法的基本规范，是2018年12月29日第十三届全国人民代表大会常务委员会第七次会议通过的《中华人民共和国耕地占用税法》（以下简称《耕地占用税法》），财政部、税务总局、自然资源部、农业农村部、生态环境部制定的《中华人民共和国耕地占用税法实施办法》，自2019年9月1日起施行。征收耕地占用税对加强土地管理、保护耕地、实现土地资源的合理利用具有重要意义。

（一）征税范围

耕地占用税的征税范围包括纳税人占用耕地建设建筑物、构筑物或者从事非农业建设的国家和集体的耕地。

耕地占用税所称耕地，是指用于种植农作物的土地，包括菜地、园地。其中，园地包括花圃、苗圃、茶园、果园、桑园和其他种植经济林木的土地。

占用鱼塘及其他农用土地建房或从事其他非农业建设，也视同占用耕地，必须依法征收耕地占用税。占用已开发从事种植、养殖的滩涂、草场、水面和林地等从事非农业建设，由省、自治区、直辖市本着有利于保护土地资源和生态平衡的原则，结合具体情况确定是否征收耕地占用税。

（1）园地，包括果园、茶园、橡胶园、其他园地。前款的其他园地包括种植桑树、可可、咖啡、油棕、胡椒、药材等其他多年生作物的园地。

（2）林地，包括乔木林地、竹林地、红树林地、森林沼泽、灌木林地、灌丛沼泽、其他林地，不包括城镇村庄范围内的绿化林木用地，铁路、公路征地范围内的林木用地以及河流、沟渠的护堤林用地。前款的其他林地包括疏林地、未成林地、迹地、苗圃等林地。

（3）草地，包括天然牧草地、沼泽草地、人工牧草地以及用于农业生产并已由相关行政主管部门发放使用权证的草地。

（4）农田水利用地，包括农田排灌沟渠及相应附属设施用地。

（5）养殖水面，包括人工开挖或者天然形成的用于水产养殖的河流水面、湖泊水面、水库水面、坑塘水面及相应附属设施用地。

（6）渔业水域滩涂，包括专门用于种植或者养殖水生动植物的海水潮浸地带和滩地以及用于种植芦苇并定期进行人工养护管理的苇田。

（7）直接为农业生产服务的生产设施，是指直接为农业生产服务而建设的建筑物和构筑物。具体包括：储存农用机具和种子、苗木、木材等农业产品的仓储设施；培育、生产种子、种苗的设施；畜禽养殖设施；木材集材道、运材道；农业科研、试验、示范基地；野生动植物保护、护林、森林病虫害防治、森林防火、木材检疫的设施；专为农业生产服务的灌溉排水、供水、供电、供热、供气、通讯基础设施；农业生产者从事农业生产必需的食宿和管理设施；其他直接为农业生产服务的生产设施。

课堂训练 4－13

根据耕地占用税有关规定，下列属于耕地占用税征税范围的有（　　）。

A. 菜地　　B. 园地　　C. 林地　　D. 草地

（二）纳税人

耕地占用税的纳税人是指在中华人民共和国境内占用耕地建设建筑物、构筑物或者从事非农业建设的单位和个人。所称单位，包括国有企业、集体企业、私营企业、股份制企业、外商投资企业、外国企业以及其他企业和事业单位、社会团体、国家机关、部队以及其他单位；所称个人，包括个体工商户以及其他个人。

经批准占用耕地的，纳税人为农用地转用审批文件中标明的建设用地人；农用地转用审批文件中未标明建设用地人的，纳税人为用地申请人，其中用地申请人为各级人民政府的，由同级土地储备中心、自然资源主管部门或政府委托的其他部门、单位履行耕地占用税申报纳税义务。未经批准占用耕地的，纳税人为实际用地人。

（三）税率

耕地占用税实行地区差别定额税率。各地区耕地占用税的适用税额，由省、自治区、直辖市人民政府根据人均耕地面积和经济发展等情况，在前款规定的税额幅度内提出，报同级人民代表大会常务委员会决定，并报全国人民代表大会常务委员会和国务院备案。各省、自治区、直辖市耕地占用税适用税额的平均水平，不得低于本法所附《各省、自治区、直辖市耕地占用税平均税额表》（表 4－3）规定的平均税额。

表 4－3　　耕地占用税税额表

级次	地区（以县为单位）	税额（元/每平方米）
1	人均耕地在 1 亩（含 1 亩）以下的	10—50
2	人均耕地在 1—2 亩（含 2 亩）的	8—40
3	人均耕地在 2—3 亩（含 3 亩）的	6—30
4	人均耕地在 3 亩以上的	5—25

经济特区、经济技术开发区和经济发达、人均耕地特别少的地区，适用税额可以适当提高，但最高不得超过上述规定税额的50%。

税法视野　　各省、自治区、直辖市耕地占用税平均税额

二、耕地占用税的优惠政策

（一）免征规定

（1）军事设施占用耕地。免税的军事设施，是指《中华人民共和国军事设施保护法》第二条所列建筑物、场地和设备。具体包括：指挥机关，地面和地下的指挥工程、作战工程；军用机场、港口、码头；营区、训练场、试验场；军用洞库、仓库；军用通信、侦察、导航、观测台站，测量、导航、助航标志；军用公路、铁路专用线，军用通信、输电线路，军用输油、输水管道；边防、海防管控设施；国务院和中央军事委员会规定的其他军事设施。

（2）学校、幼儿园、社会福利机构、医疗机构占用耕地。学校，具体包括县级以上人民政府教育行政部门批准成立的大学、中学、小学，学历性职业教育学校和特殊教育学校以及经省级人民政府或其人力资源社会保障行政部门批准成立的技工院校。学校内经营性场所和教职工住房占用耕地的，按照当地适用税额缴纳耕地占用税。幼儿园，限于县级以上人民政府教育行政部门批准成立的幼儿园内专门用于幼儿保育、教育的场所。社会福利机构，是指依法登记的养老服务机构、残疾人服务机构、儿童福利机构及救助管理机构、未成年人救助保护机构内专门为老年人、残疾人、未成年人及生活无着的流浪乞讨人员提供养护、康复、托管等服务的场所。医疗机构，是指县级以上人民政府卫生健康行政部门批准设立的医疗机构内专门从事疾病诊断、治疗活动的场所及其配套设施。医疗机构内职工住房占用耕地的，按照当地适用税额缴纳耕地占用税。

（3）农村烈士遗属、因公牺牲军人遗属、残疾军人以及符合农村最低生活保障条件的农村居民，在规定用地标准以内新建自用住宅，免征耕地占用税。

（二）减征规定

（1）铁路线路、公路线路、飞机场跑道、停机坪、港口、航道、水利工程占用耕地，减按每平方米2元的税额征收耕地占用税。减税的铁路线路，具体范围限于铁路路基、桥梁、涵洞、隧道及其按照规定两侧留地、防火隔离带。专用铁路和铁路专用线占用耕地的，按照当地适用税额缴纳耕地占用税。减税的公路线路，是指经批准建设的国道、省道、县道、乡道和属于农村公路的村道的主体工程以及两侧边沟或者截水沟。具体包括高速公路、一级公路、二级公路、三级公路、四级公路和等外公路的主体工程及两侧边沟或者截水沟。专用公路和城区内机动车道占用耕地的，按照当地适用税额缴纳耕地占用税。减税的飞机场跑道、停机坪，具体范围限于经批准建设的民用机场专门用于民用航空器起降、滑行、停放的场所。减税的港口，具体范围限于经批准建设的港口内供船舶进出、停靠以及旅客上下、货物装卸的场所。减税的航道，具体范围限于在江、河、湖泊、港湾等水域内供船舶安全航行的通道。减税的水利工程，具体范围限于经县级以上人民政府水行政主管部门批准建设的防洪、排涝、灌溉、引（供）水、滩涂治理、水土保持、水资源保护等各类工程及其配套和附属工程的建筑物、构筑物占压地和经批准的管理范围用地。

（2）农村居民在规定用地标准以内占用耕地新建自用住宅，按照当地适用税额减半征收耕地占用税；其中农村居民经批准搬迁，新建自用住宅占用耕地不超过原宅基地面积的部分，免征耕地占用税。免征或者减征耕地占用税后，纳税人改变原占地用途，不再属于免征或者减征耕地占用税情形的，应当按照当地适用税额补缴耕地占用税。

（3）因挖损、采矿塌陷、压占、污染等损毁耕地属于税法所称的非农业建设，应依照税法规定缴纳耕地占用税；自自然资源、农业农村等相关部门认定损毁耕地之日起3年内依法复垦或修复，恢复种植条件的，比照税法规定办理退税。

根据国民经济和社会发展的需要，国务院可以规定免征或者减征耕地占用税的其他情形，报全国人民代表大会常务委员会备案。

小问答 4－8

改变占地用途后是否补缴耕地占用税？

（三）减免审批

耕地占用税减免优惠实行“自行判别、申报享受、有关资料留存备查”办理方式。纳税人根据政策规定自行判断是否符合优惠条件，符合条件的，纳税人申报享受税收优惠，并将有关资料留存备查。纳税人对留存材料的真实性和合法性承担法律责任。符合耕地占用税减免条件的纳税人，应留存下列材料：

（1）军事设施占用应税土地的证明材料；

（2）学校、幼儿园、社会福利机构、医疗机构占用应税土地的证明材料；

（3）铁路线路、公路线路、飞机场跑道、停机坪、港口、航道、水利工程占用应税土地的证明材料；

（4）农村居民建房占用土地及其他相关证明材料；

（5）其他减免耕地占用税情形的证明材料。

三、耕地占用税的计算

耕地占用税以纳税人实际占用的耕地面积（平方米）为计税依据，按照规定的适用税额一次性从量定额征收。应纳税额的计算公式为：

耕地占用税应纳税额＝实际占用耕地面积（平方米）×适用税额

小问答 4－9

耕地占用税的计税面积如何确定？

课堂训练4-14

村民张某2019年起承包耕地面积3 000平方米。2020年将其中300平方米用于新建住宅，其余耕地仍和上年一样使用，即700平方米用于种植药材，2 000平方米用于种植水稻。当地耕地占用税税率为25元/平方米，请问张某应缴纳的耕地占用税为多少？

四、耕地占用税的申报缴纳

（一）纳税期限

耕地占用税按规定税额一次性征收。经批准占用耕地的，耕地占用税纳税义务发生时间为纳税人收到土地管理部门办理占用耕地手续通知的当天。

未经批准占用耕地的，耕地占用税纳税义务发生时间为纳税人实际占用耕地的当天。

因挖损、采矿塌陷、压占、污染等损毁耕地的纳税义务发生时间为自然资源、农业农村等相关部门认定损毁耕地的当日。

纳税人占地类型、占地面积和占地时间等纳税申报数据材料以自然资源等相关部门提供的相关材料为准；未提供相关材料或者材料信息不完整的，经主管税务机关提申请，由自然资源等相关部门自收到申请之日起30日内出具认定意见。

纳税人因建设项目施工或者地质勘查临时占用耕地，应当依照本法的规定缴纳耕地占用税。纳税人在批准临时占用耕地期满之日起一年内依法复垦，恢复种植条件的，全额退还已经缴纳的耕地占用税。

临时占用耕地，是指经自然资源主管部门批准，在一般不超过2年内临时使用耕地并且没有修建永久性建筑物的行为。依法复垦应由自然资源主管部门会同有关行业管理部门认定并出具验收合格确认书。

（二）纳税地点

耕地占用税由税务机关负责征收。

（三）纳税申报

纳税人占用耕地，应当在耕地所在地申报纳税。纳税人应当自纳税义务发生之日起三十日内申报缴纳耕地占用税。自然资源主管部门凭耕地占用税完税凭证或者免税凭证和其他有关文件发放建设用地批准书。纳税人未在期限内申报纳税的，从滞纳之日起，按日加收应纳税款5‰的滞纳金。如实真写《财产和行为税纳税申报表》及其附表，纳税人新增税源或税源变化时，需先填报《耕地占用税税源明细表》。以上表格请扫描右侧二维码获取。

耕地占用税纳税申报表

第四节
土地增值税法

一、土地增值税的基本法律

土地增值税是指转让国有土地使用权、地上的建筑物及其附着物并取得收入的单位和个人，以转让所取得的收入包括货币收入、实物收入和其他收入为计税依据向国家缴纳的一种税赋，不包括以继承、赠与方式无偿转让房地产的行为。在我国，土地增值税是对有偿转让国有土地使用权、地上建筑物及其附着物并取得收入的单位和个人，就其取得的增值额征收的一种税。

土地增值税法是指国家制定的用以调整土地增值税征收与缴纳之间权利与义务关系的法律规范。现行土地增值税的基本法律规范，是国务院于1993年12月31日颁布的《中华人民共和国土地增值税暂行条例》以及财政部于1995年1月27日发布施行的《土地增值税暂行条例实施细则》。征收土地增值税可以增强国家对房地产开发、交易行为的宏观调控，保障国家的土地权益，增加财政收入。

（一）征税范围

土地增值税的征税范围是指有偿转让国有土地使用权、地上建筑物及附着物所取得的增值额。

1. 征税范围的一般规定

凡属于土地增值税征税范围的不动产，必须同时符合以下三个条件：

（1）必须是国有土地使用权及其地上建筑物和附着物。国有土地，是指按国家法律规定属于国家所有的土地。城市的土地属于国家。农村和郊区的土地除法律规定属于国家的以外，属于集体所有。

（2）必须是国有土地使用权及其地上建筑物和附着物的转让行为。只有当国有土地使用权、地上建筑物及其附着物发生产权转让时，才纳入土地增值税的征税范围。国有土地使用权出让或国有土地使用权、房屋产权出租的，均不属于土地增值税的征税范围。所谓国有土地使用权出让，是指国家以土地所有者的身份将土地使用权在一定年限内让与土地使用者，并有土地使用者向国家支付土地使用权出让金的行为。国有土地使用权的出让，属于土地一级市场；而国有土地使用权转让，是指土地使用者通过受让国有土地使用权后，再转让土地使用权的行为，属于二级交易市场。此外，国有土地使用权、房屋产权出租，因为未发生产权转让行为，所以也不属于土地增值税的征税范围。

（3）必须是有偿转让国有土地使用权及其地上建筑物和附着物的转让行为。土地增值税的征税范围不包括房地产的权属虽转让但未取得收入的行为。对以继承、赠与等方式无偿转让的房地产，则不予征税。

不征土地增值税的房地产赠与行为包括以下两种情况：①房产所有人、土地使用权所有人将房屋产权、土地使用权赠与直系亲属或承担直接赡养义务人的行为。②房产所有人、土地使用权所有人通过中国境内非营利的社会团体、国家机关将房屋产权、土地使用权赠与教育、民政和其他社会福利、公益事业的行为。

2. 征税范围的具体规定

（1）以出售方式转让国有土地使用权、地上建筑物及附着物的，属于土地增值税的征税范围。

（2）以继承、赠与方式转让房地产的。只发生房地产产权转让，没有因为权属转让而取得相应的收入，不纳入征税范围。即土地增值税只对有偿转让的房地产征税，对继承、赠与等方式无偿转让的房地产，则不予征税。

（3）房地产的出租。虽取得收入，但没有发生产权转让，不属于土地增值税的征税范围。

（4）房地产的抵押。在抵押期间不征收土地增值税，待抵押期满后，视该房地产是否转移占有来确定是否征收土地增值税，对于以房地产抵债而发生权属转让的，应列入征税范围。

（5）房地产的交换。单位之间换房，有收入且发生了产权转移属于征税范围；但对个人之间互换自有居住用房地产的，经当地税务机关核实，可以免征。

（6）以房地产投资、联营。一方以房地产作价入股进行投资或作为联营条件的，暂免征收，对投资、联营企业将上述房地产再转让的，应征收土地增值税。

（7）合作建房。建成后按比例分房自用的，暂免征税；建成后转让的，应征收土地增值税。

（8）企业兼并转让房地产暂免征税。在企业兼并中对被兼并企业将房地产转让到兼并中的，不纳税；房地产的重估增值不属于征税范围；

（9）房地产的代建房行为。对于房地产开发公司而言，虽然取得了收入，但没有发生房地产权属的转移，其收入属于劳务收入，不属于土地增值税的征税范围。

（10）房地产的评估增值。国有企业在清产核资时，对房地产价值进行重新评估而使其升值，因没有发生房地产权属转移，也未取得收入，不属于土地增值税的征税范围。

（11）因国家收回国有土地使用权、征用地上建筑物及其附着物而使房地产权属发生转移的，原权属所有人因发生了房地产权属转移，也取得了收入，应属于土地增值税的征税范围，但可以免征土地增值税。

小问答 4－10

改制前的企业将房地产转移、变更到改制后的企业，是否征收土地增值税？

课堂训练 4－15

根据税收法律制度的规定，下列关于土地增值税的说法中错误的有（　　）。

A. 土地使用权出让应征收土地增值税

B. 土地使用权转让应征收土地增值税

C. 个人互换自有居住用房应征收土地增值税

D. 甲房地产开发公司用房地产进行投资联营应征收土地增值税

（二）纳税人

土地增值税的纳税人为转让国有土地使用权、地上的建筑物及其附着物并取得收入的单位和个人，包括各类企业单位、事业单位、国家机关和社会团体及其他组织、个体经营者及国内其他单位和个人，还包括外商投资企业、外国企业及外国机构、华侨、港澳台同胞及外国公民等。

（三）税率

土地增值税实行四级超率累进税率（见表4－4）。

表4－4　　土地增值税税率表

级次	增值额与扣除项目金额的比率	税率（%）	速算扣除系数（%）
1	不超过50%的部分	30	0
2	50%—100%的部分	40	5
3	100%—200%的部分	50	15
4	超过200%的部分	60	35

（1）增值额未超过扣除项目金额50%的部分，税率为30%。

（2）增值额超过扣除项目金额50%、未超过扣除项目金额100%的部分，税率为40%。

（3）增值额超过扣除项目金额100%、未超过扣除项目金额200%的部分，税率为50%。

（4）增值额超过扣除项目金额200%的部分，税率为60%。

注：纳税人建设普通住宅出售的，增值额未超过扣除金额20%的，免征土地增值税。

二、土地增值税的优惠政策

（一）建造普通标准住宅的税收优惠

纳税义务人建造普通标准住宅出售，增值额未超过扣除项目金额20%的，免征土地增值税；增值额超过扣除项目金额20%的，应就其全部增值额按规定计税。

对于纳税义务人既建普通标准住宅又搞其他房地产开发的，应分别核算增值额。不分别核算或不能准确核算增值额的，其建造的普通标准住宅不能适用这一免税规定。

（二）国家征用、收回的房地产的税收优惠

因国家建设需要依法征用、收回的房地产，免征土地增值税，具体是指因城市实施规划、国家建设的需要而被政府批准征用的房地产或收回的土地使用权。因城市实施规划、国家建设的需要而搬迁，由纳税义务人自行转让原房地产的，比照有关规定免征土地增值税。

（三）特殊减免税规定

对1994年1月1日以前已签订的房地产转让合同，不论其房地产在何时转让，均免征土地增值税。需要说明的是，并不是对所有在1994年1月1日以前已签订开发合同或已立项的房地产都免税，享受免税必须具备以下几个条件：

（1）是否已按合同规定投入了资金并进行了开发。对未投入资金即转让的房地产，不予免税。

（2）是否属于该房地产开发建成后的首次转让。如果不是首次转让而是再次转让，每转让一次，都应按规定计征一次土地增值税。

（3）是否在规定的5年期限内（后又延长2年）首次转让。除特案规定予以免税的以外，超过7年期限的首次转让，也不予免税。

（四）其他规定

从2008年3月起，企事业单位、社会团体以及其他组织转让旧房作为廉租住房、经济适用住房房源且增值额未超过扣除项目金额20%的，免征土地增值税。

三、土地增值税的计算

（一）计税依据

土地增值税的计税依据是纳税人转让房地产所取得的增值额，即纳税人转让房地产所取得的收入减除规定的扣除项目金额后的余额。计算公式为：

土地增值额 = 转让房地产取得的收入 - 法定扣除项目金额

1. 收入额的确定

纳税人转让房地产取得的收入，包括转让房地产的全部价款及有关的经济收益。从收入的形式来看，包括货币收入、实物收入和其他收入。

2. 扣除项目及其金额

（1）新建房地产的扣除项目的确定。允许纳税人从转让收入额中减除的扣除项目包括以下几项：

①取得土地使用权所支付的金额，包括：纳税义务人为取得土地使用权所支付的地价款；纳税义务人在取得土地使用权时按国家统一规定缴纳的有关费用。它是指按国家统一规定缴纳的有关登记、过户手续费。

②房地产开发成本。房地产开发成本是指纳税义务人房地产开发项目实际发生的成本，包括土地征用及拆迁补偿费、前期工程费、基础设施费、公共配套设施费、开发间接费用。

③房地产开发费用。房地产开发费用是指与房地产开发项目有关的销售费用、管理费用和财务费用。具体计算扣除的标准为：

纳税义务人能够按转让房地产项目计算分摊利息支出，并能提供金融机构贷款证明的，允许扣除的房地产开发费用为：

利息 +（取得土地使用权所支付的金额 + 房地产开发成本）× 5% 以内

纳税义务人不能按转让房地产项目计算分摊利息支出或不能提供金融机构贷款证明的，其允许扣除的房地产开发费用为：

（取得土地使用权所支付的金额+房地产开发成本）×10%以内

上述利息支出允许按实扣除，但最高不能超过按商业银行同类同期贷款利率计算的金额。此外，财政部、国家税务总局还扣除项目中利息支出的计算问题做了两点专门规定：一是利息的上浮幅度按国家的有关规定执行，超过上浮幅度的部分不允许扣除；二是对于超过贷款期限的利息部分和加罚的利息不允许扣除。

④与转让房地产有关的税金及其附加。与转让房地产有关的税金是指在转让房地产时缴纳的城市维护建设税、印花税。因转让房地产交纳的教育费附加，也可视同税金予以扣除。

⑤加计扣除金额。从事房地产开发的纳税义务人，可按取得土地使用权所支付的金额和房地产开发成本两项金额之和，加计20%扣除。

加计扣除金额=（取得土地使用权支付的金额+房地产开发成本）×20%

（2）旧房和建筑物的扣除项目的确定。

①房屋及建筑物的评估价格：是指在转让已使用的房屋及建筑物时，由政府批准设立的房地产评估机构评定的重置成本价乘以成新度折扣率后的价格，即：

评估价格=重置成本价×成新度折扣率

评估价格须经当地税务机关确认。所谓重置成本价，是指对旧房及建筑物，按转让时的建材价格及人工费用计算，建造同样面积、同样层次、同样结构、同样标准的新房及建筑物所需花费的成本费用。所谓成新度折扣率，是指按旧房或建筑物的新旧程度作一定折扣的比率。

纳税人转让旧房及建筑物，凡不能取得评估价格，但能提供购房发票的，经当地税务部门确认，可按发票所载金额并从购买年度起至转让年度止每年加计5%计算扣除。计算扣除项目时“每年”按购房发票所载日期起至售房发票开具之日止，每满12个月计一年；超过一年，未满12个月但超过6个月的，可以视同为一年。对纳税人购房时缴纳的契税，凡能提供契税完税凭证的，准予作为“与转让房地产有关的税金”予以扣除，但不作为加计5%的基数。

②取得土地使用权所支付的地价款（未支付或无凭据不扣）和国家统一规定交纳的有关费用（评估费可以扣除，但隐瞒、虚报情形下的评估费不得扣）。

③转让环节的税金：城建税、教育费附加、印花税。

对于个人购入房地产再转让的，其在购入环节缴纳的契税，由于已经包含在旧房及建筑物的评估价格之中，故计征土地增值税时，不另作为与转让房地产有关的税金予以扣除。

3. 评估价格的相关规定

纳税人有下列情况之一的，需要对房地产进行评估，并以评估价格确定转让房地产收入，扣除项目的金额：

（1）出售旧房及建筑物的；

（2）隐瞒、虚报房地产成交价格的；

市场比较法进行评估公式：

评估价格=交易实例房地产价格×实物状况因素修正×权益因素修正×区域因素修正×其他因素修正

（3）提供扣除项目金额不实的；

（4）转让房地产的成交价格低于房地产评估价格，又无正当理由的（按照评估的市场交易价确定其实际成交价）。

小问答4-11

纳税人在什么情况下，按照房地产评估价格计算征收土地增值税？

（二）应纳税额的计算

土地增值税按照纳税义务人转让房地产所取得的土地增值额和规定的税率计算征收。计算公式为：

土地增值税应纳税额 = ∑（每级距的土地增值额 × 适用税率）

即计算土地增值税税额，可按土地增值额乘以适用的税率减去扣除项目金额乘以速算扣除系数的简便方法计算。具体公式为：

土地增值额未超过扣除项目金额50%，土地增值税税额 = 增值额 ×30%

土地增值额超过扣除项目金额50%，未超过100%，土地增值税税额 = 增值额 ×40% - 扣除项目金额 ×5%

土地增值额超过扣除项目金额100%，未超过200%，土地增值税税额 = 增值额 ×50% - 扣除项目金额 ×15%

土地增值额超过扣除项目金额200%，土地增值税税额 = 增值额 ×60% - 扣除项目金额 ×35%

公式中的5%、15%、35%分别为二级、三级、四级的速算扣除系数。但在实际工作中，分步计算比较繁琐，一般可以采用速算扣除法计算。即：

应纳税额 = 增值额 × 适用税率 - 扣除项目金额 × 速算扣除系数

现举例说明土地增值税应纳税额的计算：

课堂训练4-16

某房地产开发上市公司，2020年发生以下业务：（1）1月通过竞拍取得市区一处土地的使用权，支付土地价款6 000万元；（2）以上述土地开发建设普通标准住宅楼、会所和写字楼各一栋，占地面积各为1/3；（3）住宅楼开发成本3 000万元，分摊到住宅楼利息支出300万元，包括超过银行同类同期贷款利率的利息40万元；（4）8月份全部竣工验收后，公司将住宅楼出售，取得不含增值税收入15 000万元。

其他相关资料：该房地产公司所在省规定，按土地增值税暂行条例规定的高限计算扣除房地产开发费用。城市维护建设税税率7%，教育费附加征收率为3%，地方教育费附加征收率为2%。另外，该房地产公司适用一般计税方法。

要求：根据上述资料，按下列序号回答问题，每问需计算出合计数：

（1）计算公司出售住宅楼应缴纳的增值税；

（2）计算公司出售住宅楼缴纳土地增值税时应扣除的土地使用权的金额；

(3) 计算公司出售住宅楼缴纳土地增值税时应扣除的开发成本的金额;

(4) 计算公司出售住宅楼缴纳土地增值税时应扣除的开发费用和其他扣除项目;

(5) 计算公司出售住宅楼缴纳土地增值税时应扣除的税费;

(6) 计算公司出售住宅楼应缴纳的土地增值税。

四、土地增值税的申报缴纳

(一) 纳税期限

(1) 土地增值税的纳税义务人应在转让房地产合同签订后的 7 日内，向房地产所在地主管税务机关办理纳税申报，并向税务机关提交房屋及建筑物产权、土地使用权证书，土地转让、房产买卖合同、房地产评估报告及其他与转让房地产有关的资料。纳税义务人因经常发生房地产转让而难以在每次转让后申报的，可按月或税务机关规定期限缴纳。

(2) 纳税义务人在项目全部竣工结算前转让房地产取得的收入可以预征土地增值税，具体办法由各省、自治区、直辖市税务局根据当地情况制定。对于纳税义务人预售房地产所取得的收入，凡当地税务机关规定预征土地增值税的，纳税义务人应当到主管税务机关办理纳税申报，并按规定比例预缴，待办理决算后，多退少补；凡当地税务机关规定不预征土地增值税的，也应在取得收入时先到税务机关登记或备案。

(二) 纳税地点

土地增值税的纳税义务人应向房地产所在地主管税务机关办理纳税申报，并在税务机关核定的期限内缴纳土地增值税。所说的“房地产所在地”，是指房地产的坐落地。纳税义务人转让的房地产坐落在两个或两个以上地区的，应按房地产所在地分别申报纳税。

(1) 纳税义务人是法人的，当转让的房地产坐落地与其机构所在地或经营所在地一致时，则在办理税务登记的原管辖税务机关申报即可；当转让的房地产坐落地与其机构所在地或经营所在地不一致时，则应在房地产坐落地税务机关申报纳税。

(2) 纳税义务人是自然人的，当转让的房地产坐落地与其居住所在地一致时，则在住所所在地税务机关申报纳税；当转让的房地产坐落地与其居住所在地不一致时，在办理过户手续所在地税务机关申报纳税。

(三) 缴纳方法

(1) 一次性交割付清价款，办理过户登记手续前数日内一次性缴纳全部税款。

(2) 分期收款方式转让，合同规定的收款日确定，按比例计算每次税额，每次收款后数日内缴纳。

(3) 全部竣工前转让的，预征土地增值税，待该项目全部竣工、办理结算后再进行清算，多退少补。

(四) 纳税申报

土地增值税纳税人应按主管税务机关核定的纳税期限，如实填写并报送《财产和行为税纳税申报表》及其附表。纳税人新增税源或税源变化时，需先填报《土地增值税税源明细表》。以上表格请扫描右侧二维码获取。

土地增值税
纳税申报表

（五）房地产开发企业土地增值税清算管理

1. 土地增值税的清算受理

（1）符合下列情形之一的，纳税人应进行土地增值税的清算（满足清算条件之日起90日内办理清算手续）：①房地产开发项目全部竣工、完成销售的；②整体转让未竣工决算房地产开发项目的；③直接转让土地使用权的。

（2）符合下列情形之一的，主管税务机关可要求纳税人进行土地增值税清算（在纳税人收到清算通知之日起90天内办理清算手续）：①已竣工验收的房地产开发项目，已转让的房地产建筑面积占整个项目可售建筑面积的比例在85%以上，或该比例虽未超过85%，但剩余的可售建筑面积已经出租或自用的；②取得销售（预售）许可证满三年仍未销售完毕的；③纳税人申请注销税务登记但未办理土地增值税清算手续的；④省税务机关规定的其他情况。

（3）土地增值税清算应提供的资料：①土地增值税清算表及其附表。②房地产开发项目清算说明，主要法律应包括房地产开发项目立项、用地、开发、销售、关联方交易、融资、税款缴纳等基本情况及主管税务机关需要了解的其他情况。③项目竣工决算报表、取得土地使用权所支付的地价款凭证、国有土地使用权出让合同、银行贷款利息结算通知单、项目工程合同结算单、商品房购销合同统计表、销售明细表、预售许可证等与转让房地产的收入、成本和费用有关的证明资料。主管税务机关需要相应项目记账凭证的，纳税人还应提供记账凭证复印件。④纳税人委托税务中介机构审核鉴证的清算项目，还应报送中介机构出具的《土地增值税清算税款鉴证报告》。

2. 土地增值税清算时相关问题的处理

（1）土地增值税清算时收入的确认。已全额开具商品房销售发票的，按照发票所载金额确认收入；未开具发票或未全额开具发票的，以交易双方签订的销售合同所载的售房金额及其他收益确认收入。销售合同所载商品房面积与有关部门实际测量面积不一致，在清算前已发生补、退房款的，应在计算土地增值税时予以调整。

（2）质量保证金的扣除。房地产开发企业在工程竣工验收后，根据合同约定，扣留建筑安装施工企业一定比例的工程款，作为开发项目的质量保证金。质量保证金开具发票的，按发票所载金额予以扣除；未开具发票的，扣留的质保金不得计算扣除。

（3）逾期开发缴纳的土地闲置费不得扣除。

（4）契税，应视同“按国家统一规定交纳的有关费用”，计入“取得土地使用权所支付的金额”中扣除。

（5）拆迁安置费的扣除，按以下规定处理：①房地产企业用建造的该项目房地产安置回迁户的，安置用房视同销售处理，按《国家税务总局关于房地产开发企业土地增值税清算管理有关问题的通知》（国税发〔2006〕187号）第三条第（一）款规定确认收入（即按本企业在同一地区、同一年度销售的同类房地产的平均价格确定；或由主管税务机关参照当地当年、同类房地产的市场价格或评估价值确定），同时将此确认为房地产开发项目的拆迁补偿费。房地产开发企业支付给回迁户的补差价款，计入拆迁补偿费；回迁户支付给房地产开发企业的补差价款，应抵减本项目拆迁补偿费。②开发企业采取异地安置，异地安置的房屋属于自行开发建造的，房屋价值按《国家税务总局关于房地产开发企业土地增值税清算管理有关问题的通知》（国税发〔2006〕187号）第三条第（一）款的规定计算，计入本项目的拆迁补偿费；异地安置的房屋属于购入的，以实际支付的购房支出计入拆迁补偿费。③货币安置拆迁的，房地产开发企业凭合法有效凭据计入拆迁补偿费。

（6）预缴土地增值税后，清算补缴的土地增值税，在主管税务机关规定的期限内补缴的，不加收滞纳金。

3. 清算审核方法

（1）非直接销售和自用房地产的收入确定。房地产开发企业将开发产品用于职工福利、奖励、对外投资、分配给股东或投资人、抵偿债务、换取其他单位和个人的非货币性资产等，发生所有权转移时应视同销售房地产，其收入按下列方法和顺序确认：①按本企业在同一地区、同一年度销售的同类房地产的平均价格确定；②由主管税务机关参照当地当年、同类房地产的市场价格或评估价值确定。

房地产开发企业将开发的部分房地产转为企业自用或用于出租等商业用途时，如果产权未发生转移，不征收土地增值税，在税款清算时不列收入，不扣除相应的成本和费用。

（2）其他隐藏的需要注意的几点：①扣除取得土地使用权所支付的金额、房地产开发成本、费用及与转让房地产有关税金，须提供合法有效凭证；不能提供合法有效凭证的，不予扣除。②与清算项目配套的居委会和派出所用房、会所、停车场（库）、物业管理场所、变电站、热力站、水厂、文体场馆、学校、幼儿园、托儿所、医院、邮电通信等公共设施，按以下原则处理：a. 建成后产权属于全体业主所有的，其成本、费用可以扣除；b. 建成后无偿移交给政府、公用事业单位用于非营利性社会公共事业的，其成本、费用可以扣除；c. 建成后有偿转让的，应计算收入，并准予扣除成本、费用。

（3）销售已装修的房屋的装修费用可以计入房地产开发成本。房地产开发企业的预提费用，除另有规定外，不得扣除。

4. 土地增值税的核定征收

土地清算过程中，房地产开发企业有下列情形之一的，税务机关可以参照与其开发规模和收入水平相近的当地企业的土地增值税税负情况，按核定征收率不低于5%对房地产项目进行清算：

（1）依照法律、行政法规的规定应当设置但未设置账簿的；

（2）擅自销毁账簿或者拒不提供纳税资料的；

（3）虽设置账簿，但账目混乱或者成本资料、收入凭证、费用凭证残缺不全，难以确定转让收入或扣除项目金额的；

（4）符合土地增值税清算条件，未按照规定的期限办理清算手续，经税务机关责令限期清算，逾期仍不清算的；

（5）申报的计税依据明显偏低，又无正当理由的。

5. 其他

在土地增值税清算时未转让的房地产，清算后销售或有偿转让的，纳税人应按规定进行土地增值税的纳税申报，扣除项目金额按清算时的单位建筑面积成本费用乘以销售或转让面积计算。

小问答 4－12

房地产企业清算后再转让房地产如何缴纳土地增值税？

税法视野 土地增值税清算如何进行成本分摊？

【前沿阅读】 俄罗斯、美国、巴西如何征收资源税

思考训练

一、主题思考

查找世界各国有关资源类征税的主要做法，探讨我国资源税改革的途径和方法。

二、实战演练

1. 某盐场某月对外直接销售生产井矿盐（氯化钠初级产品）100 吨，开具增值税专用发票注明金额 18 000 万元，直接销售生产湖盐（氯化钠初级产品）200 吨，开具增值税专用发票注明金额 38 000 万元。当地井矿盐（氯化钠初级产品）和湖盐（氯化钠初级产品）的资源税税率均为 5%，则该盐场当月应纳的资源税为多少？

2. 某公司与该县财政局共同使用一栋共有土地使用权的建筑物。该建筑物占用土地面积 3 000 平方米，建筑物面积 15 000 平方米（公司与机关的占用比例为 3:1），该公司所在市城镇土地使用税单位税额每平方米 4 元。请计算该公司应纳的城镇土地使用税。

3. 某农户有一处花圃，占地 1 200 平方米，2020 年 3 月将其中的 1 100 平方米改造为果园，其余 100 平方米建造住宅。已知该地适用的耕地占用税的定额税率为每平方米 25 元，则该农户应缴纳的耕地占用税为多少？

4. 2020 年 10 月，某市税务机关拟对辖区内某房地产开发公司开发的房产项目进行土地增值税清算。该房地产开发公司提供该房产开发项目的资料如下：（1）2019 年 5 月以 8 000 万元拍得用于该房地产开发项目的一宗土地，并缴纳契税（税率 5%）。（2）2019 年 6 月开始动工建设，发生开发成本 5 000 万元；银行贷款凭证显示利息支出 1 000 万元。（3）2020 年 6 月项目已销售可售建筑面积的 80%，共计取得不含税收入 20 000 万元；可售建筑面积的 20% 投资入股某酒店，约定共担风险、共享收益。（4）公司已按照 3% 的预征率预缴了土地增值税 600 万元，并聘请税务中介机构对该项目土地增值税进行审核鉴证。税务中介机构提供了鉴证报告。（其他相关资料：当地适用的契税税率为5%，省级政府规定其他开发费用的扣除比例为5%。）

要求：根据上述资料，按照下列序号计算回答问题，如有计算，需计算出合计数。（1）简要说明税务机关要求该公司进行土地增值税清算的理由。（2）计算该公司清算土地增值税时允许扣除的土地使用权支付金额。（3）计算该公司清算土地增值税时允许扣除的城市维护建设税、教育费附加和地方教育附加。（4）计算该公司清算土地增值税时补缴的土地增值税。

第四章
本章参考税收法律法规制度

第四章
课堂训练解析

第四章
小问答参考答案

第四章
实战演练参考答案

第五章 财产税法律制度

【本章导读】

财产税法是调整以各种财产为征税对象的一系列税收关系的法律、法规的总称。财产税类是指以各种财产为征税对象的税收体系。财产税类税种的课税对象是财产的收益或财产所有人的收入，主要包括房产税、财产税、遗产和赠与税等税种。财产税的征税对象一般可以分为不动产和动产两大类，不动产包括土地和土地上的建筑物，动产包括有形资产（如耐用消费品、家具、车辆等）和无形资产（如股票、债券、现金、银行存款等）。由于动产较难控制，其财产价值额也不易确定，故多数国家仅对不动产征税，主要是对土地及土地上的改良物征税，但在某些特殊情况下，如发生遗产继承等，也对动产征税。当代世界各国对财产课征的税收主要有房屋税、土地税、地价税、土地增值税、固定资产税、流动资产税、遗产税、赠与税和契税等。对财产课税，对于促进纳税人加强财产管理、提高财产使用效果具有特殊的作用。目前我国对房产和车辆两类财产分别在取得和持有两个环节征税，具体有房产税、车辆购置税、车船税、契税等。遗产和赠与税在体现鼓励勤劳致富、反对不劳而富方面有着独特的作用，是世界各国通用的税种，我国虽然曾经列入立法计划，但至今也未开征。

财产税有三个主要特点：一是土地、房屋等不动产位置固定，标志明显，作为课税对象具有收入上的可靠性和稳定性。二是纳税人的财产情况，一般当地政府较易了解，适宜由地方政府征收管理，有不少国家把这些税种划作地方税收。如美国课征的财产税，当前是地方政府收入的主要来源，占其地方税收总额的80%以上。三是以财产所有者为纳税人，对于调节各阶层收入，贯彻应能负担原则，促进财产的有效利用，有特殊的功能。

通过本章学习，要求读者全面深入地掌握财产税法各税种的基本制度和具体应用。

第一节 房产税法

第五章教案 第五章 PPT

一、房产税的基本法律

房产税是以房屋为征税对象，按照房屋的计税余值或租金收入为计税依据，向产权所有人征收的一种财产税。房产税在我国是课征历史较早的一种税收，而且是最早征收房产税的国家之一。《周礼》曾记载“掌敛廛布于泉府”，廛布即是当时课征的房产税，属于土地税的一部分，对三种房屋征收。至唐代的间架税、清代和“中华民国”时期的房捐，均属房产税性质。

房产税法是指国家制定的用以调整房产税征收与缴纳之间权利与义务关系的法律规范。现行房产税的基本法律依据是 1986 年 9 月 15 日国务院发布的《中华人民共和国房产税暂行条例》（以下简称《房产税暂行条例》），从当年 10 月 1 日开始实施。《房产税暂行条例》规定，对位于城市、县城、建制镇和工矿区范围内的房产每年征收房产税。各省、自治区、直辖市政府根据条例规定，先后制定了施行细则。2008 年 12 月 31 日国务院发布第 546 号令，自 2009 年 1 月 1 日起废止《城市房地产税暂行条例》，外商投资企业、外国企业和组织以及外籍个人（包括港澳台资企业和组织以及华侨、港澳台同胞）依照《房产税暂行条例》缴纳房产税。至此，在全国范围内实行内外统一的房产税。由于房产税开征时，我国尚未进行住房制度改革，城镇个人拥有住房的情况极少，而且居民收入水平普遍较低，因此，《房产税暂行条例》规定对个人所有的非营业用房产（即个人自住住房，以下简称个人住房）免税。房产税主要是对生产经营性房产征税。

税法视野　　世界各地房产税征收办法

（一）征税范围

房产税的征税对象是房产。所谓房产，是指有屋面和围护结构，能够遮风避雨，可供人们在其中生产、学习、工作、娱乐、居住或储藏物资的场所。独立于房屋的建筑物如围墙、暖房、水塔、烟囱、室外游泳池等不属于房产，但室内游泳池属于房产。

我国房产税在下列地区开征：（1）城市：指经国务院批准建制的市；（2）县城：指县人民政府所在地的县城区；（3）建制镇：指经省级人民政府批准建立的建制镇；（4）工矿区：指工商业比较发达，人口比较集中，符合国务院规定的建制镇标准但尚未设立建制镇的大中型工矿企业所在地。

（二）纳税人

房产税的纳税义务人是房屋产权所有人，具体包括：（1）产权属于国家所有的，由经营管理单位纳税；产权属于集体和个人所有的，由集体单位和个人纳税。（2）产权出典的，由承典人纳税。（3）产权所有人、承典人不在房屋所在地的，由房产代管人或者使用人纳税。（4）产权未确定及租典纠纷未解决的，也由房产代管人或者使用人纳税。（5）融资租赁的房产，由承租人自融资租赁合同约定开始日的次月起依照房产余值缴纳房产税。（6）无租使用其他房产的问题。纳税单位和个人无租使用房产管理部门、免税单位及纳税单位的房产，应由使用人代为缴纳房产税。

根据财政部、国家税务总局发布的《关于对外商投资企业及外籍个人征收房产税有关问题的通知》（财税〔2009〕3号）的规定，自2009年1月1日起，外商投资企业和外国企业也是房产税的纳税人。

税法视野　**“十四五”期间房产税定位的思考**

（三）税率

房产税实行比例税率。

（1）按房产余值计征的，年税率为1.2%；

（2）按房产的租金收入计征的，税率为12%。自2008年3月1日起，对于个人出租住房，不区分其用途，都是减按4%的税率征收房产税。对企事业单位、社会团体以及其他组织按市场价格向个人出租用于居住的住房，减按4%的税率征收房产税。

二、房产税的优惠政策

（一）一般优惠政策

下列情况下，免征或减征房产税：

（1）国家机关、人民团体、军队自用的房产免征房产税。但上述免税单位的出租房产不属于免税范围。“自用的房产”，是指这些单位本身的办公用房和公务用房。

（2）由国家财政部门拨付事业经费的单位自用业务范围内使用的房产免征房产税。但如学校的工厂、商店、招待所等应照章纳税。

（3）宗教寺庙、公园、名胜古迹自用的房产免征房产税。但经营用的房产不属于免税范围。宗教寺庙、公园、名胜古迹中附设的营业单位，如影剧院、饮食部、茶社、照相馆等所使用的房产及出租的房产，不属于免税范围，应照章纳税。

（4）个人所有非营业用的房产免征房产税。个人所有的非营业用房，主要是指居民住房，不分面积多少，一律免征房产税。对个人拥有的营业用房或者出租的房产，不属于免税房产，应照章纳税。

（5）对行使国家行政管理职能的中国人民银行总行（含国家外汇管理局）所属分支机构自用的房产，免征房产税。

（二）特批优惠政策

经财政部批准免税的其他房产，主要包括以下情况：

（1）企业及企业主管部门所属的学校、医院、疗养院、托儿所、幼儿园自用的房产，比照由国家财政部门拨付事业经费的单位自用的房产，免征房产税，如与企业或企业主管部门的房产划分不清的，应照章征收房产税。

（2）对军队空余房产租赁收入暂免征收房产税；此前已征税款不予退还，未征税款不再补征。

（3）凡在基建工地为基建服务的各种工棚、材料棚、休息棚和办公室、食堂、茶炉房、汽车房等临时房屋，不论是施工企业自行建造或基建单位投资建造，在施工期间，免征房产税。但基建工程结束后，施工企业将这种临时性房屋交还或者估价转让给基建单位的，应当从基建单位接收的次月起，依照规定征收房产税。

（4）对毁损不堪使用的房屋或危险房屋，经有关部门鉴定，可免征房产税。

（5）纳税单位与免税单位共同使用的房屋，应划分清楚，按规定分别确定征免房产税；如划分不清楚的一律征收房产税。

（6）纳税人因为房屋大修导致连续停用半年以上的，在房屋大修理期间免征房产税，免征税额由纳税人在申报缴纳房产税时自行计算扣除，并在申报表附表或备注栏中作相应说明。

（7）房地产开发企业开发的商品房在出售前，不征收房产税。但对出售前房地产开发企业已使用或者出租、出借的商品房应按照规定征收房产税。

（8）对按政府规定价格出租的公有住房和廉租住房，包括企业和自收自支事业单位向职工出租的单位自有住房；房管部门向居民出租的公有住房；落实私房政策中带户发还产权并以政府规定租金标准向居民出租的私有住房等，暂免征收房产税。

（9）老年服务机构自用的房产免税。

（10）对非营利性医疗机构自用的房产，免征房产税；对营利性医疗机构自其取得执业登记之日起 3 年内自用的房产免征房产税，3 年免税期满后恢复征税。

（11）对高校后勤实体，免征房产税和城镇土地使用税。

（12）自 2019 年 1 月 1 日至 2021 年 12 月 31 日，对为高校学生提供住宿服务，按照国家规定的收费标准收取住宿费的学生公寓免征房产税。

（13）对经国务院批准进行股份制改革成立的铁路运输企业即股改铁路运输企业及由铁道部及其所属铁路运输企业与地方政府、企业或其他投资者共同出资成立的合资铁路运输公司自用的房产、土地暂免征收房产税。

（14）对于邮政部门坐落在城市、县城、建制镇、工矿区范围内的房产，应当依法征收房产税。对坐落在城市、县城、建制镇、工矿区范围以外，尚在县邮政局内核算的房产，在单位财务账中划分清楚的，不征收房产税。

（15）天然林保护工程相关房产免税。

（16）为农村居民提供生活用水而建设的供水工程运营管理单位的生产和办公房产和土地免征房产税。

（17）自 2019 年 1 月 1 日至 2021 年 12 月 31 日，对农产品批发市场、农贸市场（包括自有和承租）专门用于经营农产品的房产、土地，暂免征收房产税。对同时经营其他产品的农产品批发市场和农贸市场使用的房产、土地，按其他产品与农产品交易场地面积的比例确定征免房产税。

（18）自2019年1月1日至2021年12月31日，对国家级、省级科技企业孵化器、大学科技园和国家备案众创空间自用以及无偿或通过出租等方式提供给在孵对象使用的房产免征房产税。

课堂训练5-1

下列房产中，经财政部批准免征房产税的有（　　）。

A. 政府出租的空余房产

B. 天然林保护工程房产

C. 继续使用的危险房产

D. 施工期间在基建工地为其服务的临时性房产

小问答5-1

房产开发公司将自己开发的门面房作为售楼部是否缴纳房产税？如果缴纳，该如何确定房产税的原值？

三、房产税的计算

（一）计税依据

（1）对经营自用的房屋，以房产的计税余值为计税依据。所谓计税余值，是指依照税法规定按房产原值一次减除10%—30%的损耗价值以后的余额。其中：房产原值是指纳税人按照会计制度规定，在账簿“固定资产”科目中记载的房屋原价。房产原值应包括与房屋不可分割的各种附属设备或一般不单独计算价值的配套设施。纳税人对原有房屋进行改建、扩建的，要相应增加房屋的原值。更换房屋附属设施和配套设施的，在将其价值计入房产原值时，可扣减原来相应设备和设施的价值；对附属设备和配套设施中易损坏，需要经常更换的零配件，更新后不再计入房产原值，原零配件的原值也不扣除。在确定计税余值时，房屋原值的具体减除比例，由省、自治区、直辖市人民政府在税法规定的减除幅度内自行确定。

（2）对于出租的房屋，以租金收入为计税依据。对出租房产，合同约定有免收租金期限的，免租金期间由产权所有人按照房产原值缴纳房产税。

（3）产权出典的房产，由承典人依照房产余值缴纳房产税。

（4）无租使用其他单位房产的应税单位和个人，依照房产余值代缴纳房产税。

（5）凡在房产税征收范围内的具备房屋功能的地下建筑，包括与地上房屋相连的地下建筑以及完全建在地面以下的建筑、地下人防设施等，均应当依据有关规定征收房产税。

（6）特殊情况下的处理办法。①对投资联营的房产，在计征房产税时应予以区别对待。共担风险的，按房产余值作为计税依据，计征房产税；对收取固定收入，应由出租方按租金收入计缴房产税。②对融资租赁房屋的情况，在计征房产税时应以房产余值计算征收，租赁期内房产税的纳税人，由当地税务机关根据实际情况确定。③新建房屋交付使用时，如中央空调设备已计算在房产原值之中，则房产原值应包括中央空调设备；旧房安装空调设备，一般都作单项固定资产入账，不应计入房产原值。

小问答 5－2

房屋附属设备和配套设施是否计入房产原值计征房产税？

（二）应纳税额的计算

房产税分为从价或从租两种计算缴纳形式。

1. 从价计征应纳税额的计算

从价计税的，依照房屋原值一次减除10%—30%后的余值计算缴纳。其计算公式为：

房产税年应纳税额＝房产原值×（1－扣除比例）×1.2%

2. 从租计征应纳税额的计算

从租计征是依照房屋的租金收入计算缴纳，其计算公式为：

房产税应纳税额＝租金收入×12%

课堂训练 5－2

甲公司2020年房产原值为8 000万元，3月与乙公司签订租赁合同，约定自2020年4月起将原值500万元房产租赁给乙公司，租期3年，月租金2万元，2020年4—6月为免租使用期间。甲公司所在地计算房产税余值减除比例为30%，请计算甲公司2020年度应缴纳的房产税。

小问答 5－3

地下建筑物是否征收房产税？

四、房产税的申报缴纳

（一）纳税义务发生时间

（1）将原有房产用于生产经营的，从生产经营之月起计征房产税。

（2）纳税人自建的房屋，自建成之日的次月起征收房产税。

（3）纳税人委托施工企业建设的房屋，从办理验收手续之日的次月起征收房产税。对于纳税人在办理验收手续前已使用或出租、出借的新建房屋，应按规定征收房产税。

（4）购置新建商品房，自房屋交付使用之次月起计征房产税。

（5）购置存量房，自办理房屋权属转移、变更登记手续，房地产权属登记机关签发房屋权属证书之次月起计征房产税。

（6）出租、出借房产，自交付出租、出借房产之次月起计征房产税。

（7）房地产开发企业自用、出租、出借本企业建造的商品房，自房屋使用或交付之次月起计征房产税。

（二）纳税期限

房产税按年征收、分期缴纳。纳税期限由省、自治区、直辖市人民政府规定。

（三）纳税地点

房产税由房产所在地的税务机关征收。房产不在同一地方的纳税人，应按房产的坐落地点分别向房产所在地的税务机关缴纳。

（四）纳税申报

房产税纳税人应按主管税务机关核定的纳税期限，如实填写并报送《财产和行为税纳税申报表》及其附表。纳税人新增税源或税源变化时，需先填报《房产税税源明细表》。以上表格请扫描右侧二维码获取。

房产税纳税申报表

税法视野　　中国房产开发企业税收概况

第二节

车辆购置税法

一、车辆购置税的基本法律

车辆购置税是我国对购置应税车辆的单位和个人，以其购置应税车辆的计税价格为计税依据，按照规定的税率计算并一次性征收的一种税。

车辆购置税法是指国家制定的用以调整车辆购置税征收与缴纳之间权利与义务关系的法律规范。现行车辆购置税法的基本规范，是2018年12月29日第十三届全国人民代表大会常务委员会第七次会议通过，并于2019年7月1日起施行的《中华人民共和国车辆购置税法》（以下简称《车辆购置税法》）。

税法视野　　车辆购置税的昨天、今天和明天

（一）征税范围

《车辆购置税法》规定，车辆购置税以列举的车辆作为征税对象，未列举的车辆不纳税。其征税范围包括汽车、摩托车、电车、挂车、农用运输车，具体征税范围包括以下内容：

（1）汽车，包括各类汽车。

（2）摩托车，包括轻便摩托车、二轮摩托车和三轮摩托车。这里所说的轻便摩托车，是指最高设计时速不大于50千米/小时，发动机气缸总排量不大于50立方厘米的两个或

者三个车轮的机动车；二轮摩托车，是指最高设计车速大于50千米/小时，或者发动机气缸总排量大于50立方厘米的两个车轮的机动车；三轮摩托车，是指最高设计车速大于50公里/小时，或者发动机气缸总排量大于50立方厘米，空车重量不大于400公斤的三个车轮的机动车。

（3）电车，包括无轨电车和有轨电车。这里所说的无轨电车，是指以电能为动力，由专用输电电缆线供电的轮式公共车辆；有轨电车，是指以电能为动力，在轨道上行使的公共车辆。

（4）挂车，包括全挂车和半挂车。这里所说的全挂车，是指无动力设备，独立承载由牵引车辆牵引行驶的车辆；半挂车，是指无动力设备，与牵引车辆共同承载，由牵引车辆牵引行驶的车辆。

（5）农用运输车，包括三轮农用运输车和四轮农用运输车。这里所说的三轮农用运输车，是指柴油发动机，功率不大于7.4千瓦，载重量不大于500公斤，最高车速不大于40千米/小时的三个车轮的机动车；四轮农用运输车，是指柴油发动机，功率不大于28千瓦，载重量不大于500公斤，最高车速不大于50千米/小时的四个车轮的机动车。

（6）地铁、轻轨等城市轨道交通车辆，装载机、平地机、挖掘机、推土机等轮式专用机械车以及起重机（吊车）、叉车、电动摩托车，不属于应税车辆。

（7）纳税人进口自用应税车辆，是指纳税人直接从境外进口或者委托代理进口自用的应税车辆，不包括在境内购买的进口车辆。

车辆购置税征收范围的调整，由国务院决定，其他任何部门、单位和个人无权擅自扩大或缩小车辆购置税的征税范围。

（二）纳税人

车辆购置税的纳税人，是指在中华人民共和国境内购置汽车、有轨电车、汽车挂车、排气量超过150毫升的摩托车（以下简称应税车辆）的单位和个人。这里所说的购置，包括购买、进口、自产、受赠、获奖或者以其他方式取得并自用应税车辆的行为；单位，包括国有企业、集体企业、私营企业、股份制企业、外商投资企业、外国企业以及其他企业和事业单位、社会团体、国家机关、部队以及其他单位；个人，包括个体工商户以及其他个人。车辆购置税实行一次性征收。购置已征车辆购置税的车辆，不再征收车辆购置税。

课堂训练5-3

下列各项中，属于车辆购置税应税行为的有（　　）。

A. 购买应税汽车自用行为

B. 进口应税汽车挂车自用行为

C. 受赠排气量200毫升的摩托车自用行为

D. 获奖取得燃油汽车自用行为

税法视野　　**新能源车减免购置税**

（三）税率

车辆购置税的税率采用固定比例税率，税率为10%。

小问答5－4

如果企业取得的不是增值税专用发票，应如何计算车辆购置税？

二、车辆购置税的优惠政策

我国车辆购置税的法定免税项目有：

（1）非运输车辆，设有固定装置的非运输专用作业车辆；

（2）军警车辆，即中国人民解放军和中国人民武装警察部队列入军队武器装备订货计划的车辆免税；

（3）消防车辆，即悬挂应急救援专用号牌的国家综合性消防救援车辆；

（4）外交车辆，即外国驻华使（领）馆和国际组织驻华机构及其有关人员自用的车辆；

（5）城市公交企业购置的公共汽电车辆。

根据国民经济和社会发展的需要，国务院可以规定减征或者其他免征车辆购置税的情形，报全国人民代表大会常务委员会备案。

查一查： 车辆购置税的其他优惠政策还有哪些？

三、车辆购置税的计算

（一）计税依据

车辆购置税的计税依据是车辆的计税价格。根据《车辆购置税法》的规定，车辆购置税的计税价格根据不同情况，按照下列规定确定。

（1）纳税人购买自用的应税车辆的计税价格，为纳税人购买应税车辆而支付给销售者的全部价款和价外费用，不包括增值税税款。这里所说的价外费用，是指销售方在价外向购买方收取的手续费、基金、违约金、包装费、运输费、保管费、代收款项、代垫款项和其他各种性质的价外收费，但不包括增值税税款。

销售单位开给购买者的各种发票金额中包含增值税税款。因此，计算车辆购置税时，应换算为不含增值税的计税价格。

其计算公式为：

$$计税价格=\frac{全部价款+价外费用}{1+增值税税率或征收率}$$

（2）纳税人进口自用应税车辆的计税价格，为关税完税价格加上关税和消费税：

计税价格＝关税完税价格＋关税（＋消费税）

纳税人进口自用应税车辆，是指纳税人直接从境外进口或者委托代理进口自用的应税车辆，不包括在境内购买的进口车辆。

（3）纳税人自产自用应税车辆的计税价格，按照纳税人生产的同类应税车辆（即车辆配置序列号相同的车辆）的销售价格确定，不包括增值税税款；没有同类应税车辆销售价格的，按照组成计税价格确定。组成计税价格的计算公式如下：

组成计税价格 = 成本 ×（1 + 成本利润率）

属于应征消费税的应税车辆，其组成计税价格中应加计消费税税额。上述公式中的成本利润率，由国家税务总局各省、自治区、直辖市和计划单列市税务局确定。

（4）纳税人以受赠、获奖或者其他方式取得自用应税车辆的计税价格，按照购置应税车辆时相关凭证载明的价格确定，不包括增值税税款。

这里所称的购置应税车辆时相关凭证，是指原车辆所有人购置或者以其他方式取得应税车辆时载明价格的凭证。无法提供相关凭证的，参照同类应税车辆市场平均交易价格确定其计税价格。原车辆所有人为车辆生产或者销售企业，未开具机动车销售统一发票的，按照车辆生产或者销售同类应税车辆的销售价格确定应税车辆的计税价格。无同类应税车辆销售价格的，按照组成计税价格确定应税车辆的计税价格。

纳税人以外汇结算应税车辆价款的，按照申报纳税之日的人民币汇率中间价折合成人民币计算缴纳税款。由税务机关依法核定其应纳税额。纳税人自产自用、受赠使用、获奖使用和以其他方式取得并自用应税车辆的，凡不能取得该型车辆的购置价格，或者低纳税人申报的应税车辆计税价格明显偏低，又无正当理由的，以国家税务总局核定的最低计税价格作为计税依据。

（二）应纳税额的计算

车辆购置税实行从价定率的办法计算应纳税额，其应纳税额的计算公式为：

应纳税额 = 计税价格 × 税率

免税、减税条件消失的车辆，即已经办理免税、减税手续的车辆因转让、改变用途等原因不再属于免税、减税范围的，其计税依据的确定方式为：

计税依据 = 初次办理纳税申报时确定的计税价格 ×［1 －（已使用年限 ÷ 规定使用年限）］× 100%

其中，使用年限取整计算，不满一年的不计算在内。规定使用年限按 10 年计算；超过使用年限的车辆，计税依据为零，不再征收车辆购置税。

课堂训练 5－4

某外贸进出口公司 2020 年 5 月份，从国外进口 10 辆宝马公司生产的某型号小轿车。该公司报关进口这批小轿车时，经报关地海关对有关报关资料的审查，确定关税完税价格为每辆 185 000 元人民币，海关按关税政策规定每辆征收了关税 203 500 元，并按消费税、增值税有关规定分别代征了每辆小轿车的进口消费税 11 655 元和增值税 66 045 元。由于联系业务需要，该公司将一辆小轿车留在本单位使用。

要求：根据以上资料，计算应纳车辆购置税。

四、车辆购置税的申报缴纳

车辆购置税由税务机关负责征收。

（一）纳税环节

车辆购置税的纳税环节选择在使用环节，实行一次课征制度。具体而言，纳税人应当在向公安机关等车辆管理机构办理车辆登记注册手续前，缴纳车辆购置税。

（二）纳税期限

车辆购置税的纳税义务发生时间为纳税人购置应税车辆的当日，即纳税人购买自用应税车辆的，应当自购买之日起60日内申报纳税；进口自用应税车辆的，应当自进口之日起60日内申报纳税；自产、受赠、获奖或者以其他方式取得并自用应税车辆的，应当自取得之日起60日内申报纳税。

购买自用应税车辆的为购买之日，即车辆相关价格凭证的开具日期。进口自用应税车辆的为进口之日，即海关进口增值税专用缴款书或者其他有效凭证的开具日期。自产、受赠、获奖或者以其他方式取得并自用应税车辆的为取得之日，即合同、法律文书或者其他有效凭证的生效或者开具日期。

（三）纳税地点

纳税人购置应税车辆，应当向车辆登记注册地的主管税务机关申报纳税；购置不需要办理车辆登记注册手续的应税车辆，应当向纳税人所在地的主管税务机关申报纳税，即单位纳税人向其机构所在地的主管税务机关申报纳税，个人纳税人向其户籍所在地或者经常居住地的主管税务机关申报纳税。

（四）纳税申报

车辆购置税实行一车一申报制度。

自2013年7月1日起，税务机关对2013年4月1日之后生产的国产机动车（或相关进口机动车），依据车辆购置税系统中车辆合格证电子信息办理车辆购置税纳税申报、减免税等相关业务。

自2014年7月1日起，税务机关对所有机动车均应依据车辆购置税征管系统中车辆合格证电子信息办理车辆购置税纳税申报及减免税等相关业务。无车辆合格证电子信息的不予办理。

自2019年6月1日起，纳税人在全国范围内办理车辆购置税纳税业务时，税务机关不再打印和发放纸质车辆购置税完税证明。纳税人办理完成车辆购置税纳税业务后，在公安机关交通管理部门办理车辆注册登记时，不需向公安机关交通管理部门提交纸质车辆购置税完税证明。

纳税人申请注册登记的车辆识别代号信息与完税或者免税电子信息不符的，公安机关交通管理部门不予办理车辆注册登记。

自2019年7月1日起，纳税人在全国范围内办理车辆购置税补税、完税证明换证或者更正等业务时，税务机关不再出具纸质车辆购置税完税证明。

车辆购置税的纳税人在办理纳税申报时应当如实填写《车辆购置税纳税申报表》，其一般格式及填表说明请扫描右侧二维码获取。

车辆购置税纳税申报表

第三节
车船税法

一、车船税的基本法律

车船税是指国家对行驶于境内公共道路的车辆和航行于境内河流、湖泊或者领海的船舶，依法征收的一种税。在我国，对车船征税起始于1951年。1951年政务院颁布了《车船使用牌照税暂行条例》，对车船征收车船使用牌照税。

车船税法是指国家制定的用以调整车船税征收与缴纳之间权利与义务关系的法律规范。现行车船税的基本法律依据是2011年2月25日十一届全国人大常委会第十九次会议表决通过了《中华人民共和国车船税法》（以下简称《车船税法》），于2012年1月1日起施行。

税法视野　　车船税的由来

（一）征税对象

车船税的征税对象是在我国境内属于《车船税税目税额表》规定的车辆、船舶。

车辆、船舶是指：①依法应当在车船管理部门登记的机动车辆和船舶；②依法不需要在车船管理部门登记、在单位内部场所行驶或者作业的机动车辆和船舶。

车辆是指乘用车、商用车、挂车、其他车辆和摩托车。其中，乘用车指主要用于载运乘客及其随身行李或临时物品的汽车，包括驾驶员座位在内最多不超过9个座位。乘用车涵盖了轿车、微型客车以及不超过9座的轻型客车。商用车包括核定载客人数9人以上的客车（包括电车）和货车。货车包括半挂牵引车、三轮汽车和低速载货汽车等。其他车辆包括专用作业车和轮式专用机械车，但不包括拖拉机。

船舶包括机动船舶、非机动驳船、拖船和游艇。机动船指依靠燃料等能源作为动力运行的船舶，如客轮、货船、气垫船等；拖船，是指专门用于拖（推）动运输船舶的专业作业船舶。

（二）纳税人

车船税的纳税人是车辆、船舶的所有人或管理人，即在我国境内拥有车船的单位和个人。“单位”是指行政机关、事业单位、社会团体以及中外各类企业；“个人”是指我国境内的居民和外籍个人。

应税车船的所有人或者管理人未缴纳车船税的，应由使用人代缴。

从事机动车第三者责任强制保险业务的保险机构为机动车车船税的扣缴义务人。

（三）税率

车船税实行幅度定额税率，具体内容请扫描右侧二维码获取。

车船税税目税额表

二、车船税的优惠政策

（一）法定减免

（1）捕捞、养殖渔船；

（2）军队、武装警察部队专用的车船；

（3）警用车船；

（4）依照法律规定应当予以免税的外国驻华使领馆、国际组织驻华代表机构及其有关人员的车船。

（5）对节约能源、使用新能源的车船可以减征或者免征车船税；对受严重自然灾害影响纳税困难以及有其他特殊原因确需减税、免税的，可以减征或者免征车船税。具体办法由国务院规定，并报全国人民代表大会常务委员会备案。

省、自治区、直辖市人民政府根据当地实际情况，可以对公共交通车船，农村居民拥有并主要在农村地区使用的摩托车、三轮汽车和低速载货汽车定期减征或者免征车船税。

（二）特定减免

（1）经批准临时入境的外国车船和香港特别行政区、澳门特别行政区、台湾地区的车船，不征收车船税。

（2）按照规定缴纳船舶吨税的机动船舶，自车船税法实施之日起5年内免征车船税。

（3）依法不需要在车船登记管理部门登记的机场、港口内部行驶或者作业的车船，自车船税法实施之日起5年内免征车船税。

（三）其他减免

（1）对新能源车船，免征车船税。免征车船税的新能源汽车是指纯电动商用车、插电式（含增程式）混合动力汽车、燃料电池商用车。纯电动乘用车和燃料电池乘用车不属于车船税征税范围，对其不征车船税。免征车船税的使用新能源汽车（不含纯电动乘用车和燃料电池乘用车），必须符合国家有关标准。免征车船税的新能源船舶是指船舶的主推进动力装置为纯天然气发动机。发动机采用微量柴油引燃方式且引燃油热值占全部燃料总热值的比例不超过5%的，视同纯天然气发动机。

（2）对节约能源汽车，减半征收车船税。减半征收的节能乘用车、商用车，必须符合国家有关标准。

（3）国家综合性消防救援车辆由部队号牌改挂应急救援专用号牌的，一次性免征改挂当年车船税。

（4）省、自治区、直辖市人民政府根据当地实际情况，可以对公共交通车船、农村居民拥有并主要在农村地区使用的摩托车、三轮汽车和低速载货汽车定期减征或者免征车船税。

三、车船税的计算

（一）计税依据

车船税以规定的应税车船为征税对象，按照车船的种类和性能，其计税标准分别为排气量、辆、自重吨位、净吨位和长度，实行从量计征。

（1）乘用车，以车辆登记管理部门核发的机动车登记证书或者行驶证书所载的排气量为依据，按排气量大小分档确定税额区间。

（2）客车、摩托车，以“辆”为计税依据。

（3）载货汽车、挂车、专用作业车和轮式专用机械车，以“整备质量每吨”为计税依据。

（4）机动船舶，以“净吨位每吨艇”为计税依据。为了体现车船税的调节功能，将船舶中的游艇单列，明确按长度征税，并将税额幅度确定为每米600元至2 000元。净吨位是指额定（或称预定）转运货物的船舱（或车厢）所占用的空间容积。机动船的净吨位，一般是额定装运货物和载运旅客的船舶所占用的容积，即船舶各个部位的总容积，扣除按税法规定的非营业用所占容积，包括驾驶室、轮机间、业务办公室、船员生活用房等容积后的容积。

《车船税法》及其实施条例涉及的整备质量、净吨位、艇身长度等计税单位，有尾数的一律按照含尾数的计税单位据实计算车船税应纳税额。计算得出的应纳税额小数点后超过两位的可四舍五入保留两位小数。

（二）应纳税额的计算

车船税的基本计算公式为：

车船税应纳税额 = 计税依据 × 适用税率

根据车船税计税依据和基本计算公式，各类车船税应纳税额计算公式分别如下：

载客汽车、摩托车应纳税额 = 车辆数 × 适用单位税额

载货汽车、挂车、专用作业车和轮式专用机械车 = 自重吨位数 × 适用单位税额

机动船舶应纳税额 = 净吨位 × 适用单位税额

拖船和非机动驳船应纳税额 = 净吨位 × 适用单位税额 × 50%

游艇应纳税额 = 长度 × 适用单位税额

购置的新车船，购置当年的应纳税额自纳税义务发生的当月起按月计算。计算公式为：

应纳税额 =（年应纳税额 ÷ 12）× 应纳税月份数

应纳税月份数 = 12 − 纳税义务发生时间（取月份）+ 1

课堂训练 5－5

2020年11月16日购置非机动驳船2艘，每艘净吨位625.8吨，购置养殖船1艘，净吨位198吨，所购船舶均在当时取得发票，则2020年该渔业公司应缴纳车船税为多少元？

课堂训练 5－6

2020 年度某运输公司拥有载客人数 9 人以下的小汽车 20 辆，载客人数 9 人以上的客车 30 辆，载货汽车 15 辆（每辆整备质量 8 吨），另有纯电动汽车 8 辆。小汽车适用的车船税年税额为每辆 800 元，客车适用的车船税年税额为每辆 1 200 元，货车适用的车船税年税额为整备质量每吨 60 元，则该运输公司 2020 年度应缴纳车船税为多少元？

四、车船税的申报缴纳

（一）纳税义务发生时间

车船税纳税义务发生时间为取得车船所有权或者管理权的当月，以购买车船的发票或者其他证明文件所载日期的当月为准。对于当年新购置的车船，购置当年的应纳税额自纳税义务发生的当月起按月计算。纳税人未按照规定到车船管理部门办理应税车船登记手续的，以车船购置发票所载开具时间的当月作为车船税的纳税义务发生时间。对未办理车船登记手续且无法提供车船购置发票的，由主管地方税务机关核定纳税义务发生时间。

纳税人在办理机动车相关登记和定期检验手续时，公安机关交通管理部门将对车船税完税情况实施核查，对没有提供依法纳税或者免税证明的，不予办理相关手续。

（二）纳税申报

车船税按年申报，分月计算，一次性缴纳。纳税年度为公历 1 月 1 日至 12 月 31 日。具体申报纳税期限由省、自治区、直辖市人民政府确定。纳税人申报缴纳车船税时，填报《财产和行为税纳税申报表》及其附表。纳税人新增税源或税源变化时，需先填报《车船税税源明细表》。以上表格请扫描右侧二维码获取。

车船税纳税申报表

（1）车船的所有人或者管理人未缴纳车船税的，使用人应当代为缴纳车船税。

（2）从事机动车交通事故责任强制保险业务的保险机构为机动车车船税的扣缴义务人，应当依法代收代缴车船税。

（3）机动车车船税的扣缴义务人依法代收代缴车船税时，纳税人不得拒绝。由扣缴义务人代收代缴机动车车船税的，纳税人应当在购买机动车交通事故责任强制保险的同时缴纳车船税。

（4）纳税人对扣缴义务人代收代缴税款有异议的，可以向纳税所在地的主管地方税务机关提出。

（5）纳税人在购买机动车交通事故责任强制保险时缴纳车船税的，不再向地方税务机关申报纳税。

小问答 5－5

前段天气致使不少车辆淹水，甚至报废，针对这部分已缴纳本年度车船税的车辆是否能办理退税？如果可以该如何办理呢？

（6）扣缴义务人在代收车船税时，应当在机动车交通事故责任强制保险的保险单上注明已收税款的信息，作为纳税人完税的证明。除另有规定外，扣缴义务人不再给纳税人开具代扣代收税款凭证。纳税人如有需要，可以持注明已收税款信息的保险单，到主管地方税务机关开具完税凭证。

（7）扣缴义务人应当及时解缴代收代缴的税款，并向地方税务机关申报。扣缴义务人解缴税款的具体期限，由各省、自治区、直辖市地方税务机关依照法律、行政法规的规定确定。

（8）地方税务机关应当按照规定支付扣缴义务人代收代缴车船税的手续费。税务机关付给扣缴义务人代收代缴手续费的标准由国务院财政部门、税务主管部门制定。

小问答 5－6

购买二手车由谁缴纳车船税？

小问答 5－7

被撤销金融机构房产税、城镇土地使用税和车船税是否有优惠？

（三）其他规定

（1）各级车船管理部门应当在提供车船管理信息等方面，协助地方税务机关加强对车船税的征收管理。纳税人应当向主管地方税务机关和扣缴义务人提供车船的相关信息。拒绝提供的，按照《中华人民共和国税收征收管理法》的有关规定处理。

（2）车船税的征收管理，依照《中华人民共和国税收征收管理法》及本条例的规定执行。在一个纳税年度内，已完税的车船被盗抢、报废、灭失的，纳税人可以凭有关管理机关出具的证明和完税证明，向纳税所在地的主管地方税务机关申请退还自被盗抢、报废、灭失月份起至该纳税年度终了期间的税款。已办理退税的被盗抢车船失而复得的，纳税人应当从公安机关出具相关证明的当月起计算缴纳车船税。

（3）在一个纳税年度内，纳税人在非车辆登记地由保险机构代收代缴机动车车船税，且能够提供合法有效完税证明的，纳税人不再向车辆登记地的地方税务机关缴纳机动车车船税。

（4）在一个纳税年度内，已经缴纳车船税的车船变更所有权或管理权的，地方税务机关对原车船所有人或管理人不予办理退税手续，对现车船所有人或管理人也不再征收当年度的税款；未缴纳车船税的车船变更所有权或管理权的，由现车船所有人或管理人缴纳该纳税年度的车船税。

（四）纳税地点

车船税的纳税地点为车船的登记地或者车船税扣缴义务人所在地。依法不需要办理登记的车船，车船税的纳税地点为车船的所有人或者管理人所在地。

小问答5－8

对于纳税人逾期缴纳车船税的，如何计算滞纳金？

第四节 契税法

一、契税的基本法律

契税是指在我国土地、房屋权属转移时，向取得土地使用权、房屋所有权的单位和个人征收的一种税。契税在我国有着悠久的历史，起源于东晋的“估税”。中华人民共和国成立后，设立了此税，但实际上并没有征收。

契税法是指国家制定的用以调整契税征收与缴纳之间权利与义务关系的法律规范。现行契税的基本法律依据是2020年8月11日第十三届全国人大会常委会第二十一次会议通过的《中华人民共和国契税法》。

税法视野　契税立法回顾与改革展望

（一）征税范围

契税的征税范围是在中华人民共和国境内发生使用权转移的土地和发生所有权转移的房屋。具体包括：

（1）土地使用权的出让，是指土地使用者向国家交付土地使用权出让费用，国家将国有土地使用权在一定年限内让予土地使用者的行为；

（2）土地使用权的转让，是指土地使用者以出售、赠与、互换或者其他方式将土地使用权转移给其他单位和个人的行为，但不包括农村集体土地承包经营权的转移；

（3）房屋买卖，是指房屋所有者将其房屋出售，由承受者交付货币、实物、无形资产或者其他经济利益的行为；

（4）房屋赠与，是指房屋所有者将其房屋无偿转让给受赠者的行为；

（5）房屋交换，是指房屋所有者之间相互交换房屋的行为。

土地、房屋权属以下列方式转移的，视同土地使用权转让、房屋买卖或者房屋赠与征税：

（1）以土地、房屋抵债。

（2）以土地、房产作投资或入股转让按投资房产价值或房产买价缴纳契税（自有房产作股投入本人经营企业，免纳契税）。

（3）以划转方式转移土地房屋权属。

（4）以奖励方式转移土地、房屋权属。

土地、房屋的出租属于房屋使用权的转移行为，没有发生权属转移，不属于契税征收范围，不应征收契税。

（二）纳税人

契税的纳税人是在中国境内转移土地、房屋权属，承受的单位和个人。其中："土地、房屋权属"，是指土地使用权、房屋所有权；"承受"，是指以受让、购买、受赠、交换等方式取得土地、房屋权属的行为；"单位"，是指企业单位、事业单位、国家机关、军事单位和社会团体以及其他组织；"个人"，是指个体经营者及其他个人。

以招拍挂方式出让国有土地使用权的，纳税人为最终与土地管理部门签订出让合同的土地使用权承受人。

小问答 5－9

自然人与其个人独资企业或一人有限责任公司之间土地房屋权属划转是否征收契税？

（三）税率

契税实行3%—5%的幅度比例税率。契税的具体适用税率，由各省、自治区、直辖市人民政府在规定的税率幅度内按照本地区的实际情况确定，报同级人民代表大会常务委员会决定，并报全国人民代表大会常务委员会和国务院备案。省、自治区、直辖市可以依照规定的程序对不同主体、不同地区、不同类型的住房的权属转移确定差别税率。

二、契税的优惠政策

（一）法定减免

下列情况下，可免征或减征契税：

（1）国家机关、事业单位、社会团体、军事单位承受土地、房屋权属用于办公、教学、医疗、科研和军事设施的，免征契税。

（2）非营利性的学校、医疗机构、社会福利机构承受土地、房屋权属用于办公、教学、医疗、科研、养老、救助的，免征契税。

（3）承受荒山、荒地、荒滩土地使用权用于农、林、牧、渔业生产的，免征契税。

（4）婚姻关系存续期间夫妻之间变更土地、房屋权属的，免征契税。

（5）法定继承人通过继承承受土地、房屋权属的，免征契税；但非法定继承人根据遗嘱承受死者生前的土地、房屋权属，属于赠与行为，应征收契税。

（6）对外国驻我国使、领馆、国际组织驻华机构承受土地、房屋权属，免征契税。

（7）因土地、房屋被县级以上人民政府征收、征用，重新承受土地、房屋权属的，或者因不可抗力灭失住房，重新承受住房权属的，省、自治区、直辖市可以决定免征或者减征契税。

（二）其他减免

（1）城镇职工在国家规定标准面积以内第一次购买公有住房的，免征契税；超过国家规定标准面积的部分，仍应按照规定交纳契税。

（2）对国有控股公司以部分资产投资组建新公司，且该国有控股公司占新公司股份85%以上的，对新公司承受的该国有控股公司的土地、房屋权属免征契税。

（3）自2016年2月22日起，对个人购买家庭唯一住房（家庭成员范围包括购房人、配偶以及未成年子女，下同），面积为90平方米及以下的，减按1%的税率征收契税；面积为90平方米以上的，减按1.5%的税率征收契税。对个人购买家庭第二套改善性住房，面积为90平方米及以下的，减按1%的税率征收契税；面积为90平方米以上的，减按2%的税率征收契税。北京市、上海市、广州市、深圳市暂不实施家庭第二套改善性住房契税优惠政策。

（4）个人取得的拆迁补偿款及因拆迁重新购置安置住房，可按有关规定享受契税减免。

（5）在企业股权（股份）转让中，单位、个人承受企业股权，企业土地、房屋权属不发生转移，不征收契税。

（6）对公租房经营管理单位购买住房作为公租房，免征契税。

（7）对国家石油储备基地第一期项目建设过程中涉及的契税予以免征。

（8）企业按照《中华人民共和国公司法》有关规定整体改制，包括非公司制企业改制为有限责任公司或股份有限公司，有限责任公司变更为股份有限公司，股份有限公司变更为有限责任公司，原企业投资主体存续并在改制（变更）后的公司中所持股权（股份）比例超过75%，且改制（变更）后公司承继原企业权利、义务的，对改制（变更）后公司承受原企业土地、房屋权属，免征契税。

（9）事业单位按照国家有关规定改制为企业，原投资主体存续并在改制后企业中出资比例（股权、股份）比例超过50%的，对改制后的企业承受原事业单位土地、房屋权属，免征契税。

（10）两个或两个以上的公司，依照法律规定、合同约定，合并为一个公司，且原投资主体存续的，对合并后公司承受原合并各方土地、房屋权属，免征契税。

（11）公司依照法律规定、合同约定分立为两个或两个以上与原公司投资主体相同的公司，对分立后公司承受原公司土地、房屋权属，免征契税。

（12）企业依照有关法律、法规规定实施破产，债权人（包括破产企业职工）承受破产企业抵偿债务的土地、房屋权属，免征契税。对非债权人承受破产企业土地、房屋权属，凡按照《中华人民共和国劳动法》等国家有关法律法规政策妥善安置原企业全部职工，与原企业全部职工签订服务年限不少于三年的劳动用工合同的，对其承受所购企业土地、房屋权属，免征契税；与原企业超过30%的职工签订服务年限不少于三年的劳动用工合同的，减半征收契税。

（13）对承受县级以上人民政府或国有资产管理部门按规定进行行政性调整、划转国有土地、房屋权属的单位，免征契税。同一投资主体内部所属企业之间土地、房屋权属的划转，包括母公司与其全资子公司之间，同一公司所属全资子公司之间，同一自然人与其设立的个人独资企业、一人有限公司之间土地、房屋权属的划转，免征契税。

(14) 经国务院批准实施债权转股权的企业，对债权转股权后新设立的公司承受原企业的土地、房屋权属，免征契税。

(15) 对经营管理单位回购已分配的改造安置住房继续作为改造安置房源的，免征契税。

(16) 个体工商户的经营者将其个人名下的房屋、土地权属转移至个体工商户名下，或个体工商户将其名下的房屋、土地权属转回原经营者个人名下，免征契税。

合伙企业的合伙人将其名下的房屋、土地权属转移至合伙企业名下，或合伙企业将其名下的房屋、土地权属转回原合伙人名下，免征契税。

三、契税的计算

(一) 计税依据

土地使用权出让、出售，房屋买卖，为土地、房屋权属转移合同确定的成交价格，包括应交付的货币以及实物、其他经济利益对应的价款。

(1) 出让土地使用权，契税计税价格是承受人为取得该土地使用权而支付的全部经济利益。对通过“招、拍、挂”程序承受国有土地使用权的，应按照土地成交总价款计征契税，其中的土地前期开发成本不得扣除。

(2) 土地使用权出售以及房屋买卖的，其计税依据为成交价格。其中，成交价格是指土地、房屋权属转移合同确定的价格，包括承受者应交付的货币、实物、无形资产或者其他经济利益。

(3) 土地使用权、房屋赠与以及其他没有价格的转移土地、房屋权属行为的，其计税依据由税务机关参照土地使用权出售、房屋买卖的市场价格核定；

(4) 土地使用权交换、房屋交换的，其计税依据为所交换的土地使用权、房屋的价格差额。交换价格不相等的，由多交付货币、实物、无形资产或者其他经济利益的一方缴纳税款。交换价格相等的，免征契税。

(5) 以划拨方式取得土地使用权的，经批准转让房地产时，应由房地产转让者补缴契税，其计税依据为补缴的土地使用权出让费用或者土地收益。

(6) 房屋买卖的契税计税价格是房屋买卖合同的总价款，买卖装修的房屋，装修费用应包含在内。

计征契税的成交价格或税务机关核定的计税价格不含增值税。

纳税人申报的成交价格、互换价格差额明显偏低且无正当理由的，由税务机关依法核定。

课堂训练 5-7

下列关于契税计税依据的表述中，正确的有（　　）。

A. 购买的房屋以成交价格作为计税依据

B. 接受赠与的房屋参照市场价格核定计税依据

C. 采取分期付款方式购买的房屋参照市场价格核定计税依据

D. 转让以划拨方式取得的土地使用权以补交的土地使用权出让金作为计税依据

小问答 5－10

某企业以房屋进行投资，那么被投资方接受该房产时是否需要缴纳契税？

（二）应纳税额的计算

契税应纳税额的计算公式为：

应纳税额＝计税依据×税率

应纳税额以人民币计算。转移土地、房屋以外汇结算的，按照纳税义务发生之日中国人民银行公布的人民币市场汇率中间价折合成人民币计算。

课堂训练 5－8

2019年张先生购置家庭第一套住房，面积为90平方米，成交价格为70万元；2020年因工作调动，张先生用家庭唯一住房换取赵先生一套85平方米房屋，赵先生支付张先生10万元，当地契税税率为3%。下列关于契税纳税义务的说法，正确的有（　　）。

A. 赵先生需要缴纳契税24 000元

B. 张先生购置房屋第一套住房缴纳契税7 000元

C. 张先生换取赵先生住房需要缴纳契税3 000元

D. 张先生换取房屋行为应在90平方米房屋所在地缴纳契税

E. 赵先生换取房屋行为契税纳税义务发生时间是办理房屋权属变更登记的当天

小问答 5－11

交换方式取得的房产土地应如何缴纳契税？

四、契税的申报缴纳

（一）纳税义务发生时间

纳税义务发生时间为纳税人签订土地、房屋权属转移合同的当天，或者纳税人取得其他具有土地、房屋权属转移合同性质凭证的当天。纳税人因改变土地、房屋用途应当补缴已经减征或免征契税的，其纳税义务发生时间为改变有关土地、房屋用途的当天。

权属转移合同性质的凭证是指具有合同效力的契约、协议、合约、单据、确认书等。

（二）征收管理

纳税人应当在依法办理土地、房屋权属登记手续前申报缴纳契税。

纳税人办理纳税事宜后，税务机关应当开具契税完税凭证。纳税人办理土地、房屋权属登记，不动产登记机构应当查验契税完税、减免税凭证或者有关信息。未按照规定缴纳契税的，不动产登记机构不予办理土地、房屋权属登记。

小问答 5 – 12

办理期房退房手续后应退还已征契税?

（三）纳税申报

契税纳税人应按主管税务（或财政）机关核定的纳税期限，如实填写《财产和行为税纳税申报表》及其附表。纳税人新增税源或税源变化时，需先填报《契税税源明细表》。以上各表请扫描右侧二维码获取。

契税纳税申报表

小问答 5 – 13

购买写字楼需要交哪些税费?

【前沿阅读】 全面征房地产税须考虑国情

思考训练

一、主题思考

借鉴国际经验，分析研究我国房地产税立法的可行性和主要构想。

二、实战演练

1. 某企业 2020 年 1 月 1 日的房产原值为 3 000 万元，4 月 1 日将其中原值为 1 000 万元的临街房出租给某连锁商店，月租金 5 万元。当地政府规定允许按房产原值减除 20% 后的余值计税。请计算该企业当年应缴纳的房产税。

2. 宋某 2020 年 1 月，从某汽车有限公司购买一辆小汽车供自己使用，支付了含增值税税款在内的款项 234 000 元，另支付代收临时牌照费 550 元、代收保险费 1 000 元，支付购买工具件和零配件价款 3 000 元，车辆装饰费 1 300 元。所支付的款项均由该汽车有限公司开具“机动车销售统一发票”和有关票据。请计算宋某应纳车辆购置税。

3. 某运输公司 2020 年有如下运输工具：运输卡车 10 辆，整备质量 12.4 吨/辆，4 月购入乘用车 12 辆，当月办理登记取得车辆行驶证，当地政府规定的乘用车车船税税额 1 000 元/辆，运输卡车车船税税额 80 元/吨。则 2013 年度该公司应缴纳车船税多少元?

4. 某大学教授甲某 2020 年 11 月份首次购买 85 平方米的已经装修的家庭唯一普通住

房，合同上注明价款60万元，另外支付的装修费10万元，采用分期付款方式，分20年支付，假定2020年支付8.5万元，请计算甲某购房应缴纳的契税。

第五章
本章参考税收法律法规制度

第五章
课堂训练解析

第五章
小问答参考答案

第五章
实战演练参考答案

第六章 行为目的税法律制度

【本章导读】

行为目的税法是规定对某些特定行为及为实现国家特定政策目的征税的法律规范。其特点是可选择面较大，设置和废止相对灵活，具有因时因地制宜制定具体征管办法，有利于国家限制和引导某些特定行为而达到预期的目的。国家征收行为税的目的，具体到不同税种是不同的。有的在于限制某些行为的发展；有的是基于对某种经济活动或权益的认可；有的则在于开辟财源，以资某一方面财政支出的需要。因此，行为目的税法一般适用于国家为实现某些经济政策、限制特定行为并为达一定目的需要而制定。从世界范围来看，各国开征的行为税名目繁多，如一些国家开征的赌博税、彩票税、狩猎税等。我国现行税制中的印花税、环境保护税、城市维护建设税都属于行为目的税类。由于教育费附加的征收目的也是为了实现公共利益，其资金也是有特定用途，因此，也将此内容纳入本章。

通过本章学习，要求读者全面而深入地掌握行为税法各税种的基本制度和具体应用。

第一节 印花税法

第六章教案　第六章 PPT

一、印花税的基本法律

印花税是对我国经济活动和经济交往中书立应税凭证、进行证券交易的单位和个人征收的一种行为税。凡发生书立应税凭证、进行证券交易行为的，都应按照规定缴纳印花税。

印花税法是指国家制定的用以调整印花税征收与缴纳之间权利与义务关系的法律规范。国务院于1988年颁布，自当年10月1日起实施的《中华人民共和国印花税暂行条例》是我国第一部印花税法规。2021年6月10日第十三届全国人民代表大会常务委员会第二十九次会议通过的《中华人民共和国印花税法》，自2022年7月1日起施行，是我国现行印花税法的基本法律。

税法视野　　印花税——“听最少鹅叫”的税种

（一）征税范围

印花税的征税范围具体包括以下各项内容：

（1）买卖合同（不包括个人书立的动产买卖合同）、承揽合同、建设工程合同、融资租赁合同、租赁合同、运输合同（不包括管道运输合同）、仓储合同、保管合同、借款合同（不包括同业拆借的借款合同）、财产保险合同（不包括再保险合同）、技术合同（不包括专利权、专有技术使用权转让书据）或具有合同性质的凭证。这里所说的具有合同性质的凭证，是指具有合同效力的协议、契约、合约、单据、确认书及其他各种名称的凭证。

（2）产权转移书据。产权转移书据是指单位和个人产权的买卖、继承、赠与、交换、分割等所立的书据，包括财产所有权、著作权、商标专用权、专利权、专有技术使用权等转移时所书立的转移书据。财产所有权所立的转移书据，是指经政府管理机关登记注册的动产、不动产的所有权转移所立的书据以及企业股权转让所立的书据。税法规定，土地使用权出让合同、土地使用权转让合同、商品房销售合同按照产权转移书据征收印花税。

（3）营业账簿。营业账簿是指单位和个人从事生产经营活动所设立的各种财务会计核算账簿。

（4）证券交易。证券交易是指转让在依法设立的证券交易所、国务院批准的其他全国性证券交易场所交易的股票和以股票为基础的存托凭证。

注意：印花税的征税范围，不仅限于在我国境内书立、领受的凭证，还包括在境外书立、领受但在我国境内使用、在我国境内具有法律效力、受我国法律保护的凭证。

课堂训练6-1

下列合同中，属于印花税征税范围的是（　　）。

A. 供用电合同　　B. 融资租赁合同

C. 人寿保险合同　　D. 法律咨询合同

小问答6-1

在中国境外签订的建设工程承包合同是否需要缴纳印花税？

（二）纳税人

印花税的纳税人，是指在中国境内书立、领受、使用税法所列举凭证的单位和个人。这里所说的单位和个人，是指国内各类企业、事业单位、国家机关、社会团体、部队及中外合资经营企业、中外合作经营企业、外资企业、外国企业和其他经济组织及其在华机构等单位和个人。如果一份合同或应税凭证由两方或两方以上当事人共同签订，签订合同或应税凭证的各方都是纳税人，应由各方就其所持合同或应税凭证的计税金额履行纳税义务。

根据书立、领受、使用应税凭证的不同，纳税人可分为立合同人、立账簿人、立据人、领受人和使用人等。

（1）立合同人。立合同人是指合同的当事人，即对凭证有直接权利义务关系的单位和个人，但不包括合同的担保人、证人、鉴定人。所谓合同，是指根据《民法典》的规定订立的各类合同，包括购销、加工承揽、建筑工程、财产租赁、货物运输、仓储保管、借款、财产保险以及具有合同性质的凭证。

注意：当事人的代理人有代理纳税义务。

（2）立账簿人。立账簿人是指开立并使用营业账簿的单位和个人。如某企业因生产需要，设立了若干营业账簿，该企业即为印花税的纳税人。

（3）立据人。立据人是指书立产权转移书据的单位和个人。

（4）出让人。出让人是指证券交易的出让方。证券交易不对受让方征收印花税。

（5）使用人。使用人是指在国外书立、领受，但在国内使用应税凭证的单位和个人。

（6）电子凭证的签订人。电子凭证的签订人是指以电子形式签订的各类应税凭证的单位和个人。

课堂训练 6－2

甲企业将货物卖给乙企业，双方订立了购销合同，丙企业作为该合同的担保人，丁先生作为证人，戊单位作为鉴定人，则该购销合同印花税的纳税人为（　　）。

A. 甲企业和乙企业

B. 甲企业、乙企业和戊单位

C. 甲企业、乙企业和丙企业

D. 甲企业、乙企业、丙企业、丁先生和戊单位

税法视野　　**印花税法的十大变化**

（三）税目与税率

1. 税目

印花税的税目，指印花税法明确规定的应当纳税的项目，它具体划定了印花税的征税范围。一般地说，列入税目的就要征税，未列入税目的就不征税。印花税共有 4 类一级税

目，14个二级税目。

（1）买卖合同。买卖合同指动产买卖合同，包括供应、预购、采购、购销结合及协作、调剂、补偿、贸易等合同。此外，还包括出版单位与发行单位之间订立的图书、报纸、期刊和音像制品的应税凭证，例如订购单、订数单等，包括发电厂与电网之间、电网与电网之间（国家电网公司系统、南方电网公司系统内部各级电网互供电量除外）签订的购售电合同。但是，电网与用户之间签订的供用电合同不属于印花税列举征税的凭证，不征收印花税。

动产买卖合同不包括个人书立的动产买卖合同。

（2）承揽合同。承揽合同包括加工、定做、修缮、修理、印刷广告、测绘、测试等合同。

（3）建设工程合同。建设工程合同包括工程勘察、设计、施工合同。

（4）租赁合同。租赁合同包括租赁房屋、船舶、飞机、机动车辆、机械、器具、设备等合同，还包括企业、个人出租门店、柜台等签订的合同。

（5）融资租赁合同。融资租赁合同是出租人根据承租人对出卖人、租赁物的选择，向出卖人购买租赁物，提供给承租人使用，承租人支付租金的合同。

（6）运输合同。运输合同指货运合同和多式联运合同，包括民用航空、铁路运输、海上运输、公路运输和联运合同以及作为合同使用的单据。运输合同不包括管道运输合同。

（7）仓储合同。仓储合同是保管人储存存货人交付的仓储物，存货人支付仓储费的合同。

（8）保管合同。保管合同是保管人保管寄存人交付的保管物，并返还该物的合同。

（9）借款合同。借款合同包括银行业金融机构、经国务院银行业监督管理机构批准设立的其他金融机构与借款人（不包括同业拆借）所签订的合同以及只填开借据并作为合同使用、取得银行借款的借据。

（10）财产保险合同。财产保险合同包括财产、责任、保证、信用保险合同以及作为合同使用的单据，但不包括再保险合同。财产保险合同分为企业财产保险、机动车辆保险、货物运输保险、家庭财产保险和农牧业保险五大类。家庭财产两全保险属于家庭财产保险性质，其合同在财产保险合同之列，应照章纳税。

（11）技术合同。技术合同包括技术开发、转让、咨询、服务等合同以及作为合同使用的单据。技术转让合同，包括专利申请权转让和非专利技术转让。技术咨询合同，是当事人就有关项目的分析、论证、预测和调查订立的技术合同。但一般的法律、会计、审计等方面的咨询不属于技术咨询，其所立合同不贴印花。技术服务合同，是当事人一方委托另一方就解决有关特定技术问题，如为改进产品结构、改良工艺流程、提高产品质量、降低产品成本、保护资源环境、实现安全操作、提高经济效益等提出实施方案，实施所订立的技术合同，包括技术服务合同、技术培训合同和技术中介合同。但不包括以常规手段或者为生产经营目的进行一般加工、修理、修缮、广告、印刷、测绘、标准化测试，以及勘察、设计等所书立的合同。专利权转让合同、专有技术使用权转让合同不按照本税目征税。

（12）产权转移书据。所称产权转移书据，是指单位和个人产权的买卖、继承、赠与、交换、分割等所立的书据。“财产所有权”转移书据的征税范围，是指经政府管理机关登记注册的动产、不动产的所有权转移所立的书据以及企业股权转让所立的书据，并包括个人无偿赠送不动产所签订的“个人无偿赠与不动产登记表”。当纳税人完税后，税务机关（或其他征收机关）应在纳税人印花税完税凭证上加盖“个人无偿赠与”印章。①土地使用权出让书据；②土地使用权、房屋等建筑物和构筑物所有权转让书据；③股权转让书据；④专有技术使用权转让书据。

（13）营业账簿。营业账簿是指单位或者个人记载生产经营活动的财务会计核算账簿。

（14）证券交易凭证。证券交易凭证是指转让在依法设立的证券交易所、国务院批准的其他全国性证券交易场所交易的股票和以股票为基础的存托凭证。

课堂训练 6－3

下列合同中，应按“买卖合同”税目征收印花税的是（　　）。

A. 企业之间签订的土地使用权转让合同

B. 开发商与个人之间签订的商品房销售合同

C. 发电厂与电网之间签订的购售电合同

D. 银行与工业企业之间签订的融资租赁合同

2. 税率

印花税的税率为比例税率，具体内容请扫描右侧二维码获取。

印花税税目税率表

现行印花税实行的比例税率有五档，分别是 1‰、0.5‰、0.3‰、0.05‰、0.25‰。

（1）借款合同、融资租赁合同适用税率 0.05‰；

（2）买卖合同、承揽合同、建设工程合同、运输合同、技术合同适用税率 0.3‰；产权转移书据中的商标专用权、著作权、专利权、专有技术使用权转让书据适用税率 0.3‰；

（3）租赁合同、仓储合同、保管合同、财产保险合同及证券交易适用税率 1‰；

（4）产权转移书据中的土地使用权出让书据，土地使用权、房屋等建筑物和构筑物所有权转让书据，股权转让书据适用税率 0.5‰；

（5）营业账簿，适用税率 0.25‰。

小问答 6－2

机动车交通事故强制责任保险（交强险）是否需要缴纳印花税？

二、印花税的优惠政策

（一）法定凭证免税

下列凭证，免征印花税：

（1）应税凭证的副本或者抄本；

（2）中国人民解放军、中国人民武装警察部队书立的应税凭证；

（3）财产所有人将财产赠给政府、社会福利单位、学校所立的书据。

（二）特定凭证免税

下列凭证，免征印花税：

（1）依照法律规定应当予以免税的外国驻华使馆、领事馆和国际组织驻华代表机构为获得馆舍书立的应税凭证；

（2）农民、家庭农场、农民专业合作社、农村集体经济组织、村民委员会购买农业生产资料或者销售农产品书立的买卖合同和农业保险合同；

（3）无息、贴息贷款合同；

（4）国际金融组织向中国提供优惠贷款书立的借款合同；

（5）非营利性医疗卫生机构采购药品或者卫生材料书立的买卖合同；

（6）个人与电子商务经营者订立的电子订单。

根据国民经济和社会发展的需要，国务院对居民住房需求保障、企业改制重组、破产、支持小型微型企业发展等情形可以规定减征或者免征印花税，报全国人民代表大会常务委员会备案。

（三）特殊货运凭证免税

下列特殊货运凭证，免征印花税：

（1）军事物资运输结算凭证；

（2）抢险救灾物资运输结算凭证；

（3）为新建铁路运输施工所属物料，使用工程临管线专用运费结算凭证。

（四）特定情形免税

有下列情形之一的，免征印花税：

（1）对商店、门市部的零星加工修理业务开具的修理单，不贴印花。

（2）对房地产管理部门与个人订立的租房合同，凡用于生活居住的，暂免贴花；用于生产经营的，按规定贴花。

（3）对铁路、公路、航运、水路承运快件行李、包裹开具的托运单据，暂免贴花。

（4）对个人出租、承租住房签订的租赁合同，免征印花税。

（5）对廉租住房、经济适用住房经营管理单位与廉租住房、经济适用住房相关的印花税以及廉租住房承租人、经济适用住房购买人涉及的印花税予以免征。

（6）对公租房经营管理单位购买住房作为公租房，免征契税、印花税；对公租房租赁双方签订租赁协议涉及的印花税予以免征。

对公租房经营管理单位建造公租房涉及的印花税予以免征。在其他住房项目中配套建设公租房，依据政府部门出具的相关材料，可按公租房建筑面积占总建筑面积的比例免征建造、管理公租房涉及的印花税。

（7）对国家邮政局及所属各级邮政企业，从1999年1月1日起独立运营新设立的资金账簿，凡属在邮电管理局分营前已贴花的资金免征印花税，1999年1月1日以后增加的资金按规定贴花。

(8) 对经国务院和省级人民政府决定或批准进行的国有（含国有控股）企业改组改制而发生的上市公司国有股权无偿转让行为，暂不征收证券（股票）交易印花税。对不属于上述情况的上市公司国有股权无偿转让行为，仍应征收证券（股票）交易印花税。

(9) 经县级以上人民政府及企业主管部门批准改制的企业改制前签订但尚未履行完的各类应税合同，改制后需要变更执行主体的，对仅改变执行主体，其余条款未作变动且改制前已贴花的，不再贴花。

(10) 经县级以上人民政府及企业主管部门批准改制的企业因改制签订的产权转移书据免予贴花。

(11) 投资者买卖封闭式证券投资基金免征印花税。

(12) 对国家石油储备第一期项目建设过程中涉及的印花税予以免征。

(13) 证券投资者保护基金有限责任公司发生的凭证和产权转移书据享受印花税的优惠政策。与保护基金有限责任公司签订的这些合同或产权转移书据，只是对保护基金有限责任公司免征印花税，而对其他的当事人应该照章征收印花税。

(14) 对商品储备管理公司及其直属库资金账簿免征印花税；对其承担商品储备业务过程中书立的购销合同免征印花税，对合同其他各方当事人应缴纳的印花税照章征收。

三、印花税的计算

（一）计税依据

印花税的计税依据为各种应税凭证上所记载的计税金额。《印花税法》按照应税凭证种类，对计税依据分别规定如下。

(1) 应税合同的计税依据，为合同所列的金额，不包括列明的增值税税款。

(2) 应税产权转移书据的计税依据，为产权转移书据所列的金额，不包括列明的增值税税款；应税合同、产权转移书据未列明金额的，印花税的计税依据按照实际结算的金额确定。计税依据按照上述规定仍不能确定的，按照书立合同、产权转移书据时的市场价格确定；依法应当执行政府定价或者政府指导价的，按照国家有关规定确定。

(3) 应税营业账簿的计税依据，为账簿记载的实收资本（股本）、资本公积合计金额。

(4) 证券交易的计税依据，为成交金额。

证券交易无转让价格的，按照办理过户登记手续时该证券前一个交易日收盘价计算确定计税依据；无收盘价的，按照证券面值计算确定计税依据。

同一凭证，载有两个或两个以上经济事项而适用不同税目税率，如分别记载金额的，应分别计算应纳税额，相加后按合计税额贴花；如未分别记载金额的，按税率高的计税贴花。

应税合同在签订时纳税义务即已产生，应计算应纳税额并贴花。所以，不论合同是否兑现或是否按期兑现，均应贴花。

对已履行并贴花的合同，所载金额与合同履行后实际结算金额不一致的，只要双方未修改合同金额，一般不再办理完税手续。

（二）计税依据的具体规定

印花税的计税依据为各种应税凭证上所记载的计税金额。具体规定为：

（1）买卖合同的计税依据为合同记载的合同金额。

（2）承揽合同的计税依据是加工或承揽收入的金额。具体规定为：①对于由受托方提供原材料的加工、定做合同，凡在合同中分别记载加工费金额和原材料金额的，应分别按“承揽合同”“买卖合同”计税，两项税额相加数，即为合同应贴印花；若合同中未分别记载，则应就全部金额依照承揽合同计税贴花。②对于由委托方提供主要材料或原料，受托方只提供辅助材料的加工合同，无论加工费和辅助材料金额是否分别记载，均以辅助材料与加工费的合计数，依照承揽合同计税贴花。对委托方提供的主要材料或原料金额不计税贴花。

（3）建设工程合同的计税依据为收取的费用。

（4）租赁合同的计税依据为租赁金额。

（5）运输合同的计税依据为取得的运输费金额（即运费收入），不包括所运货物的金额、装卸费和保险费等。

（6）仓储合同的计税依据为收取的仓储费用。

（7）保管合同的计税依据为收取的保管费用。

（8）借款合同的计税依据为借款金额。针对实际借贷活动中不同的借款形式，税法规定了不同的计税方法：①凡是一项信贷业务既签订借款合同，又一次或分次填开借据的，只以借款合同所载金额为计税依据计税贴花；凡是只填开借据并作为合同使用的，应以借据所载金额为计税依据计税贴花。②借贷双方签订的流动资金周转性借款合同，一般按年（期）签订，规定最高限额，借款人在规定的期限和最高限额内随借随还。为避免加重借贷双方的负担，对这类合同只以其规定的最高限额为计税依据，在签订时贴花一次，在限额内随借随还不签订新合同的，不再另贴印花。③对借款方以财产作抵押，从贷款方取得一定数量抵押贷款的合同，应按借款合同贴花；在借款方因无力偿还借款而将抵押财产转移给贷款方时，应再就双方书立的产权书据，按产权转移书据的有关规定计税贴花。④在贷款业务中，如果贷方系由若干银行组成的银团，银团各方均承担一定的贷款数额。借款合同由借款方与银团各方共同书立，各执一份合同正本。对这类合同借款方与贷款银团各方应分别在所执的合同正本上，按各自的借款金额计税贴花。⑤在基本建设贷款中，如果按年度用款计划分年签订借款合同，在最后一年按总概算签订借款总合同，且总合同的借款金额包括各个分合同的借款金额的，对这类基建借款合同，应按分合同分别贴花，最后签订的总合同，只就借款总额扣除分合同借款金额后的余额计税贴花。

（9）对银行及其他金融组织的融资租赁业务签订的融资租赁合同，应按合同所载租金总额计税。

（10）财产保险合同的计税依据为支付（收取）的保险费，不包括所保财产的金额。

（11）技术合同的计税依据为合同所载的价款、报酬或使用费。为了鼓励技术研究开发，对技术开发合同，只就合同所载的报酬金额计税，研究开发经费不作为计税依据。单对合同约定按研究开发经费一定比例作为报酬的，应按一定比例的报酬金额贴花。

（12）产权转移书据的计税依据为所载金额。

（13）营业账簿税目的计税依据为“实收资本”与“资本公积”两项的合计金额。实收资本，包括现金、实物、无形资产和材料物资。现金按实际收到或存入纳税人开户银行的金额确定。实物，指房屋、机器等，按评估确认的价值或者合同、协议约定的价格确定。无形资产和材料物资，按评估确认的价值确定。资本公积，包括接受捐赠、法定财产重估增值、资本折算差额、资本溢价等。如果是实物捐赠，则按同类资产的市场价格或有关凭据确定。

小问答 6－3

未按期兑现的合同是否需要贴花？

（三）应纳税额的计算

印花税应纳税额的计算公式为：

应纳税额＝应税凭证计税金额×比例税率

课堂训练 6－4

甲公司于 2020 年 8 月与乙公司签订了数份以货易货合同，以共计 750 000 元的钢材换取 650 000 元的水泥，甲公司取得差价 100 000 元。请问甲公司 8 月应缴纳的印花税为多少元？

四、印花税的申报缴纳

（一）纳税义务发生时间

印花税应当在书立时贴花，具体是指印花税的纳税义务发生时间为纳税人书立应税凭证或者完成证券交易的当日。如果合同是在国外签订，并且不便在国外贴花的，应在将合同带入境时办理贴花纳税手续。证券交易印花税扣缴义务发生时间为证券交易完成的当日。

（二）纳税期限

印花税按季、按年或者按次计征。实行按季、按年计征的，纳税人应当自季度、年度终了之日起十五日内申报缴纳税款；实行按次计征的，纳税人应当自纳税义务发生之日起十五日内申报缴纳税款。

证券交易印花税按周解缴。证券交易印花税扣缴义务人应当自每周终了之日起五日内申报解缴税款以及银行结算的利息。

（三）纳税方法

印花税可以采用粘贴印花税票或者由税务机关依法开具其他完税凭证的方式缴纳。即根据税额大小、贴花次数以及税收征收管理的需要，印花税采用以下方法：

（1）自行贴花办法，即“三自”纳税方法。该方法一般适用于应税凭证较少或者贴花次数较少的纳税人。纳税人书立、领受或者使用应税凭证的同时，根据应纳税凭证的性质和适用的税目税率，自行计算应纳税额，自行购买印花税票，自行一次贴足印花税票并加以注销或划销，纳税义务才算全部履行完毕。

对已贴花的凭证，修改后所载金额增加的，其增加部分应当补贴印花税票。凡多贴印花税票者，不得申请退税或者抵用。

（2）汇贴或汇缴办法，一般适用于应纳税额较大或者贴花次数频繁的纳税人。一份凭证应纳税额超过500元的，应向当地税务机关申请填写缴款书或者完税凭证，将其中一联粘贴在凭证上或者由税务机关在凭证上加注完税标记代替贴花。

同一种类应税凭证需频繁贴花的，应向税务机关申请按期汇总缴纳印花税。获准汇总缴纳印花税的纳税人，应持有税务机关发给的汇缴许可证，汇缴的期限限额由当地税务机关确定，但最长期限不得超过1个月。缴纳方式一经选定，1年内不得变更。

（3）委托代征办法。该方法主要是通过税务机关的委托，经由发放或者办理应税凭证的单位代为征收印花税款。税务机关应与代征单位签订代征委托书。发放或者办理应税凭证的单位，是指发放权利许可证照的单位和办理凭证的签证、公证及其他有关事项的单位。如工商行政管理机关核发各类营业执照和商标注册证的同时，负责代售印花税票，征收印花税税款，并监督领受单位或个人负责贴花。

印花税票可以委托单位或个人代售，并由税务机关付给5%的手续费，支付来源从实征印花税款中提取。

纳税人不论采用哪种纳税方法，均应对纳税凭证妥善保存。凡国家已明确规定保存期限的，按规定期限办理；其余凭证均应在履行完毕后保存1年。印花税票是缴纳印花税的完税凭证，由国家税务总局负责监制。

议一议：印花税不同纳税方法的区别。

（四）纳税地点

印花税一般实行就地纳税。对于全国性商品物资订货会（包括展销会、交易会等）上所签订合同应纳的印花税，由纳税人回其所在地后及时办理贴花完税手续；对地方主办、不涉及省际关系的订货会、展销会上所签合同的印花税，其纳税地点由各省、自治区、直辖市人民政府自行确定。

（五）纳税申报

印花税的纳税人应按照条例的有关规定及时办理纳税申报，并如实填写《财产和行为税纳税申报表》及其附表。纳税人新增税源或税源变化时，需先填报《印花税税源明细表》。以上表格请扫描右侧二维码获取。

印花税纳税申报表

第二节 环境保护税法

一、环境保护税的基本内容

环境保护税是由英国经济学家庇古最先提出的，他的观点已被西方发达国家普遍接受。欧美各国的环保政策逐渐减少直接干预手段的运用，越来越多地采用生态税、绿色环保税等多种特指税种来维护生态环境，针对污水、废气、噪音和废弃物等突出的“显性污染”进行强制征税。在我国，环境保护税是在中华人民共和国领域和中华人民共和国管辖的其他海域的企业事业单位和其他生产经营者，就其直接向环境排放的大气污染物、水污染物、固体废物和噪声 4 类应税污染物所征收的一种税。

环境保护税法是指国家制定的用以调整环境保护税征收与缴纳之间权利与义务关系的法律规范。我国现行环境保护税的基本法律规范是以 2016 年 12 月 25 日十二届全国人大常委会第二十五次会议表决通过的《中华人民共和国环境保护税法》（以下简称《环境保护税法》）、2017 年 12 月 30 日国务院发布的《中华人民共和国环境保护税法实施条例》等。作为我国第一部推进生态文明建设的单行税法，《环境保护税法》于 2018 年 1 月 1 日起施行。

《环境保护税法》是继《税收征管法》《企业所得税法》《个人所得税法》《车船税法》之后中国颁布的第五部税收法律，环保税也成为我国开征的第 18 个税种。

税法视野　　环保费改税砸破新时代下旧思维

（一）征税范围

征税范围为《环境保护税法》所附《环境保护税税目税额表》《应税污染物和当量[①]值》规定的应税污染物，具体包括大气污染物、水污染物、固体废物和噪声 4 类。

税法视野　　环境保护税征税范围

依法设立的城乡污水集中处理、生活垃圾集中处理场所超过国家和地方规定的排放标准向环境排放应税污染物的，应当缴纳环境保护税。

企业事业单位和其他生产经营者贮存或者处置固体废物不符合国家和地方环境保护标准的，应当缴纳环境保护税。

有下列情形之一的，不属于直接向环境排放污染物，不缴纳相应污染物的环境保护税：

（1）企业事业单位和其他生产经营者向依法设立的污水集中处理、生活垃圾集中处理场所排放应税污染物的；

（2）企业事业单位和其他生产经营者在符合国家和地方环境保护标准的设施、场所贮存或者处置固体废物的。

（3）达到省级人民政府确定的规模标准并且有污染物排放口的畜禽养殖场，应当依法缴纳环境保护税，但依法对畜禽养殖废弃物进行综合利用和无害化处理的。

① 当量是指根据污染物或者污染排放活动对环境的有害程度以及处理的技术经济性，衡量不同污染物对环境污染的综合性指标或者计量单位。同一介质相同污染当量的不同污染物，其污染程度基本相同。

课堂训练 6－5

《环境保护税法》中所称的应税污染物是指（　　）。

A. 大气污染物　　　　B. 水污染物

C. 固体废物　　　　D. 噪声

（二）纳税人

在中华人民共和国领域和中华人民共和国管辖的其他海域，直接向环境排放应税污染物的企业事业单位和其他生产经营者为环境保护税的纳税人。

小问答 6－4

个人要缴纳环境保护税吗？

（三）税率

环境保护税采用定额税率，其中，对应税大气污染物和水污染物规定了幅度定额税率，具体适用税额请扫描右侧二维码获取。

环境保护税税目税额表

具体税额标准，将以现行排污费收费标准作为环境保护税的税额下限，规定大气污染物税额幅度为每污染当量 1.2—12 元；水污染物税额幅度为每污染当量 1.4—14 元；固体废物按不同种类，税额为每吨 5—1 000 元；噪声按超标分贝数，税额为每月 350—11 200 元。

应税大气污染物和水污染物的具体适用税额的确定和调整，由省、自治区、直辖市人民政府统筹考虑本地区环境承载能力、污染物排放现状和经济社会生态发展目标要求，在《环境保护税税目税额表》规定的税额幅度内提出，报同级人民代表大会常务委员会决定，并报全国人民代表大会常务委员会和国务院备案。

小问答 6－5

如何判断是否要缴纳环境保护税？

二、环境保护税的优惠政策

纳税人排放应税大气污染物或者水污染物的浓度值低于国家和地方规定的污染物排放标准 30% 的，减按 75% 征收环境保护税。

纳税人排放应税大气污染物或者水污染物的浓度值低于国家和地方规定的污染物排放标准 50% 的，减按 50% 征收环境保护税。

下列情形，暂予免征环境保护税：

（1）农业生产（不包括规模化养殖）排放应税污染物的；

（2）机动车、铁路机车、非道路移动机械、船舶和航空器等流动污染源排放应税污染物的；

(3) 依法设立的城乡污水集中处理、生活垃圾集中处理场所排放相应应税污染物，不超过国家和地方规定的排放标准的；

(4) 纳税人综合利用的固体废物，符合国家和地方环境保护标准的；

(5) 国务院批准免税的其他情形，由国务院报全国人民代表大会常务委员会备案。

课堂训练 6－6

下列情形，暂予免征环境保护税的有（　　）。

A. 农业种植排放应税污染物的

B. 规模化养殖排放应税污染物的

C. 机动车行驶排放应税污染物的

D. 依法设立的城乡污水集中处理场所排放相应应税污染物不超过国家和地方规定的排放标准的

三、环境保护税的计算

（一）计税依据

应税污染物的计税依据，按照下列方法确定：

(1) 应税大气污染物按照污染物排放量折合的污染当量数确定；

(2) 应税水污染物按照污染物排放量折合的污染当量数确定；

(3) 应税固体废物按照固体废物的排放量确定；

(4) 应税噪声按照超过国家规定标准的分贝数确定。

1. 应税大气污染物、水污染物的污染当量数的确定

应税大气污染物、水污染物的污染当量数，以该污染物的排放量除以该污染物的污染当量值计算。计算公式为：

应税大气污染物、水污染物的污染当量数＝该污染物的排放量÷该污染物的污染当量值

污染当量，是指根据污染物或者污染排放活动对环境的有害程度以及处理的技术经济性，衡量不同污染物对环境污染的综合性指标或者计量单位。同一介质相同污染当量的不同污染物，其污染程度基本相当。每种应税大气污染物、水污染物的具体污染当量值，依照本法所附《应税污染物和当量值表》执行。每一排放口或者没有排放口的应税大气污染物，按照污染当量数从大到小排序，对前三项污染物征收环境保护税。

每一排放口的应税水污染物，按照《应税污染物和当量值表》（请扫描右侧二维码获取），区分第一类水污染物和其他类水污染物，按照污染当量数从大到小排序，对第一类水污染物按照前五项征收环境保护税，对其他类水污染物按照前三项征收环境保护税。

应税污染物和当量值表

省、自治区、直辖市人民政府根据本地区污染物减排的特殊需要，可以增加同一排放口征收环境保护税的应税污染物项目数，报同级人民代表大会常务委员会决定，并报全国人民代表大会常务委员会和国务院备案。

纳税人有下列情形之一的，以其当期应税大气污染物、水污染物的产生量作为污染物

的排放量：

（1）未依法安装使用污染物自动监测设备或者未将污染物自动监测设备与环境保护主管部门的监控设备联网；

（2）损毁或者擅自移动、改变污染物自动监测设备；

（3）篡改、伪造污染物监测数据；

（4）通过暗管、渗井、渗坑、灌注或者稀释排放以及不正常运行防治污染设施等方式违法排放应税污染物；

（5）进行虚假纳税申报。

2. 应税固体废物的排放量的确定

固体废物的排放量为当期应税固体废物的产生量减去当期应税固体废物的贮存量、处置量、综合利用量的余额。其中，固体废物的贮存量、处置量，是指在符合国家和地方环境保护标准的设施、场所贮存或者处置的固体废物数量；固体废物的综合利用量，是指按照国务院发展改革、工业和信息化主管部门关于资源综合利用要求以及国家和地方环境保护标准进行综合利用的固体废物数量。公式为：

固体废物的排放量＝当期固体废物的产生量－当期固体废物的综合利用量－当期固体废物的贮存量－当期固体废物的处置量

纳税人有下列情形之一的，以其当期应税固体废物的产生量作为固体废物的排放量：

（1）非法倾倒应税固体废物；

（2）进行虚假纳税申报。

3. 应税噪声按照超过国家规定标准的分贝数确定计税依据

工业噪声按超过国家规定标准的分贝数确定每月税额。超过国家规定标准的分贝数是指实际产生的工业噪声与国家规定的工业噪声排放标准限值之间的差值。

4. 应税大气污染物、水污染物、固体废物的排放量和噪声的分贝数的确定方法

应税大气污染物、水污染物、固体废物的排放量和噪声的分贝数，按照下列方法和顺序计算：

（1）纳税人安装使用符合国家规定和监测规范的污染物自动监测设备的，按照污染物自动监测数据计算；

（2）纳税人未安装使用污染物自动监测设备的，按照监测机构出具的符合国家有关规定和监测规范的监测数据计算；

（3）因排放污染物种类多等原因不具备监测条件的，按照国务院环境保护主管部门规定的排污系数①、物料衡算②方法计算；

（4）不能按照本条第一项至第三项规定的方法计算的，按照省、自治区、直辖市人民政府环境保护主管部门规定的抽样测算的方法核定计算。

---

① 排污系数是指在正常技术经济和管理条件下，生产单位产品所应排放的污染物量的统计平均值。

② 物料衡算是指根据物质质量守恒原理对生产过程中使用的原料、生产的产品和产生的废物等进行测算的一种方法。

课堂训练 6－7

某企业 2021 年 5 月向水体直接排放第二类水污染物硫化物 300 千克，要求：计算其污染当量数。

课堂训练 6－8

下列应税污染物中，保护税计税依据的有（　　）。

A. 噪声　　B. 大气污染物

C. 固体废物　　D. 水污染物

（二）应纳税额的计算

1. 应税大气污染物的应纳税额的计算

应税大气污染物的应纳税额为污染当量数乘以具体适用税额。具体公式为：

大气污染物的应纳税额 = 污染当量数 × 适用税额

课堂训练 6－9

某企业 2021 年 5 月向大气直接排放一氧化碳 668 千克、二氧化硫 570 千克、氟化物 348 千克、氯化氢 129 千克。要求：计算该企业 2021 年 5 月应缴纳的环境保护税税额。

已知：该企业所在地大气污染物每污染当量税额 2 元，该企业只有一个排放口。

2. 应税水污染物的应纳税额的计算

应税水污染物的应纳税额为污染当量数乘以具体适用税额。具体公式为：

（1）适用监测数据法的水污染物应纳税额的计算。适用监测数据法的水污染物（包括第一类水污染物和第二类水污染物）的应纳税额为污染当量数乘以具体适用税额。公式为：

水污染物的应纳税额 = 污染当量数 × 适用税额

课堂训练 6－10

甲冶炼厂是环境保护税纳税人，该厂仅有 1 个污水排放口且直接向河流排放污水，已安装使用符合国家规定和监测规范的污染物自动监测设备。检测数据显示，该排放口 2021 年 5 月共排放污水 5 万吨（折合 5 万立方米），应税污染物为总汞，浓度为 0.5mg/L。

要求：计算甲冶炼厂 5 月份应缴纳的环境保护税。

已知：该厂所在地区的水污染物税率为 3.5 元/污染当量，总汞的污染当量值为 0.0005。

（2）适用抽样测算法的水污染物应纳税额的计算。适用抽样测算法的情形，纳税人按照《环境保护税法》所附《禽畜养殖业、小型企业和第三产业水污染物当量值》表所规定的当量值计算污染当量数。

①规模化禽畜养殖业排放的水污染物应纳税额。禽畜养殖业的水污染物应纳税额为污染当量数乘以具体适用税额。其污染当量数以禽畜养殖数量除以污染当量值计算。

课堂训练 6－11

某县一养殖场，2021年5月养生猪存栏量为1 000头，污染当量值为1头。已知该养殖场当地水污染物适用税额为每污染当量3.4元。

要求：计算当月该养殖场应纳环境保护税税额。

②小型企业和第三产业排放的水污染物应纳税额。小型企业和第三产业的水污染物应纳税额为污染当量数乘以具体适用税额。其污染当量数以污水排放量（吨）除以污染当量值（吨）计算。公式为：

应纳税额＝污水排放量（吨）÷污染当量值（吨）×适用税额

课堂训练 6－12

某快餐店2021年5月排放污水量为30吨，污染当量值为0.5吨。假设当地水污染物适用税额为每污染当，3.4元。

要求：计算当月该快餐店应纳环境保护税税额。

③医院排放的水污染物应纳税额。医院排放的水污染物应纳税额为污染当量数乘以具体适用税额。其污染当量数以病床数或者污水排放量除以相应的污染当量值计算。计算公式为：

应纳税额＝医院床位数÷污染当量值×适用税额

应纳税额＝污水排放量÷污染当量值×适用税额

课堂训练 6－13

某市医院，床位511张，每月按时消毒，无法计量月污水排放量，污染当量值为0.14床，假设当地水污染物适用税额为每污染当量3.4元。

要求：计算该医院应纳环境保护税税额。

3. 应税固体废物的应纳税额的计算

应税固体废物的应纳税额为固体废物排放量乘以具体适用税额，其排放量为当期应税固体废物的产生量减去当期应税固体废物的贮存量、处置量、综合利用量的余额。公式为：

固体废物的应纳税额＝（当期固体废物的产生量－当期固体废物的贮存量－当期固体废物的处置量－当期固体废物的综合利用量）×适用税额

课堂训练 6－14

甲矿山2021年5月产生尾矿2 000吨，其中综合利用的尾矿300吨（符合国家相关规定），在符合国家和地方环境保护标准的设施贮存500吨。

要求：计算该矿山当月尾矿应缴纳的环境保护税。

4. 应税噪声的应纳税额的计算

应税噪声的应纳税额为超过国家规定标准的分贝数对应的具体适用税额。

四、环境保护税的申报缴纳

（一）纳税义务发生时间

纳税义务发生时间为纳税人排放应税污染物的当日。

（二）纳税期限

环境保护税按月计算，按季申报缴纳。不能按固定期限计算缴纳的，可以按次申报缴纳。纳税人按季申报缴纳的，应当自季度终了之日起十五日内，向税务机关办理纳税申报并缴纳税款。纳税人按次申报缴纳的，应当自纳税义务发生之日起十五日内，向税务机关办理纳税申报并缴纳税款。

（三）纳税地点

纳税人应当向应税污染物排放地的税务机关申报缴纳环境保护税。

（四）纳税申报

纳税人申报缴纳时，应当向税务机关报送所排放应税污染物的种类、数量，大气污染物、水污染物的浓度值以及税务机关根据实际需要要求纳税人报送的其他纳税资料。

纳税人应当依法如实办理纳税申报，对申报的真实性和完整性承担责任。

税务机关应当将纳税人的纳税申报数据资料与环境保护主管部门交送的相关数据资料进行比对。

税务机关发现纳税人的纳税申报数据资料异常或者纳税人未按照规定期限办理纳税申报的，可以提请环境保护主管部门进行复核，环境保护主管部门应当自收到税务机关的数据资料之日起十五日内向税务机关出具复核意见。税务机关应当按照环境保护主管部门复核的数据资料调整纳税人的应纳税额。

依照规定核定计算污染物排放量的，由税务机关会同环境保护主管部门核定污染物排放种类、数量和应纳税额。

纳税人从事海洋工程向中华人民共和国管辖海域排放应税大气污染物、水污染物或者固体废物，申报缴纳环境保护税的具体办法，由国务院税务主管部门会同国务院海洋主管部门规定。

纳税人申报缴纳环境保护税时，如实填写《财产和行为税纳税申报表》及其附表。纳税人新增税源或税源变化时，需先填报《环境保护税税源明细表》。以上表格请扫描右侧二维码获取。

环境保护税纳税申报表

第三节 城市维护建设税法

一、城市维护建设税的基本法律

城市维护建设税是指以单位和个人实际缴纳的增值税、消费税（以下简称“两税”）

的税额为计税依据而征收的一种税。

城市维护建设税法是指国家制定的用以调整城市维护建设税征收与缴纳之间权利与义务关系的法律规范。现行城市维护建设税的基本规范是2020年8月11日第十三届全国人民代表大会常务委员会第二十一次会议通过并实施的《中华人民共和国城市维护建设税法》。

城市维护建设税具有两个特征：一是具有附加税的性质。它是以纳税人实际缴纳的“两税”税额为计税依据，附加于“两税”税额，本身并没有类似于其他税种的特定、独立的征税对象。二是具有特定目的。城市维护建设税税款专门用于城市的公用事业和公共设施的维护建设。

（一）纳税人

城市维护建设税的纳税人是缴纳增值税、消费税的单位和个人，包括国有企业、集体企业、私营企业、股份制企业、外商投资企业、外国企业、其他企业和行政事业单位、军事单位、社会团体、其他单位以及个体工商户、外籍个人及其他个人。

（二）征税范围

城市维护建设税的征税范围包括城市、县城、建制镇以及税法规定的其他地区。城市、县城、建制镇的范围应根据行政区划作为划分标准，不得随意扩大或缩小各行政区域的管辖范围。

（三）税率

城市维护建设税按纳税人所在地的不同，设置了三档税率，如表6－1所示。

表6－1　城建税税率表

纳税人所在地	税率	特别规定
市区	7%	① 由受托方代征代扣“两税”的单位和个人，其代征代扣的城建税执行受托方所在地适用税率； ② 流动经营等无固定纳税地点的单位和个人，在经营地缴纳“两税”的，其城建税的缴纳执行经营地适用税率； ③ 中国铁路总公司适用5%的税率。
县城、镇	5%	
不在市区、县城或者镇	1%	

注：纳税人所在地，是指纳税人住所地或者与纳税人生产经营活动相关的其他地点，具体地点由省、自治区、直辖市确定。

小问答6－6

如何界定城市、县城和建制镇？

二、城市维护建设税的优惠政策

城建税的主要税收优惠如下：

（一）海关代征税款免税

海关代征进口环节增值税、消费税时，不征收城建税。

（二）退税

对因免征、减征增值税、消费税而发生的退税，可退还已缴纳的城市维护建设税。但对出口产品退还增值税、消费税的，不退还已缴纳的城市维护建设税；经总局审批的当期免抵的增值税税额应纳入城建税和教育费附加计征范围。

对增值税、消费税实行先征后返、先征后退、即征即退办法的，除另有规定外，对随增值税、消费税附征的城市维护建设税，一律不予退（返）还。

（三）其他减免税优惠

（1）其他优惠：减免增值税和消费税，同时减免城建税。

（2）对国家重大水利工程建设基金，免征城建税和教育费附加。

（3）关于自主就业退役士兵的优惠政策。①自主就业退役士兵从事个体经营的，自办理个体工商户登记当月起，在3年（36个月，下同）内按每户每年12 000元为限额依次扣减其当年实际应缴纳的增值税、城市维护建设税、教育费附加、地方教育附加和个人所得税。限额标准最高可上浮20%，各省、自治区、直辖市人民政府可根据本地区实际情况在此幅度内确定具体限额标准。②企业招用自主就业退役士兵，与其签订1年以上期限劳动合同并依法缴纳社会保险费的，自签订劳动合同并缴纳社会保险当月起，在3年内按实际招用人数予以定额依次扣减增值税、城市维护建设税、教育费附加、地方教育附加和企业所得税优惠。定额标准为每人每年6 000元，最高可上浮50%，各省、自治区、直辖市人民政府可根据本地区实际情况在此幅度内确定具体定额标准。

（4）建档立卡贫困人口、持就业创业证或就业失业登记证人员的优惠政策。

①建档立卡贫困人口、持就业创业证或就业失业登记证人员是指建档立卡贫困人口、持就业创业证（注明“自主创业税收政策”或“毕业年度内自主创业税收政策”）或就业失业登记证（注明“自主创业税收政策”）的人员，其范围包括：a. 纳入全国扶贫开发信息系统的建档立卡贫困人口；b. 在人力资源社会保障部门公共就业服务机构登记失业半年以上的人员；c. 零就业家庭、享受城市居民最低生活保障家庭劳动年龄内的登记失业人员；d. 毕业年度内高校毕业生。高校毕业生是指实施高等学历教育的普通高等学校、成人高等学校应届毕业的学生；毕业年度是指毕业所在自然年，即1月1日至12月31日。

②上述人员，从事个体经营的，自办理个体工商户登记当月起，在3年（36个月，下同）内按每户每年12 000元为限额依次扣减其当年实际应缴纳的增值税、城市维护建设税、教育费附加、地方教育附加和个人所得税。限额标准最高可上浮20%，各省、自治区、直辖市人民政府可根据本地区实际情况在此幅度内确定具体限额标准。

③企业招用上述人员，与其签订1年以上期限劳动合同并依法缴纳社会保险费的，自签订劳动合同并缴纳社会保险当月起，在3年内按实际招用人数予以定额依次扣减增值税、城市维护建设税、教育费附加、地方教育附加和企业所得税优惠。定额标准为每人每年6 000元，最高可上浮30%，各省、自治区、直辖市人民政府可根据本地区实际情况在此幅度内确定具体定额标准。

（5）根据国民经济和社会发展的需要，国务院对重大公共基础设施建设、特殊产业和群体以及重大突发事件应对等情形可以规定减征或者免征城市维护建设税，报全国人民代表大会常务委员会备案。

查一查： 城市维护建设税还有哪些优惠政策？

三、城市维护建设税的计算

（一）计税依据

城市维护建设税的计税依据是纳税人实际缴纳的增值税、消费税的税额。

纳税人违反“两税”有关税法而加收的滞纳金和罚款，是税务机关对纳税人违法行为的经济制裁，不作为城市维护建设税的计税依据，但纳税人在被查补“两税”和被处以罚款时，应同时对其偷漏的城市维护建设税进行补税、征收税收滞纳金和罚款。

城市维护建设税以“两税”税额为计税依据并同时征收，如果要免征或者减征“两税”，也要同时免征或者减征城市维护建设税。

对出口产品退还增值税、消费税的，不退还已缴纳的城市维护建设税。自2005年1月1日起，经国家税务总局审核批准的当期免抵的增值税税额应纳入城市维护建设税和教育费附加的计税范围。

（二）应纳税额的计算

城建税纳税人的应纳税额大小是由纳税人实际缴纳的“两税”税额决定的，其计算公式为：

应纳税额 =（实际缴纳的增值税税额 + 实际缴纳的消费税税额）× 适用税率

课堂训练 6－15

某生产企业坐落在市区，2021年5月已缴纳增值税18万元，请计算该企业当月应纳的城市维护建设税。

四、城市维护建设税的申报缴纳

（一）纳税环节

城建税的纳税环节，是指城建税法规定纳税人应当缴纳城建税的阶段。其纳税环节，实际就是纳税人缴纳“两税”的环节。纳税人只要发生“两税”的纳税义务，就要在同样的环节分别计算缴纳城建税。

（二）纳税地点

城市维护建设税的纳税地点为实际缴纳增值税、消费税的地点。扣缴义务人应当向其机构所在地或者居住地的主管税务机关申报缴纳其扣缴的城建税税款，具体来说：

（1）纳税人直接缴纳“两税”的，在缴纳“两税”地缴纳城市维护建设税。

（2）代扣代缴的纳税地点。代征、代扣、代缴“两税”的，同时代征、代扣、代缴城市维护建设税，其纳税地点为代扣代收地。

（3）对流动经营等无固定纳税地点的单位和个人，应随同增值税、消费税在经营地纳税。

（三）纳税期限

城市维护建设税按月或者按季计征。不能按固定期限计征的，可以按次计征。

实行按月或者按季计征的，纳税人应当于月度或者季度终了之日起 15 日内申报并缴纳税款。实行按次计征的，纳税人应当于纳税义务发生之日起 15 日内申报并缴纳税款。

扣缴义务人解缴税款的期限，依照上述规定执行。

城市维护建设税纳税申报表

（四）纳税申报

纳税人应按照规定缴纳城市维护建设税，并如实填制城建税纳税申报表，具体内容请扫描右侧二维码获取

第四节 教育费附加

一、教育费附加的基本法律

教育费附加是以纳税人实际缴纳的增值税、消费税税额为依据征收的一种附加税。

教育费附加是指国家制定的用以调整城市教育费附加征收与缴纳之间权利与义务关系的法律规范。现行教育费附加的基本规范是国务院于 1986 年 4 月 28 日颁布，并于同年 7 月 1 日起执行的《征收教育费附加的暂行规定》以及国务院于 2010 年 10 月 18 日发布的《关于统一内外资企业和个人城市维护建设税和教育费附加制度的通知》。

（一）纳税人

教育费附加的纳税人是指缴纳增值税、消费税的单位和个人（除按照《国务院关于筹措农村学校办学经费的通知》缴纳农村教育费附加的单位外），自 2010 年 12 月 1 日起，外商投资企业、外国企业及外籍个人开始征收教育费附加。但海关对进口产品征收的增值税、消费税不征教育费附加。

（二）征收率

现行教育费附加计征比率（即附加率）为 3%。

二、教育费附加的优惠政策

教育费附加的主要税收优惠包括：

（1）对由于减免增值税、消费税而发生退税的，同时退还教育费附加；但对出口产品退还增值税、消费税的，不再退还已征的教育费附加；

（2）对下岗失业人员从事个体经营（除建筑业、娱乐业以及广告业、桑拿、按摩、网吧、氧吧外）的，自领取税务登记证之日起，3 年内免征教育费附加。

（3）对新办的商贸企业（从事批发、批零兼营以及其他非零售业务的商贸企业除

外），当年新招用下岗失业人员达到职工总数30%以上（含30%），并与其签订1年以上期限劳动合同的，经劳动保障部门认定，税务机关审核，3年内免征教育费附加。

查一查：教育费附加还有哪些优惠政策？

三、教育费附加的计算

（一）教育费附加额的计税依据

教育费附加的计税依据与城建税相同，以纳税人实际缴纳的增值税、消费税税额为计税依据。

（二）教育费附加额的计算

教育费附加的计税依据与城建税相同，以纳税人实际缴纳的增值税、消费税税额为计税依据。

教育费附加纳税人的应纳税额大小是由纳税人实际缴纳的“两税”税额决定的，其计算公式为：

教育费附加额＝（实际缴纳的增值税税额＋实际缴纳的消费税税额）×教育费附加征收率

课堂训练6－16

某企业地处市区，2014年5月被税务机关查补增值税90 000元、消费税50 000元、所得税60 000元；还被加收滞纳金40 000元、被处罚款80 000元。请问该企业应补缴城市维护建设税和教育费附加多少元？

四、教育费附加的申报缴纳

（一）纳税环节

教育费附加的纳税环节与城建税的纳税环节相同，就是纳税人缴纳“两税”的环节。纳税人只要发生“两税”的纳税义务，就要在同样的环节分别计算缴纳城建税。

（二）纳税地点

教育费附加的纳税地点与城建税的纳税地点相同，即为纳税人缴纳“两税”的地点。

（三）纳税期限

由于教育费附加是由纳税人在缴纳“两税”的同时缴纳，所以其纳税期限分别与“两税”的纳税期限一致。

（四）纳税申报

纳税人应按照规定定期缴纳教育费附加，并如实填制纳税申报表，具体内容请扫描右侧二维码获取。

教育费附加纳税申报表

【前沿阅读】 碳税和碳排放权交易体系的国际实践与启示

思考训练

一、主题思考

查询我国非税制度实施以来所的作用与效果，探讨其费改税的可行性。

二、实战演练

1. 掌握印花税应纳税额的计算。

2020 年 9 月甲公司作为受托方签订技术开发合同一份，合同约定技术开发金额共计 1 000 万元，其中研究开发费用与报酬金额之比为 4∶1。另外，作为承包方签订建筑安装工程承包合同一份，承包总金额 300 万元，将其中的 100 万元工程分包给另一单位，并签订分包合同。请问甲公司 2020 年 9 月应缴纳印花税多少元？

2. 掌握城市维护建设税和教育费附加应纳税额的计算。

某外贸公司（位于县城）2020 年 6 月出口货物退还增值税 15 万元，退还消费税 30 万元；进口半成品缴纳进口环节增值税 60 万元，内销产品缴纳增值税 200 万元；本月将一块闲置的土地转让，取得收入 500 万元，购入该土地时支付土地出让金 340 万元、各种税费 10 万元。请计算该公司本月应纳城市维护建设税和教育费附加。

3. 某机械厂地处工业区。经监测厂界昼间噪声等效声级为 72.6dB（A）［标准是 65dB（A）］，夜间噪声等效声级为 63.3dB（A）［标准是 55dB（A）］。其中昼间实际生产天数为 28 天，夜间实际生产天数为 12 天。该工厂每月该缴纳多少元的环境保护税？

第六章
本章参考税收法律法规制度

第六章
课堂训练解析

第六章
小问答参考答案

第六章
实战演练参考答案

第七章 税收征收管理法律制度

【本章导读】

税收征收管理法是调整、规范税收征收管理的法律规范的总称，是有关税收征收管理法律规范的总称，包括税收征收管理法及税收征收管理的有关法律、法规和规章。《中华人民共和国税收征收管理法》于1992年9月4日第七届全国人民代表大会常务委员会第二十七次会议通过，1993年1月1日起施行，1995年2月28日第八届全国人民代表大会常务委员会第十二次会议修正。2001年4月28日，第九届全国人民代表大会常务委员会第二十一次会议通过了修订后的《中华人民共和国税收征收管理法》（以下简称《税收征管法》），并于2001年5月1日起施行。立法的目的就是加强税收征收管理，旨在由税务机关代表国家行使征税权，指导纳税人履行纳税义务，对日常税收活动依法进行组织、管理、监督、检查的活动。它是实现税收职能的必要手段，对规范税收征收和缴纳行为，保障国家税收收入，保护纳税人的合法权益，促进经济和社会发展具有重要意义。税收管理主要涉及税务管理、税款征收、税务检查、违法处理四个方面；纳税担保和税务文书作为税收征收管理活动的延伸，代表着我国税务服务发展的新方向，因此也纳入本章。2013年和2015年全国人民代表大会常务委员会对《税收征管法》又进行过两次修订。2021年3月24日，党中央、国务院发布了《关于进一步深化税收征管改革的意见》，启动了“十四五”时期新一轮深化税收征管改革的新进程。

通过本章学习，希望读者能够掌握《税收征管法》的适用范围，运用《税收征管法》对相关案例进行分析。同时，能够熟练把握纳税担保的要领，学会撰写税务文书。

第一节 税务管理

第七章教案　　第七章 PPT

税务管理是指税收征收管理机关为了贯彻执行国家税收法律制度，加强税收工作，协调征税关系而开展的一项有目的的活动。税务管理是税收征收管理的重要内容，是税款征收的前提。税务管理包括税务登记管理，账簿、凭证管理和纳税申报管理等内容。

一、税务登记管理

税务登记又称纳税登记，是税务机关依据税法的规定，对纳税人的生产、经营活动进行登记并据此对纳税人实施税务管理的一种法定制度。税务登记是税务机关对纳税人实施税收管理的首要环节和基础工作，是征纳双方法律关系成立的依据和证明，也是纳税人必须依法履行的义务。

《税务登记管理办法》（2019 年修正）规定，企业，企业在外地设立的分支机构和从事生产、经营的场所，个体工商户和从事生产、经营的事业单位，均应当按照规定办理税务登记；扣缴义务人应当在发生扣缴义务时，到税务机关申报登记，领取扣缴税款凭证。税务登记包括开业登记、变更登记、注销登记，停业、复业登记，外出经营报验登记等。

税法视野　　**现代化征管制度改革助力国家治理能力提升**

（一）开业登记

开业登记是指从事生产经营的纳税人，经国家工商行政管理部门批准开业后办理的纳税登记。

1. 登记的对象

（1）从事生产、经营的纳税人。包括：企业（包括国有、集体、私营企业，中外合资合作企业、外商独资企业以及各种联营、联合、股份制企业等），企业在外地设立的分支机构和从事生产、经营的场所，个体工商户和从事生产、经营的事业单位。

（2）其他纳税人。包括：不从事生产、经营，但依照法律、法规的规定负有纳税义务的单位和个人，如事业单位、社会团体、民办非企业单位，除临时取得应税收入或发生应税行为以及只缴纳个人所得税、车船使用税的外，都应按规定向税务机关办理税务登记。

课堂训练 7－1

下列各项中，按照《税收征管法》及《税务登记管理办法》的规定，不承担税务登记义务的是（　　）。

A. 依法负有代扣代缴税款义务的单位
B. 从事生产经营活动的个体工商户
C. 企业在本地设立的非独立核算的分支机构
D. 不从事生产、经营，但依法负有纳税义务的单位

2. 登记的时间和地点

（1）从事生产、经营的纳税人。应当自领取营业执照之日起30日内，向生产、经营地或者纳税义务发生地税务机关申报办理税务登记；

（2）从事生产、经营的纳税人未办理工商营业执照但经有关部门批准设立的，应当自有关部门批准设立之日起30日内，向生产、经营所在地税务机关申报办理税务登记；

（3）从事生产、经营的纳税人未办理工商营业执照也未经有关部门批准设立的，应当自纳税义务发生之日起30日内，向生产、经营所在地税务机关申报办理税务登记；

（4）其他纳税人。应按规定自纳税义务发生之日起30日内，持有关证件向所在地主管税务机关申报办理税务登记。

3. 纳税人办理税务登记时应提供的证件、资料

纳税人办理税务登记时应提供的证件、资料，主要包括以下内容：

（1）营业执照或登记证书，或者其他核准执业证件；

（2）有关合同、章程、协议书；

（3）法定代表人（负责人）或业主居民身份证、护照或者其他证明身份的合法证件；

（4）组织机构统一代码证书。

（5）其他需要提供的有关证件。

属于享受税收优惠政策的企业，应当提供相应的证明、资料。

其他需要提供的有关证件、资料，由省、自治区、直辖市税务机关确定。

企业在申报办理税务登记时，应当如实填写税务登记表。

4. 税务登记的内容

税务登记表的内容，主要包括以下各项：

（1）单位名称、法定代表人或业主姓名及其居民身份证、护照或者其他证明身份的合法证件的号码；

（2）住所、经营地点；

（3）登记类型；

（4）经济性质；

（5）企业形式、方式；

（6）生产经营范围、经营方式；

（7）注册资金（资本）、投资总额、开户银行及账号；

（8）生产经营期限、从业人数、营业执照号码；

（9）财务负责人、办税人员；

（10）其他有关事项。

企业在外地的分支机构或者从事生产、经营的场所，还应当登记总机构名称、地址、法人代表、主要业务范围、财务负责人。

纳税人是个人的，应当在其办理纳税申报时，由税务机关登录其姓名、身份证号码（或护照号码）、职业、住址、工作单位及地址和其他相关信息。

5. 受理与登记

纳税人提交的证件和资料齐全且税务登记表的填写内容符合规定的，税务机关应当日办理并发放税务登记证件。纳税人提交的证件和资料不齐全或税务登记表的填写内容不符合规定的，税务机关应当场通知其补正或重新填报。

税务登记证应当载明：纳税人姓名、税务登记代码、法定代表人或负责人、生产经营地址、登记类型、核算方式、经营范围（主管、兼管）、发证日期和证件有效期等。

从事生产经营的纳税人应当按照国家有关规定，持税务登记证件，在银行或者其他金融机构开立基本存款账户和其他存款账户，并应当自开立基本存款账户或者其他存款账户之日起 15 日内，向主管税务机关书面报告其全部账号；发生变化的，应当自变化之日起 15 日内，向主管税务机关书面报告。

6. “多证合一”登记制度改革

为提升政府行政服务效率，降低市场主体创设的制度性交易成本，激发市场活力和社会创新力，登记制度改革在全国推行。随着国务院简政放权、放管结合、优化服务的“放管服”改革不断深化，登记制度改革从“三证合一”推进为“五证合一”，又进一步推进为“多证合一、一照一码”。

2014 年国家税务总局发布《关于推进工商营业执照、组织机构代码证和税务登记证“三证合一”改革的若干意见》（税总发〔2014〕152 号），税务登记证和工商营业执照、组织机构代码证实行“三证合一”，由“三证联办”和“一证三码”逐渐发展为“一证一码”。“三证联办”是指工商、质监、税务部门实现工商营业执照、组织机构代码证和税务登记证“三证”联办同发。“一证三码”是工商、质监、税务部门的工商营业执照、组织机构代码证和税务登记证共同赋码，向市场主体发放包含“三证”功能三个代码的证照，简称“一证三码”。

2015 年国家税务总局发布《关于落实“三证合一”登记制度改革的通知》（税总函〔2015〕482 号），自 2015 年 10 月 1 日起，新设立企业、农民专业合作社领取由工商行政管理部门核发加载法人和其他组织社会统一社会信用代码的营业执照后，无须再次进行税务登记，不再领取税务登记证。企业办理涉税事宜时，在完成补充信息采集后，凭加载统一代码的营业执照可代替税务登记证使用。工商登记“一个窗口”统一受理申请后，申请材料和登记信息在部门间共享，各部门数据互换、档案互认。

国家税务总局 2016 年发布《关于明确社会组织等纳税人使用统一社会信用代码及办理税务登记有关问题的通知》（税总函〔2016〕121 号），对于 2016 年 1 月 1 日以后在机构编制、民政部门登记设立并取得统一社会信用代码的纳税人，以 18 位统一社会信用代码为其纳税人识别号，按照现行规定办理税务登记，发放税务登记证件。

税法视野　　银行存款账户的类别

（二）变更税务登记

从事生产、经营的纳税人，税务登记内容发生变化时，应向原税务机关申报办理的变更税务登记的手续。

1. 适用范围

纳税人办理税务登记后，如发生下列情形之一，应当办理变更税务登记：发生改变名称、改变法定代表人、改变经济性质或经济类型、改变住所和经营地点（不涉及主管税务机关变动的）、改变生产经营或经营方式、增减注册资金（资本）、改变隶属关系、改变生产经营期限、改变或增减银行账号、改变生产经营权属以及改变其他税务登记内容的。

2. 时间要求

对需要办理工商变更登记的，应当自工商行政管理机关办理变更登记之日起30日内，持有关证件向原税务登记机关申报办理变更税务登记。

按规定不需要在工商行政管理机关办理变更登记，或者其变更登记的内容与工商登记内容无关的，自税务登记内容实际发生变化之日起30日内，或者自有关机关批准或者宣布变更之日起30日内，持有关证件向原税务登记机关申报办理变更税务登记。

3. 需要提交的证件、资料

增值税一般纳税人被取消资格，办理税务变更登记需要提交的证件，包括以下内容：

（1）增值税一般纳税人申请认定书原件；

（2）税务登记证（正、副本）原件；

（3）纳税人税种登记表；

（4）其他有关资料。

变更税务登记的内容涉及税务登记证件的内容需要更改的，税务机关应收回原税务登记证，重新核发新税务登记证。

税务机关应当自受理之日起30日内审核办理变更税务登记。

股权转让交易双方均为非居民企业且在境外交易的，被转让股权的境内企业在依法办理变更税务登记时，应将股权转让合同复印件报送主管税务机关。

税法视野　　广州市国税局率先推出电子税务登记证

（三）注销税务登记

注销税务登记是指纳税人需终止履行纳税义务时向税务机关申报办理的税务登记手续。

1. 适用范围

纳税人因经营期限届满而自动解散；企业由于改组、分立、合并等原因而被撤销；企业资不抵债而破产；纳税人住所、经营地址迁移而涉及改变原主管税务机关的；纳税人被工商行政管理部门吊销营业执照；纳税人依法终止履行纳税义务的其他情形。

2. 时间要求

纳税人发生解散、破产、撤销以及其他情形，依法终止纳税义务的，应当在向工商行政管理机关办理注销登记前，持有关证件向原税务登记管理机关申报办理注销税务登记；按照规定不需要在工商行政管理机关办理注销登记的，应当自有关机关批准或者宣告终止之日起15日内，持有关证件向原税务登记管理机关申报办理注销税务登记。

纳税人因住所、生产、经营场所变动而涉及改变主管税务登记机关的，应当在向工商行政管理机关申请办理变更或注销登记前，或者住所、生产、经营场所变动前，向原税务登记机关申报办理注销税务登记，并在30日内向迁入地主管税务登记机关申报办理税务登记。

纳税人被工商行政管理机关吊销营业执照的，应当自营业执照被吊销之日起15日内，向原税务登记机关申报办理注销税务登记。

境外企业在中国境内承包建筑、安装、装配、勘探工程和提供劳务的，应当在项目完工、离开中国境内前15日内，向原税务登记机关申报办理注销税务登记。

注意：纳税人注销税务登记的时间规定。

3. 注销税务登记的程序

办理注销税务登记时，首先要经主管部门、股东会或者董事会的决议，并提交注销税务登记申请以及其他有关证明文件，同时向税务机关结清税款、滞纳金和罚款、缴销发票、发票申领簿和税务登记证件，经税务机关核准，办理注销税务登记手续。

纳税人因生产、经营地点变化注销税务登记的，原税务机关在对其注销税务登记的同时，应当向迁入地税务机关递解纳税人迁移通知书，由迁入地税务机关重新办理税务登记。如纳税人已经或正在享受税务优惠政策时，迁入地税务机关应当在迁入通知书上注明。

（四）停业与复业税务登记

实行定期定额征收方式的纳税人，在营业执照核准的经营期限内需要停业的，应当向税务机关提出停业登记，说明停业的理由、时间、停业前的纳税情况和发票的领、用、存情况，并如实填写申请停业登记表。纳税人的停业期不得超过一年。税务机关经过审核或实地审查后，应当责成申请停业的纳税人结清税款并收回税务登记证件、发票申领簿和发票，办理停业登记。对不便收回的发票，税务机关应当就地予以封存。

纳税人在停业期间发生纳税义务的，应依法申报缴纳税款。

纳税人应当于恢复生产、经营之前，向税务机关提出复业登记申请，经确认后，办理复业登记，领回并启用税务登记证件和发票申领簿及其申领的发票，纳入正常管理。

纳税人停业期满不能及时恢复生产、经营的，应当在停业期满前向税务机关提出延长停业登记，并如实填写《停业复业（提前复业）报告书》。纳税人停业期满未按期复业又不申请延长停业的，税务机关应当视为已恢复营业，实施正常的税收征收管理。纳税人停业期间发生纳税义务，应当及时向主管税务机关申报，依法补缴应纳税款。

税法视野

修订后的《税收征管法》自然人“税号”将至（节选）

（五）外出经营报验登记

纳税人到外县（市）临时从事生产经营活动的，应当在外出生产经营以前，持税务登记证向主管税务机关申请开具《外出经营活动税收管理证明》。税务机关按照一地一证的原则核发《外出经营活动税收管理证明》，其有效期限一般为30日，最长不得超过180天。纳税人应当在《外出经营活动税收管理证明》注明进行生产经营前向当地税务机关报验登记，并按规定提交有关证件、资料。纳税人外出经营活动结束，应当向经营地税务机关填报《外出经营活动情况申报表》，并结清税款、缴销发票。

（六）税务登记证的作用与管理

1. 税务登记证的作用

税务登记证是纳税人履行纳税义务的书面证明，纳税人办理下列税务事项时，必须持税务登记证件：

（1）申报办理减税、免税和退税；

（2）申领发票；

（3）申报办理外出经营税收管理证明；

（4）开立银行账户；

（5）申请办理延期申报、延期缴纳税款；

（6）办理停业、歇业；

（7）申报办理税务机关规定的其他有关事项。

另外，从事生产经营的纳税人到外县（市）从事生产、经营活动的，必须持所在地主管税务机关填发的外出经营活动税收管理证明，向营业地税务机关报验登记，接受税务管理。

2. 税务登记证的管理

税务登记证只限于纳税人自己使用，不得涂改、转借或转让，同时应悬挂在营业场所，并接受税务机关的查验。纳税人遗失税务登记证应向主管税务机关提交书面报告，并公开声明作废，同时申请补发。

税法视野　　税务登记证遗失应该怎么办？

二、账簿、凭证管理

账簿、凭证是纳税人进行生产经营活动和核算财务收支的重要依据，也是税务机关对纳税人征税、管理、核查的重要依据。纳税人账簿、凭证所反映内容的真实可靠性，直接关系到计征税款的真实性，从而影响税款的足额入库。建立账簿、凭证管理制度，是加强财务管理和税务管理的需要，可以促使纳税人自觉执行国家的财务会计制度，进行会计核算，如实反映生产经营情况，保证国家税收的正确计征。

（一）账簿、凭证管理

根据《税收征管法》的规定，纳税人、扣缴义务人应按照有关法律、行政法规和财政、税务主管部门的规定设置账簿，根据合法、有效凭证记账，进行核算。账簿是指订本式总账、明细账、订本式日记账以及其他辅助性账簿。

1. 设置账簿的范围

（1）从事生产、经营的纳税人应当自领取营业执照之日起15日内设置账簿；

（2）扣缴义务人应当自税收法律、行政法规规定的扣缴义务发生之日起10日内，按照所代扣、代收的税种，分别设置代扣代缴、代收代缴税款账簿；

（3）生产、经营规模小又确无建账能力的纳税人，可以聘请经批准从事会计代理记账业务的专业机构或者经税务机关认可的财会人员代为建账和办理账务；聘请上述机构或者人员有实际困难的，经县以上税务机关批准，可以按照税务机关的规定，建立收支凭证粘贴簿、进货销货登记簿或者使用税控装置。

2. 会计核算要求

纳税人、扣缴义务人应当依据合法、有效的凭证进行账务处理。纳税人、扣缴义务人会计制度健全，能够通过计算机正确、完整计算其收入和所得或者代扣代缴、代收代缴税款情况的，由计算机输出书面会计记录可以作为会计账簿。纳税人、扣缴义务人有会计制度不健全，不能通过计算机正确、完整计算其收入和所得或者代扣代缴、代收代缴税款情况的，应当建立总账与纳税或者代扣代缴、代收代缴税款有关的其他账簿。

账簿、会计凭证和报表，应当使用中文。民族自治地方可以同时使用当地通用的一种民族文字。外商投资企业和外国企业可以同时使用一种外国文字。

3. 财务会计制度管理

凡从事生产、经营的纳税人必须将所采用的财务、会计制度和具体的财务、会计处理办法，按税务机关的规定，自领取税务登记证件之日起15日内，及时报送主管税务机关备案。纳税人使用计算机记账的，应当在使用前将会计电算化系统的会计核算软件、使用说明书及有关资料报送主管税务机关备案。纳税人建立的会计电算化系统应当符合国家有关规定，并能正确、完整核算其收入或者所得。

纳税人、扣缴义务人的财务、会计制度或者财务、会计处理办法与国务院或者国务院财政、税务主管部门有关税收的规定抵触的，依照国务院或者国务院财政、税务主管部门有关税收的规定计算应纳税款、代扣代缴和代收代缴税款。

4. 账簿、凭证的保管

从事生产经营的纳税人、扣缴义务人必须按照国务院财政、税务主管部门规定的保管期限保管账簿、记账凭证、完税凭证及其他有关资料。账簿、记账凭证、报表、完税凭证、发票、出口凭证以及其他有关涉税资料不得伪造、变造或者擅自损毁。账簿、记账凭证、报表、完税凭证、发票、出口凭证以及其他有关涉税资料的保管期限，除另有规定者外，应当保存10年。

（二）发票管理

发票是指在购销商品、提供或者接受服务以及从事其他经营活动中，开具、收取的收付款凭证。它是确定经济收支行为发生的法定凭证，是会计核算的原始依据，也是税务稽核的重要依据。税务机关是发票的主管机关，负责发票的印制、申领、开具、取得、保管、缴销的管理和监督。

为了加强发票管理，财政部于1993年12月制定了《中华人民共和国发票管理办法》，2010年12月由国务院通过修改（国务院令第587号），国家税务总局制定了《中华人民共和国发票管理办法实施细则》，后又于2011年2月、2014年12月先后两次进行了修改，对发票的印制、申领，发票的开具和保管，发票的检查以及对违反发票管理制度的处罚等做出了规定。同时，为加强普通发票管理，保障国家税收收入，规范网络发票的开具和使用，国家税务总局制定的《网络发票管理办法》（国家税务总局令第30号），自2013年4月1日起施行。

1. 发票的种类、样式和内容

发票的种类由省级以上税务机关确定。在全国范围内统一样式的发票，由国家税务总局确定，如增值税专用发票。对在省、自治区、直辖市范围内统一样式的发票，由省级税务机关确定。统一样式包括发票的种类、各联用途、具体内容、版面排列、规格、使用范围等。发票的基本联次为三联：第一联为存根联，开票方留存备查；第二联为发票联，由收执方作为付款或收款原始凭证；第三联为记账联，开票方作为记账原始凭证。发票的基本内容包括：发票的名称、字轨号码、联次及用途；客户名称；开户银行及账号；商品名称或经营项目；计量单位、数量、单价、大小写金额；开票人；开票日期；开票单位（个人）名称（章）等。代扣、代收、委托代征税款的，其发票内容应包括代扣、代收、委托代征税种的税率和代扣、代收、委托代征税额。

课堂训练7-2

以下有关增值税专用发票说法正确的有（　　）。

A. 增值税专用发票主要用于增值税一般纳税人申领使用，小规模纳税人限量申领

B. 2007年1月1日起，商业企业一般纳税人零售的烟、酒、食品、服装、鞋帽（不包括劳保专用的部分）、化妆品等消费品不得开具专用发票

C. 纳税人取得的2008年1月1日以后开具的废旧物资专用发票，不再作为增值税扣税凭证

D. 试点地区货物运输业纳税人提供货物运输服务时，应根据实际情况开具货物运输业增值税专用发票和普通发票以及公路、内河货物运输业统一发票

2. 发票的印制

增值税专用发票由国务院税务主管部门确定的企业印制；其他发票，按照国务院税务主管部门的规定，分别由省、自治区、直辖市税务局、确定企业印制。发票防伪专用品由国家税务总局指定的企业生产。发票应当套印全国统一发票监制章，全国统一发票监制章的式样和发票版面印刷的要求，由国家税务总局规定，发票监制由省、自治区、直辖市税务机关制作。禁止伪造发票监制章。发票实行不定期换版制度。

3. 发票的申领

（1）申领发票的对象。依法办理税务登记的单位和个人，在领取税务登记证后，向主管税务机关申请申领发票；依法无须办理税务登记但需要使用发票的单位，可以按规定程序向主管税务机关申请申领发票；临时到本省、自治区、直辖市以外地区从事经营活动的单位或个人，凭所在地税务机关证明，可向经营地税务机关申请申领经营地的发票。

（2）申领发票的程序。纳税人办理了税务登记后，即具有申领普通发票的资格，无须办理行政审批。纳税人向主管税务机关提出申领普通发票申请后，税务机关应在5个工作日内确认完毕，通知纳税人办理申领发票事宜。需要临时使用发票的单位和个人，凭购销商品、提供或者接受服务以及从事其他经营活动的书面证明、经办人身份证明，直接向税务机关申请办理发票的开具。

税务机关对外省、自治区、直辖市来本辖区从事临时经营活动的单位和个人申请申领发票的，可以要求其提供保证人或者根据所申领发票的票面限额及数量缴纳不超过1万元的保证金，并限期缴销发票。按期缴销发票的，解除保证人的担保义务或者退还保证金；未按期缴销发票的，由保证人或者以保证金承担法律责任。税务机关收取保证金应当开具收据。

保证人，是指在中国境内具有担保能力的公民、法人或者其他经济组织。国家机关不得作为保证人。保证人同意为申领发票的单位和个人提供担保的，应当填写担保书。担保书内容包括：担保对象、范围、期限和责任以及其他有关事项。担保书须经购票人、保证人和税务机关签字盖章后方为有效。

4. 发票的开具和保管

单位、个人在购销商品、提供或者接受经营服务以及从事其他经营活动中，应当按照规定开具、使用、取得发票。销售商品、提供服务以及从事其他经营活动的单位和个人，在对外发生经营业务收取款项时，收款方应当向付款方开具发票；收款单位和扣缴义务人支付款项时，由付款方向收款方开具发票。所有单位和从事生产、经营活动的个人，在购买商品、接受服务以及从事其他经营活动支付款项时，应当向收款方取得发票。纳税人进行电子商务必须开具或取得发票。取得发票时，不得要求变更品名和金额。不符合规定的发票，不得作为财务报销凭证，任何单位和个人有权拒收。

填开发票的单位和个人必须在发生经营业务确认营业收入时开具发票。未发生经营业务一律不准开具发票。

向消费者个人零售小额商品或提供零星服务的，是否可免予逐笔开具发票，由省税务机关确定。

安装税控装置的单位和个人，应当按照规定使用税控装置开具发票，并按期向主管税务机关报送开具发票的数据。使用非税控电子器具开具发票的，应当将非税控电子器具使用的软件程序说明资料报主管税务机关备案，并按照规定保存、报送开具发票的数据。

单位和个人在开具发票时，必须做到按号码顺序填开，填写项目齐全，内容真实，字迹清楚，全部联次一次复写、打印，内容完全一致，并在发票联和抵扣联加盖单位财务印章或者发票专用章。开具发票后，如发生销货退回需开红字发票的，必须收回原发票并注明“作废”字样或取得对方有效证明；发生销售折让的，在收回原发票并注明“作废”字样后，重新开具销售发票。发票不得跨省、直辖市、自治区使用。发票限于申领单位和个人在本省、自治区、直辖市内开具。发票申领单位未经批准不得跨规定使用区域携带、邮寄、运输空白发票，禁止携带、邮寄或者运输空白发票出入境。

开具发票的单位和个人应当建立发票使用登记制度，设置发票登记簿，并定期向主管税务机关报告发票使用情况。开具发票的单位和个人应当按照税务机关的规定存放和保管发票，不得擅自损毁。已经开具的发票存根联和发票登记簿，应当保存5年。保存期满，报经税务机关查验后销毁。任何单位和个人不得转借、转让、代开发票；未经税务机关批准，不得拆本使用发票；不得自行扩大专业发票使用范围。禁止倒买倒卖发票、发票监制章和发票防伪专用品。

5. 发票的检查

对发票进行检查，是税务机关的职权之一。根据《发票管理办法》及其实施细则的规定，税务机关在发票检查中有权进行下列检查：

（1）检查印制、申领、开具、取得和保管发票的情况；

（2）调出发票查验；

（3）查阅、复制与发票有关的凭证、资料；

（4）向当事各方询问与发票有关问题和情况；

（5）查处发票案件时，对与案件有关的情况和资料，可以记录、录音、录像、照相和复制。

单位和个人从中国境外取得与纳税有关的发票或者凭证，税务机关在纳税审查时有疑义的，可以要求其提供境外公证机构或者注册会计师的确认证明，经税务机关审核认可后，方可作为记账核算的凭证。税务机关在发票检查中需要核对发票存根联与发票联填写情况时，可以向持有发票或者发票存根联的单位发出“发票填写情况核对卡”，有关单位应当在接到税务机关开具的“发票填写情况核对卡”后如实填写，15日内将有关情况报回。

印制、使用发票的单位和个人，必须接受税务机关依法检查，如实反映情况，提供有关资料，不得拒绝、隐瞒。税务机关在行使发票检查时应当履行以下职责：

（1）税务人员进行检查时，应当出示税务检查证；否则，被检查单位和个人可以拒绝。

（2）税务机关需要将已开具的发票调出查验时，应向被查验的单位和个人开具发票换票证；需要将空白发票调出查验时，应当开具收据。经查无问题的，应当及时返还。

用票单位和个人有权申请税务机关对发票的真伪进行鉴别。

6. 网络发票及其管理

网络发票是符合国家税务总局统一标准并通过国家税务总局及省、自治区、直辖市税务局公布的网络发票管理系统开具的发票。

（1）税务机关应根据开具发票的单位和个人的经营情况，核定其在线开具网络发票的种类、行业类别、开票限额等内容。开具发票的单位和个人需要变更网络发票核定内容的，可向税务机关提出书面申请，经税务机关确认，予以变更。

（2）开具发票的单位和个人开具网络发票应登录网络发票管理系统，如实完整填写发票的相关内容及数据，确认保存后打印发票。开具发票的单位和个人在线开具的网络发票，经系统自动保存数据后即完成开票信息的确认、查验。

（3）单位和个人取得网络发票时，应及时查询验证网络发票信息的真实性、完整性，对不符合规定的发票，不得作为财务报销凭证，任何单位和个人有权拒收。

（4）开具发票的单位和个人需要开具红字发票的，必须收回原网络发票全部联次或取得受票方出具的有效证明，通过网络发票管理系统开具金额为负数的红字网络发票。开具发票的单位和个人作废开具的网络发票，应收回原网络发票全部联次，注明“作废”，并在网络发票管理系统中进行发票作废处理。开具发票的单位和个人应当在办理变更或者注销税务登记的同时，办理网络发票管理系统的用户变更、注销手续并缴销空白发票。

（5）税务机关根据发票管理的需要，可以按照国家税务总局的规定委托其他单位通过网络发票管理系统代开网络发票。税务机关应当与受托代开发票的单位签订协议，明确代开网络发票的种类、对象、内容和相关责任等内容。

（6）开具发票的单位和个人必须如实在线开具网络发票，不得利用网络发票进行转借、转让、虚开发票及其他违法活动。当网络出现故障，无法在线开具发票时，可离线开具发票。开具发票后，不得改动开票信息，并于48小时内上传开票信息。

（7）省以上税务机关在确保网络发票电子信息正确生成、可靠存储、查询验证、安全唯一等条件的情况下，可以试行电子发票。

（三）税控装置的使用管理

税控装置是指以遏止在交易过程中实施作弊行为而达到有效控制税源为目的，具有正确反映纳税人收入情况、保证计税依据和有关数据的正确生成、安全传递及可靠存储，自动打印发票，并能实现税收控制、管理的电子收款机和支持该电子收款机的管理系统。税务机关利用税控装置对纳税人的生产经营情况进行监督和管理，以保障国家税收收入，防止税款流失，提高税收征管工作效率，降低征收成本。

《税收征管法》第二十三条规定：“国家根据税收征收管理的需要，积极推广使用税控装置。纳税人应当按照规定安装、使用税控装置，不得损毁或者擅自改变税控装置。”同时还在第六十条规定：“不能按照规定安装、使用税控装置，损毁或者擅自改动税控装置的，由税务机关责令限期改正，可以处以2 000元以下的罚款；情节严重的，处2 000元以上1万元以下的罚款。”通过安装、推广使用税控装置，有助于更好地对纳税人的生产经营情况进行监督和管理，以保障国家税收收入，防止税款流失，提高税收征管工作效率，降低征收成本。

三、纳税申报管理

纳税申报是纳税人、扣缴义务人按照法律、行政法规规定，在申报期限内就纳税事项向税务机关提出书面申报的一种法定手续。纳税申报是纳税人履行纳税义务、界定纳税人法律责任的主要依据，是税务机关税收管理信息的主要来源和税务管理的重要制度。

（一）纳税申报的对象

纳税申报的对象为纳税人和扣缴义务人。纳税人、扣缴义务人应按照法律、法规规定的申报期限、申报内容如实办理纳税和代扣代缴、代收代缴申报手续。临时取得应税收入或发生应税行为的纳税人，在发生纳税义务以后，应立即向经营地税务机关办理纳税申报和缴纳税款。纳税人在纳税期内没有应纳税款的或者享受减税、免税待遇的，也应当按照规定办理纳税申报。

纳税人、扣缴义务人按照规定的期限办理纳税申报或者报送代扣代缴、代收代缴税款报告表确有困难，需要延期的，应当在规定的期限内向税务机关提出书面延期申请，经税务机关核准，在核准的期限内办理。

（二）纳税申报的内容

纳税人和扣缴义务人的纳税申报和代扣代缴、代收代缴税款报告的主要内容包括：税种、税目，应纳税项目或者应代扣代缴、代收代缴税款项目，计税依据，扣除项目及标准，适用税率或者单位税额，应退税项目及税额、应减免税项目及税额，应纳税额或者应代扣代缴、代收代缴税额，税款所属期限等。

纳税人办理纳税申报时，应当如实填写纳税申报表，并根据不同情况相应报送下列有关证件、资料：

（1）财务会计报表及其说明材料；

（2）与纳税有关的合同、协议书及凭证；

（3）税控装置的电子报税资料；

（4）外出经营活动税收管理证明和异地完税凭证；

（5）境内或者境外公证机构出具的有关证明文件；

（6）税务机关规定应当报送的其他有关证件、资料。

扣缴义务人办理代扣代缴、代收代缴税款报告时，应当如实填写代扣代缴、代收代缴税款报告表，并报送代扣代缴、代收代缴税款的合法凭证以及税务机关规定的其他有关证件、资料。

课堂训练 7－3

下列纳税人，可以实行简易申报方式的是（　　）。

A. 当期未发生纳税义务的纳税人

B. 当期开始享受免税待遇的纳税人

C. 实行定期定额方式缴纳税款的纳税人

D. 不能按期缴税且有特殊困难的纳税人

（三）纳税申报的方式

纳税申报方式是指纳税人和扣缴义务人在发生纳税义务和代扣代缴、代收代缴义务后，在其申报期限内，依照规定到指定税务机关进行申报纳税的形式。目前，主要的纳税申报方式有以下三种。

1. 直接申报

直接申报是指纳税人自行到税务机关办理纳税申报。这是一种传统申报方式。

2. 邮寄申报

邮寄申报是指经税务机关批准的纳税人使用统一规定的纳税申报特快专递专用信封，通过邮政部门办理交寄手续，并向邮政部门索取收据作为申报凭据的方式。纳税人采取邮寄方式办理纳税申报的，应当使用统一的纳税申报专用信封，并以邮政部门收据作为申报凭据。邮寄申报以寄出的邮戳日期为实际申报日期。

3. 数据电文

数据电文是指经税务机关批准的纳税人经由电子手段、光学手段或类似手段生成、储存或传递的信息，这些手段目前包括经税务机关确定的电话语音、电子数据交换和网络传输等电子方式。例如目前纳税人的网上申报就是数据电文申报方式的一种形式。

纳税人采取电子方式办理纳税申报的，应当按照税务机关规定的期限和要求保存有关资料，并定期书面报送主管税务机关。纳税人、扣缴义务人采取数据电文方式办理纳税申报的，其申报日期以税务机关计算机网络系统收到该数据电文的时间为准。

除上述方式外，实行定期定额缴纳税款的纳税人，可以实行简易申报、简并征期等申报纳税方式。“简易申报”是指实行定期定额缴纳税款的纳税人在法律、行政法规规定的期限内或税务机关依据法规的规定确定的期限内缴纳税款的，税务机关可以视同申报；“简并征期”是指实行定期定额缴纳税款的纳税人，经税务机关批准，可以采取将纳税期限合并为按季、半年、年的方式缴纳税款。

（四）延期申报管理

延期申报是指纳税人、扣缴义务人不能按照税法规定的期限办理纳税申报或扣缴税款报告。

根据《税收征管法》《税收征管法实施细则》及有关法规的规定，纳税人因有特殊情况，不能按期进行纳税申报的，经县以上税务机关核准，可以延期申报。但应当在规定的期限内向税务机关提出书面延期申请，经税务机关核准，在核准的期限内办理。如纳税人、扣缴义务人因不可抗力，不能按期办理纳税申报或者报送代扣代缴、代收代缴税款报告表的，可以延期办理，但应当在不可抗力情形消除后立即向税务机关报告。

经核准延期办理纳税申报的，应当在纳税期内按照上期实际缴纳的税额或者税务机关核定的税额预缴税款，并在核准的延期内办理纳税结算。

第二节

税款征收

税款征收是税务机关依照税收法律、法规的规定，将纳税人应当缴纳的税款组织征收入库的一系列活动的总称。它是税收征收管理工作中的核心内容和中心环节，是实现税收职能的最关键一环，在整个税收工作中占据着极其重要的地位。《税收征管法》规定，税务机关依照法律、行政法规的规定征收税款，不得违反法律、行政法规的规定开征、停征、多征、少征、提前征收、延缓征收或者摊派税款。除税务机关、税务人员以及经税务机关依照法律、行政法规委托的单位和人员外，任何单位和个人不得进行税款征收活动。

一、税款征收方式

税款征收方式是指税务机关根据各税种的不同特点和纳税人的具体情况而确定的计算、征收税款的方法和形式。我国的税款征收的方式主要有以下几种。

（一）查账征收

查账征收是指由纳税人依据账簿记载，先自行计算缴纳，事后经税务机关查账核实，如有不符合税法规定的，可以多退少补。这种方式主要对已建立会计账册且会计记录完整的单位采用。

（二）查定征收

查定征收是指税务机关根据纳税人的生产设备等情况在正常条件下的生产、销售情况，对其生产的应税产品查实核定产量、销售额并依照税法规定的税率征收税款的方式。这种方式一般适用于生产不固定、账册不够健全的单位。

（三）查验征收

查验征收是指税务机关对纳税人应税产品进行查验后征税，并贴上完税证、查验证或盖查验戳，并据以征税的一种税款征收方式。这种方式一般适用于生产零星、分散的高税率产品的纳税单位。

（四）定期定额征收

定期定额征收是指税务机关依照有关法律、法规的规定，按照一定的程序，核定纳税人在一定经营时期内的应纳税经营额及收益额作为计税依据，确定应纳税额（包括增值税额、消费税额、所得税额等）的一种税款征收方式。核定定额的程序为：纳税人自报、典型调查、定额核定、下达定额。这种方式一般适用于生产经营规模小又确无建账能力，经主管税务机关批准可以不设置账簿或暂缓建账的小型纳税单位。

（五）代扣代缴

代扣代缴是指负有扣缴税款的法定义务人，对纳税人应纳税款进行代扣代缴的方式。由支付人在向纳税人支付款项时，从所支付的款项中依据税收法规的规定直接扣收税款。目的是对零星分期、不易控制的税源实行税源控制。

（六）代收代缴

代收代缴是指负有收缴税款的法定义务人，对纳税人应纳税款进行代收代缴的方式。由与纳税人有经济业务往来的单位和个人在向纳税人收取税项时，依照税收法规的规定收取税款。这种方式一般适用于税收网络覆盖不到或很难控制的领域，如委托加工应税消费品时，由受托方代收代缴的消费税。

（七）委托代征

委托代征是指受托单位按照税务机关核发的代征证书的要求，以税务机关的名义向纳税人征收一些零散税款的税款征收方式。

（八）邮寄纳税

邮寄纳税是一种新的纳税方式。这种方式主要适用于那些有能力按期纳税，但采用其他方式纳税又不方便的纳税人。

（九）其他方式

如利用网络申报、用IC卡纳税等方式。

税法视野　船舶车船税委托代征

查一查：各种征收方式适用的征税对象。

二、税款征收中纳税人、扣缴义务人的权利和义务

（一）税款征收中纳税人、扣缴义务人的权利

根据《税收征管法》的规定，税款征收中纳税人、扣缴义务人有以下权利：

（1）纳税人、扣缴义务人有权向税务机关了解国家税收法律、行政法规的规定以及与纳税程序有关的情况；

（2）有权要求税务机关为纳税人、扣缴义务人的情况保密；

（3）对税务机关所作出的决定，享有陈述权、申辩权；

（4）纳税人因有特殊困难，不能按期缴纳税款的，经省级税务机关批准，可以延期缴纳税款，但是最长不得超过3个月；

（5）纳税人可以依照法律、行政法规的规定，向税务机关书面申请减税、免税；

（6）纳税人超过应纳税额缴纳的税款，税务机关发现后应当立即退还；纳税人自结清缴纳税款之日3年内发现的，可以向税务机关要求退还多缴的税款并加算银行同期存款利息，税务机关及时查实后应立即退还；涉及从国库中退库的，依照法律、行政法规有关国库管理的规定退还；

（7）税务机关按照规定付给扣缴义务人代扣、代收手续费；

（8）当事人对税务机关的处罚决定、强制执行措施或者税收保全措施不服的，可以依法申请行政复议，也可以依法向人民法院起诉。

课堂训练 7－4

纳税人不能按照税法规定的纳税期限缴纳税款，（　　），不足以缴纳税款的，可申请延期纳税。

A. 当期银行存款在扣除应付职工工资、社会保险费后

B. 当期货币资金在扣除应付职工工资、社会保险费后

C. 当期货币资金在扣除银行存款及各项上交款项后

D. 当期货币资金在扣除应付职工工资和应计提的公益金、公积金以后

（二）税款征收中纳税人、扣缴义务人的义务

根据《税收征管法》的规定，税款征收中纳税人、扣缴义务人有以下义务：

（1）纳税人、扣缴义务人应如实向税务机关提供与纳税和代扣代缴、代收代缴税款有关的信息，按照税法规定或者税务机关依照税收法规确定的期限，缴纳或解缴税款，并取得完税凭证或代扣代缴凭证；

（2）扣缴义务人依照法律、行政法规的规定履行代扣、代收税款的义务；

（3）纳税人、扣缴义务人、纳税担保人同税务机关在纳税上发生争议时，必须先依照税务机关的纳税决定缴纳或者解缴税款及滞纳金，或者提供相应的担保，然后可以依法申请行政复议；对行政复议决定不服的，可以依法向人民法院起诉；

（4）欠缴税款数额较大的纳税人在处分其不动产或者大额资产之前，应当向税务机关报告。

三、税款征收程序

税款征收程序因征收方式的不同而有所不同。税款一般由纳税人直接向国家金库经收处缴纳。国库经收处将收纳的税款，随同缴款书划转至金库后，税款征收完成。

税务机关征收税款时，必须开具完税凭证。完税凭证是税务机关收取税款时的专用凭证和纳税人履行纳税义务的合法证明，其式样由国家税务总局统一制定。完税凭证的种类包括各种完税证、缴款书、印花税票以及其他完税证明。

四、税款征收的行政措施

税款征收措施是指为保证税款及时征收入库所采取的措施，主要包括加收滞纳金、核定应纳税额、税款的补缴与追征、税收保全措施、税收强制执行措施、欠税清缴、税款优先执行等。

（一）税收滞纳金

为了保证国家税款的及时入库，法律、法规根据税种的不同特点、纳税人的经营情况、应纳税额的大小，规定了不同的纳税期限。纳税人必须按照规定的期限缴纳税款。根据《税收征管法》的规定，纳税人未按照规定期限缴纳税款的，扣缴义务人未按照规定期限解缴税款的，税务机关除责令限期缴纳外，从滞纳税款之日起，按日加收滞纳税款0.5‰的滞纳金。加收滞纳金的起止时间为法律、行政法规规定或者税务机关依照法律、行政法规的规定确定的税款缴纳期限届满次日起至纳税人、扣缴义务人实际缴纳或者解缴税款之日止。经税务机关批准延期缴纳税款的，在批准期限内不加收滞纳金。拒绝缴纳滞纳金的，可以按不履行纳税义务实行强制执行措施，强行划拨或者强制征收。

课堂训练7-5

某公司将应于2021年4月10日缴纳的税款30万元拖至4月30日缴纳。根据《税收征管法》的规定税务机关可以加收滞纳金的金额是多少？

（二）核定应纳税额

1. 核定应纳税额的对象

根据《税收征管法》的规定，纳税人有下列情形之一的，税务机关有权核定其应纳税额：

（1）依照法律、行政法规的规定可以不设置账簿的；

（2）依照法律、行政法规的规定应当设置但未设置账簿的；

（3）擅自销毁账簿或者拒不提供纳税资料的；

（4）虽设置账簿，但账目混乱或者成本资料、收入凭证、费用凭证残缺不全，难以查账的；

（5）发生纳税义务，未按照规定的期限办理纳税申报，经税务机关责令限期申报，逾期仍不申报的；

（6）纳税人申报的计税依据明显偏低，又无正当理由的；

（7）未按照规定办理税务登记的从事生产、经营的纳税人以及临时经营的纳税人。

2. 核定应纳税额的方式

为了减少核定应纳税额的随意性，使核定的税额更接近纳税人实际情况和法定负担水平，税务机关可以按以下方式进行核定：

（1）参照当地同类行业或者类似行业中，经营规模和收入水平相近的纳税人的收入额和利润率核定；

（2）按照成本加合理费用和利润的方法核定；

（3）按照耗用的原材料、燃料、动力等推算或者测算核定；

（4）按照其他合理的方法核定；

（5）若采用一种方式不足以正确核定应纳税额的，税务机关可以同时采用两种以上的方式核定。

纳税人对税务机关采取规定的方法核定的应纳税额有异议的，应当提供相关证据，经税务机关认定后，调整应纳税额。

3. 关联企业应纳税额的核定

《税收征管法》规定，企业或者外国企业在中国境内设立的从事生产、经营的机构、场所与其关联企业之间的业务往来，应当按照独立企业之间的业务往来收取或者支付价款、费用；不按照独立企业之间的业务往来收取或者支付价款、费用，从而减少其应纳税的收入或者所得额的，税务机关有权进行合理调整。

所称关联企业，是指有下列关系之一的公司、企业和其他经济组织：①在资金、经营、购销等方面，存在直接或者间接的拥有或者控制关系；②直接或者间接地同为第三者所拥有或者控制；③在利益上具有相关联的其他关系。

纳税人与其关联企业之间的业务往来有下列情形之一的，税务机关可以调整其应纳税额：①购销业务未按照独立企业之间的业务往来作价；②融通资金所支付或者收取的利息超过或者低于没有关联关系的企业之间所能同意的数额，或者利率超过或者低于同类业务的正常利率；③提供劳务，未按照独立企业之间的业务往来收取或者支付劳务费用；④转让财产、提供财产使用权等业务往来，未按照独立企业之间的业务往来作价或者收取、支付费用；⑤未按照独立企业之间业务往来作价的其他情形。

税务机关可以按照下列顺序和方法调整计税收入额或者所得额：①按照独立企业之间进行的相同或者类似业务活动的价格；②按照再销售给无关联关系的第三者的价格所应取得的收入和利润水平；③按照成本加合理的费用和利润；④按照其他合理的方法。

具体核定时，按下列原则进行：

（1）纳税人和关联企业的购销业务，未按照独立企业之间的业务往来作价的，税务机关可以根据税法规定的顺序和确定的方法调整其计税收入额和所得额，核定其应纳税额；

（2）纳税人与关联企业之间融通资金所支付或者收取的利息超过或者低于没有关联关系的企业之间所能同意的数额，或者利率超过或者低于同类业务的正常利率的，主管税务机关可以参照正常利率予以调整；

（3）纳税人和关联企业之间提供劳务，未按照独立企业之间业务往来收取或者支付劳务费用的，主管税务机关可以参照类似劳务活动的正常收费标准予以调整；

（4）纳税人与关联企业之间转让财产、提供财产使用权等业务往来，未按照独立企业之间业务往来作价或者收取、支付费用的，主管税务机关可以参照没有关联关系的企业之间所能同意的数额予以调整。

纳税人与其关联企业未按照独立企业之间的业务往来支付价款、费用的，税务机关自该业务往来发生的纳税年度起3年内进行调整；有特殊情况的，可以自该业务往来发生的纳税年度起10年内进行调整。

“特殊情况”是指纳税人有下列情形之一：①纳税人在以前年度与其关联企业间的业务往来累计达到或超过10万元人民币的；②经税务机关案头审计分析，纳税人在以前年度与其关联企业的业务往来，预计需调增其应纳税收入或所得额达50万元人民币的；③纳税人在以前年度与设在避税地的关联企业有业务往来的；④纳税人在以前年度未按规定进行关联企业间业务往来的年度申报，或申报内容不实，或不提供有关价格、费用标准的。

税法视野　“常州掌上地税”纳税服务移动平台正式启用 纳税人实现“指尖办税”

（三）税收保全措施

税收保全措施是指税务机关对可能由于纳税人的行为或者某种客观原因，致使以后税款的征收不能保证或难以保证的案件，采取限制纳税人处理或转移商品、货物或其他财产的措施。

根据《税收征管法》的规定，税务机关有根据认为从事生产、经营的纳税人有逃避纳税义务行为的，可以在规定的纳税期之前，责令其限期缴纳税款；在限期内发现纳税人有明显的转移、隐匿其应纳税的商品、货物以及其他财产迹象的，税务机关应责令其提供纳税担保。如果纳税人不能提供纳税担保，经县以上税务局（分局）局长批准，税务机关可以采取下列税收保全措施：

（1）书面通知纳税人开户银行或者其他金融机构冻结纳税人的金额相当于应纳税款的存款；

（2）扣押、查封纳税人的价值相当于应纳税款的商品、货物或者其他财产。

其他财产包括纳税人的房地产、现金、有价证券等不动产和动产。

纳税担保，包括由纳税人提供并经税务机关认可的纳税担保人以及纳税人所拥有的未设置抵押权的财产；但国家机关不得做纳税担保人。

纳税人在规定的限期内缴纳税款的，税务机关必须立即解除税收保全措施；限期届满仍未缴纳税款的，经县以上税务局（分局）局长批准，税务机关可以书面通知纳税人开户银行或者其他金融机构，从其冻结的存款中扣缴税款，或者依法拍卖或者变卖所扣押、查封的商品、货物或者其他财产，以拍卖或者变卖所得抵缴税款。

个人及其所扶养家属维持生活必需的住房和用品，不在税收保全措施的范围之内。个人所扶养家属，是指与纳税人共同居住生活的配偶、直系亲属以及无生活来源并由纳税人扶养的其他亲属。生活必需的住房和用品不包括机动车辆、金银饰品、古玩字画、豪华住宅或者一处以外的住房。税务机关对单价 5 000 元以下的其他生活用品，不采取税收保全措施和强制执行措施。

因税务机关滥用职权违法采取税收保全措施以及采取税收保全措施不当，或者纳税人在期限内已缴纳税款，税务机关未立即解除税收保全措施，使纳税人的合法利益遭受损失的，税务机关应当承担赔偿责任。

课堂训练 7－6

下列关于税务机关实施税收保全措施的表述中，正确的有（　　）。

A. 税收保全措施仅限于从事生产、经营的纳税人

B. 只有在事实全部查清，取得充分证据的前提下才能进行

C. 冻结纳税人的存款时，其数额要以相当于纳税人应纳税款的数额为限

D. 个人及其抚养家属维持生活必需的住房和用品，不在税收保全措施的范围之内

（四）税收强制执行措施

税收强制执行措施是指当事人不履行法律、行政法规规定的义务，有关国家机关采用法定的强制手段，强迫当事人履行义务的行为。

根据《税收征管法》的规定，从事生产、经营的纳税人、扣缴义务人未按照规定的期限缴纳或者解缴税款，纳税担保人未按照规定的期限缴纳所担保的税款，由税务机关责令限期缴纳，逾期仍未缴纳的，经县以上税务局（分局）局长批准，税务机关可以采取下列强制执行措施：

（1）书面通知其开户银行或者其他金融机构从其存款中扣缴税款；

（2）扣押、查封、依法拍卖或者变卖其价值相当于应纳税款的商品、货物或者其他财产，以拍卖或者变卖所得抵缴税款。

税法视野　　税收保全措施和税收强制执行措施的区别

税务机关采取强制执行措施时，对相应所列纳税人、扣缴义务人、纳税担保人未缴纳的滞纳金同时强制执行。纳税人、扣缴义务人和其他当事人因偷税或少缴的税款或者骗取的出口退税款，税务部门除可以无限期追征外，并可以采取税收强制执行措施。

税务机关将扣押、查封的商品、货物或者其他财产变价抵缴税款时，应当交由依法成立的拍卖机构拍卖；无法委托拍卖或者不适于拍卖的，可以交由当地商业企业代为销售，也可以责令纳税人限期处理；无法委托商业企业销售，纳税人也无法处理的，可以由税务机关变价处理，具体办法由国家税务总局规定。国家禁止自由买卖的商品，应当交由有关单位按照国家规定的价格收购。

对未按照规定办理税务登记的从事生产、经营的纳税人以及临时从事生产、经营的纳税人，由税务机关核定其应纳税额，责令缴纳；不缴纳的，税务机关可以扣押其价值相当于应纳税款的商品、货物。扣押后缴纳应纳税款的，税务机关必须立即解除扣押，并归还所扣押的商品、货物；扣押后仍不缴纳应纳税款的，经县以上税务局（分局）局长批准，

依法拍卖或者变卖所扣押的商品、货物，以拍卖或者变卖所得抵缴税款。

强制执行措施必须由法定的税务机关行使，不得由其他单位和个人行使。税务机关行使强制执行措施必须依照法定权限和法定程序，不得查封、扣押纳税人个人及其所抚养家属维持生活必需的住房和用品。因税务机关滥用职权违法采取税收强制执行措施以及采取税收强制执行措施不当，或者纳税人在期限内已缴纳税款，税务机关未立即解除税收强制执行措施，使纳税人的合法利益遭受损失的，税务机关应当承担赔偿责任。

（五）欠税清缴制度

（1）从事生产、经营的纳税人、扣缴义务人未按照规定的期限缴纳或者解缴税款的，纳税担保人未按照规定的期限缴纳所担保的税款的，由税务机关发出限期缴纳税款通知书，责令缴纳或者解缴税款的最长期限不得超过15日。

（2）阻止出境。欠缴税款的纳税人及其法定代表需要出境的，应当在出境前向税务机关结清应纳税款或者提供担保。未结清税款，又不提供担保的，税务机关可以通知出境管理机关阻止其出境。阻止出境的范围适用于未结清税款、滞纳金，又不提供纳税担保的纳税人或者法定代表人。

（3）改制纳税人欠税的清缴制度。纳税人有合并、分立情形的，应当向税务机关报告，并依法缴清税款。纳税人合并时未缴清税款的，应当由合并后的纳税人继续履行未履行的纳税义务；纳税人分立时未缴清税款的，分立后的纳税人对未履行的纳税义务应当承担连带责任。

（4）大额欠税处分财产报告制度。欠缴税款数额在5万元以上的纳税人，在处分其不动产或者大额资产之前，应当向税务机关报告。

（5）代位权、撤销权。欠缴税款的纳税人因怠于行使到期债权，或者放弃到期债权，或者无偿转让财产，或者以明显不合理的低价转让财产而受让人知道该情形，对国家税收造成损害的，税务机关可以依照合同法的规定行使代位权、撤销权。

代位权是指因债务人怠于行使其到期债权，对债权人造成损害的，债权人可以向人民法院请求以自己的名义代为行使债务人的债权，但该债权专属于债权人自身的除外。

撤销权是指因债务人放弃到期债权、无偿转让财产或者以明显不合理的低价转让财产（受让人知道该情形的），对债权人造成损害的，债权人可以请求人民法院撤销。

税务机关依照前款规定行使代位权、撤销权的，不免除欠缴税款的纳税人尚未履行的纳税义务和应承担的法律责任。

（6）建立欠税公告制度。税务机关应当对纳税人欠缴税款的情况，在办税场所或者广播、电视、报纸、期刊、网络等新闻媒体上定期予以公告。

课堂训练7-7

下列关于税款征收采取强制执行措施的说法，正确的有（　　）。

A. 如果纳税人未按规定期限缴纳税款，税务机关就采取强制执行措施

B. 税务机构采取强制执行措施时，主要针对纳税人未缴税款，不包括其未缴纳滞纳金

C. 个人唯一住房不在强制执行范围内

D. 税务机关采取强制执行措施可书面通知纳税人开户银行从其存款中扣缴税款

（六）税款的退还和追征制度

1. 税款的退还

纳税人超过应纳税额缴纳的税款，税务机关发现后应当立即退还；纳税人自结算缴纳税款之日起3年内发现的，可以向税务机关要求退还多缴的税款并加算银行同期存款利息，税务机关及时查实后应当立即退还；涉及从国库中退库的，依照法律、行政法规中有关国库管理的规定退还。

2. 税款的追征

因税务机关责任，致使纳税人、扣缴义务人未缴或者少缴税款的，税务机关在3年内可要求纳税人、扣缴义务人补缴税款，但是不得加收滞纳金。

因纳税人、扣缴义务人计算等失误，未缴或者少缴税款的，税务机关在3年内可以追征税款、滞纳金；有特殊情况的追征期可以延长到5年。

所称特殊情况，是指纳税人或者扣缴义务人因计算错误等失误，未缴或者少缴、未扣或者少扣、未收或者少收税款，累计数额在10万元以上的。

对偷税、抗税、骗税的，税务机关追征其未缴或者少缴的税款、滞纳金或者所骗取的税款，不受前款规定期限的限制。

小问答7－1

何为“纳税人超过应纳税额缴纳税款”？

税法视野　　税款的“多退少补”

（七）税款优先执行

《税收征管法》规定了税收优先权，主要内容有以下几个方面：

（1）税务机关征收税款，税收优先于无担保债权，法律另有规定的除外；

（2）纳税人欠缴的税款发生在纳税人以其财产设定抵押、质押或者纳税人的财产被留置之前的，税收应当先于抵押权、质权、留置权执行；

（3）纳税人欠缴税款，同时又被行政机关决定处以罚款、没收违法所得的，税收优先于罚款、没收违法所得。

小问答7－2

纳税人的财产被留置之前的，税收优先于抵押权、质押权、留置权？

课堂训练7－8

2021年5月，税务机关对所属纳税人进行定期检查时，发现甲企业2021年4月的应纳增值税款10万元至今没有缴纳，同时发现企业有以下事项，则该项税款可以优先于（　　）事项中的债权执行。

A. 2020年12月向银行贷款100万元，期限为1年，贷款方式为无担保贷款

B. 2020年7月，由于违法经营，被有关部门没收违法所得10万元，至今未上交

C. 2020年1月将上年欠其他企业的借款转为抵押债权，用自产的产品作为抵押物

D. 2020年3月，由于销售渠道违法，被工商局处以罚款10万元，尚未缴纳

（八）其他有关税款征收的规定

1. 延期缴纳税款制度

纳税人和扣缴义务人必须在税法规定的期限内缴纳、解缴税款。纳税人因有特殊困难，不能按期缴纳税款的，经省、自治区、直辖市税务局批准，可以延期缴纳税款，但最长不得超过3个月，同一笔税款不得滚动审批。

纳税人需要延期缴纳税款的，应当在缴纳税款期限届满前提出申请，并报送有关材料：申请延期缴纳税款报告，当期货币资金余额情况及所有银行存款账户的对账单，资产负债表，应付职工工资和社会保险费等税务机关要求提供的支出预算。税务机关应当自收到申请延期缴纳税款报告之日起20日内做出批准或者不予批准的决定；批准延期内免予加收滞纳金；不予批准的，从缴纳税款期限届满之次日起加收滞纳金。

2. 减免税收制度

（1）减免税必须有法律、行政法规的明确规定（具体规定在税收实体法中体现）。地方各级人民政府、各级人民政府主管部门、单位和个人违反法律、行政法规规定，擅自做出的减税、免税决定无效，税务机关不得执行，并向上级税务机关报告。

（2）纳税人申请减免税，应向主管税务机关提出书面申请，并按规定附送有关资料。减免税的申请须经法律、行政法规规定的减税、免税审查批准机关审批。纳税人在享受减免税待遇期间，仍应按规定办理纳税申报。减税、免税期满，纳税人应当自期满次日起恢复纳税。

（3）减免税申请符合法定条件、标准的，主管税务机关应当在规定的期限内做出准予减免税的书面决定。依法不予减免税的，应当说明理由，并告知纳税人享有依法申请行政复议或者提起行政诉讼的权利。

具体规定时限如下：县、区级税务机关负责审批的减免税，必须在20个工作日做出审批决定；地市级税务机关负责审批的，必须在3个工作日内做出审批决定；省级税务机关负责审批的，必须在60个工作日内做出审批决定。在规定期限内不能做出决定的，经本级税务机关负责人批准，可以延长10个工作日，并将延长期限的理由告知纳税人。

（4）纳税人享受减税、免税的条件发生变化时，应当自发生变化之日起15日内向税务机关报告，经税务机关审核后，停止其减税、免税；对不报告的，又不再符合减税、免税条件的，税务机关有权追回已减免的税款。

（5）纳税人同时从事减免项目与非减免项目的，应分别核算，独立计算减免项目的计税依据以及减免税额度。不能分别核算的，不能享受减免税；核算不清的，由税务机关按合理方法核定。

（6）减税、免税期满，纳税人应当自期满次日起恢复纳税。

(7) 纳税人在享受减免税待遇期间，仍应按规定办理纳税申报。

3. 代扣代缴、代收代缴税款制度

(1) 对法律、行政法规没有规定负有代扣、代收税款义务的单位和个人，税务机关不得要求其履行代扣、代收税款义务。

(2) 税法规定的扣缴义务人必须依法履行代扣、代收税款义务。如果不履行义务，就要承担法律责任。

(3) 扣缴义务人依法履行代扣、代收税款义务时，纳税人不得拒绝。

(4) 扣缴义务人代扣、代收税款，只限于法律、行政法规规定的范围，并依照法律、行政法规规定的征收标准执行。

(5) 税务机关按照规定付给扣缴义务人代扣、代收手续费。

税法视野　美国国税局权力和威力甚至超过国防部

第三节
税务检查

一、税务检查的概念

税务检查又称纳税检查，是指税务机关根据税收法律、法规的规定，对纳税人、扣缴义务人履行纳税义务和扣缴义务的情况进行审查监督的活动。通过税务检查，能够了解税法执行情况，发现有无违反财经纪律和财务会计制度以及隐瞒收入、偷税漏税、骗取出口退税等问题；通过税务检查，有利于严肃税收法纪，纠正错漏，保证税收收入。

二、税务检查的范围

税务机关有权进行下列税务检查：

(1) 检查纳税人的账簿、记账凭证、报表和有关资料，检查扣缴义务人代扣代缴、代收代缴税款账簿、记账凭证和有关资料；

(2) 到纳税人的生产、经营场所和货物存放地检查纳税人应纳税的商品、货物或者其他财产，检查扣缴义务人与代扣代缴、代收代缴税款有关的经营情况；

(3) 责成纳税人、扣缴义务人提供与纳税或者代扣代缴、代收代缴税款有关的文件、证明材料和有关资料；

(4) 询问纳税人、扣缴义务人与纳税或者代扣代缴、代收代缴税款有关的问题和情况；

(5) 到车站、码头、机场、邮政企业及其分支机构检查纳税人托运、邮寄应纳税商品、货物或者其他财产的有关单据、凭证和有关资料；

（6）经县以上税务局（分局）局长批准，凭全国统一格式的检查存款账户许可证明，查询从事生产、经营的纳税人、扣缴义务人在银行或者其他金融机构的存款账户。税务机关在调查税收违法案件时，经设区的市、自治州以上税务局（分局）局长批准，可以查询案件涉嫌人员的储蓄存款。税务机关查询所获得的资料，不得用于税收以外的用途。

三、税务机关在税务检查中的权利和义务

（一）税务检查中的权利

（1）税务机关对从事生产、经营的纳税人以前纳税期的纳税情况依法进行税务检查时，发现纳税人有逃避纳税义务行为，并有明显的转移、隐匿其应纳税的商品、货物以及其他财产或者应纳税的收入的迹象的，可以按照本法规定的批准权限采取税收保全措施或者强制执行措施。

（2）税务机关依法进行税务检查时，有权向有关单位和个人调查纳税人、扣缴义务人和其他当事人与纳税或者代扣代缴、代收代缴税款有关的情况，有关单位和个人有义务向税务机关如实提供有关资料及证明材料。

（3）税务机关调查税务违法案件时，对与案件有关的情况和资料，可以记录、录音、录像、照相和复制。

对采用电算化会计系统的纳税人，税务机关有权对其会计电算化系统进行检查，并可复制与纳税有关的电子数据作为证据。

课堂训练7－9

下列关于税务机关行使税务检查权的表述中，符合税法规定的有（　　）。

A. 到纳税人的住所检查应纳税的商品，货物和其他财产

B. 责成纳税人提供与纳税有关的文件，证明材料和有关资料

C. 到车站检查纳税人托运货物或者其他财产的有关单据，凭证和资料

D. 经县税务局长批准，凭统一格式的检查存款账户许可证，查询案件涉嫌人员的储蓄存款

（二）税务检查中的义务

（1）出示税务检查证和税务检查通知书。

（2）税务机关应当建立科学的检查制度，统筹安排检查工作，严格控制对纳税人、扣缴义务人的检查次数。

（3）税务机关行使查询账户或储蓄存款职权时，应当指定专人负责，凭全国统一格式的检查存款账户许可证明进行，并有责任为被检查人保守秘密。税务机关查询的内容，包括纳税人存款账户余额和资金往来情况。

（4）税务机关采取税收保全措施的期限一般不得超过6个月；重大案件需要延长的，应当报国家税务总局批准。

（5）税务机关进入纳税人电算化系统进行检查时，有责任保证纳税人会计电算化系统的安全性，并保守纳税人的商业秘密。

（6）税务机关和税务人员应当依照《税收征管法》及其细则的规定行使税务检查职权。

四、纳税人、扣缴义务人在税务检查中的权利和义务

（一）纳税人、扣缴义务人在税务检查中的权利

（1）有权要求稽查人员出示税务检查证和税务检查通知书；未出示税务检查证和税务检查通知书的，纳税人有权拒绝检查。

（2）纳税人认为可能对公正执法有影响的稽查人员，有权向税务机关提出要求回避。

（3）有权要求稽查人员对纳税人的商业秘密及个人隐私进行保密。

（4）有权要求稽查人员妥善保管并按期退还从纳税人处调取的账簿、记账凭证、报表和其他有关资料。

（5）纳税人对检查中发现的问题，有陈述和申辩权。

（6）纳税人对税务机关做出的处理、处罚决定，享有陈述权、申辩权；依法享有申请听证、行政复议、提起行政诉讼、请求国家赔偿等权利。

（7）纳税人有权控告和检举税务机关、稽查人员的违法违纪行为。

（8）有权向税务机关检举其他纳税人违反税收法律、行政法规的行为。

（二）纳税人、扣缴义务人在税务检查中的义务

（1）有依法接受税务机关税务检查的义务。

（2）有如实向稽查人员提供账簿、记账凭证、报表的义务。

（3）有依法接受稽查人员询问与纳税或者代扣代缴、代收代缴税款有关的问题和情况的义务。

（4）有依法接受稽查人员记录、录音、录像、照相和复制与案件有关的情况和资料的义务。

（5）有接受税务机关依法采取的税收保全、税收强制执行措施的义务。

（6）纳税人的生产、经营场所和货物存放地的应纳税的商品、货物或者其他财产有接受检查的义务。

五、税务检查的工作程序

（1）根据《税收征管法》和国家税务总局《税务稽查工作规程》的规定，实施稽查前应当向纳税人发出“税务检查通知书”，告知其检查时间、需要准备的资料、情况等。

（2）稽查人员实施税务稽查时应当2人以上，并向被查对象出示“税务检查证”和“税务检查通知书”。未出示“税务检查证”和“税务检查通知书”的，被查对象有权拒绝其检查。

（3）税务机关在税务检查过程中可以采取包括实地检查、调账检查等在内的多种方法，同时，在《税收征管法》的实施细则中也明确了各种检查方法的实施程序。比如调账检查，调取被查对象的账簿凭证及有关资料时，检查人员应向被查对象送达“调取账簿资料通知书”，并根据所调取的资料填列“调取账簿资料清单”；在调取和退还资料时，被查对象应核对后签名。检查人员调取以前年度的会计资料，应在3个月内完整归还；有

特殊情况调取当年的会计资料，应在30日内归还。

（4）检查结束后，检查人员应就检查发现的问题与被查对象交换意见，核对有关的数据。根据《中华人民共和国行政处罚法》的规定，在给予被查对象处罚之前，税务机关应履行告知程序，向被查对象送达"税务行政处罚事项告知书"，告知被查对象已经查明的违法事实、行政处罚的法律依据和拟将给予的行政处罚，并告知被查对象依法享有陈述、申辩的权利，有要求举行听证的权利等。

（5）税务文书一经送达被查对象，即发生法律效力。

（6）对涉嫌构成犯罪的涉税案件，将移送司法机关处理。

税法视野　　**全球税收情报织网 跨国隐匿资产难了**

第四节 违法处理

税务违法处罚是根据《税收征管法》《刑法》及相关法律、行政法规对征纳双方违反税收法律制度的违法行为应当承担的法律责任所做出相应处罚的规定。

一、纳税人的税务违法处罚

（一）税务违法行政处罚

1. 违反税务管理行为的处罚

（1）纳税人有下列行为之一的，由税务机关责令限期改正，可以处2 000元以下的罚款；情节严重的处2 000元以上1万元以下的罚款：未按照规定的期限申报办理税务登记、变更或者注销登记的；未按照规定设置、保管账簿或者保管记账凭证和有关资料的；未按照规定将财务、会计制度或者财务、会计处理办法和会计核算软件报送税务机关备查的；未按照规定将其全部银行账号向税务机关报告的；未按照规定安装、使用税控装置，或者损毁或擅自改动税控装置的；纳税人未按照规定办理税务登记证件验证或者换证手续的。

（2）纳税人不办理税务登记的，由税务机关责令限期改正；逾期不改正的，由工商行政管理机关吊销其营业执照；扣缴义务人未按照规定办理扣缴税款登记的，税务机关应当自发现之日起3日内责令其限期改正，并可处以1 000元以下的罚款。纳税人未按照规定使用税务登记证件，或者转借、涂改、损毁、买卖、伪造税务登记证件的，处2 000元以上1万元以下的罚款；情节严重的，处1万元以上5万元以下的罚款。纳税人通过提供虚假的证明资料等手段，骗取税务登记证的，处2 000元以下的罚款；情节严重的，处2 000元以上10 000元以下的罚款。纳税人涉嫌其他违法行为的，按有关法律、行政法规的规定处理。

（3）扣缴义务人未按照规定设置、保管代扣代缴、代收代缴税款账簿或者保管代扣代缴、代收代缴税款记账凭证及有关资料的，由税务机关责令限期改正，可以处 2 000 元以下的罚款；情节严重的，处 2 000 元以上 5 000 元以下的罚款。

（4）纳税人未按照规定的期限办理纳税申报和报送纳税资料的，或者扣缴义务人未按照规定的期限向税务机关报送代扣代缴、代收代缴税款报告表和有关资料的，由税务机关责令限期改正，可以处 2 000 元以下的罚款；情节严重的，可以处 2 000 元以上 1 万元以下的罚款。

（5）纳税人不进行纳税申报，不缴或者少缴应纳税款的，由税务机关追缴其不缴或者少缴的税款、滞纳金，并处不缴或者少缴的税款 50% 以上 5 倍以下的罚款。纳税人、扣缴义务人编造虚假计税依据的，由税务机关责令限期改正，并处 5 万元以下的罚款。

（6）纳税人、扣缴义务人逃避、拒绝或者以其他方式阻挠税务机关检查的，由税务机关责令改正，可以处 1 万元以下的罚款；情节严重的，处 1 万元以上或者 5 万元以下的罚款。

（7）从事生产、经营的纳税人、扣缴义务人有《税收征管法》规定的税收违法行为，拒不接受税务机关处理的，税务机关可以收缴其发票或者停止向其发售发票。

课堂训练 7－10

纳税人下列行为中，如情节严重的，可以处 2 000 元以上 1 万元以下罚款的有（　　）。

A. 未按规定的期限办理纳税申报

B. 欠缴应纳税款

C. 进行虚假纳税申报

D. 擅自毁损税控装置

E. 不办理税务登记

2. 对偷税行为的处罚

根据《税收征管法》的规定，纳税人伪造、变造、隐匿、擅自销毁账簿、记账凭证，或者在账簿上多列支出或者不列、少列收入，或者经税务机关通知申报而拒不申报或者进行虚假的纳税申报，不缴或者少缴应纳税款的，是偷税。对纳税人偷税的，由税务机关追缴其不缴或者少缴的税款、滞纳金，并处不缴或者少缴的税款 50% 以上 5 倍以下的罚款；构成犯罪的，依法追究刑事责任。

扣缴义务人采取前款所列手段，不缴或者少缴已扣、已收税款，数额较大的，依照前款的规定处罚。

对多次实施前两款行为，未经处理的，按照累计数额计算。

有逃避缴纳税款行为的纳税人经税务机关依法下达追缴通知后，补缴应纳税款，缴纳滞纳金，已受行政处罚的，不予追究刑事责任；但是，5 年内因逃避缴纳税款受过刑事处罚或者被税务机关给予 2 次以上行政处罚的除外。此外，纳税人在公安机关立案后再补缴应纳税款、缴纳滞纳金或者接受行政处罚的，不影响刑事责任的追究。

税法视野　3 300多万户企业的纳税信用评价结果出炉

3. 对逃避追缴欠税行为的处罚

根据《税收征管法》的规定，纳税人欠缴应纳税款，采取转移或者隐匿财产的手段，妨碍税务机关追缴欠缴的税款的，由税务机关追缴欠缴的税款、滞纳金，并处欠缴税款50%以上5倍以下的罚款；构成犯罪的，税务机关应当依法移送司法机关追究刑事责任。

4. 对骗取出口退税的处罚

根据《税收征管法》的规定，以假报出口或者其他欺骗手段，骗取国家出口退税款的，由税务机关追缴其骗取的退税款，并处骗取税款1倍以上5倍以下的罚款；构成犯罪的，依法追究刑事责任。对骗取国家出口退税款的，税务机关可以在规定期间内停止为其办理出口退税。

5. 对抗税行为的处罚

根据《税收征管法》的规定，以暴力、威胁方法拒不缴纳税款的，是抗税，除由税务机关追缴其拒缴的税款、滞纳金外，依法追究刑事责任。情节轻微，未构成犯罪的，由税务机关追缴其拒缴的税款、滞纳金，并处拒缴税款1倍以上5倍以下的罚款。

6. 对拖欠税款行为的处罚

根据《税收征管法》的规定，纳税人、扣缴义务人在规定期限内不缴或者少缴应纳或者应解缴的税款，经税务机关责任限期缴纳，逾期仍未缴纳的，税务机关除依照《税收征管法》的规定，采取强制执行措施追缴其不缴或者少缴的税款外，可以处不缴或者少缴的税款50%以上5倍以下的罚款。

7. 对扣缴义务人不履行扣缴义务的处罚

根据《税收征管法》的规定，扣缴义务人应扣未扣、应收而不收税款的，由税务机关向纳税人追缴税款，对扣缴义务人处应扣未扣、应收未收税款50%以上3倍以下的罚款。

8. 对开户银行及其他金融机构不履行税收法规规定职责的处罚

纳税人、扣缴义务人的开户银行或者其他金融机构拒绝接受税务机关依法检查纳税人、扣缴义务人存款账户，或者拒绝执行税务机关做出的冻结存款或者扣缴税款的决定，或者在接到税务机关的书面通知后帮助纳税人、扣缴义务人转移存款，造成税款流失的，由税务机关处10万元以上50万元以下的罚款，对直接负责的主管人员和其他直接责任人员处1 000元以上1万元以下的罚款。

（二）税务违法司法处理

纳税人的税务违法司法处理是指司法机关对纳税人和扣缴义务人违反税收法律及有关法律达到立案标准的行为所给予的刑事制裁。目前，在我国一般由各级人民法院经济法庭代为受理，并行使税务司法职能。根据《税收征管法》《刑法》等法律规定，纳税人税务违法的司法处理主要有以下几个方面：

1. 直接妨害税款征收的犯罪

其主要内容包括：

（1）偷税罪。它是指纳税人采取伪造、变造、隐匿、擅自销毁账簿、记账凭证，在账簿上多列支出或者不列、少列收入，经税务机关通知申报而拒不申报或者进行虚假的纳税申报的手段，不缴或者少缴应纳税款，达到法律制裁标准的行为。对偷税罪的量刑及处罚标准是：偷税数额占应纳税额的10%以上不满30%并且偷税数额在1万元以上不满10万元的，或者因偷税被税务机关给予二次行政处罚又偷税的，处3年以下有期徒刑或者拘役，并处偷税数额1倍以上5倍以下罚金；偷税数额占应纳税额的30%以上并且偷税数额在10万元以上的，处3年以上7年以下有期徒刑，并处偷税数额1倍以上5倍以下罚金。扣缴义务人采取前款所列手段，不缴或者少缴已扣、已收税款，数额占应缴税额的10%以上并且数额在1万元以上的，依照前款的规定处罚。对多次犯有前两款行为，未经处理的，按照累计数额计算。

（2）抗税罪。它是指以暴力、威胁方法不缴纳税款的犯罪行为。最高人民法院在2002年11月初对抗税罪和“情节严重”的抗税行为作出进一步解释：抗税罪是指公然以暴力、威胁方法拒不缴纳税款的行为。是否构成抗税罪，不以实际欠税数额和欠税比例为条件。具有以下5种情形之一的抗税行为，属于抗税“情节严重”：聚众抗税的首要分子、抗税数额在10万元以上、多次抗税、故意伤害致人轻伤和具有其他严重情节的犯罪行为。对抗税罪的量刑及处罚标准是：处3年以下有期徒刑或者拘役，并处拒缴税款1倍以下5倍以下罚金；情节严重的，处3年以上7年以下有期徒刑，并处拒缴税款1倍以上5倍以下罚金。

（3）逃避追缴欠税罪。它是指纳税人欠缴应纳税款，采取转移或者隐匿财产的手段，致使税务机关无法追缴欠缴的税款，并达到法定标准数额的犯罪行为。对逃避追缴欠税罪的量刑及处罚标准是：数额在1万元以上不满10万元的，处3年以下有期徒刑或者拘役，并处或者单处欠缴税款1倍以上5倍以下罚金；数额在10万元以上的，处3年以上7年以下有期徒刑，并处欠缴税款1倍以上5倍以下罚金。

（4）骗取出口退税罪。它是指以假报出口或者其他欺骗手段，骗取国家出口退税款，数额较大的犯罪行为。最高人民法院于2002年9月22日公布了《关于审理骗取出口退税刑事案件具体应用法律若干问题的解释》，对“假报出口”，界定为以虚构已税货物出口事实为目的，具有下列情形之一的行为：伪造或者签订虚假的买卖合同；以伪造、变造或者其他非法手段取得出口货物报关单、出口收汇核销单、出口货物专用缴款书等有关出口退税单据、凭证；虚开、伪造、非法购买增值税专用发票或者其他可以用于出口退税的发票；其他虚构已税货物出口事实的行为。对骗取出口退税罪中的“其他欺骗手段”认定为：骗取出口退税资格的；将未纳税或者免税货物作为已税货物出口的；虽有货物出口，但虚构该出口货物的品名、数量、单价等要素，骗取未实际纳税部分出口退税款的；以其他手段骗取出口退税款的。具体情节有三个层次：骗取国家出口税款5万元以上的，为“数额较大”；骗取50万元以上的，为“数额巨大”；骗取250万元以上的，为“数额特别。对骗取出口退税罪的量刑及处罚标准是：处5年以下有期徒刑或者拘役，并处骗取税款1倍以下5倍以下罚金；数额巨大或者有其他严重情节的，处5年以上10年以下有期徒刑，并处骗取税款1倍以上5倍以下罚金；数额特别巨大或者有其他特别严重情节的，处10年以上有期徒刑或者无期徒刑，并处骗取税款1倍以上5倍以下罚金或者没收财产。纳税人缴纳税款后，采取前款规定的欺骗方法，骗取所缴纳的税款的，依照《刑法》第二百零一条的规定定罪处罚；骗取税款超过所缴纳的税款部分，依照前款的规定处罚。对骗取国家出口退税款的，税务机关可以在规定期间内停止为其办理出口退税。

课堂训练 7-11

根据《刑法》及有关规定，下列关于骗取出口退税罪的说法中，正确的有（　　）。

A. 只要采取虚报出口等欺骗手段实施了骗取国家出口退税款的行为，就构成骗取出口退税罪

B. 行为人骗取国家出口退税款达到5万元以上，才能构成骗取出口退税罪

C. 造成国家税款损失150万元以上，且在一审判决宣告前无法追回的，属于骗取出口退税罪量刑规定中的“其他特别严重情节”

D. 纳税人缴纳税款后采取虚报出口等欺骗方法骗取所缴税款的，按骗取出口退税罪处罚

E. 骗取出口退税罪侵犯的客体是简单客体，侵犯了国家出口退税管理制度

2. 妨害发票管理的犯罪

其主要内容包括：

（1）虚开增值税专用发票罪。这是指虚开增值税专用发票或者虚开用于骗取出口退税、抵扣税款的其他发票行为的法律责任。有为他人虚开、为自己虚开、让他人为自己虚开、介绍他人虚开上述专用发票行为之一的，即构成虚开增值税专用发票或者虚开用于骗取出口退税、抵扣税款的其他发票罪。

虚开增值税专用发票是一种严重地违反税法的犯罪行为，不仅影响国家财政收入，而且扰乱了市场经济秩序，妨碍公司、企业公平竞争，因此，必须予以严厉打击。根据《刑法》规定，虚开增值税专用发票或者虚开用于骗取出口退税、抵扣税款的其他发票的，处3年以下有期徒刑或者拘役，并处2万元以上20万元以下罚金；虚开的税款数额较大或者有其他严重情节的，处3年以上10年以下有期徒刑，并处5万元以上50万元以下罚金；虚开的税款数额巨大或者有其他特别严重情节的，处10年以上有期徒刑或者无期徒刑，并处5万元以上50万元以下罚金或者没收财产。

单位犯本条规定之罪的，对单位判处罚金，并对其直接负责的主管人员和其他直接责任人员，处3年以下有期徒刑或者拘役；虚开的税款数额较大或者有其他严重情节的，处3年以上10年以下有期徒刑；虚开的税款数额巨大或者有其他特别严重情节的，处10年以上有期徒刑或者无期徒刑。

（2）伪造、出售伪造的增值税专用发票罪。这是指非法印制、复制或者使用其他方法伪造增值税专用发票或者非法销售、倒卖伪造的增值税发票的行为。据《刑法》第二百零六条规定：伪造或者出售伪造的增值税专用发票的，处3年以下有期徒刑、拘役或者管制，并处2万元以上20万元以下罚金；数量较大或者有其他严重情节的，处3年以上10年以下有期徒刑，并处5万元以上50万元以下罚金；数量巨大或者有其他特别严重情节的，处10年以上有期徒刑或者无期徒刑，并处5万元以上50万元以下罚金或者没收财产。

伪造并出售伪造的增值税专用发票，数量特别巨大，情节特别严重，严重破坏经济秩序的，处无期徒刑或者死刑，并处没收财产。

单位犯伪造并出售伪造的增值税专用发票罪的，对单位判处罚金，并对其直接负责主管人员和其他直接责任人员，处3年以下有期徒刑、拘役或者管制；数量较大或者有其他严重情节的，处3年以上10年以下有期徒刑；数量巨大或者有其他特别严重情节的，处十年以上有期徒刑或者无期徒刑。

（3）非法出售增值税专用发票罪。这是指违反国家发票管理规范，非法出售增值税专用发票的行为。非法出售增值税专用发票的，处3年以下有期徒刑、拘役或者管制，并处2万元以上20万元以下罚金；数量较大的，处3年以上10年以下有期徒刑，并处5万元以上50万元以下罚金；数量巨大的，处10年以上有期徒刑或者无期徒刑，并处5万元以上50万元以下罚金或者没收财产。

（4）非法购买增值税专用发票、购买伪造的增值税专用发票罪。这是指违反国家发票管理法规，非法购买增值税专用发票，或者购买伪造的增值税专用发票的行为。据《刑法》第二百零八条规定：非法购买增值税专用发票或者购买伪造的增值税专用发票的，处5年以下有期徒刑或者拘役，并处或者单处2万元以上20万元以下罚金。

单位非法购买增值税专用发票罪的，对单位判处罚金，并对其直接负责的主管人员和其他直接责任人员，依照自然人犯非法购买增值税专用发票罪的规定处罚。

（5）非法制造、出售非法制造的发票罪。这是指违反发票管理法规伪造、擅自制造不能用于出口退税、抵扣税款的发票以及出售伪造、擅自制造的不能用于出口退税、抵扣税款的发票的行为。依据《刑法》第二百零九条规定：自然人犯非法制造、出售非法制造的发票罪的，处2年以下有期徒刑、拘役或者管制，并处或者单处1万元以上5万元以下罚金；情节严重的，处2年以上7年以下有期徒刑，并处5万元以上50万元以下罚金。单位犯非法制造、出售非法制造的发票罪的，对单位判处罚金，并对其直接负责的主管人员和其他直接责任人员，依照自然人犯非法制造、出售非法制造的发票罪的规定处罚。

（6）非法出售发票罪。这是指违反发票管理规定，非法出售各种不能用于出口退税、抵扣税款的发票的行为。依据《刑法》第二百零九条规定：犯非法出售发票罪的，可处2年以下有期徒刑、拘役或者管制，并处1万元以上5万元以下罚金；情节严重的，处2年以上7年以下有期徒刑，并处5万元以上50万元以下罚金；单位犯本罪，处罚金，并对直接负责任的主管人员和其他直接责任人按前两个规定定罪，依照各条的规定处罚。

课堂训练 7－12

2011年4月以来，陶某等人分别以自己或者家族成员名义，先后注册15家公司，从税务机关骗购各类普通发票共计2.4万份，以200元至1 000元不等的价格对外出售9 000余份，涉案金额近亿元，非法获利200余万元。本案中，陶某涉嫌的罪名是（　　）。

A. 非法出售发票罪

B. 非法购买发票罪

C. 出售伪造发票罪

D. 出售抵扣税款发票罪

税法视野　　走私逃税10万元以上即应定罪

二、税务人员违反税法行为的处罚

（一）税务人员违反税法行为的行政处理

（1）税务人员未认真核查纳税人的应税收入所得，计算错误，漏管税源户等，有的情况是徇私情，相互勾结，有的情况是不依法执法。不论哪种情况，只要徇私舞弊，玩忽职守及滥用职权造成不征或少征税款，致使国家税收受到重大损失就构成违法。对构成犯罪的，贪污追究刑事责任，尚不构成犯罪的，对责任人给予行政处分。税务人员对控告、检举税收违法行为的纳税人、扣缴义务人以及其他检举人进行打击报复，应依法给予行政处分，构成犯罪的，依法追究刑事责任。

（2）对税务人员违法做出提前征税、缓征或摊派税款的违法行为，首先是责令改正，该计入即期的缴入本期税收。对延缓征收的及时尽快征收入库，对非法摊派的税款依法定计税方法重新计征，不该征税的依法予以退还；其次是对主管人员、直接责任人，由其上级机关或行政监察机关依法给予行政处分，根据情节和后果严重程度及有关人员的责任界限，分别给予警告、记过、记大过、降级、降职、撤职和开除公职的处分。

（3）有关人员违反保密义务，构成犯罪的，应依法追究其刑事责任。给予行政处分既可以是责任人员的所在单位，也可以是有关单位包括其上级单位、监察部门等。依情节轻重分另给予警告、记过、降级、降职、撤职和开除公职等处分。

（4）税务机关的有关人员擅自做出税收的开征、停征、免税、减税、退税、补税以及同税收法律、法律、法规相抵触的决定的，由审计或财政机关给予责任人行政处分，构成犯罪的，依法追究刑事责任。

（二）税务人员违反税法行为的司法处理

（1）税务人员违反规定擅自改变税收征收管理范围和税款入库预算级次的，责令限期改正，对直接负责的主管人员和其他直接责任人员依法给予降级或者撤职的行政处分。

（2）税务人员徇私舞弊，对依法应当移送司法机关追究刑事责任的不移送，情节严重的，依法追究刑事责任。

（3）税务人员与纳税人、扣缴义务人勾结，唆使或者协助纳税人、扣缴义务人有违反《税收征管法》规定的行为，构成犯罪的，按照《刑法》关于共同犯罪的规定处罚；尚不构成犯罪的，依法给予行政处分。

（4）税务人员私分扣押、查封的商品、货物或者其他财产，情节严重，构成犯罪的，依法追究刑事责任；尚不构成犯罪的，依法给予行政处分。

（5）税务人员利用职务上的便利，收受或者索取纳税人、扣缴义务人财物或者谋取其他不正当利益，构成犯罪的，依法追究刑事责任；尚不构成犯罪的，依法给予行政处分。

（6）税务人员徇私舞弊或者玩忽职守，不征收或者少征应征税款，致使国家税收遭受重大损失，构成犯罪的，依法追究刑事责任；尚不构成犯罪的，依法给予行政处分。

税务机关的工作人员徇私舞弊，不征或者少征应征税款，致使国家税收遭受重大损失的，处5年以下有期徒刑或者拘役；造成特别重大损失的，处5年以上有期徒刑。

税务机关的工作人员违反法律、行政法规的规定，在办理发售发票、抵扣税款、出口退税工作中，徇私舞弊，致使国家利益遭受重大损失的，处5年以下有期徒刑或者拘役；致使国家利益遭受特别重大损失的，处5年以上有期徒刑。

（7）税务人员滥用职权，故意刁难纳税人、扣缴义务人的，调离税收工作岗位，并依法给予行政处分。税务人员对控告、检举税收违法违纪行为的纳税人、扣缴义务人以及其他检举人进行打击报复，依法给予行政处分；构成犯罪的，依法追究刑事责任。

（三）税务代理人员违反税法行为的处罚

税务代理人违反税收法律、行政法规，造成纳税人未缴或者少缴税款的，除由纳税人缴纳或者补缴应纳税款、滞纳金外，对税务代理人处纳税人未缴或者少缴税款50%以上3倍以下的罚款。

税法视野　**税收征管法修正案大调整：偷税漏税拟追溯20年**

第五节　纳税担保

一、纳税担保概念

纳税担保是指经税务机关同意或确认，纳税人或其他自然人、法人、经济组织以保证、抵押、质押的方式，为纳税人应当缴纳的税款及滞纳金提供担保的行为。

纳税担保人包括以保证方式为纳税人提供纳税担保的纳税保证人和其他以未设置或者未全部设置担保物权的财产为纳税人提供纳税担保的第三人。纳税人有下列情况之一的，适用纳税担保：一是税务机关有根据认为从事生产、经营的纳税人有逃避纳税义务行为，在规定的纳税期之前经责令其限期缴纳应纳税款，在限期内发现纳税人有明显的转移、隐匿其应纳税的商品、货物以及其他财产或者应纳税收入的迹象，责成纳税人提供纳税担保的；二是欠缴税款、滞纳金的纳税人或者其法定代表人需要出境的；三是纳税人同税务机关在纳税上发生争议而未缴清税款，需要申请行政复议的；四是税收法律、行政法规规定可以提供纳税担保的其他情形。

二、纳税担保形式

（一）以货币保证金作纳税担保

纳税人需要在纳税义务发生前向税务机关预缴一定数量的货币，作为纳税保证金。预缴金额应大致相当于或略高于应缴税款，如果纳税人不能按期照章纳税，税务机关即可将其抵作应缴税款、滞纳金和罚款。如果纳税人如期履行了纳税义务，可凭完税凭证如数领回其预缴的保证金。

（二）以实物或权利凭证作纳税担保

纳税人需在纳税义务发生前向税务机关提交一定数量的实物或者权利凭证，如商品、货物等，作为应纳税款抵押品或者质押品，其价值应大致相当于或略高于应缴税款，如果纳税人不能按期缴纳税款，税务机关可按有关规定拍卖其实物或权利凭证，以所得款项抵缴纳税人应纳税款、滞纳金的罚款。如果纳税人按期缴纳了税款，则可凭完税凭证如数领回其担保的实物或权利凭证。

（三）由纳税担保人作纳税担保

由纳税人提名，经税务机关认可，可由第三方出面为纳税人作纳税担保，保证纳税人在发生纳税义务后依法纳税，如纳税人逾期不缴，则由担保人负责为其缴纳税款、滞纳金和罚款。纳税担保人应是在我国境内具有纳税担保能力的公民、法人或其他经济组织。国家机关、学校、幼儿园、医院等事业单位、社会团体不能作纳税担保人；企业法人的职能部门不得作为纳税保证人。企业法人的分支机构有法人书面授权的，可以在授权范围内提供纳税担保。纳税担保人在承诺纳税担保责任时，应履行承保手续，填写纳税担保书，写明担保的对象、范围、期限及责任等有关事项。纳税担保书经纳税担保人、纳税人和税务机关三方认同并签字盖章后即可生效。

三、纳税担保范围

纳税担保范围包括税款、滞纳金和实现税款、滞纳金的费用。费用包括抵押、质押登记费用，质押保管费用以及保管、拍卖、变卖担保财产等相关费用支出。

用于纳税担保的财产、权利的价值不得低于应当缴纳的税款、滞纳金，并考虑相关的费用。纳税担保的财产价值不足以抵缴税款、滞纳金的，税务机关应当向提供担保的纳税人或纳税担保人继续追缴。

四、纳税担保类型

（一）依据纳税担保发生的原因进行分类

1. 实施税收保全措施之前的纳税担保

所谓税收保全，是指在税款缴库期期满之前由于纳税人的行为，致使国家税款有不能实现的危险时，税法规定的一系列保证国家税款及时足额缴纳的制度的总称。例如我国《税收征管法》第三十八条规定：“税务机关有根据认为从事生产、经营的纳税人有逃避纳税义务的，可以在规定的纳税期之前，责令限期缴纳税款；在限期内发现纳税人有明显的转移、隐匿其应纳税的商品、货物以及其他财产或者应纳税的收入的迹象的，税务机关可以责成纳税人提供纳税担保。如果纳税人不能提供纳税担保，经县以上税务局（分局）局长批准，税务机关可以采取下列税收保全措施：……”

2. 出境纳税担保

出境纳税担保是指税务机关对于欠缴税款的纳税人或者他的法定代表人，在出境前须向税务机关提供担保，否则税务机关可以通知出入境管理机关阻止其出境。我国《税收征管法》第四十四条规定："欠缴税款的纳税人或者他的法定代表人需要出境的，应当在出境前向税务机关结清应纳税款、滞纳金或者提供担保。未结清税款、滞纳金，又不提供担保的，税务机关可以通知出境管理机关阻止其出境。"国家税务总局和公安部1996年联合颁布的《阻止欠税人出境实施办法》对阻止出境对象作了进一步明确。

3. 发生纳税争议时适用的纳税担保

税收复议之纳税担保是指纳税人、扣缴义务人、纳税担保人在与税务行政机关发生税务争议时，可向税务机关提供相应担保，然后可以申请行政复议的一种纳税担保制度。我国《税收征管法》第八十八条第一款规定："纳税人、扣缴义务人、纳税担保人同税务机关在纳税上发生争议时，必须先依照税务机关的纳税决定缴纳或者解缴税款及滞纳金或者提供相应的担保，然后可以依法申请行政复议。"

4. 海关采取的纳税担保

海关采取的纳税担保是指海关对进出口货物的纳税义务人，在规定的纳税期限内发现有明显的转移、藏匿其应税货物以及其他财产迹象而要求纳税义务人提供的担保。我国《海关法》第六十一条规定："进出口货物的纳税义务人在规定的纳税期限内有明显的转移、藏匿其应税货物以及其他财产迹象的，海关可以责令纳税义务人提供担保。"

（二）依据依纳税担保的提出主体不同分类

纳税担保依据提出的主体不同可分为由征税机关提出的纳税担保和由纳税人、扣缴义务人、纳税担保人提出的纳税担保两种。

纳税担保制度的最初设计是出于保障国家税收征管的顺利实施，保障国家租税之债的实现，所以纳税担保通常都是由国家征税机关对纳税人或扣缴义务人提出的，如我国《税收征管法》第三十八条、第四十四条，《海关法》第六十一条的规定就属此类；另外一种情况即如我国《税收征管法》的第八十八条之规定，当纳税人、扣缴义务人、纳税担保人与征税机关发生税务争议时，可以采用提供纳税担保的方式代替缴纳或者解缴税款、滞纳金，给了税务行政复议的申请人以选择权，这是我国《税收征管法》赋予纳税人的"提供担保权"，因为税收行政复议是由纳税人、扣缴义务人、纳税担保人决定提起的，所以此项纳税担保也只能由其提出。

第六节

税 务 文 书

一、税务文书的种类

税务文书是将税收法规在各个办税环节的具体规定，通过法定的文书形式加以规范化和具体化而形成的书面材料，是执行税收法规的书面凭证和依据。它既是国家税收政策法令的具体意见，也是纳税人和扣缴义务人等当事人了解有关纳税事宜及税收管理事项的有效途径。

税务文书包括用于税款征收、税务检查、税收行政等方面的文书，涉及的种类较多。《中华人民共和国税收征收管理法实施细则》规定的税务文书有9种，即税务事项通知书、责令限期改正通知书、税收保全措施决定书、税收强制执行决定书、税务检查通知书、税务处理决定书、税务行政处罚决定书、行政复议决定书和其他税务文书等。税务文书的格式由国家税务总局制，如税务事项通知书。

国家税务总局广州市税务局第二稽查局

税务事项通知书

穗税二稽税通〔2021〕134号

广州层飞商贸有限公司：（纳税人识别号：91440113MA59DP8G5G）

事由：责令限期缴纳税款

依据：《中华人民共和国税收征收管理法》（主席令〔2001〕第49号）第三十二条、第三十八条第一款、第四十条第一款、第六十八条《中华人民共和国税收征收管理法实施细则》（中华人民共和国国务院令〔2002〕第362号）第七十三条

通知内容：你（单位）2017年1月1日至2017年1月31日的应缴纳税款（大写）叁拾万零肆仟叁佰叁拾玖元贰角伍分（￥：304 339.25）元，限2021年2月2日前缴纳，并从税款滞纳之日起至缴纳或解缴之日止，按日加收滞纳税款万分之五的滞纳金，与税款一并缴纳。逾期不缴将按《中华人民共和国税收征收管理法》有关规定处理。具体欠税（费）情况如下：

单位：元

税种	税目	限期缴纳税款所属期起	限期缴纳税款所属期止	限期缴纳税款金额（小写）	限期缴纳税款金额（大写）	税款滞纳日期
教育费附加	增值税教育费附加	2017－01－01	2017－01－31	8 151.94	捌仟壹佰伍拾壹元玖角肆分	2017－02－16
城市维护建设税	市区（增值税附征）	2017－01－01	2017－01－31	19 021.2	壹万玖仟零贰拾壹元贰角	2017－02－16
地方教育附加	增值税地方教育附加	2017－01－01	2017－01－31	5 434.63	伍仟肆佰叁拾肆元陆角叁分	2017－02－16
增值税	商业（17%、16%、13%）	2017－01－01	2017－01－31	271 731.48	贰拾柒万壹仟柒佰叁拾壹元肆角捌分	2017－02－16
合计金额	—	—	—	304 339.25	—	—

是否正常申报逾期未缴纳：是

你（单位）若同我局（所）在纳税上有争议，必须先依照本通知的期限缴纳税款及滞纳金或者提供相应的担保，然后可自上述款项缴清或者提供相应担保被税务机关确认之日起六十日内依法向国家税务总局广州市税务局申请行政复议。

二〇二一年一月十八日

（资料来源：https://guangdong.chinatax.gov.cn/gdsw/gzsw_ssgg/202101/dcea2c3be48848cb88a746d5c1f303c8/files/b13b9373e86a4f0792cfd974830f9472.pdf）

使用说明：

1. 本通知书依据《中华人民共和国税收征收管理法》及其实施细则设置。

2. 适用范围：税务机关对纳税人、扣缴义务人通知有关税务事项时使用。除法定的专用通知书外，税务机关在通知纳税人缴纳税款、滞纳金，要求当事人提供有关资料，办理有关涉税事项时均可使用此文书。

3. 填写说明。

（1）抬头：填写被通知人名称；

（2）事由：简要填写通知事项的名称或者实质内容；

（3）依据：填写有关税收法律法规的具体内容；

（4）通知内容：填写办理通知事项的时限、资料、地点、税款及滞纳金的数额、所属期等具体内容。通知纳税人、扣缴义务人、纳税担保人缴纳税款、滞纳金的，应告知被通知人：如对本通知不服，可自收到本通知之日起六十日内按照本通知要求缴纳税款、滞纳金，然后依法向税务机关申请行政复议；其他通知事项需要告知被通知人申请行政复议或者提起行政诉讼权利的，应告知被通知人：如对本通知不服，可自收到本通知之日起六十日内依法向税务机关申请行政复议，或者自收到本通知之日起三个月内依法向人民法院起诉。告知税务行政复议的，应写明税务复议机关名称。

二、税务文书的送达

（一）税务文书送达的含义

税务文书送达是指税务执法机关将税务文书采取一定的方式送给有关的纳税人、扣缴义务人和其他当事人的一种管理行为。它是税收征收管理工作的重要组成部分。

通过税务文书送达，既可以明确征收机关的责任、规范文书传送的程序和提高文书的法律效力，也利于保证税务文书的安全和效果；既方便纳税人、扣缴义务人和其他当事人及时、准确地理解征收机关的意见，也有利于维护其合法权益。

（二）税务文书送达的范围

按现行《税收征管法》等规定，税务文书送达的范围仅限于《税收征管法实施细则》规定的9种文书，但这些文书还可细分。如税务行政复议方面文书，可再细分为税务行政复议申请书、税务行政复议受理复议通知书、税务行政复议不予受理裁决书、税务行政复议决定书和税务行政复议送达回证等文书。

（三）税务文书送达的方式

税务文书送达的方式原则上是直接送达，但由于文书送达过程中情况较为复杂，因此在直接送达有困难的情况下，还可采取委托、邮寄和公告等方式送达。

1. 直接送达

直接送达是指由税务机关将税务文书直接送达给纳税人、扣缴义务人和其他当事人的一种送达方式。这是税务文书送达的基本方式。受送达人是公民的，由本人直接签收，本人不在时由同住成年家属签收；受送达人是法人的，由法人单位的法定代表人签收，或由法人单位负责收发件人签收；受送达人是其他经济组织的，由组织的主要负责人签收，或由组织的负责收发件人签收；受送达人有代理人的，由其代理人签收。

2. 委托送达

委托送达是指税务机关委托有关机关或其他单位，将税务文书以代理方式送达给受送达人的一种送达方式。在税务文书送达时，如果遇上距离过远或交通不便等情况，直接送达确有困难时可采用委托送达方式。

3. 邮寄送达

邮寄送达指税务机关通过邮政等部门利用邮件、电报等形式将税务文书邮寄给受送达人的一种送达方式。其具体形式包括平信、挂号信、航空信、邮政快件、特快专递和电报等，但必须有函件回执。

4. 公告传达

公告传达是指征收机关采取向社会公告税务文书，以向受送达人传递征收机关决定的一种送达方式。采用该方式送达税务文件必须具备两个条件：一是税务文书中同一送达事项的受送达人众多又无法一一送达的；二是采用直接送达、委托送达和邮寄送达方式，无法送达给受送达人的。

（四）税务文书送达的确认

送达税务文书必须有送达回证，即由受送达人或规定的其他签收人在送达回证上记录收到日期、签名或盖章。只有完成这些手续，才能确认税务文书送达。确认税务文书送达的标准主要包括即为送达和视为送达两类。

1. 即为送达

由受送达人或《税收征管法实施细则》中规定的其他签收人，在税务文书送达回证上写明收到日期，签署收件人姓名或盖章后即为送达。

受送达人或其他签收人拒绝签证税务文书的，送达人应在税务文书送达回证上写明受送达人拒绝的理由和日期，并由送达人、见证人签名或盖章，将送达的税务文书留在受送达人处即为送达。

2. 视为送达

采取直接送达或者委托送达方式送达的税务文书，以签收人或见证人在送达回证上的签收日期或见证日期可视为送达；采取邮寄送达的税务文书，以邮寄函件回执上注明收件日期可以视为送达；采取公告方式送达的税务文书，应自征税机关公告税务文书之日起满30日可视为送达。

（五）税务文书的电子送达

随着经济社会发展和技术创新，传统文书送达方式不能更好地方便纳税人办税，例如，纳税人网上办理涉税事项涉及税务文书的，还需要税务机关送达或者纳税人到税务机关领取纸质税务文书，影响纳税人的网上办税体验。又如，传统的文书送达方式时间较长，纳税人难以尽快知道文书内容，不能尽快行使相关权利、履行相关义务。

为进一步便利纳税人办税，更好保护纳税人合法权益，提高税收征管效率，减轻征纳双方负担，国家税务总局2019年12月3日发布《税务文书电子送达规定（试行）》，自2020年4月1日起施行。

1. 电子送达

电子送达是指税务机关通过电子税务局等特定系统（以下简称“特定系统”）向纳税

人、扣缴义务人（以下简称“受送达人”）送达电子版式税务文书。

2. 不适用电子送达的税务文书

税务处理决定书、税务行政处罚决定书（不含简易程序处罚）、税收保全措施决定书、税收强制执行决定书、阻止出境决定书以及税务稽查、税务行政复议过程中使用的税务文书等暂不适用电子送达方式。

3. 电子送达以受送达人同意为前提

经受送达人同意，税务机关可以采用电子送达方式送达税务文书。受送达人同意采用电子送达的，签订“税务文书电子送达确认书”。内容包括电子送达的文书范围、效力、渠道和其他需要明确的事项。

4. 电子送达的效力

电子送达与其他送达方式具有同等法律效力。具体表现在两个方面：一方面，对受送达人而言，受送达人可以据此办理涉税事宜，行使权利、履行义务。另一方面，对税务机关而言，经受送达人同意，税务机关送达税务文书可以采用电子送达方式。但并非只要受送达人签订了“税务文书电子送达确认书”，税务机关就只能对其进行电子送达。税务机关在送达具体税务文书时可以根据受送达人情况进行判断，仍可以选择将税务文书直接送达其本人。

5. 电子送达的路径

税务机关采用电子送达方式送达税务文书的，以电子版式税务文书到达特定系统受送达人端的日期为送达日期，特定系统自动记录送达情况。税务机关向受送达人送达电子版式税务文书后，通过电话、短信等方式发送提醒信息。提醒服务不影响电子文书送达的效力。

【前沿阅读】 聚焦国外税收征管制度（节选）

思考训练

一、主题思考

请以当地税务机关为调查对象，调查研究我国涉税案情及其处理、处罚规定；了解税务违法的行政处罚与司法处罚有何不同。

二、实战演练

1. 甲厂系由乙公司和丙商场共同投资的食品生产企业。因经营情况变化，经投资双方协商，丙商场将其持有甲厂的全部股权转让给乙公司，并签订转让协议，于 2017 年 4 月 18 日向产权转移中心和工商行政管理部门办理了相关的登记手续。甲厂投资主体变化后，请问有关各方的税务登记是怎样的？

2. 某县国税局2017年发生以下涉税事项，请判断其是否合理，并简述理由：

（1）某纳税人账目混乱或者成本资料、收入凭证、费用凭证残缺不全，难以查账；对其核定应纳税额；

（2）经下属某税务所所长批准，对某纳税人采取税收保全措施；

（3）某企业分立，尚有未结清税款，故向分立后的各纳税人追缴税款；

（4）对管辖的小型个体工商户采用定期定额征收方式；

（5）经县以上税务局（分局）局长批准，凭全国统一格式的检查存款账户许可证明，查核个体工商户的储蓄存款。

3. 某市地税局2017年12月处理了以下涉税问题：（1）因税务局原因，致使纳税人2016年6月未缴税款1万元，通知纳税人补缴税款，并加收1 000元滞纳金及2 000元罚款。（2）某纳税人发现其于2014年8月多缴税款5 000元，要求税务机关退还，并加算银行同期存款利息，该局以超过3年为由给予拒绝。（3）某纳税人与该局在纳税上发生争议，拒不缴纳税款，也不申请复议，该局决定采取强制执行措施。请分析判断其是否符合税收征管相关规定。

4. 个体工商户甲在某集贸市场从事服装经营。2017年1月，甲以生意清淡、经营亏损为由，没有在规定的期限办理纳税申报，所在地税务所责令其限期申报，但甲逾期仍不申报。随后，税务所核定其应缴纳税款1 000元，限其于15日内缴清税款。甲在限期内未缴纳税款，并对核定的税款提出异议，税务所不听其申辩，直接扣押了其价值1 500元的一批服装。扣押后甲仍未缴纳税款，税务所遂将服装以1 000元的价格委托某商店销售，用以抵缴税款。

请根据资料回答下列问题：（1）根据税法规定，应如何处理甲的行为？（2）分析税务所的执法行为有何不妥。

第七章
本章参考税收法律法规制度

第七章
课堂训练解析

第七章
小问答参考答案

第七章
实战演练参考答案

第八章 税务行政法律制度

【本章导读】

税务行政法是保护纳税人的合法权益，保证税务执法机关依法征税的法律制度。我国的税务行政法律制度是由税务行政处罚制度、税务行政复议制度、税务行政诉讼制度和税务行政赔偿制度四个部分组成的。现行税务行政法律规范是由1996年3月17日第八届全国人民代表大会第四次会议通过的《中华人民共和国行政处罚法》、1989年4月第七届全国人大第二次会议通过的《中华人民共和国行政诉讼法》、1994年5月第八届全国人大第七次会议通过的《中华人民共和国国家赔偿法》和《税收征管法》以及国家税务总局颁布的相关规章等构成。税务行政法是通过保障和监督行政机关有效实施行政管理，保护公民、法人和其他组织的合法权益，解决税务争议，为税收相对人提供法律补救的同时，也追究税务机关因不法行为所应承担的法律责任。因此，税务行政法对于维护和监督税务机关依法行使税收执法权，纠正违法或不当的税务行政行为，保护纳税人以及其他当事人的合法权益有着重大意义。与其他行政法律制度相比，税务行政法具有三个方面的特征：一是以解决税务争议为核心；二是以审查税务行政行为的合法性为实质；三是以纳税主体的申请而启动。本章介绍的内容主要涉及税务行政部门或司法机关，对纳税人与税务机关在税收征纳过程中的争议进行处理的相关法律程序和规范。

通过学习，希望读者了解我国税务行政法律制度的主要内容，掌握处理税务争议的程序和方法。

第一节 税务行政处罚

第八章教案　　第八章 PPT

一、税务行政处罚的概念和原则

（一）税务行政处罚的概念

税务行政处罚是行政处罚的重要组成部分。为了贯彻实施1996年3月17日第八届全国人民代表大会第四次会议通过的《中华人民共和国行政处罚法》，规范税务行政处罚的实施，保护纳税人和其他税务当事人的合法权益，1996年9月28日国家税务总局发布了《税务案件调查取证与处罚决定分开制度实施办法（试行）》和《税务行政听证程序实施办法（试行）》，并于1996年10月1日施行。

税务行政处罚是税务机关依照税收法律、法规有关规定，依法对纳税人、扣缴义务人、纳税担保人以及其他与税务行政处罚有直接利害关系的当事人（以下简称当事人）违反税收法律、法规、规章的规定进行处罚的具体行政行为。包括各类罚款以及税收法律、法规、规章规定的其他行政处罚，都属于税务行政处罚的范围。它包括以下几个方面的内容：

第一，当事人行为违反了税收法律规范，侵犯的客体是税收征收管理秩序，应当承担税务行政责任。

第二，从当事人主观方面说，并不区分是否具有主观故意或者过失，只要有税务违法行为存在，并有法定依据给予行政处罚的，就要承担行政责任，依法给予税务行政处罚。

第三，当事人行为一般是尚未构成犯罪，依法应当给予行政处罚的行为。需要注意的是：一要区分税收违法与税收犯罪的界限。对此界限，新修订的《中华人民共和国税收征收管理法》（以下简称《税收征管法》）和1997年修订的《刑法》已经作了规定。进行税务行政处罚的一般是尚不构成税收犯罪的行为，如果构成了危害税收征管罪，就应当追究刑事责任。二要区分税收违法行为是不是轻微。并不是对所有的税务违法行为都一定要处罚，如果税务违反行为显著轻微，没有造成危害后果，只要予以纠正，经过批评教育后可以不必给予处罚。

（二）税务行政处罚的原则

1. 法定主义原则

实施税务行政处罚必须有法律依据；税务行政处罚必须由法定的国家机关，即全国人大及其常务委员会、国务院、国家税务总局在其职权范围内设定；必须由法定的税务机关在其职权范围内实施；必须由税务机关按照法定程序进行。

2. 以事实为根据原则

这是法律适用的基本原则。任何法律规范的适用必然基于一定的法律行为和事件，法律事实不清或者脱离了法律事实，法律的适用就不可能准确，法律对各种社会关系的调整功能就不可能有效发挥。

3. 公正、公开原则

公正，一是要防止偏听偏信；二是要使当事人了解其违法行为的性质，并给其申辩的机会；三是要防止自查自断，实行查处分开制度。公开，一是指税务行政处罚的规定要公开，凡是需要公民遵守的法律规范都要事先公布；二是指处罚程序要公开。

4. 过罚相当原则

在税务行政处罚的设定和实施方面，都要根据税务违法行为的性质、情节、社会危害性的大小而定，防止畸轻畸重或者“一刀切”的行政处罚现象。税务行政处罚的种类和给予处罚的幅度要与当事人违法行为对社会的危害程度的大小相符。

5. 处罚与教育相结合原则

税务行政处罚的目的是纠正违法行为，教育公民自觉守法，处罚只是手段，不是目的。因此，税务机关在实施行政处罚时，要责令当事人改正或者限期改正违法行为，对情节轻微的违法行为不一定实施处罚。

6. 监督、制约原则

对税务机关实施行政处罚实行两方面的监督制约：一是内部的，如对违法行为的调查与处罚决定的分开，决定罚款的机关与收缴的机构分离，当场做出的处罚决定向所属行政机关备案等；二是外部的，包括税务系统上下级之间的监督制约和司法监督，具体体现主要是税务行政复议和诉讼。

二、税务行政处罚的设定和种类

（一）税务行政处罚的设定

税务行政处罚的设定是指由特定的国家机关通过一定形式首次独立规定公民、法人或者其他组织的行为规范，并规定违反该行为规范的行政制裁措施。现行我国税收法制的原则是税权集中、税法统一，税收的立法权主要集中在中央。

全国人民代表大会及其常务委员会可以通过法律的形式设定各种税务行政处罚。

国务院可以通过行政法规的形式设定除限制人身自由以外的税务行政处罚。

国家税务总局可以通过规章的形式设定警告和罚款。税务行政规章对非经营活动中的违法行为设定罚款不得超过 1 000 元；对经营活动中的违法行为，有违法所得的，设定罚款不得超过违法所得的 3 倍，且最高不得超过 3 万元，没有违法所得的，设定罚款不得超过 1 万元；超过限额的，应当报国务院批准。

省、自治区、直辖市和计划单列市税务局及其以下各级税务机关制定的税收法律、法规、规章以外的规范性文件，在税收法律、法规、规章规定给予行政处罚的行为、种类和幅度的范围内做出具体规定，是一种执行税收法律、法规、规章的行为，不是对税务行政处罚的设定。因此，这类规范性文件与行政处罚法规定的处罚设定原则并不矛盾，是有效的，是可以执行的。

（二）税务行政处罚的种类

根据税务行政处罚的设定原则，税务行政处罚的种类是可变的，它将随着税收法律、法规、规章设定的变化而变化或者增减。根据税法的规定，现行执行的税务行政处罚种类主要有四种：一是罚款；二是没收非法所得；三是停止出口退税权；四是法律、法规和规章规定的其他行政处罚。

（三）税务行政处罚的时效

根据《中华人民共和国行政处罚法》第二十九条第一款的规定，违法行为在二年内未被发现的，不再给予行政处罚。法律另有规定的除外。

根据《中华人民共和国税收征收管理法》第八十六条的规定，违反税收法律、行政法规应当给予行政处罚的行为，在五年内未被发现的，不再给予行政处罚。

根据《中华人民共和国行政处罚法》第二十九条第二款的规定，上述规定的期限，从违法行为发生之日起计算，违法行为有连续或者继续状态的，从行为终了之日起计算。

三、税务行政处罚的主体与管辖

（一）税务行政处罚的主体

税务行政处罚的实施主体主要是县以上的税务机关。税务机关是指能够独立行使税收征收管理职权，具有法人资格的行政机关。我国税务机关的组织构成包括国家税务总局，省、自治区、直辖市税务局，地（市、州、盟）税务局，县（市、旗）税务局四级。这些税务机关都具有税务行政处罚主体资格。

各级税务机关的内设机构、派出所机构不具备处罚主体资格，不能以自己的名义实施税务行政处罚。但是税务所可以实施罚款额在2 000元以下的税务行政处罚。这是《税收征管法》对税务所的特别授权。

（二）税务行政处罚的管辖

根据《行政处罚法》和《税收征管法》的规定，税务行政处罚由当事人税收违法行为发生地的县（市、旗）以上税务机关管辖。这一管辖原则有以下几层含义：

(1) 从税务行政处罚的地域管辖来看，税务行政处罚实施行为发生地原则。只有当事人违法行为发生地的税务机关才有权对当事人实施处罚，其他地方的税务机关则无权实施。

(2) 从税务行政处罚的级别管辖来看，必须是县（市、旗）以上的税务机关。法律特别授权的税务所除外。

(3) 从税务行政处罚的管辖主体的要求来看，必须有税务行政处罚权。

四、税务行政处罚程序

（一）税务行政处罚的简易程序

简易程序是指税务机关及其执法人员对于公民、法人或者其他组织违反税收征收管理秩序的行为，当场做出税务行政处罚决定的行政处罚程序。简易程序的适用条件：一是案情简单、事实清楚、违法后果比较轻微且有法定依据应当给予处罚的违法行为；二是给予的处罚较轻，仅适用于对公民处以50元以下和对法人或者其他组织处以1 000元以下罚款的违法案件，也称“当场处罚”。

符合上述条件，税务行政执法人员当场做出税务行政处罚决定，应当按照下列程序进行：

（1）向当事人出示税务行政执法身份证件。

（2）告知当事人受到税务行政处罚的违法事实、依据和陈述申辩权。

（3）听取当事人陈述申辩意见。

（4）填写具有预定格式、编有号码的税务行政处罚决定书，并当场交付当事人。

（5）当事人应当自收到税务行政处罚决定之日起按照税务机关规定的期限到指定的银行缴纳罚款。

有下列情形之一的，执法人员可以当场收缴罚款：依法给予20元以下的罚款的；不当场收缴事后难以执行的；在边远、水上、交通不便地区，当事人向指定的银行缴纳罚款有困难，经当事人提出当场缴纳的。

执法人员当场收缴罚款的，必须向当事人出具省、自治区、直辖市财政部门统一制发的罚款收据；不出具财政部门统一制发的罚款收据的，当事人有权拒绝缴纳罚款。

税务行政处罚决定书应当包括下列事项：税务机关名称；编码；当事人姓名（名称）、住址等；税务违法行为事实、依据；税务行政处罚种类、罚款数额；做出税务行政处罚决定的时间、地点；罚款代收机构名称、地址；缴纳罚款期限；当事人逾期缴纳罚款是否加处罚款；当事人不服税务行政处罚的复议权和起诉权；税务行政执法人员签字或者盖章；税务行政执法人员当场制作的税务行政处罚决定书，应当报所属税务机关备案。

（二）税务行政处罚的一般程序

除了适用简易程序的税务违法行为案件外，对于其他违法案件，税务机关在做出处罚决定之前都要经过立案、调查取证（有的案件还要举行听证）、审查、决定、执行程序，适用一般程序的案件一般是情节比较复杂、处罚比较重的案件。

1. 税务行政处罚调查与审查

对税务违法案件的调查取证是由税务机关内部设定的调查机构（如管理、检查机构）负责。调查机构进行调查取证后，对依法应当给予行政处罚的，应及时提出处罚建议，以税务机关的名义制作《税务行政处罚事项告知书》并送达当事人，告知当事人做出处罚建议的事实、理由和依据以及当事人依法享有的陈述申辩或者要求听证的权利。调查终结，调查机构应当制作调查报告，并及时将调查连同所有案卷材料移交审查机构审查。

对税务违法案件的审查是由税务机关内部设立的比较超脱的机构（如法制机构）负责。审查机构收到调查机构移交的案卷后，应对案卷材料进行登记，填写《税务案件审查登记簿》。审查机构应对案件下列事项进行审查：①调查机构认定的事实、证据和处罚建议适用的处罚种类、依据是否正确。②调查取证是否符合法定程序。③当事人陈述申辩的事实、证据是否成立。④听证人、当事人听证申辩的事实、证据是否成立。

审查机构应在自收到调查机构移交案卷之日起10日内审查终结，制作审查报告，并连同案卷材料报送税务机关负责人审批。

2. 税务行政处罚听证程序

听证，是指税务机关在对当事人某些违法行为做出处罚决定之前，按照一定形式听取调查人员和当事人意见的程序。税务行政处罚听证的范围是对公民做出2 000元以上，或者对法人或其他组织做出1万元以上罚款的案件。税务行政处罚听证主持人应由税务机关内设的非本案调查机构的人员（如法制机构工作人员）担任。

（1）听证的受理。①税务机关对公民做出2 000元以上（含本数）罚款或者对法人或者其他组织做出1万元以上（含本数）罚款的行政处罚之前，应当向当事人送达《税务行政处罚事项告知书》，告知当事人已经查明的违法事务、证据、行政处罚的法律依据和拟将给予的行政处罚，并告知有要求举行听证的权利。②要求听证的当事人，应当在《税务行政处罚事项告知书》送达后3日内向税务机关书面提出听证；逾期不提出的，视为放弃听证权利。当事人要求听证的，税务机关应当组织听证。当事人提出听证后，税务机关发现自己拟作的行政处罚决定对事实认定有错误或者偏差，应当予以改变，并及时向当事人说明。税务机关应当在收到当事人听证要求后15日内举行听证，并在举行听证的7日前将《税务行政处罚听证通知书》送达当事人，通知当事人举行听证的时间、地点、听证主持人的姓名及有关事项。当事人由于不可抗力或者其他特殊情况而耽误提出听证期限的，在障碍消除5日以内，可以申请延长期限。申请是否准许，由组织听证的税务机关决定。

（2）听证的参加人。税务行政处罚的听证，由税务机关负责人指定的非本案调查机构的人员主持，当事人、本案调查人员及其他有关人员参加。听证主持人应当依法行使职权，不受任何组织和个人的干涉。当事人可以亲自参加听证，也可以委托1—2人代理。当事人委托代理人参加听证的，应当向其代理人出具代理委托书。代理委托书应当注明有关事项，并经税务机关或者听证主持人审核确认。当事人认为听证主持人与本案有直接利害关系的，有权申请回避。回避申请，应当在举行听证的3日前向税务机关提出，并说明理由。听证主持人是本案当事人的近亲属，或者认为自己与本案有直接利害关系或其他关系可能影响公正听证的，应当自行提出回避。听证主持人的回避，由组织听证的税务机关负责人决定。对驳回申请回避的决定，当事人可以申请复核一次。

（3）听证的特殊规定。税务行政处罚听证应当公开进行。但是涉及国家秘密、商业秘密或者个人隐私的，听证不公开进行。对公开听证的案件，应当先期公告当事人和本案调查人员的姓名、案由和听证的时间、地点。公开进行的听证，应当允许群众旁听。经听证主持人许可，旁听群众可以发表意见。对不公开听证的案件，应当宣布不公开听证的理由。当事人或者其代理人应当按照税务机关的通知参加听证，无正当理由不参加的，视为放弃听证权利。听证程序应当予以终止。本案调查人员有前款规定情形的，不影响听证程序的进行。

（4）听证的具体程序。①听证开始时，听证主持人应当首先声明并出示税务机关负责人授权主持听证的决定。②然后查明当事人或者其代理人、本案调查人员，证人及其他有关人员是否到场，宣布案由。③宣布听证会的组成人员名单。④告知当事人有关的权利义务。⑤记录员宣读听证会场纪律。⑥听证过程中，由本案调查人员就当事人的违法行为予以指控，并出示事实证据材料，提出行政处罚建议。⑦当事人或者其代理人可以就所指控的事实及相关问题进行申辩和质证。⑧听证主持人可以对本案所及事实进行询问，保障控辩双方充分陈述事实，发表意见，并就各自出示的证据的合法性、真实性进行辩论。辩论先由本案调查人员发言，再由当事人或者其代理人答辩，然后双方相互辩论。辩论终结，听证主持人可以再就本案的事实、证据及有关问题向当事人或者其代理人、本案调查人员征求意见。⑨当事人或者其代理人有最后陈述的权利。⑩听证主持人认为证据有疑问无法听证辨明，可能影响税务行政处罚的准确公正的，可以宣布中止听证，由本案调查人员对证据进行调查核实后再行听证。⑪当事人或者其代理人可以申请对有关证据进行重新核实，或者提出延期听证；是否准许，由听证主持人或者税务机关做出决定。⑫听证过程中，当事人或者其代理人放弃申辩和质证权利，声明退出听证会；或者不经听证主持人许可擅自退出听证会的，听证主持人可以宣布听证终止。⑬听证过程中，当事人或者其代理人，本案调查人员、证人及其他人员违反听证秩序，听证主持人应当警告制止；对不听制止的，可以责令其退出听证会场。当事人或者其代理人有前款规定严重行为致使听证无法进行的，听证主持人或者税务机关可以终止听证。⑭听证的全部活动，应当由记录员写成笔录，经听证主持人审阅并由听证主持人和记录员签名后，封卷上交税务机关负责人审阅。听证笔录应交当事人或者其代理人、本案调查人员、证人及其他有关人员阅读或者向他们宣读，他们认为有遗漏或者有差错的，可以请求补充或者改正。他们在承认没有错误后，应当签字或者盖章。拒绝签名或者盖章的，记明情况附卷。⑮听证结束后，听证主持人应当将听证情况和听证意见报告税务机关负责人。

对应当进行听证的案件，税务机关不组织听证，行政处罚决定不能成立；当事人放弃听证权利或者被正当取消听证权利的除外。

3. 税务行政处罚决定

（1）听证后，税务机关应当对当事人提出的事实、理由和证据进行复核；当事人提出的事实、理由或者证据成立的，应当采纳。税务机关不能因当事人要求听证而加重处罚。

（2）对听证当事人的陈述、申辩复核后，或当事人表示放弃陈述、申辩权后，税务机关应当做出税务行政处罚决定，并送达当事人签收。税务行政处罚决定应当载明下列事项：①当事人的姓名或者名称、地址；②违反法律、法规或者规章的事实和证据；③行政处罚的种类和依据；④行政处罚的履行方式和期限；⑤不服行政处罚决定，申请行政复议或者提起行政诉讼的途径和期限；⑥做出处罚决定的税务机关名称和做出决定的日期；⑦行政处罚决定必须盖有作出行政处罚决定的税务机关的印章。

（3）当事人应当自收到税务行政处罚决定之日起按照税务机关规定的期限到指定的银行缴纳罚款。在边远、水上、交通不便地区，当事人向指定的银行缴纳罚款有困难的，经当事人提出，税务机关及其执法人员可以当场收缴罚款。

五、税务行政处罚执行

税务机关作出行政处罚决定后，应当依法送达当事人执行。

税务行政处罚的执行是指履行税务机关依法做出的行政处罚决定的活动。税务机关依法做出行政处罚的决定后，当事人应当在行政处罚决定规定的期限内，予以履行。当事人在法定期限内不申请复议又不起诉，并且在规定期限内又不履行的，税务机关可以依法强制执行或者申请法院强制执行。

税务机关对当事人做出罚款行政处罚决定的，当事人应当在受到行政处罚决定书之日起 15 日内缴纳罚款，到期不缴纳的，税务机关可以对当事人每日按罚款数额的 3% 加处罚款。

税法视野　　广安市税务局“四重点”规范税务行政处罚自由裁量权

第二节

税务行政复议

税务行政复议是指当事人（纳税人、扣缴义务人、纳税担保人）认为税务机关及其工作人员做出的税务具体行政行为侵犯其合法权益，依法向上一级税务机关或做出具体行政行为的税务机关所属地方人民政府（复议机关）提出申请，复议机关经审理对原税务机关具体行政行为做出维持、变更、撤销等决定的活动。认为具体行政行为所依据的规定不合法时，可以一并向行政复议机关提出对该规定的审查申请，有关机关按照规定的权限和程序予以处理。税务行政复议活动是税务机关的一种行政执法行为，税务行政复议是我国行政复议的一个重要组成部分。

税法视野　　税务行政复议可分为复议前置型和复议选择型

课堂训练8-1

纳税人对税务机关做出的（　　）行为不服，可以依法申请行政复议，也可以依法向人民法院起诉。

A. 加收税款滞纳金

B. 罚款

C. 书面通知银行或者其他金融机构冻结纳税人相当于应纳税款的存款

D. 拍卖或者变卖扣押，查封的商品、货物或者其他财产，以拍卖或者变卖所得扣缴税款

一、税务行政复议的范围

根据《税收征管法》《税务行政复议规则》等的规定，行政复议机关受理申请人对税务机关下列具体行政行为不服提出的行政复议申请：

（1）税务机关做出的征税行为，包括确认纳税主体、征税对象、征税范围、减税、免税、退税、抵扣税款、适用税率、计税依据、纳税环节、纳税期限、纳税地点和税款征收方式等具体行政行为以及征收税款、加收滞纳金，扣缴义务人、受税务机关委托的单位和个人作出的代扣代缴、代收代缴、代征行为等。

（2）税务机关做出的责令纳税人提交纳税保证金或提供纳税担保行为。

（3）税务机关做出的税收保全措施。

（4）税务机关做出的通知出境管理机关阻止出境行为。

（5）税务机关做出的税收强制执行措施。

（6）行政许可、行政审批行为。

（7）发票管理行为，包括发售、收缴、代开发票等。

（8）税务机关做出的行政处罚行为。如：罚款；销毁非法印制的发票，没收违法所得；对为纳税人、扣缴义务人非法提供银行账户、发票、证明或者其他方便，导致未缴、少缴税款或者骗取国家出口退税款的，没收其非法所得。

（9）税务机关不依法履行职责的行为。主要包括：颁发税务登记；开具、出具完税凭证、外出经营活动税收管理证明；行政赔偿；行政奖励；其他不依法履行职责的行为。

（10）税务机关做出的资格认定行为。

（11）不依法确认纳税担保行为。

（12）政府信息公开工作中的具体行政行为。

（13）纳税信用等级评定行为。

（14）法律、法规规定税务机关受理复议的其他具体行政行为。

税法视野　　修订后的《税收征管法》将取消“先缴税后复议”

二、税务行政复议的管辖

税务行政复议管辖，是指税务行政复议机关之间受理税务行政复议案件的职权划分。

根据《行政复议法》的规定，对于实行垂直领导管理体制的税务系统，行政复议管辖的基本制度是实行由上一级税务机关管辖下一级税务机关的基本原则。

（1）对各级税务局的具体行政行为不服的，向其上一级税务局申请行政复议。对计划单列市税务局的具体行政行为不服的，向国家税务总局申请行政复议。

（2）对税务所（分局）、各级税务局的稽查局的具体行政行为不服的，向其所属税务局申请行政复议。

（3）对国家税务总局的具体行政行为不服的，向国家税务总局申请行政复议。对行政复议决定不服的，申请人可以向人民法院提起行政诉讼，也可以向国务院申请裁决。国务院的裁决为最终裁决。

（4）对下列税务机关的具体行政行为不服的，按照下列规定申请行政复议：①对两个以上税务机关以共同的名义做出的具体行政行为不服的，向共同上一级税务机关申请行政复议；对税务机关与其他行政机关以共同的名义做出的具体行政行为不服的，向其共同上一级行政机关申请行政复议。②对被撤销的税务机关在撤销以前所做出的具体行政行为不服的，向继续行使其职权的税务机关的上一级税务机关申请行政复议。③对税务机关做出逾期不缴纳罚款加处罚款的决定不服的，向作出行政处罚决定的税务机关申请行政复议。但是对已处罚款和加处罚款都不服的，一并向作出行政处罚决定的税务机关的上一级税务机关申请行政复议。

课堂训练 8 -2

下列关于税务行政复议管辖范围的说法中，不正确的有（　　）。

A. 对计划单列市税务局做出的行政行为不服的，应向省级税务局申请行政复议

B. 对直辖市税务局做出的行政行为不服的，可以向直辖市人民政府申请行政复议

C. 对国家税务总局做出的具体行政行为不服的，应向国家税务总局申请行政复议

D. 对甲市 A 县税务局和 B 县税务局共同做出的行政行为不服的，应向甲市税务机关申请行政复议

三、税务行政复议的程序

税务行政复议的程序由申请、受理、审理、决定和送达等环节构成。

（一）申请

申请人对税务机关做出的征税行为不服，应先根据法律、行政法规确定的税额、期限缴纳或者解缴税款及滞纳金，然后可以在收到税务机关填发的缴款凭证之日起 60 日内提出行政复议申请，并要先向复议机关申请行政复议，对复议决定不服，再向人民法院起诉。对除税务机关做出的征税行为以外的其他税务具体行政行为不服的，可以申请行政复议，也可以直接向人民法院提起行政诉讼。

因不可抗力或者被申请人设置障碍等原因耽误法定申请期限的，申请期限的计算应当扣除被耽误时间，自障碍消除之日起继续计算。

课堂训练 8 -3

税务机关在对某企业进行纳税检查过程中，发现该单位在经营期间偷逃增值税 50 000 元，税务机关对其做出追缴税款，加收滞纳金并处以 25 000 元罚款的处理决定，并送达处罚决定及处理决定书，该纳税人对处罚不服向上一级税务机关申请复议，其可在结清税款、滞纳金并收到税务机关填发的缴款凭证之日起（　　）日内提起复议申请。

A. 10　　B. 15　　C. 30　　D. 60

（二）受理

复议机关收到行政复议申请后，应当在 5 日内进行审查，对不符合规定的行政复议申请，决定不予受理，并书面告知申请人；行政复议申请材料不齐全、表述不清楚的，行政复议机构可以自收到该行政复议申请之日起 5 日内书面通知申请人补正。补正申请材料所用时间不计入行政复议审理期限。对符合规定，但是不属于本机关受理的行政复议申请，应当告知申请人向有关行政复议机关提出申请。对符合规定的行政复议申请，自复议机关法制工作机构收到之日起即为受理。

对应当先向复议机关申请行政复议，对行政复议决定不服再向人民法院提起行政诉讼的具体行政行为，复议机关决定不予受理或者受理后超过复议期限不作答复的，申请人可以自收到不予受理决定书之日起或者行政复议期满之日起 15 日内，依法向人民法院提起行政诉讼。

课堂训练 8－4

下列的税务行政复议，复议机关不予受理的有（　　）。

A. 没有明确的被申请人

B. 已向人民法院提出行政诉讼，未被受理

C. 已向其他法定复议机关提出申请，且受理

D. 纳税人就半年前的行政行为提出复议

（三）审理

税务行政复议审理是税务机关针对税收争议问题，根据税收法律、法规的规定，进行审查并作出处理决定的过程，由申请受理、审理、复议决定和送达等环节构成。

（四）决定

复议机关法制工作机构应当自受理行政复议申请之日起 7 日内，将行政复议申请书副本或者行政复议申请笔录复印件发送被申请人。被申请人应当自收到申请书副本或者申请笔录复印件之日起 10 日内，提出书面答复，并提交当初做出具体行政行为的证据、依据和其他有关材料。

申请人在申请行政复议时，依据相应规定一并提出对有关规定的审查申请的，复议机关对该规定有权处理的，应当在 30 日内依法处理；无权处理的，应当在 7 日内按照法定程序转送有权处理的行政机关依法处理，有权处理的行政机关应当在 60 日内依法处理。处理期间，中止对具体行政行为的审查。

行政复议机关在对被申请人做出的具体行政行为进行审查时，认为其依据不合法，本机关有权处理的，应当在 30 日内依法处理；无权处理的，应当在 7 日内按照法定程序转送有权处理的国家机关依法处理。处理期间，中止对具体行政行为的审查。

行政复议机关责令被申请人重新做出具体行政行为的，被申请人应当在 60 日内重新做出具体行政行为；情况复杂，不能在规定期限内重新做出具体行政行为的，经行政复议机关批准，可以适当延期，但是延期不得超过 30 日。

复议机关应当自受理申请之日起 60 日内做出行政复议决定。情况复杂，不能在规定期限内做出行政复议决定的，经复议机关负责人批准，可以适当延长，并告知申请人和被申请人；但是延长期限最多不超过 30 日。

税法视野　　**税务行政复议程序的时间规定**

（五）送达

税务行政复议送达就是指复议机关将行政复议决定送达申请人手中的行为，送达期限依照民事诉讼法关于送达的规定执行。行政复议决定书一经送达，即发生法律效力。

税法视野　　**税务听证和税务行政复议有何区别**

第三节 税务行政诉讼

税务行政诉讼是指纳税人和其他税务当事人以为税务机关及其工作人员做出的具体税务行政行为违法或不当，侵犯了其合法权益，依法向人民法院提起行政诉讼，由人民法院对具体税务行政行为的合法性和适当性进行审理并做出裁决的司法活动。其目的是保证人民法院正确、及时地审理税务案件，保护税务当事人的合法权益，维护和监督税务机关依法行使行政职权。

一、税务行政诉讼的受案范围

税务行政诉讼的受案范围，是税务行政诉讼制度的核心内容，是人民法院对税务机关拥有的司法审查权。根据《行政诉讼法》的规定，行政诉讼原则上只对具体的行政行为的合法性进行审查。具体地说，税务行政诉讼的受案范围与税务行政复议的受案范围基本一致，包括：

（1）对税务机关做出的行政处罚决定不服的；

（2）对税务机关做出的税收保全措施不服的；

（3）对税务机关做出的税收强制执行措施不服的；

（4）对税务机关做出的通知出境管理机关阻止出境不服的；

（5）对税务机关不予依法办理或答复的行为不服的；

（6）认为税务机关违法要求履行义务的；

（7）对税务机关做出的征税行为发生争议，经税务复议机关复议，对复议决定不服的；

（8）对税务机关做出除征税以外的其他具体行政行为不服的；

（9）对税务机关做出的复议决定不服的。

课堂训练 8－5

纳税人和其他税务当事人对侵犯合法权益的特定税务行政诉讼受案范围有（　　）。

A. 税务机关通知银行冻结其存款的行为

B. 税务机关逾期未对其复议申请作出答复的行为

C. 税务机关对其所缴的税款没有上交国库的

D. 税务机关制定的规范性文件损害了纳税人合法权益的行为

税法视野　　**废止复议前置条件，改革税收复议制度**

二、税务行政诉讼的管辖

税务行政诉讼管辖适用《中华人民共和国诉讼法》对管辖的规定，分为级别管辖、地域管辖和裁定管辖三种。

（一）级别管辖

这是划分上下级人民法院之间受理一审行政案件的分工和权限。税务行政诉讼级别管辖的主要内容是：基层人民法院管辖除上级法院管辖的第一审税务行政案件以外的所有的第一审税务行政案件，即一般的税务行政诉讼案件；中级、高级人民法院管辖本辖区内重大、复杂的第一审税务行政诉讼案件；最高人民法院管辖全国范围内重大、复杂的第一审税务行政案件。

（二）地域管辖

这是确定同级人民法院之间受理第一审行政案件的分工和权限，包括以下几项：

1. 一般地域管辖

行政案件由最初做出具体行政行为的行政机关所在地人民法院管辖；经复议的案件，复议机关改变原具体行政行为的，也可以由复议机关所在地人民法院管辖。

2. 特殊地域管辖

在税务行政诉讼案件中，特殊地域管辖主要是指：未结清税款，又不提供担保的原告对税务机关通知出境管理机关阻止其出境的行政强制措施不服而提起的诉讼，由作出通知行为的税务机关所在地或原告所在地人民法院管辖。其中，“原告所在地”包括原告户籍所在地和经常居住地。经复议的案件，也可以由复议机关所在地人民法院管辖。

3. 专属管辖

其是指因不动产提起的行政诉讼由不动产所在地人民法院管辖；因不动产的转让、出租的确认行为而发生的行政诉讼，由不动产所在地人民法院管辖。

4. 选择管辖

其是指对两个以上的人民法院都有管辖权的税务行政诉讼案件，可由原告选择其中一个人民法院提起诉讼。原告向两个以上有管辖的法院提起税务行政诉讼的，由最先收到起诉状的人民法院管辖。如经过复议的案件，复议机关改变原具体行政行为的，由原告选择最初做出具体行政行为的税务机关所在地的人民法院，或者复议机关所在地人民法院管辖。原告可以向任何一个有管辖权的人民法院起诉，最先收到起诉状的人民法院为第一审法院。

（三）裁定管辖

它是指人民法院依法自行裁定的管辖，包括以下各项：

1. 移送管辖

人民法院发现受理的案件不属于自己管辖时，应当将所受理的税务行政诉讼案件移送有管辖权的人民法院。受移送的人民法院不得再自行移送。

2. 指定管辖

有管辖权的人民法院由于特殊原因，不能行使对税务行政诉讼案件的管辖权的，由其上级人民法院指定管辖；人民法院对管辖权发生争议，由争议双方协商解决；协商不成，报它们的共同上级人民法院指定管辖。

3. 管辖权的转移

上级人民法院有权审判下级人民法院管辖的第一审税务行政案件，也可以把自己管辖的第一审税务行政案件移交下级人民法院审判，下级人民法院对其管辖的第一审税务行政案件，认为需要由上级人民审判的，可以报请上级人民法院决定。

小问答 8－1

税务行政讼诉的管辖与时限如何？

三、税务行政诉讼的起诉和受理

起诉是指相对人认为税务具体行政行为侵犯了自己的合法权益，依法向人民法院提出诉讼请求，要求人民法院行使国家审判权予以保护和救济的诉讼行为。受理是指人民法院接到诉讼请求后，经审查认为符合法定起诉条件，决定予以立案审理的行为。当事人提起税务行政诉讼，应当向人民法院提交起诉状。人民法院接到原告的起诉状后，进行审查，做出立案或不予受理的裁定。

（一）起诉的条件

税务行政相对人依法享有起诉权，不允许任何人的非法限制和剥夺；同样，起诉权也不能任意使用。根据《行政诉讼法》的规定，税务行政诉讼的起诉必须具备如下条件：

（1）必须有起诉资格；

（2）起诉必须有明确的被告；

（3）起诉必须有明文的法律依据；

（4）起诉必须有具体的诉讼请求；

（5）起诉必须有确实的事实根据；

（6）起诉必须符合法定的期限和必经的程序。

如根据《税收征管法》的规定，对税务机关的征税行为提起诉讼，必须先经过复议；对复议决定不服的，可以在接到复议决定书之日起 15 日内向人民法院起诉。对其他具体行政行为不服的，当事人可以在接到通知或者知道之日起 15 日内直接向人民法院起诉。

课堂训练 8－6

甲、乙、丙、丁、戊 5 人共同投资成立某合伙企业，企业经市场管理部门核准登记，字号为东汇县振兴纸制品厂。丙是执行合伙企业事务的合伙人。经营期间，主管税务机关查明该厂存在偷税行为，决定处以所偷税款 1 倍的罚款。该厂对税务机关做出的罚款决定不服，向人民法院提起行政诉讼。根据《行政诉讼法》有关司法解释的规定，本案诉讼代表人应（　　）。

A. 由甲、乙、丙、丁、戊 5 人推选产生

B. 由人民法院依职权在甲、乙、丙、丁、戊 5 人中指定

C. 由执行合伙企业事务的人即丙担任

D. 由丙担任的前提是起诉时须经甲、乙、丁、戊4人共同书面授权

（二）起诉的受理

人民法院接到起诉状后，经过审查，认为符合起诉条件的，应当在7日内立案。决定立案的期限，从人民法院接到起诉状次日起计算，对不符合法定要件的，人民法院可以限期责令补正起诉条件，若原告不补正或补正后仍不符合起诉条件的，人民法院应在7日内做出裁定，通知原告不予受理。原告对于不予受理的裁定，可向上一级人民法院提起上诉。

税务行政诉讼的受理时限：

（1）人民法院在接到原告的起诉状后，应在7日内做出审查结果，裁定立案受理或不予受理。

（2）人民法院应当在税务行政诉讼案件立案之日起5日内，将起诉状副本发送被告税务机关。

（3）被告应当在收到起诉状副本之日起10日内，向人民法院提交做出具体行政行为的有关材料，并提出答辩状。被告不提出答辩状的，不影响人民法院审理。

（4）人民法院应当在收到答辩状之日起5日内将答辩状副本发送给原告。

小问答 8－2

税务行政诉讼的受理时限如何？

四、税务行政诉讼的审理和判决

税务行政诉讼的审理是指人民法院对税务行政案件进行实质性审查，并确认、判决行政机关的行政行为是否合法、正确的诉讼活动。人民法院审理税务行政案件，以法律法规为依据，以规章为参照，以一般规范性文件为参考。人民法院审理税务行政案件实行公开、合法、回避、两审终审等制度。

（一）审理的原则

对行政案件的审理，不仅要做好前述准备工作，在审理时还应遵循以下原则：

1. 起诉不停止执行的原则

即一般情况下，诉讼期间税务具体行政行为不停止执行，除非有特殊情况才停止执行，如：被告认为需要停止执行的；原告申请停止执行，人民法院认为该行政行为的执行会造成难以弥补的损失，并且停止执行不损害社会公共利益，裁定停止执行的；法律、法规规定停止执行的。

2. 不适用调解的原则

即人民法院审理行政案件，不能适用调解，无权以调解的方式结案。

3. 税务机关负举证责任的原则

即人民法院审理行政案件，应由作为被告的税务机关对其所做出的税务具体行政行为

负举证责任，即提供证据证明被诉税务行政行为的合法性，如果不能提供，该税务机关就要承担败诉的后果。

（二）审理的方式和依据

根据《行政诉讼法》的规定，人民法院审理一审行政案件应采用开庭审理的方式，即在人民法院审判人员的主持下，在诉讼参加人和其他参与人的参加下，依法定程序对被诉的税务具体行政行为进行审查并作出裁判。开庭审理又分为审理开始、法庭调查、法庭辩论、合议庭评议和判决裁定等阶段。

（三）审理的范围

根据《行政诉讼法》的规定，法院在行政诉讼中的主要任务是对具体行政行为是否合法进行审查，即审查行政行为的合法性，主要包括：做出该行为的税务机关是否依法享有该税务行政管理权；该行为是否依据一定的事实和法律做出；税务机关做出该行为是否遵照必备的程序等。

（四）审理后的判决

根据《行政诉讼法》的规定，人民法院对一审案件，经审理后，根据不同情况，分别做出如下判决。

（1）维持判决，即税务具体行政行为证据确凿，适用法律、法规正确，符合法定程序的，判决维持。

（2）撤销判决，即税务具体行政行为的主要证据不足或者适用法律、法规错误，或者违反法定程序，或者超越职权，或者滥用职权的，判决撤销或者部分撤销，并可以判决被告重新做出具体行政行为。

（3）履行判决，即被告不履行或者拖延履行法定职责的，判决其在一定期限内履行。

（4）变更判决，即税务行政处罚明显不当或显失公正的，可以判决变更。

小问答 8－3

税务行政处罚、行政复议和行政诉讼的关系如何？

第四节 税务行政赔偿

一、税务行政赔偿概述

（一）概念

税务行政赔偿，是指税务机关及其工作人员在税务执法的过程中，违法行使职权给公民、法人或其他组织的合法权益造成损害，由国家承担赔偿责任，并由税务机关具体履行赔偿义务的一项法律制度。

为了保障公民、法人和其他组织享有依法取得国家赔偿的权利，促进和监督税务机关及其工作人员依法行使职权，1994 年 5 月第八届全国人大会常委会第七次会议通过《中华人民共和国国家赔偿法》，自 1995 年 1 月起施行。它既是一部规范国家赔偿的实体法，又是一部具有较强操作性的程序法，也是税务行政赔偿的主要法律依据。1997 年 4 月最高人民法院发布了《关于审理行政赔偿案件若干问题的规定》。此外，《税收征管法》也规定了税务行政赔偿的有关内容。

（二）构成要件

1. 存在税务机关或其工作人员的职务违法行为

税务机关或其工作人员的职务违法行为是构成税务行政赔责任的核心要件，也是税务行政赔偿责任存在的前提。所谓职务违法行为，是指税务机关或其工作人员侵害纳税人和其他税务当事人合法权益的行为发生在履行税收管理职责的过程中。同时，税务机关或其工作人员的行为违反法律、法规规章的规定。

2. 存在对纳税人和其他税务当事人合法权益造成损害的事实

损害的事实是构成税务行政赔偿责任的必备要件。如果税务机关或其工作人员违法行使职权没有侵犯纳税人等税务行政相对人的合法权益，或侵犯的是非法利益，则不发生税务行政赔偿问题。这里的损害事实指的是实际发生的损害，对尚未发生的损害，税务机关没有赔偿义务。

3. 违法行为与损害事实之间存在因果关系

违法行为与损害事实之间存在因果关系的含义是违法行为直接导致了权益受损害的结果。如果税务机关及其工作人员在行使职务时存在违法行为，纳税人和其他税务当事人合法权益也遭受到损害了，但是这种损害却不是税务机关及其工作人员的职务违法行为引起的，税务机关就不承担赔偿义务。

议一议：税务行政赔偿与税务行政补偿及民事赔偿的区别是什么？

（三）赔偿请求人与赔偿义务机关

1. 赔偿请求人

税务行政赔偿请求人，是指有权对税务机关及其工作人员的职务违法行为造成损害提出赔偿要求的人。包括：受害的纳税人和其他税务当事人；受害的公民的继承人和其他有扶养关系的亲属；承受原法人或者其他组织权利的法人或者其他组织。

2. 赔偿义务机关

税务行政赔偿义务机关，是指代表国家履行具体赔偿义务、支付赔偿费用、参与赔偿复议和参加赔偿诉讼的税务机关。在税务行政赔偿中具体的赔偿义务机关如下：

（1）一般情况下，税务机关及其工作人员违法行使职权侵犯纳税人和其他税务当事人的合法权益并给其造成损害的，该税务机关就是履行赔偿义务的机关。

（2）两个以上税务机关及其工作人员或税务机关及其工作人员和其他国家行政机关共同行使职权侵犯纳税人和其他税务当事人的合法权益并给造成损害的，共同行使职权的机关，为共同赔偿义务机关，承担连带赔偿责任。

（3）受税务机关委托的组织及其工作人员行使被委托的税收征收管理职权，侵犯纳税人和其他税务当事人的合法权益并给其造成损害的，做出委托授权的税务机关是履行赔偿义务的机关。

（4）赔偿义务机关被撤销的，继续行使其职权的税务机关为赔偿义务机关。没有继续行使其职权的税务机关的，由撤销该赔偿义务机关的机关为赔偿义务机关。

（5）经过税务行政复议机关复议的，最初造成侵权行为的税务机关为赔偿义务机关。但税务机关的复议决定加重损害的，由复议机关对加重损害部分履行赔偿义务。

税法视野　**税务行政赔偿与税务行政补偿、民事赔偿的区别**

二、税务行政赔偿的范围与时效

（一）范围

1. 侵犯人身权的赔偿

（1）非法拘禁纳税人和其他税务当事人或者以其他方式剥夺纳税人和其他税务当事人人身自由的；

（2）以殴打等暴力行为或者唆使他人以殴打等暴力行为造成纳税人和其他税务当事人身体伤害或者死亡的；

（3）造成纳税人和其他税务当事人身体伤害或者死亡的其他违法行为的。

2. 侵犯财产权的赔偿

（1）违法征收税款及滞纳金的；

（2）对纳税人和其他税务当事人违法实施罚款、没收违法所得等行政处罚的；

（3）对纳税人和其他税务当事人违法采取强制执行措施或者税收保全措施的，或者采取强制执行措施或者税收保全措施不当的；

（4）违反国家规定向纳税人和其他税务当事人征收财物、摊派费用的；

（5）造成纳税人和其他税务当事人财产损害的其他违法行为。

3. 税务机关不承担赔偿责任的情形

（1）税务机关工作人员与行使行政管理职权无关的个人行为；

（2）因纳税人和其他税务当事人自己的行为致使损害发生的；

（3）法律规定的其他情形。

（二）请求时效

税务行政赔偿请求人请求赔偿的时效为2年，自税务机关及其工作人员行使职权时的行为被依法确认为违法之日起计算。如果税务行政赔偿请求人在赔偿请求时效的最后6个月内，因不可抗力或者其他障碍不能行使请求权的，时效中止。从中止时效的原因消除之日起，赔偿请求时效期间继续计算。

三、税务行政赔偿的程序

（一）非诉讼程序

1. 赔偿请求的提出

税务行政赔偿请求人应当先向负有赔偿义务的税务机关提出赔偿要求，其赔偿的项数可以是一项，也可以数项，在共同税务职务行为侵害赔偿案件中，赔偿请求人有权向其中任何一个赔偿义务机关要求赔偿，该赔偿义务机关应当依法先予全部赔偿。

赔偿请求人要求赔偿应当递交申请书，赔偿请求人书写申请书确有困难的，可以委托他人代书；也可以口头申请，由赔偿义务机关记入笔录。

赔偿义务机关经过依法确认，对确有属于税务行政赔偿范围的，侵犯纳税人及其他当事人的人身权或财产权行为的，应当给予赔偿。

税法视野　税务行政赔偿申请书的内容

2. 赔偿请求的处理

赔偿义务机关应当自收到申请之日起2个月内依照有关法律的规定给予赔偿；逾期不赔偿或者赔偿请求人对赔偿数额有异议的，赔偿请求人可以在期限届满之日起3个月内向人民法院提起诉讼。

（二）诉讼程序

当税务行政赔偿机关逾期不予赔偿或者税务行政赔偿请求人对赔偿数额有异议时，税务行政赔偿请求人可以向法院提起诉讼。法院经审查认为符合起诉条件的，应当进行审理。税务行政赔偿诉讼的提起必须以税务机关的先行处理为条件，对赔偿请求人的人身权、财产权受到的损害是否应赔偿，赔偿多少可进行调解，且税务机关不需承担对损害事实部分举证责任。

税务机关向税务行政赔偿请求人支付了行政赔偿费用后，应当责令有故意或重大过失的税务机关工作人员、受委托的组织或个人承担部分或全部赔偿费用。

四、税务行政赔偿的方式与标准

（一）赔偿方式

1. 支付赔偿金

支付赔偿金，是指在计算受害者所受损害的程度后，以支付货币的形式给予受害者相应的赔偿。它是国家赔偿的主要方式。其特点是使用范围广和便于操作，是一种较为理想的赔偿方式。

2. 返还财产

返还财产，是指税务机关将违法取得的财产返还给受害人的赔偿方式。适用返还财产的前提是财产或原物还存在，如果原物已经损毁或灭失，也就不存在返还财产的问题了。应当注意的是，返还财产应当包括财产在相对人失去控制期间的孳息物。

3. 恢复原状

恢复原状，是指赔偿义务机关按照受害人的愿望和要求，使被损害的物体或关系恢复到损害发生之前的状态或性能。当恢复原状比赔偿金赔偿更容易、更便捷时，才使用恢复原状的赔偿方式。

除了以上三种经济赔偿方式以外，如果税务机关及其工作人员的职务违法行为给受害人名誉权、荣誉权等造成损害的，由侵权机关在侵权影响范围内，为受害人消除影响、恢复名誉、赔礼道歉。

（二）赔偿标准

我国在确定赔偿标准上，采取适当赔偿原则，即以保障受害人生存和生活必需为限，使受害人所受到的损失能够得到适当弥补。赔偿标准如下：

1. 侵害人身权的赔偿标准

（1）侵犯公民人身自由的，每日赔偿金按照国家上年度职工日平均工资计算。

（2）造成公民身体伤害的，应当支付医疗费，赔偿因误工减少的收入。减少的收入每日赔偿金按照国家上年度职工日平均工资计算，最高额为国家上年度职工年平均工资的5倍。

（3）造成部分或者全部丧失劳动能力的，应当支付医疗费以及残疾赔偿金，残疾赔偿金最高限额为国家上年度职工年平均工资10倍；全部丧失劳动能力的为国家上年度职工年平均工资20倍；造成全部丧失劳动能力的，对其扶养的无劳动能力的人，还应当支付生活费。

（4）造成死亡的，应当支付死亡赔偿金、丧葬费，总额为国家上年度职工年平均工资的20倍。对死者生前扶养的无劳动能力的人，还应当支付生活费。

2. 侵害财产权的赔偿标准

（1）违法征收税款、加收滞纳金的，返还税款及滞纳金。

（2）违法对应予出口退税而未退税的，应予退税。

（3）处罚款、没收非法所得或者违反国家规定征收财物、摊派费用的，返还财产。

（4）查封、扣押、冻结财产的，解除对财产的查封、扣押，造成财产损坏或者灭失的，应当恢复原状或给付相应的赔偿金。

（5）应当返还的财产损失的，能够恢复原状的恢复原状，不能恢复原状的，按照损害程度给付相应的赔偿金。

（6）应当返还的财产灭失的，给付相应的赔偿金。

（7）财产已经拍卖的，给付拍卖所得的价款。

（8）对财产权造成其他损害的，按照直接损失给予赔偿。

按照《国家赔偿法》和《国家赔偿费用管理办法》的规定，税务行政赔偿费用列入各级财政预算，由各级财政按照财政管理体制分级负担。

【前沿阅读】 聚焦国外税务行政制度（节选）

思考训练

一、主题思考

请到当地税务机关和人民法院调查了解解决纳税人和税务机关税收争议的案例。

二、实战演练

1. 亚利厨具公司系朱某投资的一人有限责任公司。在市税务局稽查局对该公司进行日常税务检查期间，朱某指使财务人员提供虚假资料，不如实反映情况。市税务局稽查局依法向该公司送达《税务行政处罚决定书》，决定对其罚款 8 000 元。朱某不服遂以公司名义向市税务局申请复议，请求撤销该处罚。请问申请人是谁？被申请人是谁？

2. 2021 年 8 月 12 日，某县税务局以违法开具发票为由，向该县纳税人金滨娱乐有限公司送达罚款 5 000 元的《税务行政处罚决定书》。该公司不服，于 8 月 22 日向市税务局申请行政复议。9 月 28 日，经市税务局行政复议机构同意，该公司撤回复议申请。根据有关法律法规和司法解释，请问在什么情况下该公司可以撤回复议？

3. 某市税务局稽查局于 2021 年 4 月 11 日到甲加工企业稽查，发现甲加工企业在 2021 年 1 月至 3 月期间，少缴增值税 280 000 元。稽查局就甲加工企业的行为作出税务处理决定，要求其自接到税务处理决定书之日起 15 日内补缴增值税 280 000 元。稽查局于 2021 年 4 月 20 日将税务处理决定书送达甲加工企业；甲加工企业于 5 月 20 日将税款缴纳入库，但由于对税务局决定存在异议，于 5 月 21 日向市税务局申请行政复议。市税务局对甲加工企业的行政复议申请进行了审查，做出了不予受理的决定。请回答以下问题：（1）市税务局是否应受理甲企业的行政复议申请，说明理由。（2）甲加工企业是否可就不予受理行为向法院提起诉讼，并说明理由。

第八章
本章参考税收法律法规制度

第八章
课堂训练解析

第八章
小问答参考答案

第八章
实战演练参考答案

参考文献
Reference

［1］马金华．中国赋税史［M］．北京：清华大学出版社，2018.

［2］马克和．中国税制［M］．北京：中国财政经济出版社，2018.

［3］马海涛．中国税制［M］．北京：中国人民大学出版社，2019.

［4］乔尔·斯莱姆罗德，克里斯汀·吉里泽尔．税制分析［M］．李建军，岳媛媛，刘元生，等，译．上海：格致出版社，上海三联书店，上海人民出版社，2019.

［5］张守文．税法原理［M］．9版．北京：北京大学出版社，2020.

［6］盖地．中国税制［M］．5版．北京：中国人民大学出版社，2020.

［7］《新中国税收70年》编写组．新中国税收70年［M］．北京：中国税务出版社，2020.

［8］中国注册会计师协会．税法［M］．北京：中国财政经济出版社，2020.

［9］全国税务师职业资格考试教材编写组．涉税服务相关法律［M］．北京：中国税务出版社，2020.

［10］全国税务师职业资格考试教材编写组．涉税实务［M］．北京：中国税务出版社，2020.

［11］全国税务师职业资格考试教材编写组．税法一［M］．北京：中国税务出版社，2020.

［12］全国税务师职业资格考试教材编写组．税法二［M］．北京：中国税务出版社，2020.

［13］财政部会计资格评价中心．经济法基础［M］．北京：经济科学出版社，2020.